चिट्ठी पत्री
२

प्रेमचंद

चिट्ठी | पत्री

२

संकलन

अमृतराय

मदन गोपाल

लिप्यंतर-शब्दार्थ

अमृतराय

हंस प्रकाशन

हंस प्रकाशन
प्रयागराज-211 001

एकमात्र वितरक
लोकभारती प्रकाशन
पहली मंजिल, दरबारी बिल्डिंग,
महात्मा गांधी मार्ग, प्रयागराज-211 001
वेबसाइट : www.lokbhartiprakashan.com
ईमेल : info@lokbhartiprakashan.com

पहला संस्करण : 1962
प्रस्तुत संस्करण : 2022
दूसरा संस्करण : 2024

मूल्य : ₹350

मुद्रक : राजकमल प्रेस
नई दिल्ली-110 002

PREMCHAND : CHITHHI PATRI - 2
Compiled by Amrit Rai

ISBN : 978-93-90625-56-7

भूमिका

प्रेमचंद की चिट्ठी-पत्री का घेरा बहुत लंबा-चौड़ा था। निजी दोस्तों के अलावा हिन्दी और उर्दू के बहुत से नये और पुराने, नामी और गुमनाम लेखकों से उनकी बराबर खत-किताबत थी। हंस, जागरण और माधुरी के संपादन काल में संपादकीय पत्रव्यवहार भी बहुत काफ़ी था। लेकिन इनका थोड़ा ही अंश अब तक मिल सका है। बाक़ी के मिलने की बहुत आशा भी नहीं है। अधिकांश चिट्ठियाँ नष्ट हो चुकी हैं। जो कुछ शायद कहीं कोनों-अंतरों में बची होंगी, उनको बाहर निकालने में भी इस संग्रह से थोड़ी-बहुत सहायता मिलेगी।

पत्र-साहित्य कितनी अनमोल निधि है, इसकी चेतना हम लोगों को प्रायः नहीं है। 'हम लोगों' से मेरा अभिप्राय विशेष रूप से हिन्दी-भाषी लोगों से है, क्योंकि, पश्चिम के देशों को तो छोड़ ही दीजिए जो इस विषय में बहुत ही सचेत हैं, हमारे यहाँ भी बंगला, उर्दू, मराठी आदि क्षेत्रों में पत्रों को सँभालकर रखने की प्रवृत्ति पायी जाती है।

पत्रों को इकट्ठा करने के काम में देर भी बहुत की गयी। मुंशीजी के देहान्त के बरस दो बरस के भीतर अगर इस काम में हाथ लगाया जा सकता तो निश्चय ही और भी सफलता मिलती। लेकिन वह न तो मेरे लिए संभव हुआ और न मेरे किसी अन्य, अधिक वयस्क मित्र के लिए। दिल्ली के मेरे बंधु मदनगोपालजी ने इस संबंध में काफ़ी जागरूकता का परिचय दिया और कुछ पत्रों का संग्रह भी किया, पर अधिक सफलता उन्हें भी नहीं मिली।

असल बात यह है कि वह ख़ज़ाना ज्यादातर ग़ायब ही हो गया। इस उदासीनता के पीछे कुछ तो निश्चय ही वह मनोभाव भी रहा होगा जिसे फ़िराक़ गोरखपुरी ने अपने खास अंदाज में इस तरह बयान किया—किसे पता था कि यह प्रेमचंद एक दिन इतना बड़ा आदमी हो जायगा !....

मुंशीजी और फ़िराक़ का बहुत लंबा और बहुत आत्मीय संबंध रहा और अगर उन्होंने मुंशीजी की चिट्ठियाँ सँभालकर रखी होतीं तो आज उनके पास एक बड़ा-सा पुलिन्दा होता।

औरों के साथ कुछ आकस्मिक विपत्तियाँ भी रहीं। मसलन् क़ाज़ी अब्दुल ग़फ़्फ़ार के पास (जो मौलवी अब्दुल हक़ के पाकिस्तान चले जाने के बाद अंजुमन तरक़्क़िए उर्दू के सर्वेसर्वा बने) मुंशीजी और दूसरे लोगों के पत्रों का जा

संग्रह था, उसे उनकी पुत्रवधू ने अपनी हिस्टीरिया के एक दौरे में आग लगा दी।

चंद्रगुप्त विद्यालंकार और सुदर्शन की चिट्ठियाँ देश के विभाजन की भेंट चढ़ गयीं।

चिट्ठियाँ सँभालकर रखने में आचार्य शिवपूजन सहाय पंडित बनारसी दास चतुर्वेदी से कुछ ही घटकर होंगे, लेकिन उनके ऊपर एक चोर ने हाथ साफ़ कर दिया। शिवजी उन दिनों अपने गाँव पर ही थे जब कि उनके यहाँ चोरी हुई और चोर उन चिट्ठियोंवाली अटैची को कुछ दूसरे ही माल-मता के धोखे में उठा ले गया। बाहर जाकर जब उसने अटैची को खोला तो उसे घोर निराशा हुई और उसने चिट्ठियाँ सब की सब कुँए में झोंक दीं। अगले रोज़ सबेरे वह पानी पर उतराती हुई दिखायी दीं, मगर गल चुकी थीं और किसी काम की न रह गयी थीं। कुछ फुटकर चिट्ठियाँ, जो शायद कहीं और थीं, बच गयीं। बिहार राष्ट्रभाषा परिषद् के सौजन्य से उन्हें यहाँ प्रकाशित किया जा रहा है।

मुंशी दयानरायन निगम को लिखी हुई चिट्ठियों का उद्धार किस तरह एक ढहे हुए मकान की एक गिरी-पड़ी कोठरी में से हुआ, इसकी कहानी 'चिट्ठी-पत्री' के पहले खण्ड की भूमिका में पढ़िए।

जैनेन्द्रकुमार-वाली चिट्ठियों की टाइप की हुई प्रतिलिपि मुझे मदनगोपाल जी से मिली। उसमें कई स्थानों पर वाक्यांश छूट गये हैं। मैंने उसके संबंध में जिज्ञासा प्रकट की तो मदनगोपालजी ने बतलाया कि अब उसका कोई उपचार संभव नहीं है क्योंकि मूल पत्र अब खो चुके हैं। पहली बार, टाइप करवाने में किसी कारण से ये छूटें रह गयीं। मूल पत्र जैनेन्द्रजी की इच्छानुसार उनको लौटा दिये गये। दुबारा, प्रतिलिपि को मिलाने के लिए जब उन मूल पत्रों की ज़रूरत हुई, तो उनका कहीं पता न चला। लिहाज़ा उन चिट्ठियों को वैसा ही छापा जा रहा है, हाँ, इतना मैंने ज़रूर किया है कि जहाँ पूर्वापर मेल बैठाकर मैं किसी वाक्य को पूरा कर सकता था वहाँ मैंने ब्रैकेट लगाकर ऐसा कर दिया है। संयोग से मुंशीजी के काग़ज़ों में जैनेन्द्रजी के कुछ पत्र भी मिल गये। उनमें से कुछ पत्र चुनकर, जो दोनों के पत्राचार की कड़ी में आते थे, मैंने यथास्थान दे दिये हैं। दुर्भाग्यवश यह चीज़ और किसी के साथ न की जा सकी। बनारसीदासजी के कुछ पत्र जो उन्होंने मुंशीजी को लिखे, मिले ज़रूर लेकिन उनका तारतम्य मुंशीजी के पत्रों से न बैठने के कारण उन्हें छोड़ देना ही ठीक जान पड़ा।

बनारसीदासजी मुंशीजी को अकसर अंग्रेजी में ही लिखते थे, लिहाज़ा मुंशीजी के जवाब भी अकसर अंग्रेजी में हैं। इसी तरह और भी कुछ पत्राचार अंग्रेजी में

हैं—जैसे श्री इन्द्रनाथ मदान, श्री केशोराम सब्बरवाल, पं० श्रीराम शर्मा आदि के साथ। मैंने इनको अनुवाद करके देना ही ठीक समझा। पर जो पत्र मूल अंग्रेजी में है, उसके नीचे इस बात का उल्लेख कर दिया गया है। इनमें से तीन पत्रों का मूल अंग्रेजी भी, लोगों की दिलचस्पी का ख़्याल करके, परिशिष्ट में दे दिया गया है।

उर्दू पत्रों को ज्यों का त्यों छापकर, फुटनोट में कठिन शब्दों का अर्थ दे दिया गया है।

एक बात और। मुंशी दयानरायन निगम-वाले अधिकांश पत्रों की, जो 'चिट्ठी-पत्री' के पहले खण्ड में प्रकाशित हैं, मूल लिपि मेरे सामने थी। जहाँ मूल लिपि नहीं भी थी, वहाँ उनकी फ़ोटो-प्रतिलिपि थी। अतः उनके पाठ की शुद्धता के लिए मैं पूरी तरह उत्तरदायी हूँ। लेकिन इस खण्ड में ऐसे भी कुछ पत्र हैं जिनमें मुझे इस प्रकार की सुविधा न थी, जिनकी टाइप की हुई प्रतिलिपि ही मेरे सामने थी या जिन्हें मैंने कुछ पत्र-पत्रिकाओं से संग्रह किया है। ग़लती का डर उनमें भी कुछ खास नहीं है क्योंकि वह सभी ज़िम्मेदार लोग हैं। तो भी अपनी यह कठिनाई मुझे आपके सामने रखनी उचित जान पड़ी। वैसे, पाठ अधिक से अधिक शुद्ध हो इसकी पूरी कोशिश मैंने की है। मिसाल के लिए इम्तयाज अली ताज को लिखे गये पत्रों की जो नक़लें मेरे पास थीं, उनमें यहाँ-वहाँ कुछ पाठ-भ्रम था। इस प्रसंग में मैंने ताज साहब को तीन खत भी पाकिस्तान भेजे। लेकिन जो भी वजह हो, मुझे कोई जवाब नहीं मिला। मगर ख़ैर, इस कमी को मेरे दोस्त डाक्टर क़मर रईस ने पूरा कर दिया जो उन दिनों दिल्ली यूनिवर्सिटी में उर्दू पढ़ाते थे और आजकल ताशक़न्द यूनिवर्सिटी में हैं। उनकी मेहरबानी से मुझे पाकिस्तान के मशहूर रिसाले 'नक़ूश' का 'मकातीब नंबर' मिला। उसमें ताज साहब को लिखे गये मुंशीजी के सब ख़त मौजूद थे। मैंने अच्छी तरह उससे मिलाकर अपने पाठ को ठीक कर लिया है।

मुंशीजी को खुद भी चिट्ठियाँ सँभालकर रखने की आदत न थी। जवाब देते ही फाड़कर फेंक देते थे। तो भी न जाने कैसे और क्यों, उनके काग़ज़ों में बहुत-सी ऊल-जलूल बेकार चिट्ठियों के ढेर में दस-पाँच अच्छी चिट्ठियाँ भी मिल गयीं—आचार्य नरेन्द्र देव की, जो उन्होंने पंडित जवाहरलाल नेहरू की किताब 'लेटर्स फ्राम ए फ़ादर' के हिन्दी अनुवाद के सिलसिले में मुंशीजी को लिखी थीं, पंडित अमरनाथ झा की, जो उन्होंने 'रंगभूमि' पढ़कर १९२५ में देहरादून से लिखी थी; पंडित हजारीप्रसाद द्विवेदी की, जो उन्होंने मुंशीजी को आमंत्रित करते हुए शान्तिनिकेतन से लिखी थी; मौलवी अब्दुल हक़ की, जो उन्होंने अपनी किसी

किताब के लिए मुंशीजी से काशी पर कोई लेख लिखवाने के सिलसिले में लिखी थीं; जनाब अब्दुल माजिद साहब दरियाबादी की, जो उन्होंने 'चौगाने हस्ती' पढ़कर मुंशीजी को लिखी थीं, ख़्वाजा गुलामुस्सैयदैन की, जो उन्होंने मुंशीजी के साहित्य के प्रति अपना अनुराग व्यक्त करते हुए लिखी थी और जिसमें उन्होंने मुंशीजी से अपील की थी कि उर्दू को छोड़ें नहीं; अशफ़ाक़ हुसैन और सुदर्शन की जो उन्होंने मुंशीजी को बंबई की फ़िल्मी दुनिया से नाता तोड़कर आने पर लिखी थीं, फ़िराक़ गोरखपुरी की जो खुद उनको बहुत खूबसूरती से उजागर करती हैं....

पढ़नेवालों को इनमें दिलचस्पी होगी, इस ख़याल से इस फुटकर चिट्ठियों को भी शामिल कर लिया गया है।

अमृतराय

भाई अमृतराय द्वारा लिखी गयी पंक्तियों के बाद मुझे विशेष कुछ नहीं कहना है। जैनेन्द्रजी को लिखे पत्रों की कहानी अमृतजी ने बतला ही दी है। इम्तियाजअली ताज को लिखे गये पत्रों की नक़ल मैंने उर्दू लिपि में उनके घर पर, उनके सामने बैठ कर की थी। संशोधन के लिए कुछ प्रतिलिपियाँ भाई भीष्म साहनी से मिलीं। उपेन्द्रनाथ अश्क जी ने स्वयं नक़ल कर पत्रों की प्रतिलिपि मुझे दी। सब्बरवाल, श्री माणिकलाल जोशी और विष्णु प्रभाकर ने मूल पत्र ही मुझे दिये। महताब राय जी ने मुझे केवल सात पत्र दिये, बाक़ी संभाल कर रख लिये और कहा कि कई सज्जन पहले आये थे और पत्र ले गये। (इस पुस्तक को देख कर शायद वे सज्जन प्रतिलिपियाँ अमृत जी को या मुझे भेज दें) कुछ महत्वपूर्ण पत्र जामेया मिल्लिया लाइब्रेरी, क़रोलबाग़ में थे। वे १९४७ की आग की नजर हुए। सुना है कि क़ाज़ी अब्दुल ग़फ़्फ़ार को लिखे पत्र भी दुर्घटना के कारण नष्ट हो गये। यह कहना अतिशयोक्ति न होगी कि जहाँ भी मैंने पत्रों के लिए हाथ फैलाया, मुझे पत्र मिले। केवल दो स्थानों पर मैं असफल रहा — दुलारेलाल भार्गव, जिनके पास लगभग ४०-५० पत्र हैं, और श्री के० एम० मुंशी, जिनके पास १०-१२ पत्र हैं। आशा है अब उनको लिखे प्रेमचंद के पत्र भी प्रकाशनार्थ मिल जायेंगे।

मदन गोपाल

पत्र-क्रम

चिट्ठी पत्री—२

जनेन्द्र कुमार

१

पहाड़ी धीरज, दिल्ली
२० फरवरी १९३०

बाबू जी,

आपका पत्र मिला। वह कूचा पातीरामवाला भी बस एक Delivery देर से मुझे मिल गया। कहानी मैंने १४ को शुरू की थी, पर खतम अब भी नहीं हुई। शुरू करने के बाद ही मैं तो उलझन में पड़ गया। इधर आपके उलाहने के बाद भी देर लगाना पाप जान पड़ा। ये दो कहानियाँ भेज रहा हूँ। नाथूराम जी प्रेमी (बम्बई) से वापस मँगा ली हैं। 'दिल्ली में' आपके लिए और 'फोटो-ग्राफी' 'माधुरी' के लिए। इसी से अभी तो संतोष मान लें, ऐसी प्रार्थना है। इच्छा तो थी कोई अपूर्व चीज़ भेजूँ पर इच्छा पूरी न हुई। खैर, आगे देखूँगा। यह भी, अगरचे पूरे मन की नहीं है फिर भी, उम्मीद है बुरी नहीं है। अंतिम (वाला) पैराग्राफ यदि आप सहमत हों तो काट दीजिए। बिलकुल व्यर्थ है। वास्तव में जोड़ा भी बाद में गया है। आप यदि खास तौर पर उसे रखना चाहें तो बात दूसरी, नहीं तो उड़ा ही दें। उसमें ऐसा लगता है जैसे लेखक जल-भुन रहा है। लेखक की यह Mentality हठात् क्यों प्रकट हो ?

'फोटोग्राफी' मेरी पहली कहानी है। तो भी 'माधुरी' के लिए काफी से ज्यादा ही अच्छी है, ऐसा विश्वास है। न भी पसंद आये तो खेद न होगा।

'मेरी मेग्डलीन' की आपने सिफारिश ही की। मुझे भी ऐसी ही आशा थी। निर्णय का कब तक पता चलेगा।

क्या आप सम्मेलन में जायेंगे ? और क्या मुझे वहाँ जाने की सलाह देंगे ? परिचय का लाभ ही यदि लाभ समझा जाय तो बात दूसरी, नहीं तो सम्मेलन में मेरे लिए क्या है ? उन (सम्मेलनी) लोगों में से किसी के दर्शन की उत्कट चाह हो सो भी बात नहीं है। सलाह दें।

आपका उपन्यास कैसा चल रहा है ? मुझे भी बहुत और बराबर लिखने का मन्तर बताइए न ? जब से आया हूँ, क्या कहूँ, एक कहानी भी न की। शुरू ही

न हुई — तबीयत नहीं हाज़िर हुई। कोई इलाज अवश्य बताइए।

विशेष मेरे योग्य सेवा लिखिये।

आपका ही
जैनेन्द्र

२

सरस्वती प्रेस,
२५ नवम्बर १९३०

प्रिय मित्रवर,

बंदे। पत्र मिला। सच्चा आनंद हुआ। 'परख' मैंने पढ़ लिया था और पढ़कर मुग्ध हो गया था। इसकी आलोचना दिसंबर के 'हंस' में कर रहा हूँ जो विशेषांक होगा। 'परख' के चारों चित्र — सत्य, कट्टो, बिहारी और गरिमा — खूब हुए हैं। सत्य का गंभीर, मानसिक संग्राम। बिहारी का उससे भी पवित्र किन्तु सरल और विनोदमय लगा। कट्टो तो देवी है। आपकी शैली और चरित्र प्रदर्शन का ढंग मुझे बहुत पसंद आया। मैंने सरस्वतीवाली आलोचना नहीं देखी, लेकिन आपके उपन्यास की तारीफ तो उन्हें करना ही चाहिए था। मैं ऐसी रचना पर आप को बधाई देता हूँ।

अन्य प्रकाशकों की स्थिति इस समय अच्छी नहीं है। मौलिक उपन्यास तो कई अच्छे निकले हैं। प्रसाद जी का 'कंकाल', 'उग्र' जी का 'शराबी,' वृंदावनलाल वर्मा का 'गढ़कुंडार'। 'गढ़कुंडार' तो रोमांस है पर 'कंकाल' बहुत ही सुंदर है। लेकिन मौलिक उपन्यासों को छोड़कर अनुवादों का बाज़ार ठंडा पड़ा है। 'मैग्डलीन' खुद अपने प्रेस में छपवाने का इरादा कर रहा हूँ। आजकल मेरा 'ग़बन' छप रहा है, वह निकल जाय तो इसे शुरू करूँ।

'हंस' के छः अंक निकल चुके। सितंबर और अक्टूबर में प्रेस और पत्रिका ज़मानत माँगे जाने के कारण बन्द पड़े रहे। प्रेस के आर्डीनेंस उठ जाने पर फिर निकले हैं।

मेरी पत्नी जी पिकेटिंग के जुर्म में दो महीने की सज़ा पा गईं। कल फैसला हुआ है। इधर पन्द्रह दिन से इसी में परेशान रहा। मैं जाने का इरादा ही कर रहा था, पर उन्होंने खुद जाकर मेरा रास्ता बंद कर दिया।

और क्या लिखूँ? मुझे यह जान कर हर्ष हुआ कि आप गुजरात में स्वस्थ और प्रसन्न हैं। हम लोग भी अच्छी तरह हैं।

एक बार फिर 'परख' के लिए बधाई लीजिए। हिन्दी उपन्यास अब चेतेगा,

इसमें सन्देह नहीं। एक साल के अन्दर 'कंकाल,' 'परख,' 'गढ़कुंडार,' 'शराबी' जैसी पुस्तकें निकल चुकीं — यह भविष्य के लिए शुभ लक्षण है।

न जाने आप से कब मुलाकात होगी। मालूम होता है युग बीत गया।

भवदीय—
धनपतराय

स्पेशल जेल, गुजरात (पंजाब)
४ दिसम्बर १९३०

बाबू जी,

आपका खत समय पर मिल गया था। मैंने सोचा कि शायद विशेषांक निकलने में अवकाश हो, एक कहानी लिख डालूँ, उसके साथ ही पत्र का जवाब दे दूँगा। लेकिन यहाँ की धूमधाम में कहानी तो लिखी न जा सकी और वह वक्त आ गया कि खत के जवाब को और टालना धृष्टता हो जाती। इससे इतनी देर बाद भी, खाली खत ही भेज रहा हूँ। क्षमा करें।

क्या विशेषांक निकल गया? एक (मेरी) प्रति शेख मुहम्मद अली साहब, मिल ऑनर, गुजरात के पते पर भिजवा दें। मेरा नाम न लिखें। वह मुझे यहाँ पहुँच जायगी। जेल के पते पर भेजे गये अखबार नहीं मिलने दिये जाते। कृपाकर ध्यान रखकर जरूरी सूचना बनारस दे दें।

क्या आपकी पत्नी के जेल जाने पर धन्यवाद दूँ? यह इसलिए भी धन्यवाद का विषय हो सकता है कि आपकी इस तरह जेल आने की राह और आवश्यकता रुक गयी। कितने पतियों ने पत्नियों को रोक रखा है लेकिन वे पति धन्य हैं जिनकी पत्नियाँ आगे बढ़कर जेल में पहुँच गयीं और उनको रुकने को लाचार कर गयीं।

'कंकाल' की अर्द्ध-प्रकाशित प्रति मैंने देखी थी। प्रसाद जी की कृति है, बुरी कैसे होती? 'उग्र' जी के 'शराबी' का नमूना 'मतवाला' के पृष्ठों में देखा याद पड़ता है। 'गढ़कुंडार' बिलकुल ही नया नाम और नया काम मालूम होता है। मैं नहीं जानता, मैं यहाँ किसी से कोई चीज़ मँगा सकता हूँ। हाँ, 'शराबी' और 'गढ़कुंडार' पढ़ना ज़रूर चाहूँगा। आपके पास काहे को कोई प्रति होगी? अगर 'हंस' के लिए प्राप्त हुई दो प्रतियों में से एक यहाँ (अर्थात् ऊपर दिये पते पर) भेजी जा सकें तो मैं आलोचना 'हंस' में भेज दूँगा।

ऋषभचरण का खत मिला कि आप 'परख' को प्रसाद स्कूल के अधिक निकट समझते हैं। आपने लिखा है कि आपको वह पसंद आयी है और आप समालोचना 'हंस' के इसी अंक में दे रहे हैं। 'हंस' मिला तो आलोचना में देखूँगा ही। पर 'परख' में आपके अनुसार कहाँ क्या अधिक और कहाँ क्या कम होना चाहिए था, यह मैं आपसे जाने बिना संतुष्ट न हूँगा। परीक्षक के ढंग से मैं उसे आपको सौंपना चाहता हूँ, अंतर केवल इतना ही कि परीक्षार्थी परीक्षक के नम्बर देने के ढंग को भी समझना चाहता है। ऋषभचरण ने जो स्कूल की बात लिखी उसका भी खुलासा मैं जानना चाहूँगा।

पता चला है कि अवध उपाध्याय जी की आलोचना देवीदत्त जी ने 'सरस्वती' में नहीं छापी। सच बात तो यह है कि वह थी भी इस लायक नहीं। लेकिन आलोचना उन्हें पसन्द नहीं आयी, इतना ही होता तो अचरज की बात न थी। सुनते हैं किताब उन्हें और भी नापसन्द है। एक और मित्र के सम्बन्ध में मालूम हुआ है कि उन्हें 'परख' मेरी प्रतिष्ठा के अनुकूल नहीं जँची। गोया कि लिखने से पहले ही मेरी लेखनी की प्रतिष्ठा बन गयी थी। इन सब ऊटपटाँग सम्मतियों का क्या बनाया जाय! और मैं समझता हूँ कि अगर लोग आपको और प्रसाद जी को मगलाप्रसाद पारितोषिक नहीं देते और फिर भी योग्य व्यक्ति को ही देना चाहते हैं तो वह मुझे ही दे सकते हैं। पारितोषिक का सम्मान इसी में है।

तो 'मेरी मेग्डलीन' आप छापेंगे? यह ठीक है। 'ग़बन' कब तक खत्म होगा? कितनी मोटी चीज़ है? कोई 'रंगभूमि' के टक्कर की दूसरी चीज़ भी लिखिये न? आप और क्या लिख रहे हैं? न जाने कौन कहता था कि एकेडमी के लिए Galsworthy का अनुवाद करना आपने शुरू किया है? क्या यह ठीक है? मुझसे आप पूछें, और नाराज़ न हों तो मैं कहूँगा कि गाल्सवर्दी के अनुवादक तो बहुतेरे निकल आयेंगे, प्रेमचंद इस काम को करते हैं तो हिन्दी का दुर्भाग्य है। गाल्सवर्दी की चीज़ों को मैंने दिल्ली जेल में चख देखा था, विलायतीपन और विलायती भाषा के अजीबपन के आकर्षण को दूर रखने के बाद क्या मैं ज़रा देर के लिए भी गाल्सवर्दी को प्रेमचंद से ऊँचा मान सकता हूँ? आप कहानियाँ लिखें, रंगभूमियाँ लिखें, पर मेरा निवेदन है कि गाल्सवर्दी के अनुवाद में फँसकर प्रेमचंद से वंचित रखने का अनुपकार हिन्दी साहित्य पर न करें।

'माधुरी' वालों ने मेरा पुरस्कार घर भेज ही दिया होगा। 'माधुरी' में 'परख' की समालोचना निकली या नहीं? 'माधुरी' की भी मेरी प्रति शेख मुहम्मद अली के पते पर भेजने को कह दें तो कृपा हो।

आपसे मिलने को कैसा जी चाहता है! सदेह साक्षात् और वार्तालाप नहीं

होता तब तक पत्र से ही सही।

मैं यहाँ सर्वथा कुशल और आनन्द से हूँ। आपकी बधाइयों पर प्रसन्न और कृतज्ञ हूँ। शायद आप इस बात पर एक और बधाई भेज दें कि अभी कुछ दिन हुए परमात्मा ने मुझे एक पुत्र का पिता बना दिया है।

आपका
जैनेन्द्र कुमार

४

नवल किशोर प्रेस,
प्रकाशन विभाग,
लखनऊ।
१७ दिसम्बर १९३०

प्रिय जैनेंद्र जी,

बंदे। पत्र मिला। वाह ! आपने कहानी लिख दी होती तो क्या पूछना। मैंने तो इस वजह से नहीं कहा था कि आप को कष्ट पर कष्ट क्या दूँ। अभी तक समय है, हालाँकि छपाई शुरू हो गयी है। पर आप की कहानी मिल जाती तो आखिर वक्त भी दे देता। क्या अब भी मुश्किल है ?

'परख' की आलोचना मैं 'माधुरी' या 'हंस' में करूँगा। मेरे पास दो प्रतियों में से एक भी नहीं बची। एक तो जेल भेज दी थी, दूसरी एक महिला ले गयीं और अभी तक लौटा रही हैं। इसलिए उसका असर जो दिल पर पड़ा था वही लिखूँगा। 'गढ़ कुंडार' तो नई चीज़ है, मगर मेरा मन उसके पढ़ने में न लगा। दो एक चरित्रों का चित्रण उसमें अच्छा हुआ है। उसकी आलोचना भी करूँगा।

'ग़बन' अभी तैयार नहीं हुआ। तीन सौ पृष्ठ छप चुके हैं। अभी एक सौ पृष्ठ और होंगे। यह एक सामाजिक घटना है। मैं पुराना हो गया हूँ और पुरानी शैली निभाये जाता हूँ। कथा को बीच में शुरू करना या इस तरह शुरू करना कि उसमें ड्रामा का चमत्कार पैदा हो जाये मेरे लिए मुश्किल है। पुरस्कारों का विचार करना मैंने छोड़ दिया। अगर मिल जाय तो ले लूँगा, पर इस तरह जिस तरह पड़ा हुआ धन मिल जाय। आप या प्रसाद जी पा जायें तो मुझे समान हर्ष होगा। आपको ज्यादा ज़रूरत है इसलिए ज्यादा खुश हूँगा।

पुत्र मुबारक। ईश्वर चिरायु करे। या यों कहूँ, चिरायु हो। मैं तो पुराने खयाल का आदमी हूँ। दो पुत्रों तक तो बधाई दूँगा, इस के बाद ज़रा सोचूँगा।

'हंस' और 'माधुरी' दोनों ही यथास्थान भेज दी जाएँगी। 'शराबी' और 'गढ़ कुंडार' दोनों ही की एक-एक प्रति मिली थी। वे दोनों भी मैंने पढ़कर जेल भेज दीं। अब तो उनके आने पर किताबें वापस होंगी। आखिर आप कब तक आवेंगे। 'माधुरी' में दो में से एक भी आलोचना के लिए नहीं आयी।

अब आपके उस प्रश्न का जवाब कि 'परख' को मैं प्रसाद स्कूल के निकट क्यों समझता हूँ। मैं तो कोई स्कूल नहीं मानता, आपने ही एक बार 'प्रसाद स्कूल', 'प्रेमचंद स्कूल' की चर्चा की थी। शैली में ज़रूर कुछ अन्तर है, मगर वह अन्तर कहाँ है यह मेरी समझ में खुद नहीं आता। आपकी शैली में स्फूर्ति — सजीवता — कहीं अधिक है। चुटकियाँ, चुलबुलापन कहीं अधिक है। प्रसाद जी के यहाँ गम्भीरता और कवित्व अधिक है। Realist हम में से कोई भी नहीं है। हममें से कोई भी जीवन को उसके यथार्थ रूप में नहीं दिखाता, बल्कि उसके वांछित रूप में ही दिखाता है। मैं नग्न यथार्थवाद का प्रेमी भी नहीं हूँ। आपसे मिलने पर 'परख' के विषय में बातें होंगी — तब तक ग़बन भी तैयार हो जायगी।

आशा है आप प्रसन्न होंगे।

भवदीय—

धनपतराय

P. S. अगर हो सका तो मैं 'शराबी' और 'गढ़कुंडार' और 'कंकाल' तीनों ही किसी तरह मँगवाकर भेजूँगा। समालोचना अवश्य कीजियेगा, 'हंस' के लिए।

५

स्पेशल जेल, गुजरात (पंजाब)
१७ दिसम्बर १९३०

बाबू जी,

बहुत दिन हुए यहाँ से आपको अमीनुद्दौला पार्क के पते पर एक ख़त डाला था। मालूम नहीं आपको वह मिला भी या नहीं। आपका ख़त न पाने से जान पड़ता है, नहीं मिला।

'परख' हिन्दी ग्रन्थ रत्नाकर ने ही छापी है। आपको अवश्य मिल गयी होगी। वह आपको कैसी लगी? आपकी खुली सम्मति सुनने की बड़ी इच्छा है। नाथूराम जी प्रेमी ने उस पर अवध उपाध्याय जी की विस्तृत समालोचना की एक प्रति मेरे पास भेजी है। वह उपाध्याय जी ने सरस्वती में भेजी थी। मुझे

तो अखबार मिल पाते नहीं इससे मालूम नहीं रहता कहाँ क्या निकलता है। क्या आपने भी उसके संबन्ध में 'हंस' या 'माधुरी' में कुछ लिखा है ? उपाध्याय जी ने तो किताब की बेहद तारीफ कर दी है। आप जानते हैं मुझे उनकी परख पर बहुत भरोसा नहीं है। विज्ञान की तराजू पर तोल कर जो साहित्य पर निर्णय दिया जाता है, उसके मोह में मैं नहीं पड़ना चाहता लेकिन आपकी और दो एक सज्जनों की अच्छी सम्मति मुझे चाहिए ही। आपकी और उनकी निगाहों में पास समझा गया तो यही मेरे लिए सब कुछ है। शेष से तारीफ पाने की इच्छा जैसे या चिन्ता मुझे बिलकुल भी नहीं है। आपको मैं 'मेरी मेग्डलीन' दे आया था। नौ-दस महीने हुए होंगे। उसके प्रकाशित होने का अब क्या हाल है ? जैसे और जहाँ से उचित समझें छपवा दें और पैसा घर भिजवा दें। मैं यहाँ जेल में हूँ घर पर हर ताँबे के पैसे की ज़रूरत है। इस सम्बन्ध में मैं यह भी आपकी मार्फत 'माधुरी' के व्यवस्थापक जी को याद दिलवाना चाहता हूँ कि शायद अप्रैल (या आस-पास के) महीने की 'माधुरी' में प्रकाशित कहानी (दिल्ली में) का पुरस्कार मुझे नहीं मिला है। वह कृपाकर घर भेज दिया जाना चाहिए। थोड़ा कष्ट उठाकर यह काम आप करा सकेंगे तो बड़ी कृपा होगी और 'मेरी' मेग्डलीन' का भी ध्यान रखेंगे तो आभार होगा।

आपने इस बीच क्या लिखा है ? नई छपी चीज़ों की एक-एक प्रति अवश्य भिजवा दीजिए। जेल में किताबों की कीमत और ज़रूरत और चाह कितनी रहती है, यह हमों जान सकते हैं।

और आप कैसे हैं, यह अवश्य लिखें। यहाँ दो एक आपके ज़बर्दस्त मुरीद हैं। जब उन्हें पता चला कि मैं आपसे writing terms पर होने का सौभाग्य रखता हूँ, तो उन्होंने मुझे शतशः अनुरोधपूर्वक आपको उनकी Respects लिख भेजने को कहा। वे आपकी कुशलता सुनने के बड़े आकांक्षी हैं। मैं उन्हें उन आठ-दस घंटों का हाल सुना चुका हूँ जो मुझे अब तक आपके साथ बिताने के लिए मिले हैं। उनकी याद मेरे भीतर बसी है। बड़े मजे की वह याद है। लेकिन वह मैं आपको नहीं सुनाऊँगा।

आशा है आप प्रसन्न और स्वस्थ होंगे और पत्र देंगे।

मैं यहाँ इतनी अच्छी तरह हूँ कि क्या कहूँ। खाना बहुत अच्छा मिलता है, जेल के अन्दर घूमने को और खेलने को खूब मिलता है। बस अखबार नहीं मिलते, यही ज़रा कमी है। सो यह भी कुछ नहीं, अगर नई-नई किताब मिलती रहें।

विशेष नमस्कार और आदर के साथ,

आपका
जैनेन्द्र कुमार

६

स्पेशल जेल, गुजरात
७ जनवरी १६३१

श्रद्धेय बाबू जी,

आपका पत्र समय पर मिल गया था। उत्तर आज इसलिए दे रहा हूँ कि जनवरी का पहला हफ्ता खतम हो जाता है और 'हंस' के लिए कहानी भेजने के खयाल को पास रखने की गुंजायश भी बिलकुल खतम हो जाती है। बात तो असल में यह है कि कहानियाँ हो गई हैं पर भेजी नहीं। प्रेस आर्डिनेन्स की खबर पाते ही डर हुआ कि 'हंस' का यह अंक निकल भी गया तो आगे नहीं निकलने दिया जायगा। और क्या मालूम विशेषांक भी निकल पाये या नहीं। फिर सँभावना थी कि उन कहानियों को जल्दी ही हिन्दी ग्रन्थ रत्नाकर भेजना पड़ जाय। वह संग्रह छापते हैं और कुछ नयी अप्रकाशित कहानियाँ चाहते हैं। बात जनवरी तक संग्रह के निकल जाने की थी। आपको कहानी भेजी गई और अखबार बन्द हो गया या विशेषांक में उसके निकलने की संभावना न रही तो इस तरह उसके फिर जल्दी बम्बई जाने में गड़बड़ पड़ जाती। इस तरह जो चार कहानियाँ इस बीच लिख डाली गयी हैं, मेरे पास हैं। पुरानी प्रकाशित कहानियों को उनसे (नाथूराम जी प्रेमी से) पाने की प्रतीक्षा कर रहा हूँ ताकि उनको एक बार फिर देखकर उनके साथ ही इन नयी को भी रवाना कर दूँ। कृपा कर लिखिये कि आर्डिनेन्स की कृपा आपके प्रेस और पत्र पर तो नहीं हो गई? पत्र निकलता हो तो कृपाकर मेरी भूल को क्षमा कर दीजिए। पत्र निकले तो, अगर पहले लिखे पते पर न भेजा गया हो तो जेल के पते पर ही भिजवा दीजिएगा। 'माधुरी' भी। 'माधुरी' की उस कहानी के मेरे पुरस्कार के बारे में क्या हुआ, सो आपने नहीं लिखा था। 'माधुरी' के नाम पर वह बात भी याद आ गयी है तो आपको भी याद दिला देता हूँ।

'गढ़ कुंडार' और 'शराबी' अगर आपको प्राप्त हो गये हैं तो मैं देखना चाहूँगा। समालोचना, जहाँ लिखेंगे, भेज दूँगा।

'गबन' तैयार हो गया? इसके बाद ही 'मेरी मेग्डलीन' प्रेस में जायगा न? तैयार हो गया हो तो पिछली किताबों के साथ 'गबन' की एक प्रति भी भेजिएगा।

मार्च के अन्त तक मैं छूटूँगा। लिखित नहीं तो सेवा में उपस्थित होकर मौखिक ही आपसे अपनी रचना के सम्बन्ध में आदेश और आलोचना प्राप्त

करूँगा।

लेकिन इतना ज़रूर लिखिए कि आप की राय में 'चुलबुलाहट' कम होनी चाहिए न ? शायद मेरी कृति में यह पर्याप्त से अधिक मात्रा में होती है।

मैंने अभी ठीक पारखी और आलोचक दृष्टि से साहित्य को जाँचना और जमाना (Assortment) नहीं सीखा। श्रेणी और 'स्कूल-विभाजन' का काम मैं अपने लिए मन चाहे जैसा कर भी सकूँ दूसरे के लिए और छपने के लिए नहीं कर सकता लेकिन 'प्रसाद-स्कूल' शब्द काशी में सुन पड़ा था। स्वभावतः दूसरा स्कूल आपका ही होगा। खैर जो हो। मैं तो चाहता हूँ यह काम सब अपने लिए कर लिया करें।

मैं बिलकुल प्रसन्न और स्वस्थ हूँ।

आपका
जैनेन्द्र कुमार

७

सरस्वती प्रेस,
१२ जनवरी १९३१

प्रिय जैनेन्द्र जी,

कल पत्र पाकर बड़ा आनन्द हुआ। आपको भ्रम हुआ। आर्डीनेन्स तो फिर जारी हुआ लेकिन अभी मुझसे ज़मानत नहीं माँगी गयी, इसलिए 'हंस' का विशेषांक छप रहा है। आप यदि अपनी कहानी भेज दें तो तुरन्त छपवाऊँ और आपका लाखों यश मानूँ। फिर तो पत्रिका सज उठे। सुदर्शन जी ने कहानी भेज दी है, राजेश्वरी ने भी भेजी। कौशिक जी आजकल इतना लिख रहे हैं, कि मैंने उन्हें कष्ट देना व्यर्थ समझा। वह बहाना करके टाल जाते। आपकी कहानी आ जाय तो क्या पूछना।

हमारे प्रोप्राइटर बाबू विष्णुनारायण भार्गव का मद्रास में स्वर्गवास हो गया। घुड़दौड़ में गए, प्राणों की बाज़ी हार गए। अब देखना है कि यहाँ कैसे काम होता है, 'माधुरी' बंद होती है या चलती है, मुझे तो इसके चलने की आशा नहीं है।

'ग़बन' के तीन फार्म और बाकी हैं। बेचैन हूँ कि कब छपें और कब आपके पास भेजूँ। 'गढ़ कुंडार' और 'शराबी' आज भेज रहा हूँ। मुझे तो 'गढ़ कुंडार' कुछ (नहीं जँचा)। 'शराबी' अपने ढंग की बुरी चीज़ नहीं। आप इन दोनों

की आलोचना कर सकें तो 'हंस' में छाप दूँगा।

हाँ, 'ग़बन' के बाद 'मैग्डलीन' छपेगी। तब तक मेरा दूसरा उपन्यास भी लिखा जा चुकेगा।

हाँ, पत्नी जी तो आ गईं मगर शायद फिर जायँ। अभी उन्हें सन्तोष नहीं। सारा स्वराज्य एकबार ही ले लेंगी। किस्तों में नहीं चाहतीं।

मैंने 'परख' की आलोचना 'हंस' में कर दी है। 'माधुरी' का पुरस्कार तो भेजा जा चुका है। बहुत पहले ही। अब कुछ बाकी नहीं।

और तो नई बात नहीं! आप बाहर आ जाएँ तो फिर बातें होंगी। उस थोड़ी देर की मुलाकात से तो प्यास और भी बढ़ गई थी।

आपका

धनपतराय

हाँ, उपन्यास हो या कहानी, उसमें चुलबुलाहट न हो तो बेचटनी-सा भोजन है। ज़रूर चाहिए। ज़राफ़त तो उपन्यास की जान है।

८

२० जनवरी १९३१

बाबू जी,

पन्द्रह ता० को मैंने आपको कहानी भेजी थी। रजिस्ट्री से भेजता कैसे, इससे बैरंग भेजी ताकि पैसे वसूल करने की वजह से पो० आफिस को उसे ठीक जगह पहुँचाने की चिन्ता रहे। वह आपको मिल गई न ? वह लिखी तो चौदह को गयी थी लेकिन खत्म नहीं हुई थी। जब आपको भेजी, दोबारा देख भी न पाया। एक जगह एक शब्द सूझ नहीं रहा था इससे Gap छोड़ दिया था। मुझे पीछे उसका ख्याल आया। खैर। जहाँ-तहाँ की गलतियों को आपने सँभाल दिया होगा। 'हंस' कब तक आयेगा, लिखिए। आपकी किताबें अब तक नहीं मिलीं। शायद भेजने में भूल हो गयी, अब तक भेज नहीं पाये।

आपका

जैनेन्द्र कुमार

९

स्पेशल जेल, गुजरात
२२ फरवरी १९३१

बाबू जी,

आपका पत्र मिला। उससे एक ही रोज पहले एक कार्ड मैंने लिखा था। 'हंस' की और किताबों की प्रतीक्षा में हूँ। मैं स्वयं आपसे मिलने को भूखा हूँ। आप ही घर पर दिल्ली आ सकेंगे, इससे तो बढ़कर भाग्य ही क्या होगा। मैं अगले महीने की समाप्ति तक छूटूँगा। ठीक तिथि लिखना तो संभव नहीं। 'कल्याण' का विशेषांक कब निकलता है? मैं अवश्य उसके लिए लिखूँगा लेकिन जान पड़ता है अभी जल्दी नहीं है। आपकी सेवा और आज्ञा पालन के लिए में तैयार हूँ ही। जब और जैसी आज्ञा होगी 'हंस' के लए लिखने का यत्न करूँगा। आपका फ़रवरी का अंक कब तक निकलेगा क्योंकि उस कहानी की हिन्दी ग्रन्थ रत्नाकर जो मेरा संग्रह निकाल रहे हैं उसके लिए आवश्यकता है। क्या यह हो सकेगा कि उसकी प्रतिलिपि बम्बई पहुँच जाय?

और आप क्या नवलकिशोर प्रेस से सम्बन्ध तोड़ने का इरादा रखते हैं जो गाँव में बैठ जाने के बारे में लिखते हैं? 'माधुरी' का क्या हाल है। विशेष सब कुशल है।

विनीत
जैनेन्द्र कुमार

२०

नवल किशोर बुक डिपो, लखनऊ
१८ फरवरी १९३१

प्रिय जैनेंद्र,

आपकी आलोचनाएँ मुझे पहले ही मिल गई थीं, पर जवाब की ऐसी कोई बात न थी। इस से विलम्ब से लिख रहा हूँ। सभी आलोचनाएँ 'हंस' में जा रही हैं। आपने 'गढ़ कुंडार' को पसंद किया है। मैं तो पढ़ न सका था। कारण यह है कि उसमें आगे चलकर कुछ रस आता है और मैं आदि के दस बीस पन्ने पढ़कर ही अधीर हो गया, आगे पढ़ने का धैर्य न रहा।

'हंस' अभी तक नहीं आया। शायद आज मिल जाय। इधर काशी में बुधवार से बहुत बड़ा दंगा हो रहा है, सभी कारोबार बंद हैं, प्रेस भी बंद है, यहाँ तक कि

× × भी बंद है। शायद दो एक रोज़ में सामान्य स्थिति आ जाय।

इस बीच में निराला जी की 'अप्सरा' भी प्रकाशित हो गई। यह उनका पहला उपन्यास है, मिलने पर भेजूँगा। आप कब तक बाहर आवेंगे? एक बार हम लोगों का मिलना ज़रूरी है। मैं दिल्ली आ जाऊँगा। पूज्य बहन जी से भी जल्दी में कुछ बातें न हुईं।

'ग़बन' की एक प्रति भी शीघ्र ही भेजूँगा। इस पर जो कुछ लिखना हो वह 'माधुरी' के लिए लिखिएगा। 'माधुरी' से अब मेरा सम्बन्ध नहीं रहा। मैं बुकडिपो में आ गया। आ तो पहले ही गया था, अब पूर्ण रूप से आ गया। अप्रैल तक शायद यहाँ और रहूँगा, फिर काशी चला जाऊँगा और कहीं देहात में बैठकर कुछ लिखता पढ़ता रहूँगा। 'हंस' तो आपके सिर डाल दूँगा। क्या बताऊँ अभी एक हज़ार भी ग्राहक नहीं हैं। आप लिपट जाएँगे तो छः महीने में दो हज़ार छपेगा। उसके लिए प्रति मास एक गल्प लिखते जाइए और जो कुछ मिज़ाज में आवे लिखिए।

'कल्याण' का कृष्णांक निकल रहा है। कुछ उसमें भी लिखिए। वह पैसे अच्छे देता है, हिन्दी में सबसे ज़्यादा छपता है।

इधर उर्दू की उन्नति देखकर आश्चर्य हो रहा है। लाहौर से एक पत्रिका ने आठ सौ पचास पृष्ठों का विशेषांक निकाला है।

शेष कुशल है।

शुभेच्छु
धनपतराय

२२

अजमेर कैम्प कांग्रेस, करांची
२३ मार्च १९३१

श्रद्धेय,

आपका पत्र दिल्ली मिला था। 'ग़बन' भी मिल गया था, पढ़ भी न पाया कि ऋषभचरण उठा ले गया। अब दिल्ली जाकर पढ़ूँगा और अपनी सम्मति लिखूँगा। सम्मति अच्छी के बजाय और कुछ तो होने से रही। कुछ पृष्ठ न पढ़ लेता, इतना तो तब भी कह सकता था। यहाँ कल आया, पहली या दूसरी को बम्बई जाऊँगा। इस पत्र का उत्तर जो आप लिखें बम्बई प्रेमी जी के पते पर दें। 'हंस' का फरवरी का अंक भी वहीं भिजवा दें। आपने 'कंकाल' और 'शराबी' का जिक्र तो किया, भेजा नहीं। मिल जाय तो उन्हें बम्बई भिजवा

सकते हैं, रास्ता काटने को कुछ सामान मिलेगा, क्योंकि साथ में मेरे कोई किताब नहीं है ।

विशेष कुशल है ।

यहाँ चहल-पहल है । नौजवानों ने मौका देखा है, उठ रहे हैं और गाँधी जी को बैठा देना चाहते हैं । यह जानते नहीं कि गाँधी मरकर ही बैठेगा । पढ़े-लिखे अहम्मन्य नौजवानों की बात थोड़ा-बहुत तमाशा अवश्य दिखायेगी । देखूँ क्या होता है । विशेष कुशल है ।

आपका

जैनेन्द्र

२२

हिन्दी ग्रन्थ रत्नाकर कार्यालय, गिरगाँव, बम्बई

६ अप्रैल १९३१

बाबू जी,

मैं कराँची से परसों यहाँ पहुँचा । 'ग़बन' जब चलनेवाला ही था कि दिल्ली में मिला था । कुछ सफे पढ़ पाता हूँ कि ऋषभ उसे उठा ले गया । सम्मति अब दिल्ली से ही लिखूँगा । फरवरी का 'हंस' का अंक मुझे यहाँ मिला । 'परख' की आपकी आलोचना तो चलती-सी रही जैसे बहुत भीड़ के वक्त लिखी गयी हो । यहाँ से दो-एक रोज़ में चलूँगा । झाँसी भी ठहरने का विचार है । वहाँ सोचता हूँ सीधा वृन्दावनलाल जी वर्मा के यहाँ ही पहुँचूँ और ठहरूँ । जानता नहीं तो क्या । आपकी 'हंस' की कहानी खूब है । आप दिल्ली के पते पर लिखिएगा कि आप दिल्ली कब पधारिएगा । मैं नौ-दस तक दिल्ली अवश्य पहुँच जाऊँगा ।

विशेष ।

आपका

जैनेन्द्रकुमार

२३

साहित्य सुमन माला कार्यालय,

नवलकिशोर प्रेस बुक डिपो, लखनऊ ।

१३ अप्रैल १९३१

प्रिय जैनेंद्र जी,

आपका पत्र मिला । मैं लाहौर गया, पर आप दिल्ली न थे इसलिए मैं सीधा

लौट आया। आशा है अब आप दिल्ली आ गए होंगे। आपको कहानी का पुरस्कार भेजने के लिए मैंने ताकीद कर दी है। आशा है जल्द पहुँचेगा। 'ग़बन' आप पढ़ लें और मैं कुछ आपकी राय जान लूँ तो मुझे सन्तोष हो। 'परख' की आलोचना जल्दी में तो नहीं की, लेकिन अपनी दानिस्त में मुझे जो कुछ कहना चाहिए था वह कह चुका। मैं समालोचक बहुत खराब हूँ। पुस्तक पर पाठक की दृष्टि से निगाह डालता हूँ। और जो भाव जम जाता है वही लिखता हूँ। × × × × आयी तो थी पर एक साहब लेकर मुरादाबाद चले गए, वह लौट कर आवें तो भेजूं।

आशा है आप (सानन्द) हैं।

भवदीय

धनपतराय

२४

पहाड़ी धीरज, दिल्ली

१६ अप्रैल १९३१

बाबू जी,

आपका पत्र मिला। मैं यहाँ तेरह तारीख की सुबह पहुँचा। उसी दिन श्री स्वामी आनन्द भिक्षु जी से मिलना हुआ था। उनसे मालूम हुआ था कि आप देव शर्मा जी को लाहौर जाते हुए सहारनपुर के स्टेशन पर मिल गये थे। मैं इससे यह समझता था कि आप अभी लाहौर ही होंगे और लौटते हुए ज़रूर दिल्ली उतरेंगे। और मैं हर रोज़ आपके यहाँ आने की आशा कर रहा था। उसके बदले में मिला आपका खत जिससे मालूम हुआ कि आप लखनऊ पहुँच गए और अब जल्दी इधर आनेवाले हैं नहीं। यह तो सब कुछ बात न हुई। मैं यहाँ आपकी सलाह और मदद से कुछ अपनी ज़िन्दगी की समस्याओं को हल करने की सोच रहा था। खैर।

पुरस्कार के बीस रु० मुझे परसों मिल गये। 'ग़बन' अब पढ़ रहा हूँ। कल तक पढ़ चुकूंगा। पसंद न आये यह तो हो ही कैसे सकता है। ज्यादा खत्म करने पर लिखूँगा।

स्वामी जी, आज मालूम हुआ, लखनऊ ही गये हैं। वह शायद आपको मिलें। उनसे आप जानेंगे कि यहाँ न आकर आपने कैसा अत्याचार किया। मैं आखिर दिल्ली आता था ही। स्टेशन पर ही नहीं तो एक दिन बाद सही, मैं यहाँ हाज़िर हो ही जाता। मेरा आपको देखने को बड़ा जी है।

'परख' की आपकी आलोचना से मैं असहमत हूँ, सो बात नहीं। उस विलक्षण विवाह के बारे में तो मुझे अब खयाल होता है कि शायद कुछ Extra-ordinary के मोह में पड़कर, कि पुस्तक जिससे असाधारण जँचे, मैंने वह बात उस तरह लिखी। अब सचमुच लगता है कि वह अयथार्थ मोह था और मेरी कमी थी। और पुस्तक का परिचय देते-देते जो आप पुस्तककार पर कुछ शब्द लिख गये, यह मुझे बड़ा प्रिय लगा। जैसे आप उस लेखक को पाठक के निकट पहुँचा देना चाहते हैं और उनमें आपस में मेलजोल हो जाय। लेकिन पहले कार्ड में जो मैंने लिखा उसका आशय यह था कि पुस्तक पर आपका वक्तव्य इतना संक्षिप्त है कि पुस्तककार, जिसे आप से उसके गुण-दोषों की समीक्षा और आलोचना सुनने की उत्कण्ठा थी, संतुष्ट नहीं हो सकता। और वह भी वह जो आपसे खरी बात सुनने की ज़िद करने का अपना अधिकार समझने लग गया है। आप चाहें तो 'माधुरी' या और किसी में या उससे भी अच्छा मुझे, समीक्षात्मक अपनी विस्तृत सम्मति भेज सकते हैं और इस 'चलित-चित्र' के बारे में भी अपनी राय लिखें। मेरे मन में हो रहा है न जाने कैसी है कैसी नहीं। दुबारा पढ़ी तो बीच-बीच में कुछ गड़बड़-सी लगने लगती है। आप इस पर समीक्षक नहीं उस्ताद की हैसियत से मुझे कुछ लिखें। आपको याद हो कि उस मुलाकात के वक्त मैंने जब आपसे इस कहानी के भीम का जिक्र किया था तो आपने कुछ संदेह-सा प्रकट किया था। सो ही समझकर आप मुझे लिखें।

मैं यहाँ बिलकुल स्वस्थ और प्रसन्न हूँ। और माता जी अच्छी तरह हैं। और सब भी कुशल पूर्वक हैं।

मेरे योग्य सेवा लिखें।

आपका विनीत
जैनेंद्र कुमार

२५

पहाड़ी धीरज, दिल्ली
२६ जून १९३१

बाबू जी,

आपके पत्र का जवाब मैंने परसों दिया है या कल। मिला होगा। 'वातायन' वाली कहानी कल ही रवाना कर चुका हूँ। आज 'ग़बन' की आलोचना लिखता था कि नंददुलारे बाजपेयी का बहुत-बहुत अनुरोध का पत्र आ पहुँचा।

'भारत' के लिए कहानी चाहते हैं। क्योंकि ऐसी आलोचना लिख चुके हैं जो मेरे बहुत अनुकूल न थी इसलिए भी उनके अनुरोध को मानना जरूरी हो गया है, कहीं वह और न समझें। इसलिए अब वहीं लिख रहा हूँ। यह इसलिए आपको लिखता हूँ कि आप 'भारत' में कहानी देखकर मुझे उलाहना न दें। कल आपकी आलोचना और फिर जल्दी हो कहानी लिखूँगा। 'भारत' में आज हिन्दुस्तानी एकेडमी की पुरस्कार सूचना दीख पड़ी। 'परख' और नये छपते हुए संग्रह 'वातायन' की यथावश्यक प्रतियाँ यथास्थान भेजने के लिए बम्बई लिख रहा हूँ। मुझे विश्वास है, यह मेरा दुस्साहस नहीं है। 'वातायन' छपते ही आपके पास आयगा। जल्दी ही छप जायगा।

विशेष कुशल है।

विनीत
जैनेंद्र

२६

सेन्ट्रल जेल, लाहौर
१६ जुलाई १६३२

बाबू जी,

आपका पत्र मुल्तान में मिला था। ख्याल था कि जवाब दूँ तो कहानी के साथ दूँ। कहानी जो शुरू की थी, शुरू करते न करते छूट गई। और जब आपका पत्र आया, तब उन कुछ लिखे पन्नों का भी पता न चला। दूसरी कहानी या वही कहानी दूसरी बार लिखने का फिर न मन हुआ न मौका हुआ। यह भी ध्यान हुआ कि नया आर्डिनेंस लग गया है, और अब आपका विशेषांक क्या निकलेगा। क्या विशेषांक निकल रहा है? और क्या उसमें कुछ देर है? सूचना मिली, और अंक निकलता हुआ और उसके निकलने और आपके पत्र में काफी से कम वक्त भी हुआ तो भी यहाँ से कहानी अवश्य भेजूँगा। यहाँ मुल्तान जैसा जमघट नहीं है।

१३ ता० को मैं यहाँ आया। राजनैतिक कैदियों को, रिहाई की तिथि निकट आते ही यहाँ भेज देते हैं, मुल्तान में रिहा नहीं करते। यों मेरी तिथि अट्ठारह है पर जुर्माने का और डेढ़ महीना यहीं काटना होगा। सामान कुर्क करके, जुर्माना वसूल कर लिया जाय तो बात दूसरी पर इसकी आशा कम है।

आपका 'कर्मभूमि' कितना हो गया? जल्दी देखने की उत्सुकता है। आपको

जाननेवाले हर जगह मिल जाते हैं। पर कृतियों से, दूर-दूर से ऐसा जानते हैं कि यथार्थ ही आपको जाननेवाले किसी को सामने पाकर उन्हें हर्षमय विस्मय होता है। तब आपके प्रति उनके आदर भाव का कुछ प्रतिबिम्बित अंश अनायास उस जानहार को भी पाना होता है। इस पर उसे गर्व भी होता है, लज्जा भी। मुफ्त आदर क्या बुरा? मुफ्त है, इसलिए क्यों अच्छा नहीं? पर, मुफ्त है इसलिए वह कठिन है, भारी लगता है। ऐसे ही एक महाशय अपना लिफाफा और काग़ज़ पेश करके हठात् मुझसे आपको यह पत्र लिखवा रहे हैं। नवयुवक हैं, बम्ब केस में हैं और आपको जानने के मेरे सौभाग्य के बधाई-स्वरूप मेरे प्रति अत्यन्त सेवोद्यत हो गये हैं। मुझे लिखते हुए अपने पत्र में आप उन्हें अवश्य याद करें। जेल में लिफ़ाफ़ा कीमती चीज़ है और मैं आपको लिख पढ़ रहा हूँ, इसका तमाम श्रेय उनको है।

अब आप गाँव में रहते हैं, या शहर में, मकान ले लिया है? दोनों बच्चे कहाँ हैं? शहर में ही रहना होता होगा उन्हें तो। अगर 'हंस' बंद है तो क्या आप नया कुछ नहीं लिख रहे?

'मेरी मेग्डलीन' क्या छपना आरम्भ हो गया? और मैंने 'स्पर्द्धा' कहानी ठीक करके राय साहब को भिजवायी थी, क्योंकि उन्होंने मुझसे एक बार सानुरोध कहा था। क्या वह उन्हें मिल गयी? पुछवाकर अवश्य सूचित कीजिएगा। क्योंकि इस काम के लिए एक आदमी की तत्परता के विश्वास पर निर्भर करना हुआ था।

और कुशल समाचार और साहित्य समाचार लिखिएगा। श्री कृपाराम मिश्र की जिस किताब का जिक्र किया था, वह भेज सकें तो अवश्य भेजें। विशेष सब ठीक है।

आपका
जैनेन्द्र

२७

सरस्वती प्रेस, काशी
१५ अगस्त १९३२

प्रिय जैनेन्द्र,

तुम्हारा पत्र कई दिन हुए मिला। मैं आशा कर रहा था देहली पहाड़ी धीरज से आ रहा होगा, पर आया लाहौर से। खैर लाहौर मुल्तान से कुछ कम है। उससे कई दिन पहले मुल्तान मैंने एक पत्र भेजा था। शायद वह लौट कर आ

गया हो। अच्छा मेरी गाथा सुनो। 'हंस' पर ज़मानत लगी। मैंने समझा था ऑर्डिनेंस के साथ ज़मानत भी समाप्त हो जायगी। पर नया ऑर्डिनेंस आ गया और उसी के साथ ज़मानत भी बहाल कर दी गई। जून और जुलाई का अंक हमने छापना शुरू कर दिया है। पर मैनेजर साहिब जब नया डिक्लेरेशन देने गये तो मजिस्ट्रेट ने पत्र जारी करने की आज्ञा न दी, ज़मानत माँगी। अब मैंने गवर्नमेंट को एक स्टेटमेंट लिखकर भेजा है। अगर ज़मानत उठ गई तो पत्रिका तुरन्त ही निकल जायगी। छप, कट, सिलकर तैयार रखी है। अगर आज्ञा न दी तो समस्या टेढ़ी हो जायगी। मेरे पास न रुपये हैं, न प्रामेसरी नोट, न सिक्योरिटी। किसी से कर्ज़ लेना नहीं चाहता। यह शुरू साल है, चार पाँच सौ वी० पी० जाते, कुछ रुपये हाथ आते। लेकिन वह नहीं होना है।

इस बीच मैंने 'जागरण' को ले लिया है। 'जागरण' के बारह अंक निकले लेकिन ग्राहक संख्या दो सौ से आगे न बढ़ी। विज्ञापन तो व्यास जी ने बहुत किया लेकिन किसी वजह से पत्र न चला। उन्हें उस पर लगभग पन्द्रह सौ का घाटा रहा। वह अब बंद करने जा रहे थे। मुझसे बोले, यदि आप इसे निकालना चाहें तो निकालें, मैंने उसे ले लिया। साप्ताहिक रूप में निकालने का निश्चय कर लिया है। पहला अंक जन्माष्टमी से निकलेगा। तुम्हारा इरादा भी एक साप्ताहिक निकालने का था। यह तुम्हारे लिए ही सामान है। मैं जब तक इसे चलाता हूँ फिर यह तुम्हारी ही चीज़ है। धन का अभाव है। 'हंस' में कई हज़ार का घाटा उठा चुका हूँ। लेकिन साप्ताहिक के प्रलोभन को न रोक सका। कोशिश कर रहा हूँ कि सर्वसाधारण के अनुकूल पत्र हो। इसमें भी हज़ारों का घाटा ही होगा। पर करूँ क्या। यहाँ तो जीवन ही एक लम्बा घाटा है। यह कुछ चल जायगा तो प्रेस के लिए काम की कमी की शिकायत न रहेगी। अभी तो मुझे ही पिसना पड़ेगा, लेकिन आमदनी होने पर एक सम्पादक रख लूँगा। अपना काम केवल एडिटोरियल लिखना होगा।

तुम्हारी कहानी 'स्पर्द्धा' छप रही है। राय साहिब छपवा रहे हैं। 'मैग्डेलीन' भी छपवानेवाले हैं।

'कर्मभूमि' के तीस फ़ार्म छप चुके हैं। अभी करीब छः फ़ार्म बाक़ी हैं। 'हंस' में हाथ लगा दिया। प्रेस को अवकाश न मिला। इसलिए अब तक पुस्तक तैयार न हुई। अब उसे जल्द समाप्त करता हूँ। सबसे पहले तुम्हारे पास भेजी जायगी और तुम्हारे ममताशून्य फ़ैसले पर मेरी कामयाबी या नाकामी का निर्णय है। दो कहानियों के छोटे-छोटे संग्रह और छापे हैं। पं० कृपानाथ मिश्र की 'प्यास' भेज रहा हूँ। संभव हो तो इसकी आलोचना करना। अब मैं शहर में रह रहा

हूँ। लड़के पढ़ने जाते हैं। मैं भी प्रेस में घड़ी-आध घड़ी के लिए चला आता हूँ।

जिन भाई का आपने अपने पत्र में ज़िक्र किया है उन्हें मेरा बड़े प्रेम से बंदे कहिएगा। मेरे हृदय में उनकी सच्ची शुभकामना है। उनका नाम न लिखा। मैं अपना नया उपन्यास उनके पास भेजूंगा।

अभी श्री आनन्दभिक्षु सरस्वती का पत्र आया। उन्हें मध्यप्रान्त और ग्वालियर की साहित्य सभाओं की ओर से 'भावना' पर पुरस्कार मिले हैं। 'भावना' है भी तो अच्छी चीज़।

इधर पं० श्रीराम शर्मा का 'शिकार', स्वामी सत्यदेव जी की कहानियों का संग्रह, डा० रवीन्द्रनाथ ठाकुर की 'षोडशी' आदि पुस्तकें निकली हैं। बा० वृन्दावनलाल जी का 'कुंडलीचक्र' मैंने बड़े शौक से पढ़ा। लेकिन पढ़कर मन फीका हो गया। कहीं गर्मी नहीं मिली, न चुटकी, न खटक। शायद मुझमें भावशून्यता का दोष है।

और तो सब कुशल है। ईश्वर से प्रार्थना करता हूँ कि तुम सुखी रहो।

तुम्हारा सच्चा भाई—

धनपतराय

२८

सरस्वती प्रेस, काशी।

७ दिसम्बर १६३२

प्रिय जैनेंद्र, बन्दे।

कार्ड मिला था। सरस्वती प्रेस और 'जागरण' से २६-१०-३२ को 'उसका अंत' नाम की कहानी के दंड में दो हज़ार की ज़मानत माँगी। बहुत परेशान हुआ, भागा हुआ लखनऊ पहुँचा, वहाँ Chief Secretary से मिलकर कहानी का आशय समझाया और भी अपनी Loyalty के प्रमाण दिये। अब आशा है ज़मानत मंसूख हो जायगी। ज़रा-ज़रा-सी बात में गर्दन पर छुरी चल जाती है।

'कर्मभूमि' तुम्हें बहुत बुरी नहीं लगी, इससे खुशी हुई। इसकी कहीं आलोचना कर दो।

तुम्हारी परेशानियों की कहानी पढ़कर बड़ी चिन्ता में हूँ। इस मास में कुछ भेजूंगा ज़रूर। 'जागरण' बड़ा पेटू है और 'हंस' पैसे खाने में शेर।

बच्चों को आशीर्वाद।

सप्रेम

धनपतराय

१९

सरस्वती प्रेस, काशी।
१० जनवरी १९३३

प्रिय जैनेंद्र,

प्रेम। पत्र मिला। छोटे दिलीप की बीमारी की बुरी ख़बर सुनी है। सर्दी यहाँ भी जोरों की है। दिल्ली का क्या पूछना। ईश्वर उसे जल्द अच्छा कर दे

पं० बनारसीदास जी यहाँ रविवार को आ रहे हैं। माखनलाल जी कल यहाँ आए थे। तुम्हारी कहानी मैंने कहीं नहीं भेजी। यहाँ प्रसाद जी से उस पर मेरी बातचीत हुई। एक दल तो उसे अवश्य ही घासलेटी कहेगा। यह लोग उसी दल में हैं। मैंने समझा यदि कोई उस पर कुछ लिखेगा तो उसका जवाब दिया जायगा। अपनी तरफ़ से नाहक क्यों तूफ़ान खड़ा किया जाय।

हाँ, मैं भी चाहता हूँ 'परख' पर कुछ लिखवाऊँ। मुझे आलोचना नहीं करनी आती। यहाँ आलोचना के लिए (जनार्दन प्रसाद झा द्विज) सबसे अच्छे हैं। वह परीक्षा में लगे हुए हैं और तो मुझे कोई आलोचक नहीं दिखता।

'कर्मभूमि' की आलोचना जल्द निकलनी चाहिए।

सुभद्राकुमारी जी को बधाई तो दे दी थी। 'हंस' में आलोचना कर रहा हूँ।

रुपये नहीं जा सके, मगर दो एक दिन में अवश्य ही जाएँगे। हज़ारों रुपये बाकी पड़े हुए हैं, लेकिन जब तक अपने हाथ में न आ जायँ क्या कहा जाय? शिवपूजन प्रयाग हैं। ज्यों ही आएँगे कहानी ले लूँगा।

और सब कुशल है।

तुम्हारा—
धनपतराय

२०

सरस्वती प्रेस,
१७ जनवरी १९३३

प्रिय जैनेंद्र,

आशीर्वाद। तुम्हारे दोनों पत्र मिले। उसके दो दिन पहले मैंने एक कहानी 'भारत' के लिए लिखी थी। बड़ी मनहूस कहानी निकली। कुछ इसी तरह का

उसका विषय था ।

बच्चा चला गया । खत पढ़ते ही पहले तो कलेजा सन्न हो गया, लेकिन फिर मन शांत हो गया । यही जीवन के कड़वे अनुभव हैं । इन्हें झेले जाओ तो सब कुछ सरल हो जाता है । फिर रोयें भी तो किस के सामने ? कौन देखनेवाला है ? किसी को अपना समझें क्यों ? अपना केवल इतने ही के लिए समझो कि उसके प्रति हमारे कर्तव्य हैं । ज्ञान-वान तो मैं जानता नहीं । ऐसे आघातों से कलेजे पर घाव लगता ही है । लेकिन लगना चाहिए नहीं । तुम रोये नहीं, इससे मेरा चित्त बहुत शांत हुआ । तुम यहाँ होते तो तुम्हारी पीठ ठोंकता । यही तो परीक्षा के अवसर हैं ।

भगवती और माता जी को बहुत समझाना । देवियों का हृदय कोमल होता है । बच्चा उनके अंग का एक भाग-सा था । होते ही उसी के झगड़ों में लग जाती थीं । अब उन्हें कितना सूना-सूना लगता होगा । माता जी ने दुनिया के सुख-दुख देखे हैं । उनको मैं क्या समझाऊँ । लेकिन भगवती से कहूँगा धैर्य से काम लो । बच्चे को तुमने पाला-पोसा फिर भी वह तुमसे रूठ कर चला गया । उसकी स्मृति क्या उससे कम प्यारी है ? मैं तो समझता हूँ वह और भी प्यारा हो गया है, समझो कि अब तुम्हारी गोद में खेल रहा है । बल्कि तुम्हारे हृदय के अंदर है । कहीं गया नहीं, भीतर जो बैठा है, अब बाहर की गर्मी, सर्दी, रोग, व्याधि का इस पर कुछ असर न होगा । फिर क्यों रोते हो ?

चतुर्वेदी भी आये थे । दो दिन खूब बातें हुईं । प्रसाद जी से भी भेंट हुई । मैं समझता हूँ उनमें बहुत कुछ सफ़ाई हो गयी है । कहानी के विषय में मेरी उनसे बातचीत हुई, मैंने उन्हें समझाने की चेष्टा की । वह अपनी तरफ़ से अड़े रहे । लेकिन उसे इधर-उधर भेजकर एक झगड़ा खड़ा करना उन्हें भी पसन्द नहीं है ।....

चैक से बीस रुपये भेजता हूँ । रुपये मँगवाने में डाक का समय निकल गया ।

अभी शिवपूजन सहाय जी घर से नहीं लौटे । आते ही कहानी ले लूँगा । सुदर्शन जी एक फ़िल्म कम्पनी में छः सौ रुपये पर नौकर हो गये ।

और तो सब कुशल है ।

तुम्हारा—
धनपतराय

२१

सरस्वती प्रेस,
४ मार्च १६३३

प्रिय जैनेंद्र,

मैंने कई दिनों से तुम्हें पत्र नहीं लिखा। कोई बात लिखने की ऐसी थी भी नहीं। तुम्हारा लेख शिवपूजन सहाय जी से मिल गया और छप भी गया, मगर है बहुत नन्हाँ-सा। मेरा लेख भी इतना ही बड़ा होगा।

तुम्हारा उपन्यास चल रहा है, या आराम करने लगा? मैं समझता हूँ अब तुम हर तरह से स्वस्थ हो।

तीन चार दिन इलाहाबाद रहा और (वहाँ) तुम्हारी खूब चर्चा रही। इंडियन प्रेसवाले तुम्हें पत्र लिखेंगे।

धुन्नू की अम्माँ की किताब को भूलना नहीं। तुम्हारा (लिख देना) ही उन्हें आसमान पर चढ़ा देगा।

और तो नई बात नहीं।

तुम्हारा—
धनपतराय

तुम अपना तौलिया यहाँ छोड़ गये जिससे बंदा देह पोंछता है।

२२

सरस्वती प्रेस, बनारस।
६ मई १६३३

प्रिय जैनेंद्र,

पत्र मिला। मैं सागर गया था। कल शाम को लौटा हूँ। बेटी के बालक हुआ, पर चौथे दिन उसे ज्वर आ गया और प्रसूत ज्वर के लक्षण मालूम हुए। यहाँ तार आया। हम दोनों प्राणी भागे हुए गये। मैं तो लौट आया, तुम्हारी भाभी अभी वहीं हैं। 'हंस' निकल गया। कल रवाना होगा। अब की बड़ी देर हो गयी। तस्वीरों का इंतजार था। तस्वीर तो न आयी, देर हो गई। यह सुनकर खुशी हुई कि 'रंगभूमि' वालों से तुम्हारा मामला हो गया। बड़ी अच्छी बात हुई। मगर भाई 'हंस' को महीने में एक मोती न दोगे तो बेचारा जियेगा

कैसे ? यह अंक भी बिना तुम्हारी कहानी के गया ।

और तो सब कुशल है । 'जागरण' अभी तक खड़ा नहीं हुआ, घिसट रहा है ।

भगवती को मेरा आशीर्वाद कहना और महात्मा जी को प्रणाम । दिलीप को प्यार ।

तुम्हारा —
धनपतराय

२३

सरस्वती प्रेस,
२७ मई १९३३

प्रिय जैनेंद्र,

कई लेख, आलोचना और पत्र मिले । धन्यवाद । तुम्हारी कहानी अब के ज़रूर रहे ।

पुस्तकों का हाल न पूछो । 'प्रेम की वेदी' और 'फाँसी' का महीनों से विज्ञापन हो रहा है, पर मुश्किल से दस आर्डर आये होंगे । यह हाल है पुस्तकों का । एक एजेंट रखा है, पर वह लिखता है पाठशाला और बालकों की पुस्तकों की माँग अधिक है । 'फाँसी' वहाँ किसी बुकसेलर की दुकान पर रख दो, कुछ न कुछ बिकती रहेगी । आजकल पुस्तकों का बाज़ार ठंडा है । संतान शास्त्र कुछ बिकता है, या वह जिससे जीवन का कोई प्रश्न हल होता है ।

दैनिक 'जागरण' के विषय में मैं इससे अधिक और कुछ नहीं जानता कि वह लोग उद्योग कर रहे हैं । ज़्यादा परवाह भी नहीं है ।

कमला को प्रसूत ज्वर है । धुन्नू की अम्माँ अभी वहीं हैं । एक ख़त से मालूम होता है हालत अच्छी है, दूसरा पत्र आकर चिन्ता में डाल देता है । चि० दिलीप तो अब स्वस्थ है । मैं समझा था महात्मा जी आ गये होंगे । भगवती को यहाँ भेजोगे ? एक-दो महीना हमें भोजन दे दो । मगर तुम सोचोगे वहाँ क्या होगा ? संसार स्वार्थी है ही । कहानियों की सेल तो आजकल बहुत कम है । मेरी बीस कहानियाँ पड़ी हुई हैं, छापने की हिम्मत नहीं पड़ती । अभी तो 'मैगडेलीन' निकलने दो । कहानी अवश्य । मई आज तैयार हो गया । मई का मई में ! कितनी तारीफ़ की बात है ।

तुम्हारा —
धनपतराय

२४

बनारस सिटी,
१७ जुलाई १६३२

प्रिय जैनेंद्र,

आदाबअर्ज। भई वाह ! मानता हूँ। जून गया, जुलाई गया और अगस्त का मैटर भी जानेवाला है। जुलाई बीस तक निकल जायगा। लेकिन हजूर को याद ही नहीं। क्यों याद आये। बड़े आदमी होने में यही तो ऐब है। रुपये तो अभी कहीं मिले नहीं। लेकिन यश तो मिल ही गया है और यश के धनी धन के धनी से क्या कुछ कम मग़रूर और भुलक्कड़ होते हैं !

अच्छा दिल्लगी छोड़ो। यह बात क्या है ? तुम क्यों मुझसे तने बैठो हो ? न कहानी भेजते हो, न ख़त भेजते हो। मैं तो इधर बहुत परेशान रहा। याद नहीं आता अपनी कथा कह चुका हूँ। बेटी के पुत्र हुआ और उसे प्रसूत ज्वर ने पकड़ लिया। मरते-मरते बची। अभी तक अधमरी-सी है। बच्चा भी किसी तरह बच गया। आज बीस दिन हुए यहाँ आ गयी है। उसकी माँ भी दो महीने उसके साथ रही। मैं अकेला रह गया था। बीमार पड़ा, दाँतों ने कष्ट दिया। महीनों उसमें लग गये। दस्त आये और अभी तक कुछ न कुछ शिकायत बाकी है। दाँतों के दर्द से भी गला नहीं छूटा। बुढ़ापा स्वयं रोग है और अब मुझे उसने स्वीकार करा दिया कि अब मैं उसके पंजे में आ गया हूँ।

काम की कुछ न पूछो। बेहूदा काम कर रहा हूँ। कहानियाँ केवल दो लिखी हैं, उर्दू और हिन्दी में। हाँ, कुछ अनुवाद का काम किया है।

तुमने क्या कर डाला, अब यह बताओ ? 'रंगभूमि' से क्या रहा ? निभा जाता है या नहीं ? कोई नयी चीज़ कब आ रही है ? बच्चा कैसा है ? भगवती देवी कैसी हैं ? माता जी कैसी हैं ? महात्मा जी कैसे हैं ? सारी दुनिया लिखने को पड़ी है, तुम ख़ामोश हो।

'सरस्वती' में वह नोट तुमने देखा ? आज पं० बनारसीदास जी के पत्र से मालूम हुआ कि यह शास्त्री जी की दया है। ठीक है। मैं तो ख़ैर बूढ़ा हो गया हूँ और जो कुछ लिख सकता था लिख चुका और मित्रों ने मुझे आसमान पर भी चढ़ा दिया। लेकिन तुम्हारे साथ यह क्या व्यवहार। भगवतीप्रसाद बाजपेयी की कहानी बहुत सुंदर थी और इन चतुरसेन को क्या हो गया है कि 'इस्लाम का विष-वृक्ष' लिख डाला ! इसकी एक आलोचना तुम लिखो और वह पुस्तक मेरे पास भेजो। मैंने चतुर्वेदी जी से प्रस्ताव माँगी है। इस कम्युनल प्रापेगेंडा का ज़ोरों से

मुक़ाबला करना होगा और यह ऋषभ भले आदमी भी इन चालों से धन कमाना चाहता है।

यहाँ एक कवि-सम्मेमन कल हुआ। आज दूसरा है। शीघ्र पत्र लिखो। कहानी पीछे भेजना।

तुम्हारा —
धनपतराय

२५

सरस्वती प्रेस,
१ अगस्त १९३३

प्रिय जैनेंद्र,

तुम्हारा पत्र मिला। (बच्चे) का हाल सुनकर चिंता हुई। अब तो अच्छा हो रहा होगा। इधर मैं भी स्वस्थ नहीं हूँ, लेकिन काम किये जाता हूँ।

आजकल हिन्दी में अजीब धाँधली है। जिसकी पुस्तक की बुरी आलोचना कर दो वह लड़ने पर तैयार हो जाता है। इसलिए मैंने इरादा किया है कि कहानी और उपन्यासों की आलोचना करना ही छोड़ दूँ। जिस की तारीफ़ कर सकूंगा, उसकी आलोचना करूँगा, जिसकी तारीफ़ न कर सकूंगा, उसे किनारे रख दूँगा। 'सरस्वती' ने तो वह (लेख) छापा ही था, अब 'सुधा' और 'माधुरी' भी टिप्पणियाँ करते जाते हैं।

पुस्तकों की खपत बहुत कम है। फिर भी 'अज्ञेय' जी की पुस्तकें भिजवा देना। 'हस्त रेखा' की आलोचना अच्छी हो तो करवा देना।

बच्चा अच्छा होगा। भगवती को आशीर्वाद कहना। बेटी अच्छी है, और सभी चले जा रहे हैं।

तुम्हारा —
धनपतराय

२६

जागरण कार्यालय,
१ सितम्बर १९३३

प्रिय जैनेंद्र,

तुम्हारा पत्र मिला। हाँ भाई, तुम्हारी कहानी बहुत देर में पहुँची। अब

सितम्बर में तुम्हारी और 'अज्ञेय' जी की, दोनों ही जा रही हैं। जुलाई में 'क्रांतिकारी की माँ' नाम की कहानी 'हंस' में छपी थी, उस पर सरकार ने ज़मानत की धमकी दी।

आजकल इतनी मंदी है कि समझ में नहीं आता काम कैसे चलेगा। मज़दूरों को वेतन चुकाने में कठिनाई पड़ रही है। इसलिए तुम्हारे पास कुछ न भेज सका। जिनके ज़िम्मे बाकी है वह साँस ही नहीं लेते। रुपये मिलते ही महावीर के ख़र्च के लिए भी रुपये भेजूंगा और तुम उन्हें ताकीद कर देना कि मेरठ और दो-तीन शहरों का दौरा करते और एजेंटों से बातचीत करते हुए आवें। यहाँ आने पर मैं उन्हें बिहार की ओर भेजूंगा। 'मेग्डेलीन' तुम्हारे आदेशानुसार कार्यालय में पहले ही लगाये देता हूँ।

मेरा जी इतने छोटे से काम में हार नहीं मानना चाहता। 'जागरण' अब तक नफ़ा देता यदि मैं 'हंस' और सुंदर निकाल सकता, इसकी सामग्री और सुंदर बना सकता, इसमें दो-चार चित्र दे सकता। लेकिन धन का काम अब समय से लेना पड़ेगा। मैं चाहता हूँ कि तुम यह समझो कि तुम्हीं यह पत्र निकाल रहे हो और इसके नुक़सान में नहीं नफे में भी उतने ही शरीक हो जितना मैं। मैं तो चाहता हूँ कि यहाँ कार्यालय इतना सम्पन्न हो जाये कि हमें किसी प्रकाशक का मुँह न देखना पड़े। हम दोनों मिलकर इसे सफल न बना सके तो खेद की बात होगी। 'स्टेटसमैन', 'नेशनल काल' और कितने ही अँग्रेज़ी पत्र वहाँ मिल सकते हैं, उनमें से Informative सामग्री दी जा सकती है। दो चार नोट लिखना मुश्किल नहीं। हाँ, इच्छा होनी चाहिए। मैटर अच्छा होने पर इस पर जनता की निगाह जमेगी। मैं एक पृष्ठ चित्रों के देने की फ़िक्र में भी हूँ। पुस्तकें लगातार लिखते रहना अपने बस की बात नहीं है। कभी-कभी महीनों काम नहीं होता और न पुस्तकों से इतने रुपये मिल सकते हैं कि उन पर depend किया जा सके। यह भी तो चिन्ता रहती है कि कोई ऊटपटाँग चीज़ न लिख दी जाय। समाचारपत्र तो दूकान है। एक बार चल निकले तो उससे थोड़े परिश्रम में आमदनी हो सकती है, और तब पुस्तक भी लिखी जा सकती है। यह (ठीक बात) है कि मेरी उम्र एक नये व्यवसाय में पड़ने की नहीं है, लेकिन मैं उम्र को और स्वास्थ्य को बाधक नहीं बनाना चाहता। तुम कम से कम दो कालम का एक लेख अवश्य दे दिया करो। किसी मामले पर टिप्पणियाँ करना चाहो तो वह भी बैरंग बृहस्पत तक मुझे दे दो।

समाचारपत्रों की आमदनी का दारोमदार विज्ञापनों पर है। मैंने बिड़ला से मिलने को कहा था। अपनी ग़रज़ से मत मिलो, मेरी गरज़ से मिलो, पत्र दिखाओ,

उसकी चर्चा करो। और उनसे खैरात तो कुछ माँगते नहीं। विज्ञापन दिला देने का अनुरोध करो। यह कह सकते हो, कि इस पत्र को घाटा हो रहा है, और थोड़े से सहारे से यह बहुत उपयोगी हो सकता है। उनके पास कई मिलें हैं, एकाध पृष्ठ का विज्ञापन उनके लिए तो कुछ नहीं है, लेकिन मेरे और तुम्हारे लिए वह बावन रुपये महीना का सहारा है। भाई, यह संसार चुपके से रामभरोसे बैठनेवालों के लिए नहीं है। यहाँ तो अंत समय तक (खटना) और लड़ना है। उनसे कुछ मदद पा सकते हो। यहाँ झेंपू और मेरे जैसे शर्मीले आदमियों का गुज़ारा नहीं। उनके लिए तो कोई स्थान ही नहीं। तुम अपने में यह ऐब न आने दो। है भी नहीं। मैं तो कौड़ी दाम का नहीं हूँ। अखबार निकालना मेरी (हठधर्मी) है। कुछ (ज़िद्दी) हूँ और हार नहीं (मानना) चाहता। खेती करता तो उसमें भी इसी तरह चिमटता।

यहाँ वर्षा कम हुई। घर के और सब लोग मज़े में हैं। दिलीप तो अच्छा है। भगवती से मेरा आशीर्वाद कहना।

भवदीय
धनपतराय

२७

सरस्वती प्रेस,
३ सितम्बर १६३३

प्रिय जैनेंद्र,

पत्र मिला। कहानी फिर न भेजी। जून का अंक छप रहा है। तीन दिन के अंदर कहानी आ जानी चाहिए।

'चित्रपट' देखा। अच्छा है। बेटी अच्छी हो रही है। दस दिन में यहाँ आ जायगी। × × × तैयार हो रहा है। बड़े हर्ष की बात है। कब देखूँगा ? 'प्रेम की वेदी' की जिल्द बन रही है।

सोमवार को भेजा जायगा।

तुम्हारा —
धनपतराय

२८

सरस्वती प्रेस, बनारस सिटी
२७ सितम्बर १६३३

प्रिय जैनेंद्र,

तुम बिगड़ रहे होगे कि पत्र क्यों नहीं लिखा। मैंने सोचा था महावीर के

लिए ग्राहक सूची से एक प्रोग्राम बनाकर कुछ रुपये के साथ पत्र लिखूँगा। पर न सूची देखने का अवसर मिला न रुपये कहीं से आये और मैं एक सप्ताह के लिए प्रयाग चला गया। वहाँ से आया तो घर के लोग प्रयाग चले गये। मैं प्रेस न आ सका। 'चाँद' के लिए एक कहानी लिखनी थी, इधर-उधर के झंझट। रह गया। महावीर आ गये हैं। अभी मेरा विचार है उन्हें आसपास के शहरों में भेजने का। ज़रा बाहर जाने का अभ्यास हो जाय तो सी० पी०, बिहार की ओर भेजूं। आजकल न जाने क्यों पुस्तकों की बिक्री बंद है। अब अजमेर में जो मेला लगनेवाला है, उसके कारण दो एक × × × मिले हैं। 'हंस' का काशी अंक निकल रहा है। सितम्बर के अंक में फिर देर हो गयी। अब अक्टूबर के पहले सप्ताह में जायगा। दो दिन से प्रेस बंद है। अज्ञेय की यह कहानी बहुत अच्छी थी। उनको कविताओं के विषय में यहाँ यह राय है कि भाव तो उत्कृष्ट हैं, पर हाथ मँजा हुआ नहीं है। लोग कहते हैं कविताओं से उनकी कहानियाँ और गद्यकाव्य बढ़कर हैं।

धनपतराय

२६

जागरण कार्यालय,
२४ अक्टूबर १९३३

प्रिय जैनेन्द्र,

मालूम नहीं महावीर ने तुम्हारे पास कोई ख़त लिखा था या नहीं, यहाँ तो उनकी कोई ख़बर नहीं। जिस दिन यहाँ से गए उसके तीसरे दिन प्रयाग से ख़त आया था, फिर कुछ न मालूम हुआ वहाँ से गए या वहीं हैं। आज चौबीस दिन हो गए, कपड़े-लत्ते सब यहाँ हैं। पुस्तकें जो वह दिल्ली से लाए थे सब यहाँ रखी हुई हैं। विचित्र आदमी हैं। अगर, ईश्वर न करे, कहीं बीमार हो गए तो एक कार्ड तो लिख देना था। मुझे तो मालूम होता है वह सफल न हुए, और शर्म के मारे चुप साधे बैठे हैं। इस काम में सफल होने के लिए बड़े अनुभव और बेहयाई की जरूरत है और आदमी भी ऐसा चाहिए जो गर्मी-सर्दी, भूख-प्यास सह सके। इतना बड़ा कार्यालय तो है नहीं कि अपने एजेंटों को अच्छा अलाउँस या वेतन दे सके, और जितना वह दे सकता है उससे रोज़ परदेश में नहीं रहा जा सकता। होटल तो छोटे शहरों में होते नहीं और अकसर पूरियों पर गुजारा करना पड़ता है। महावीर का स्वास्थ्य शायद इन दिक्कतों को न झेल सके।

तुमने कई बार रुपये के लिए लिखा है। मैं दिल मसोसकर रह गया। जो कुछ ग्रामदनी होती है वह ऊपर उड़ जाती है। वेतन तो पूरा नहीं पड़ता। काग़ज़ के कई सौ रुपये बाकी पड़े हुए हैं। खर्च पाँच सौ रुपये महीने का, ग्रामदनी कुल मिलाकर चार सौ रुपये से ज्यादा नहीं। मैं ग्रपनी खामियों को समझ रहा हूँ। ग्रपनी ग़ल्तियों को देख रहा हूँ। पर यह ग्राशा है कि शायद कुछ हो जाय। हिम्मत बाँधे हुए हूँ। इधर एक महाशय फिर एक लिमिटेड प्रकाशन संघ खोलने का विचार कर रहे हैं। मैं भी शरीक हो गया। कुछ लोगों ने हिस्से लेने का वचन भी दिया। मगर वह ऐसे ग़ायब हुए कि कुछ पता ही नहीं कहाँ हैं। ग्रक्टूबर का 'हंस' काशी ग्रंक होगा। मगर बीस फार्म का निकालना पड़ा ग्रौर नवम्बर का ग्रंक भी उसमें मिलाना पड़ेगा। इन दोनों ग्रंकों से नाक में दम है। मगर प्रथा ऐसी चलती है कि मोटों के साथ दुर्बल भी पिसे जा रहे हैं। 'चाँद' ग्रौर 'सरस्वती' विशेषांक निकाल सकते हैं। 'हंस' में दम नहीं है, पर फिर भी शहीदों में शामिल होना चाहता है। मैंने सोच लिया है जनवरी तक ग्रौर देखूंगा। ग्रगर उस वक्त 'जागरण' कुछ ढंग पर न ग्राया तो इसे बंद कर दूँगा। जी तो चाहता है कि 'हंस' का दाम बढ़ाकर पाँच रुपये कर दूँ ग्रौर एक सौ पृष्ठों का निकालूँ ग्रौर तुम उसका सम्पादन करो। मैं ग्रलग बैठकर पुस्तकें लिखूँ। ज्यादा काम भी तो नहीं कर सकता। लेकिन शायद मेरी कामनाएँ सब यों ही रह जायँगी। मुश्किल तो यह है कि व्यवसाय में जितना मैं कच्चा हूँ उतने ही तुम भी कच्चे हो! वरना क्या बात है कि ऋषभचरण तो सफल हों ग्रौर हम लोग ग्रसफल रहें। उपन्यास लिखता था वह भी बंद है। लेकिन ग्रब ज्यादा प्रतीक्षा न करूँगा। जनवरी तक ग्रौर देखता हूँ। तुम्हारी सलाह न मानी, वरना इतना घाटा क्यों उठाता। लेकिन कोई काम बंद करते बदनामी होती है ग्रौर वही लाज ढो रहा हूँ।

'हंस' का विशेषांक निकल रहा है। शायद कुछ रुपये बच जायँगे। उस वक्त जो भी कुछ हो सकेगा तुम्हारे पास भेजूंगा। मैं तुमसे सच कहता हूँ प्रेस ग्रौर पत्रों पर मैं मरा जा रहा हूँ। कुछ लेखों से, कुछ रायल्टियों से, कुछ उर्दू पुस्तकों से ग्रपना गुज़र कर रहा हूँ। लेकिन बहुत देख चुका, ग्रब यह तमाम बंद करूँगा।

घर में सब लोग कुशल से हैं। 'कर्मभूमि' का उर्दू ग्रनुवाद जामिया मिल्लिया से शायद निकल जाय।

ग्रौर क्या लिखं। ग्राशा है तुम प्रसन्न हो।

सप्रेम तुम्हारा
धनपतराय

३०

सरस्वती प्रेस
२८ नवम्बर १९३३

प्रिय जैनेन्द्र,

तुम्हारा पत्र अभी मिला। प्रयाग से तुमने क्या बाद में पत्र लिखा था। बात यह है कि मैं कई दिन प्रेस नहीं आया, काम प्राय: बंद था। अब सब काम ठीक हो गया है।

'जागरण' का भार मेरे सर से उतरा जा रहा है। यहाँ से बा० सम्पूर्णानन्द जी उसे अर्ध-साप्ताहिक रूप में निकालने जा रहे हैं। आशा है दो-तीन दिन में सब बात तय हो जायगी। 'हंस' के भी अब तीन फार्म और रह गए हैं। अब यदि हम अंक को छः रुपये की वी० पी० करें तो भय होता है कि बहुत से पत्र वापस आवें। इस अंक पर लगभग आठ सौ रुपये से अधिक खर्च हो गए। 'जागरण' के ग्राहक तो अब 'हंस' में मिलने से रहे, 'हंस' के ग्राहकों पर ही संतोष करना पड़ेगा। मगर एक हजार पाठकों में से आधे निकल गए तो मुश्किल पड़ जायगी। इसलिए मैं फिर दुविधा में पड़ गया हूँ। प्रसाद जी की राय है कि 'जागरण' के आकार का अर्ध-मासिक निकाला जाय और छः रुपये दाम रखा जाय। इसमें तुम्हारी क्या राय है। यहाँ लोगों की राय में बिना चित्रों का पत्र बड़ी मुश्किल से चलेगा। कुछ समझ में नहीं आ रहा है। नुकसान से जी डरता है, सहने की शक्ति नहीं रही। अगर 'जागरण' मेरा पल्ला छोड़ता है तो अभी 'हंस' रह जायगा। उसमें थोड़े से और पृष्ठ बढ़ाकर ज्यों का त्यों निकालता रहूँगा।

जैसी तुम्हारी राय है वैसी ही मेरी राय है। लेकिन जनता की राय शायद ऐसी नहीं। वह तो चित्र चाहती है। साहित्यिक पाठकों की संख्या इतनी है या नहीं जो हमारे पत्र का आदर करें, इस विषय में बड़ा मतभेद हो रहा है। जो कुछ भी हो मैं एक सप्ताह के अन्दर निर्णय कर सकूँगा। इस विषय पर फिर जल्द ही लिखूँगा।

धनपतराय

३१

सरस्वती प्रेस, बनारस सिटी
१२ दिसम्बर १९३३

प्रिय जैनेन्द्र,

कल एक पत्र लिख चुका हूँ। प्रसाद जी के एक मित्र यह जानने के लिए

बड़े उत्सुक हैं कि 'घावर्षण' निकल रहा है या नहीं और यदि नहीं निकल रहा है तो क्यों? पहले अंक में उसका कैसा स्वागत हुआ? क्या उसके संचालक उसे निकालना चाहते हैं? अगर किसी कारण से वे न निकालना चाहते हों तो क्या वे उसके निकालने का अधिकार किसी दूसरे को देंगे?

कृपा कर के इसका जवाब लौटती डाक से देना। वह महाशय दिल्ली से एक पत्रिका निकालने की बात सोच रहे हैं और 'घावर्षण' मिल जाय तो उसे ही ले लेंगे।

भवदीय —
धनपतराय

३२

सरस्वती प्रेस,
१६ दिसम्बर १६३३

प्रिय जैनेन्द्र,

तुम्हारा पत्र कई दिन हुए मिल गगा था। उसके पहलेवाला इलाहाबाद का पत्र भी काग़ज़ों में खोजने से मिल गया।

'जागरण' साबिक दस्तूर चल रहा है। बा० सम्पूर्णानन्द को शायद उनके मित्रों ने मदद नहीं दी। अब मैं उसको बन्द करने की फ़िक्र में हूँ। उसके पृष्ठ घटा दिये हैं। इस रूप में शायद इससे ज्यादा नुकसान नहीं है। फिर भी झंझट तो है ही।

'हंस' की तुम्हारी स्कीम साहस चाहती है, और जो इस वक्त हालत है उसमें वह स्कीम बड़ी मुश्किल से चलेगी। काग़ज़वालों के काफ़ी रुपये बाकी हैं और कोई (नयी) चाल चलने की हिम्मत नहीं पड़ती। नयी स्कीम के अनुसार तुरन्त ही तीन हजार रुपये महीने का खर्च बढ़ जाता है। पहले से पाठकों को कुछ कहा भी नहीं गया, और एक बार के कहने से कोई असर भी न पड़ेगा। बार-बार कहने की ज़रूरत है। इसलिए इन छः महीनों में तो हमें ज़मीन तैयार करनी चाहिए। अभी मुझे कोई स्कीम पेश करने का मुँह भी तो नहीं है। अक्टूबर-नवम्बर का संयुक्त अंक अभी नहीं निकला, आज छः दिसम्बर भी हो गई, अभी पाँच-छः दिन से कम न लगेंगे। ऐसी दशा में पाठकों से सहानुभूति-सहयोग की आशा मैं नहीं करता। आधे वी० पी० कहीं लौट आवें, भय तो यह है। सारा दारोमदार वी० पी० पर है। अगर इससे कुछ बोझ हलका होगा तो फिर

साहस बढ़ेगा। दिसम्बर का अंक अधिक से अधिक दस तक निकाल देना चाहता हूँ। यह सब हो जाय तो अप्रैल से आकार बढ़ाने की बात चले।

महावीर अभी पटने में ही है। उसने पुस्तकों के आर्डर भेजे थे पर सब बाहर की पुस्तकें हैं और कितनी ही यहाँ मिलती भी नहीं। और उन पर कमीशन भी बहुत कम मिलता है। मैंने उनसे पूछा है क्या कमीशन देने का वचन दे चुके हैं। जवाब आने पर पुस्तकें जमा करके भेजी जायँगी।

'सेवासदन' के विषय में तुमने पूछा। बम्बई की एक कम्पनी ने कुछ बातचीत की थी। उसी का यह तूमार बाँध दिया। उन्होंने मुझे सात सौ पचास आफ़र भी किया था। मैंने सात सौ पचास ही बहुत समझा, मंजूर कर लिया, लेकिन रुपये नहीं मिले।

'कर्मभूमि' के अनुवाद के चार सौ रुपये एक गुजराती प्रकाशक से तय हुए थे। दीवाली के बाद रुपये भेजने का वायदा था। मगर वह भी चुप साध गया। दो ख़त भी लिखे, जवाब नदारद।

और भी कई जगह से रुपया मिलने की आशा थी। पर कहीं से कोई खबर नहीं है। इससे कोई Risky काम करते और भी हिचकता हूँ।

और तो कोई नई बात नहीं है। सटर पटर चला जाता है।

तुम्हारा
धनपतराय

३३

जागरण आफिस
१४ फरवरी १९३४

प्रिय जैनेन्द्र,

नहीं जानता तुमसे किन शब्दों में क्षमा माँगू और अपनी चुप्पी का क्या बहाना करूँ। काशी अंक निकला, चार सौ वी०पी० गये, एक सौ पचहत्तर वसूल हुए, दो सौ पच्चीस वापस आये। बस बधिया बैठ गयी। मेरा अन्दाज़ा था कि तीन सौ वी० पी० ज़रूर वसूल होंगे। इस वापसी का नतीजा यह कि काग़ज़ वाले को तेरह सौ में कुल तीन सौ दे सका। एक हज़ार पूरे उसके सर पर सवार हैं। 'जागरण' के काग़ज़वाले का भी एक हजार रुपये से कुछ ऊपर ही चढ़ा हुआ है, जो-जो बातें सोची थीं, वे सब गायब हो गईं। ऐसी माली हालत में क्या कोई प्रोग्राम बाँधूँ, क्या करूँ। तुम्हें मालूम होगा कुछ दिनों से लीडर प्रेसवालों से इस सारे संकट को मिटा

देने का प्रस्ताव था। बीच में वह प्रस्ताव स्थगित कर दिया था। पर जब ऐसी परिस्थिति आ पड़ी है तो अब इसके सिवा कोई राह नहीं है कि किसी तरह इस झगड़े से गला छुड़ाकर भाग निकलूँ। लीडर को एक प्रस्ताव लिख भेजा है, वे यहाँ १८ को आनेवाले हैं। आशा करता हूँ कि उस दिन यह मामला तय हो जायगा। पहले इरादा था कि 'हंस' उन्हें दे दूँ और प्रेस चलाता रहूँ। लेकिन सारी विपत्ति की जड़ तो यह प्रेस है। न जाने किस बुरी साइत में उसकी बुनियाद पड़ी थी। दस हज़ार रुपये और ग्यारह साल की मेहनत और परेशानियाँ अकारथ हो गयीं। इसी प्रेस के पीछे कितने मित्रों से बुरा बना, कितनों से वायदा खिलाफ़ी की, कितना बहुमूल्य समय जो लिखने-पढ़ने में कटता, बेकार प्रूफ देखने में कटा। मेरी ज़िन्दगी की यह सबसे बड़ी ग़लती है।

महावीर प्रसाद ने कुछ किताबें बेचीं। १३०) लाये भी थे, फिर पटना वापस गये और इधर कुछ हाल-हवाल नहीं लिखा। मालूम हुआ दिलीप के काम में शरीक हैं। तीन सौ की नयी किताबें बुकसेलरों को दे चुके हैं। वसूल भी कर पाते हैं या वह भी डूबता है, राम जाने।

लाहौर में मेरे लगभग १०००) उर्दू किताबों के बाकी थे। बरसों के तक़ाज़े के बाद अब मालूम हुआ कि उनसे रुपये वसूल नहीं हो सकते। नालिश करने पर शायद कुछ निकले।

एक खुशख़बरी यही है कि सेवासदन का फिल्म हो रहा है। उस पर मुझे ७५०) मिले। अगर इस तंगी में यह रुपये न मिल जाते तो न जाने क्या दशा होती, ईश्वर ही जाने। लेकिन तंगी में जब कोई रकम हाथ आ जाती है तो वे सारी जरूरतें जो मुँह दबाये पड़ी थीं यकायक चीख मारने लगती हैं। किसी के पास कपड़े नहीं हैं, किसी के पास जूते नहीं हैं। किसी की लड़की की शादी के लिए कुछ देना चाहिए। ग़रज़ वह रुपये दो-चार दिन में हवा हो जाते हैं। वही यहाँ हो रहा है। उसी में तुम्हारा भी थोड़ा-सा हिस्सा है।

लीडर से अगर बातचीत तय हो गयी तो मैं प्रस्ताव करूँगा कि वह तुम्हें 'हंस' का एडिटर बना दें। वे लोग इसे ज्यादा शान के साथ निकाल सकेंगे और तुम्हें अपने विचारों को कार्यरूप में लाने का अवसर मिल जायगा। मैं एकान्त में बैठकर कुछ थोड़ा-बहुत लिख लिया करूँगा। इस झमेले में तो लिखना एक तरह से बन्द ही हो गया। तब तुम्हारी पुस्तकें झट से निकलेंगी और उन पर रायल्टी मिलेगी।

और क्या लिखूँ। बारह दिन बम्बई रहा। प्रेमी जी से मिला। उनके यहाँ भोजन किया। बेचारे बहुत बीमार थे। मर कर जिये। अब भी बहुत कमज़ोर

हैं। इसके बाद जो पत्र लिखूँगा उसमें यहाँ के development का पूरा वृत्तान्त होगा। भुवनेश्वर जी खूब लिखते हैं और साहित्य के रसिक हैं।

तुम्हारा—
धनपतराय

३५

सरस्वती प्रेस, बनारस सिटी।
१६ अप्रैल १९३४

प्रिय जैनेन्द्र,

पत्र लिखने ही जा रहा था कि तुम्हारा ख़त मिल गया। मैंने × × × × जी को पत्र लिखा था और जिस रूप में उन्होंने स्कीम को मेरे सामने रखा था वह मुझे इस वजह से पसंद आयी थी कि उसमें × × × की कोई परेशानी नहीं थी। जमा-जमाया काम था। केवल ज़िम्मेदारी मेरे सर से हट जाती थी, लेकिन उनका जो जवाब आया है वह कुछ संतोष के लायक नहीं है। ख़ैर। मैं तो (इस काम) से तंग आ गया हूँ और कोई सहयोगी खोज रहा हूँ। केवल साहित्यिक सहयोगी नहीं, बल्कि कारोबारी सहयोगी भी। अगर तुम्हें साहित्यिक और किसी बिज़नेसमैन या कारोबारी का सहयोग प्राप्त हो जाय तो मैं अपने सर से बोझ टालकर हट जाऊँ। अगर वात्स्यायन जी भी मिल जायं तो और भी अच्छा। डरता यही हूँ कि यहाँ से (भागकर) दिल्ली पहुँचूँ और वहाँ भी यही रोना रहे तो अफ़सोस हो कि नाहक आये।

देशबन्धु जी वाले प्रोपोजल को क्यों तुमने अस्वीकार कर दिया। अगर पक्के (काग़ज़) की शर्तों पर काम किया जाय तो कोई वजह नहीं कि हमें धोखा हो। किसी की Personality से क्यों झिझक? हमें तो काम करने के लिए सहयोग चाहिए। वह जहाँ से भी मिले उसे ले लो। देशबन्धु बिज़नेसमैन है, इसमें तो सन्देह है ही नहीं।

लीडरवालों ने अभी तक कोई जवाब नहीं दिया। यही २० तारीख उनके फ़ैसले की है। अगर डाइरेक्टरों ने अनुकूल राय दी तो काम हो जायगा। इसीलिए अभी तक मैंने अप्रैल का 'हंस' प्रेस में नहीं दिया। उनका जवाब मिल जाने पर 'हंस' प्रेस में जायगा।

अलीगढ़ में दावतें खाने के सिवाय और कुछ न हुआ। हमारी स्कीम को लोगों ने पसंद तो बहुत किया मगर उन दिनों यूनिवर्सिटी बन्द थी और Old

Boys Association के जल्से हो रहे थे। इससे कुछ बोलने का अवसर न मिला। उन लोगों ने जिस तरह मेरा स्वागत किया, उससे मेरा चित्त बहुत प्रसन्न हुआ। मुझे आश्चर्य हुआ कि वहाँ कितनी ही मुस्लिम लड़कियाँ परदा नहीं करतीं और वे सब मेरी नयी से नयी उर्दू प्रकाशित किताब 'ग़बन' पढ़ चुकी थीं। मैंने पुलाव और गोश्त खाया, उन्हीं के दस्तरख्वान पर और यहाँ आकर दो-तीन दिन चूरन खाना पड़ा। और क्या लिखूँ, काम चला जा रहा है। 'हंस' के लिए कुछ लिख भेजो। अगर यहाँ से निकला तो दे दूँगा। प्रयाग से निकला तो वहाँ भेज दूँगा।

महावीर प्रसाद का कोई पत्र नहीं आया। चार महीने हो गये। कई सौ की पुस्तकें इधर-उधर डाल दी हैं। न कुछ पता लिखा, कि याद देहानी करता। कुछ किताबें पटने में डाल दी हैं, कुछ कहीं। उन्हीं किताबों के लिए पटने से यहाँ आये थे। यहाँ से प्रयाग गये थे। फिर पटने गये थे। जल्दी-जल्दी किताबें जमा कीं, लेकिन वह ख़ामोश हो गये। रिलीफ वर्क तो बहुत अच्छा है, लेकिन कुछ अपनी ज़िम्मेदारी का खयाल भी तो होना चाहिए। मेरे रुपये 'चाँद' पर आते हैं, कुछ उनसे तक़ाज़ा करता, लेकिन अब उल्टे मैं उनका देनदार हूँ। तुम उन्हें एक पत्र लिखकर ताकीद कर दो कि जो पुस्तकें न बिक सकी हों, उनका हिसाब लिख भेजें। हिसाब बड़ा गोलमाल है। ३००) से ऊपर की पुस्तकें उनके पास होंगी। आशा थी कुछ उधर से आयेगा तो काग़ज़ का बिल कम होगा, मगर व्यर्थ।

लाजपत राय को मैंने ख़त लिखा। उसने जवाब नहीं दिया। मैंने यहाँ तक लिखा था कि थोड़ा-थोड़ा दे दो, लेकिन जब कोई पत्रों का जवाब ही न दे तो क्या किया जाय। अगर तुम जाओ तो पत्र दिखाकर उनसे साफ़-साफ़ जवाब लेना, वह किस तरह सफ़ाई चाहते हैं। ८००) का मामला है। यहाँ मेरे सर पर क़र्ज़ है और वहाँ एक-एक आसामी इतनी-इतनी रकमें दबाये बैठा है। क्या वह यही चाहता है कि हम लोग अदालत में आमने-सामने खड़े हों। भला आदमी ख़त का जवाब नहीं देता। मजबूर होकर रजिस्टर्ड नोटिस देना पड़ेगा। शेष कुशल।

तुम्हारा—
धनपतराय

३६

हंस आफ़िस,
३० अप्रैल १९३४

प्रिय जैनेन्द्र,

तुम्हारा पत्र ऐन इन्तजार की हालत में मिला। तुमसे सलाह करने की एक ख़ास ज़रूरत आ पड़ी है। अभी न बताऊँगा। जब आओगे तभी इस विषय में बातें होंगी। मगर अब तुम्हें क्यों Suspense की हालत में रखूं। बम्बई की एक फ़िल्म कम्पनी मुझे बुला रही है। वेतन की बात नहीं, कंट्रैक्ट की बात है। ८०००) साल। मैं उस अवस्था को पहुँच गया हूँ जब मेरे लिए हाँ के सिवा कोई उपाय नहीं रह गया कि या तो वहाँ चला जाऊँ या अपने उपन्यास को बाज़ार में बेचूं। मैं इस विषय में तुम्हारी राय जरूरी समझता हूँ। कम्पनीवाले हाज़री की कोई कैद नहीं रखते। मैं जो चाहे लिखूँ, जहाँ चाहे लिखूं, उनके लिए चार-पाँच सीनरियो तैयार कर दूँ। मैं सोचता हूँ, क्यों न एक साल के लिए चला जाऊँ। वहाँ साल भर रहने के बाद कुछ ऐसा कंट्रैक्ट कर लूंगा कि मैं यहीं बैठे-बैठे तीन चार कहानियाँ लिख दिया करूँ और चार-पाँच हज़ार रुपये मिल जाया करे। उससे 'जागरण' और 'हंस' दोनों मजे से चलेंगे और पैसों का संकट कट जायगा। फिर हमारी दोनों की चीजें धड़ल्ले से निकलेंगी, लेकिन तुम यहाँ आ जाओगे तो कतई राय होगी। अभी तो मन दौड़ा रहा हूँ।

तुम्हारी स्कीम मुझे बिलकुल पसन्द है। खूब पसंद है। लीडर से जवाब मिल गया, वे लोग हिन्दी काम को नहीं बढ़ाना चाहते। उनके जवाब के इंतजार में अप्रैल का 'हंस' २२ तक रुका रहा। २४ को जवाब मिला तब लेख जुटाये गए और अब अप्रैल और मई का 'हंस' एक साथ छप कर १५-२० मई तक रवाना होगा।

लीडरवालों से बात चीत इस आधार पर थी कि 'हंस' का और पुस्तकों का मूल्य जोड़ लिया जाय और उतने हिस्से मुझे लीडर कम्पनी में मिल जायँ। 'हंस' के लिए मैंने दो हज़ार माँगे थे, हालांकि इस पर मैं ४०००) से ज्यादा भेंट कर चुका हूँ। पुस्तकों का मुआमला साफ़ है। पुस्तकों की असली लागत निकाल ली जाय। 'जागरण' को चलाना मंजूर हो तो इसे चलाया जाय। अच्छा सोशलिस्ट पत्र बना दिया जाय। रहा यह प्रेस, यहाँ रहे या कहीं और, मुझे इसमें कोई एतराज नहीं। हाँ, काम ऐसे हाथों में हो जो महज़ dreamers न हों, जैसा मैं हूँ और तुम हो, बल्कि कुछ व्यावसायिक बुद्धि भी रखते हों। काशी में भी

सुभीता है, क्योंकि प्रेस चला-चलाया है। यहाँ लोगों से बड़ी आसानी से सहयोग मिल सकता है। कुछ बँधे-बँधाए ग्राहक भी हैं। संभव है धन आते देख कर यहाँ कुछ लोग भी रुपये लगाने पर तैयार हो जायँ। अगर हम तीन आदमी और कृष्ण चंद्र जी ही मिल जायँ तो क्या कहना। मैं हर तरह से सहयोग देने को तैयार हूँ। शेष कुशल है, बच्चे मज़े में हैं।

बच्चों को आशीर्वाद,

तुम्हारा
धनपतराय

३७

सरस्वती प्रेस,
८ मई १९३४

प्रिय जैनेन्द्र,

भले आदमी, मकान छोड़ा था तो डाकिए से इतना तो कह दिया होता कि मेरी चिट्ठियाँ फ़लाँ पते पर भेज देना। बस बोरिया-बिस्तरा संभाला और चल खड़े हुए। मैंने तुम्हारे जवाब में एक बड़ा-सा Detailed खत लिखा था। वह शायद मुर्दा चिट्ठियों के दफ़तर में पड़ा होगा। लीडरवालों से सौदा ठीक नहीं हुआ। वे लोग हिन्दी का काम लाभ की बात नहीं समझते, और कारोबार बढ़ाना नहीं चाहते। 'हंस' को (रोके) रहा। मगर अब अप्रैल और मई का (संयुक्त अंक) निकल रहा है। तुम्हारी कहानी का इंतजार है।

मैं वात्स्यायन जी के प्रस्ताव को दिल से स्वीकार करता हूँ। अगर ५०००) और वात्स्यायन जी और तुम आ मिलो तो बहुत बड़ा काम हो जाय। मैं हर तरह से तैयार हूँ। यही चाहता हूँ कि जो काम शुरू किया गया है वह बंद न हो, उसकी उपयोगिता बढ़े और वह एक संस्था बन जाए। तुमने आने की बात लिखी थी। बहुत ज़रूरी : । लिखा-पढ़ी से तय न होगी। मेरी तरफ़ से बिल्कुल हिचक नहीं है। हाँ, अगर काशी से काम चले तो कई तरह से सुभीता है। यहाँ प्रेस चला-चलाया है। कुछ पत्रों का प्रचार बढ़ जाय, और आमदनी ज़्यादा हो जाय तो प्रेस को बाहरी काम करने की ज़्यादा फुरसत ही न रहेगी और प्रेस को बढ़ाना पड़ेगा। 'हंस' अगर २००० छपे और 'जागरण' ४००० तो प्रेस को और कोई काम करने की ज़रूरत नहीं। अपनी किताब साल भर में ५०|६० फार्म छाप लेगा। हाँ, बिजली लगा दी जाय तो ज़्यादा काम हो

सकेगा। यहाँ सहयोग भी काफी मिल सकता है। बस एक Private Limited Company बना लो। हम तीनों अपने-अपने हिस्से का काम करें। अवस्थानुसार काम बाँट दो। मैं इसमें जीत में रहूँगा। आओ जल्द। लेकिन कुछ निश्चय हो गया हो तब। मुफ़्त में किराया देने के पक्ष में मैं नहीं हूँ। मुलाकात तो पत्रों से ही हो जाती है और पत्र न भी आये तो भी मैं तुम्हें अपने समीप पाता हूँ।

मुझे एक बम्बई की कम्पनी बुला रही है। क्या सलाह है। मुझे तो कोई हरज नहीं मालूम होता, अगर वेतन सात-आठ सौ मिले। साल-दो साल करके चला आऊँगा। मगर अभी मैंने जवाब नहीं दिया है। उसके दो तार आ चुके हैं। प्रस द जी की सलाह है आप बम्बई न जायँ। तुम्हारी भी अगर यही राय है तो मैं न जाऊँगा। जौहरी जी कहते हैं ज़रूर जाइए और चिरसंगिनी दरिद्रता भी कहती है, चलो। जीवन का यह भी एक अनुभव है।

महावीर का कोई पत्र नहीं। एक बंबई के सज्जन भी ××× से यहाँ आए थे। महावीर से उनका सम्पर्क रहता था। वह तो उनसे कुछ Impressed नहीं हुए।

मुझे कल बुखार आ गया। आज भी थोड़ा है। मगर यों चंगा हूँ। चिन्ता की बात नहीं।

और तो कोई नई बात नहीं। ×× ने सलाह-मशविरा ×× उस मुआमले को तूल दिया। खैर, तुम्हारी ×× मुझे पसंद आई।

तुम्हारा

धनपतराय

३८

अजंटा सिनेटोन लि०, परेल, बम्बई

१५ जून १६३४

प्रिय जैनेन्द्र,

कार्ड मिला। मैं कुछ ऐसा परेशान रहा कि इच्छा होने पर भी पत्र न लिख सका। १ को आ गया, मकान ले लिया, दादर में होटल में खाता हूँ और पड़ा हूँ। यहाँ दुनिया दूसरी है, यहाँ की कसौटी दूसरी है। अभी तो समझने की कोशिश कर रहा हूँ, इस विषय की किताबें पढ़ रहा हूँ। लिखा कुछ नहीं। जुलाई में घर के लोग, धुन्नू को छोड़कर, आ जायेंगे। साल भर किसी तरह काटूँगा, आगे देखी जायगी।

तुमने तो जैसे लिखने की कसम खा ली। 'हंस' में कुछ न लिखा। महीने में दो तीन कहानियाँ लिखना तुम्हारे लिए क्या मुश्किल है। एक 'हंस' को दे दो, एक 'भारती' को दे दो और एक 'चाँद' या 'विशालभारत' को। भाई! आइडियलिस्ट बनने से काम न चलेगा। चिड़ियाँ उड़ती आसमान पर हैं, लेकिन भोजन के लिए धरती पर ही आती हैं। जुलाई के लिए कहानी अवश्य भेजो। यहाँ वर्षा हो गई और बड़ा अच्छा मौसम है।

हाँ! 'हंस' के लिए कुछ साहित्यिक नोट क्यों नहीं लिख दिया करते। हिन्दुस्तान टाइम्स में सारी दुनिया की पत्र-पत्रिकाएँ आती हैं उनमें साहित्योत्तेजक चीज़ें मिल सकती हैं। छः-सात पृष्ठों की कहानी, तीन-चार पृष्ठों की टिप्पणियाँ। इतना 'हंस' के लिए करते जाओ और माहवार हिसाब साफ़ कर दिया करूँगा। आज नहीं तो कल, यह पत्र तुम्हारे हाथ में जायगा ही। शेष कुशल।

धनपतराय

३९

अजंटा सिनेटोन लि०, परेल, बंबई-१२,
१ जुलाई १९३४

प्रिय जैनेन्द्र,

पत्र मिला था। आशा है तुमने अपनी और 'अज्ञेय' जी की कहानियाँ भेज दी होंगी। अगर नहीं भेजी हों तो अब जुलाई नंबर के लिए जल्द से जल्द भेज दो। विलम्ब भी उन कारणों में एक है जो 'हंस' को उठने नहीं देते।

मैं मजे में हूँ। एक स्टोरी लिख डाली। जा रही है। दूसरी शुरू कर रहा हूँ। तुम्हारे ज़ेहन में कोई प्लाट हो तो एक खुलासा भेज दो। यहाँ कई डाइरेक्टरों से जान-पहचान हो गई है। संभव है कहीं निकल जाय। बहुत से सड़ियल लोगों की चीज़ें निकलती हैं तो फिर तुम्हारी क्यों न निकलेंगी?

रात-दिन वर्षा। नाकों दम है। महावीर पहुँच गया या नहीं? प्रवासी लाल ने लिखा था, कोई हिसाब नहीं दिया। ज़रा याद दिला देना। क़ाग़ज़ का पेट तो भरना ही चाहिए।

सप्रेम
धनपतराय

४०

अजंटा सिनेटोन, परेल, बम्बई-१२
३ अगस्त १९३४

प्रिय जैनेन्द्र,

पत्र मिला। मैं २३ को बनारस गया था। ३१ को वापस आया। बेटी और उसकी माँ को लेता आया। लड़कों को प्रयाग कायस्थ पाठशाला में भरती करा दिया। तुम्हारा लेख, कहानी, 'अज्ञेय' जी की कहानी और मेरी कहानी सब छप रही हैं।

सिनेमा के लिए कहानियाँ लिखना मुश्किल हो रहा है, लेकिन ज़रूरत ऐसी कहानियों की है जो खेली भी जा सकें, जो ऐक्टरों के लिए सुलभ हों। कितनी ही अच्छी कहानी हो, अगर योग्य पात्र न मिलें तो वह कौन खेलेगा। अद्‌भुत की ज़रूरत मैं नहीं समझता। मेरी दोनों कहानियाँ साधारण हैं। अगर तुम (कोई) चीज़ लिखो तो यहाँ (कुछ प्रबंध) हो सकता है। पहले सिनापसिस ही लिख भेजो। उससे कहानी के प्लाट का अंदाजा हो जायगा।

'जागरण' (सोशलिस्ट) पेपर हो गया है। काशी में बा० सम्पूर्णानन्द से जो बातें हुईं उनसे मालूम हुआ कि वह एक (पत्र) निकालना चाहते हैं। बड़ा अच्छा है किसी तरह (निकल) जाय, तो मेरे सर से एक बला टले। तुमने 'अज्ञेय' जी के साथ पत्र निकालने का विचार क्यों छोड़ दिया।

मैं सकुशल हूँ।

तुम्हारा
धनपतराय

४२

अजंटा सिनेटोन, परेल, बंबई-१२
८ सितम्बर १९३४

प्रिय जैनेन्द्र,

आशा है तुम कुशल से हो। आजकल क्या कर रहे हो? लिखने पढ़ने की क्या खबर है। मैं तो जैसे (अपाहिज) हो गया हूँ। 'हंस' के लिए एक चीज लिखना भी मुश्किल है। तुमने अपनी कहानी और भि० अज्ञेय की भेज दी होगी। सितम्बर का अंक १५ तक निकाल देने का इरादा है। एक दिन प्रेमी जी के बेटे हेमचन्द आए थे। अच्छी-अच्छी पुस्तकों के बहुत सस्ते एडिशन निकालने को स्कीम सोच रहे हैं। चार-पाँच आने में दस फार्म की किताब देंगे और दस

हजार के एडिशन निकालेंगे। देखें, स्कीम पूरी होती है या यूँ ही रह जाती है। मैंने सुना है जोशी बन्धुओं ने 'विश्वमित्र' से संबंध तोड़ लिया है।

अगर तुमने अपनी कहानी न भेजी हो तो अब अवश्य भेज दो।

और तो कुशल है।

आपका—

धनपतराय

४२

अजंटा सिनेटोन बम्बई-१२,

२६ सितम्बर १६३४

प्रिय जैनेन्द्र,

अभी तुम्हारा पत्र मिला। जवाब दे दिया है। नाहक पैसे खराब किये। मैं तुम्हारी राय के बगैर कभी यह सौदा न करता। बात यों है कि प्रेस में घाटा तो है ही। तीन महीनों की प्रेसवालों की मजदूरी बाकी पड़ी है। जून की तो अगस्त में दे रहे थे। और जुलाई अगस्त के लिए अक्तूबर का वायदा था जब हंस के वी० पी० जाएँगे। इसी बीच में प्रेसवालों ने प्रेस कर्मचारी संघ का ज़ोर पाकर हड़ताल कर दी। मैंने सोचा तीन महीने की मजदूरी १०००) से कम न होगी। कागज़वालों के भी २०००) देने हैं। क्यों न हंस और स्टाक किसी को देकर उससे रुपये ले लो, और सब बकाया चुकाकर प्रेस से हमेशा के लिये पिंड छुड़ा लो। तभी दो-तीन जगह पत्र लिखे। एक पत्र ऋषभ जी को भी लिखा। स्टाक लेना तो सबने स्वीकार किया पर हंस पर कोई न खड़ा हुआ। इस बीच में हड़ताल टूट गयी। एक महीने का वेतन लेकर सब काम करने आ गये। अब दो महीने का नवम्बर में लेंगे। कागज़वालों को भी कुछ रुपये दे दिये। 'जागरण' बन्द कर दिया। अब आशा है काम साधारण तौर पर चलता रहेगा। 'हंस' के ४५० वी० पी० जाएँगे। अगर ३०० वसूल हो जायँ तो मजूरी पाक हो जाय और कुछ कागज़वालों को भी दे दूँ। 'जागरण' ने कम से कम ४०००) की चपत दी। मेहनत छोड़कर। 'हंस' का अक्टूबर अंक निकल रहा है। तुम्हारी और 'अज्ञेय' जी की कोई कहानी अब तक नहीं आयी। क्यों? जल्द से जल्द भेजो तो इस साल 'हंस' को ठीक करके अगले साल से ६) का कर दूँ। दाम बढ़ाने के पहले साल भर तक पत्र को ठीक समय पर और अच्छे रूप में निकालना चाहिए। अगर एक हज़ार ग्राहक ५) के हो जायँ तो फिर उधर से निश्चिंत हो जाऊँ। दिल्ली में कई महिलाएँ भी लिखती हैं। एकाध से 'हंस' के

लिये लेख लो।

यहाँ कांग्रेस में आ रहे हो न? कांग्रेस तो अब बजान-सी चीज़ होती जा रही है। मगर तमाशा तो रहेगा ही।

एक दिन हिमांशु राय से मिला था। वह कोई स्टोरी चाहते थे। पौराणिक हो या सामाजिक। अगर कोई स्टोरी ख़याल में हो तो उसका दो पेज का Synopsis लिख भेजो। मैं उनसे जाकर मिलूँगा और दे दूँगा। अगर जँच गयी तो बड़ा काम हो जायगा।

शेष कुशल। बच्चों को प्यार। भगवती देवी से मेरा आशीर्वाद कहना। और कहानी ज़रूर बिल ज़रूर लिखना। प्रसाद जी से भी कहानी माँगी है। शायद दे भी दें।

तुम्हारा—
धनपतराय

४२

अजंटा सिनेटोन, परेल, बम्बई-१२
२८ नवम्बर १९३४

प्रिय जैनेन्द्र,

इधर बहुत दिनों से तुम्हारा कोई पत्र नहीं मिला। आशा है अब तुम स्वस्थ हो गये हो। प्रवासीलाल जी से मालूम हुआ तुम्हारी कोई कहानी 'हंस' के लिए आयी है। बड़ी खुशी हुई।

साहित्य सम्मेलनवालों ने मुझसे उपन्यास कला पर एक लेख लिखने को कहा है, जो साहित्य परिषद् में पढ़ा जाय। मैंने तो लिख दिया, मुझे ऐसे लेखों की उपयोगिता में विश्वास नहीं। जिनमें प्रतिभा है वे आप लिखने लगते हैं, जैसे बतख का बच्चा तैरने लगता है। जिनमें प्रतिभा नहीं उन्हें लाख कला का उपदेश कीजिये कुछ नहीं कर सकते।

रुद्रनारायण अग्रवाल को तो जानते हो। वही युवक जो दिल्ली में कई बार मुझसे मिलने आया था, जिसके घर एक दिन मैं न्योता खाने भी गया था। परसों उसका पत्र मिला। तपेदिक हो गया और लखनऊ के टी० बी० अस्पताल में पड़ा है। कोई सहायक नहीं, कोई हमदर्द नहीं। ऐसे मेहनती और प्रतिभा के धनी आदमी कम होंगे। वार एंड पीस, रिज़रेक्शन, वेनिटी फ़ेयर आदि पुस्तकों के अनुवाद कर डाले, लेकिन रिज़रेक्शन के सिवा कोई पुस्तक न छपी, प्रकाशकों के पास पड़ी हुई हैं, और आज वह ग़रीब मर रहा है। यह है अभागे साहित्य-

सेवियों का हाल ।

प्रयाग में 'लेखक संघ' का विवरण तुम्हें मिला होगा । बहुत से साहित्यिक उसमें मिल गये हैं, लेकिन कोई दिमाग़वाला आदमी अभी नहीं नजर आता । यूँ हमारे यहाँ दिमाग़वाले आदमी हैं ही कितने । तुम इस संघ में आ मिलो और ऐक्टिव इंट्रेस्ट लो तो शायद कुछ हो । मेरा नाम सभापति के लिए पेश किया गया है । मेरे जैसा सभापति जिस संस्था का हो वह क्या होगी । मैंने डा० भगवान दास, पं० वेंकटेशनारायण तिवारी या पं० नरेन्द्रदेव जी का नाम प्रोपोज़ किया है ।

फ़िल्मी हाल क्या लिखूँ । 'मिल' यहाँ पास न हुआ । लाहौर में पास हो गया और दिखाया जा रहा है । मैं जिन इरादों से आया था, उनमें एक भी पूरे होते नजर नहीं आते । ये प्रोड्यूसर जिस ढंग की कहानियाँ बनाते आये हैं उसकी लीक से जौ भर भी नहीं हट सकते । वल्गैरिटी को यह लोग एंटरटेनमेंट वैल्यू कहते हैं । अद्भुत ही में इनका विश्वास है । राजा-रानी, उनके मंत्रियों के षड्यंत्र, नक़ली लड़ाई, बोसे-बाजी यही इनके मुख्य साधन हैं । मैंने सामाजिक कहानियाँ लिखी हैं, जिन्हें शिक्षित समाज भी देखना चाहे लेकिन उनको फ़िल्म करते इन लोगों को संदेह होता है कि चले या न चले । यह साल तो पूरा करना है ही । क़र्जदार हो गया था । क़र्ज़ा पटा दूँगा । मगर और कोई लाभ नहीं । उपन्यास के अंतिम पृष्ठ लिखने बाकी हैं, उधर मन ही नहीं जाता । यहाँ से छुट्टी पाकर अपने पुराने अड्डे पर जा बैठूँ । वहाँ धन नहीं है मगर संतोष अवश्य है । यहाँ तो जान पड़ता है कि ज़ीवन नष्ट कर रहा हूँ ।

सेठ गोविन्द दास जी यहाँ आये हुए हैं । उनकी भी सिनेमा कम्पनी खुली है । महावीर कहाँ हैं ?

और सब कुशल है ।

सप्रेम

धनपत

४४

१८६, सरस्वती सदन, दादर, बम्बई-१४,
७ फरवरी १९३५

प्रिय जैनेन्द्र,

तुम्हारा पत्र मिला । हाँ, इधर मैंने तुम्हें कोई पत्र न लिखा । ऋषभ जी आये थे । उनसे तुम्हारी खैरियत का हाल मिल गया था । कुछ ऐसा व्यस्त तो

नहीं रहता। हाँ, काम नहीं करता। सात बजे उठता हूँ। साढ़े आठ पर घूम कर आता हूँ। नाश्ता करता हूँ। नौ बजे अख़बार पढ़ता हूँ। कभी घन्टा भर कभी इससे ज्यादा समय लग जाता है। कभी कोई मिलने आ जाता है। ग्यारह बज जाता है। नहा-खाकर स्टूडियो जाता हूँ। कुछ काम हुआ तो किया नहीं उपन्यास पढ़ा। पाँच बजे लौटता हूँ। हिन्दी के पत्रों-पत्रिकाओं को उलटता-पलटता हूँ। चिट्ठी-पत्र लिखता हूँ, खाता हूँ, और सो जाता हूँ। यही दिनचर्या है। एकाध कहानी महीने में लिखता हूँ और दो-एक पृष्ठ के नोट 'हंस' के लिए। बस।

'मज़दूर' तुम्हें पसन्द न आया। यह मैं जानता था। मैं इसे अपना कह भी सकता हूँ, नहीं भी कह सकता। इसके बाद एक रोमांस जा रहा है। वह भी मेरा नहीं है। मैं उसमें बहुत थोड़ा-सा हूँ। 'मज़दूर' में भी मैं इतना थोड़ा-सा आया हूँ कि नहीं के बराबर। फ़िल्म में डाइरेक्टर सब कुछ है। लेखक कलम का बादशाह क्यों न हो, यहाँ डाइरेक्टर की अमलदारी है और उसके राज्य में उसकी हुकूमत नहीं चल सकती। हुकूमत माने तभी वह रह सकता है। वह यह कहने का साहस नहीं रखता, 'मैं जनरुचि को जानता हूँ।' इसके विरुद्ध डाइरेक्टर ज़ोर से कहता है, आप नहीं जानते, मैं जानता हूँ, जनता क्या चाहती है और हम जनता की इसलाह करने नहीं आए हैं। हमने व्यवसाय खोला है, धन कमाना हमारी गरज़ है। जो चीज़ जनता माँगेगी, वह हम देंगे।' इसका जवाब यही है....'अच्छा साहब। हमारा सलाम लीजिए। हम घर जाते हैं।' वही मैं कर रहा हूँ। मई के अंत में काशी में बन्दा उपन्यास लिख रहा होगा। और कुछ मुझ में नयी कला न सीख सकने की भी सिफ़त है। फ़िल्म में मेरे मन को संतोष नहीं मिला। संतोष डाइरेक्टरों को भी नहीं मिलता, लेकिन वे और कुछ नहीं कर सकते, झख मारकर पड़े हुए हैं। मैं और कुछ कर सकता हूँ, चाहे वह बेगार ही क्यों न हो, इसलिए चला जा रहा हूँ। मैं जो प्लाट सोचता हूँ उसमें आदर्शवाद घुस आता है और कहा जाता है उसमें Entertainment Value नहीं होता। इसे मैं स्वीकार करता हूँ। मुझे आदमी भी ऐसे मिले जो न हिन्दी जानते हैं और न उर्दू। अँग्रेजी में अनुवाद करके उन्हें कथा का मर्म समझाना पड़ता है और काम कुछ नहीं बनता। मेरे लिए अपनी वही पुरानी लाइन मज़े की है। जो चाहा लिखा।

'हंस' बदस्तूर चला जाता है। जून से अब तक ८००) प्रेस की नज़र कर चुका हूँ। व्यापार जानता नहीं, खोल बैठा दुकान, घाटा आप होगा। न किसी ऐसे आदमी का सहयोग ही पा सका जो व्यापार जानता हो।

ऋषभ जी आये थे। वह ऐसी कोई आयोजना बना रहे हैं जिसमें तुम, हम

वह और अन्य कुछ लोग मिलकर एक लिमिटेड फ़र्म बना लें। ऐसे ही एक सज्जन कहते हैं, मैं अपनी दुकान उठाकर प्रयाग लाऊँ। मेरी समझ में कुछ नहीं आता। जैसे चलता है वैसे चला जाता हूँ।

लेखक संघ की नियमावली तुम्हें मिली होगी। काम की बात कोई नहीं। सहयोग सिद्धांत पर प्रकाशन किया जाय और साहित्य का प्रचार बढ़ाया जाय तभी लेखकों को रोटी मिल सकती है। जब तक प्रचार नहीं बढ़ता, न प्रकाशक ही पनप सकेगा, न लेखक ही। मगर Cooperative Publication के लिए धन कहाँ है। अगर संघ यह न कर सके तो कुछ न कर सकेगा।

तुम्हारी कई चीज़ें पढ़ीं। 'ग्रामोफोन का रिकार्ड' तो हाल में पढ़ा है। वह दिमाग में है। पुरानी शराब चमकदार शीशी में ज्यादा मोहक हो गयी है। मगर वह औरत घर क्यों चली गयी, यह मेरी समझ में नहीं आया। शायद वह बेपढ़ी लिखी थी। मगर बेपढ़ी-लिखी औरतों को समय काटने का रोग नहीं होता। यह रोग तो उन अँग्रेजी या नयी रोशनी की देवियों को है, जिनके लिए जीवन में रात दिन कुछ न कुछ कंपन और सनसनी चाहिए, जो क्षण भर भी घर में नहीं बैठ सकतीं। अगर इस तरह सभी औरतों का समय काटना दूभर हो जाय और मनमोदन की बैरिस्टरों की दुनिया में कमी है ही नहीं, तब तो सभी आत्माएँ विश्वात्मा में मिल जायँ और कहीं वह (मर्यादा) रहे ही नहीं जो मनुष्य को मनुष्य बनाये हुए है। खुलासा यह है कि इस कहानी का क्या मतलब है, यह मैं न समझ सका। शायद कोई मतलब समझने की बात ही मेरी भूल है। एक युवती के मनोभावों का गहरा सजीव चित्रण है। बस।

मद्रास गया था, वहाँ से मैसूर और बंगलौर भी गया। अपना यात्रा-वृत्तांत लिख रहा हूँ। कुछ नोट तो किया नहीं। जो कुछ याद है वही लिखता हूँ। हिन्दी का प्रचार बढ़ रहा है, यह देखकर खुशी हुई। जो लोग राष्ट्र की और कोई सेवा नहीं कर सकते, वे इसी ख़याल में मगन हैं कि वे राष्ट्रभाषा सीख रहे हैं। मुझे वह प्रदेश बड़ा सुन्दर लगा। गाने बजाने का घर-घर प्रचार है। मोहल्ले-मोहल्ले स्त्रियों के समाज हैं और प्रायः सभी में हिन्दी की क्लासेज़ हैं। मैं बुद्धू की तरह माला पहनकर रह गया। बोल न सकने की कमी उस वक्त मालूम हुई। जनता समझती है कि हिन्दी का एक बड़ा लेखक है; जाने क्या-क्या मोती उगलेगा और यहाँ हैं कि कुछ समझ में नहीं आता क्या कहूँ। ख़ैर। ट्रिप अच्छा रहा। प्रेमी जी भी साथ थे। वे बेचारे भी इसी मरज़ में मुबतिला हैं।

और क्या लिखूँ, मेरा जीवन यहाँ भी वैसा ही है, जैसा काशी में था। न किसी से दोस्ती, न किसी से मुलाकात। मुल्ला की दौड़ मस्ज़िद तक। स्टूडियो

गये घर आ गये। हिन्दी के दो-चार प्रेमी कभी-कभी आ जाते हैं। बस।

भगवती देवी को मेरा आशीर्वाद कहना।

तुम्हारा—

धनपतराय

४५

७ दरियागंज

१ मार्च १९३५

बाबू जी,

पत्र का उत्तर देना जान-बूझकर टालता रहा। उसका कारण था। एक जगह से कुछ सुनने की आशा थी, और सोचता था वहाँ से पत्र आ जाय, तभी आपको लिखूँ। अब सुना है आपकी कम्पनी टूट गयी और अब इस पत्र को यदि पाएँगे भी तो आने की तैयारी में। ऐसी क्या बात हुई यह शायद आप खुलासा लिखेंगे ही। क्या आप वर्धा जा रहे हैं? क्या वहाँ से इस ओर आवेंगे? मेरी कल्पना है कि बनारसीदास जी आपको उस ओर मिलेंगे। वह फिर शान्ति निकेतन में उसी तरह का जमाव करने की धुन में हैं, क्या आप जावेंगे।

हंस से एक कहानी (एक रात) आपको मिली होगी। जरा लंबी हो गयी। लेकिन गौर से पढ़ें और मुझे अपनी राय लिखें। और वह छपनी भी चाहिए।

आपके पत्र में 'ग्रामोफ़ोन का रेकार्ड' कहानी का जिक्र था। उस स्त्री के फिसलने के चारों ओर जो एक वायव्य और वातावरण कहानी में भर दिया गया है उसमें क्या स्त्री की ओर से Self-deception की गंध आपको बिल्कुल नहीं मिली? उसे वहाँ से बिल्कुल अनुपस्थित करने का मेरा अभिप्राय न था। बल्कि मुझे मालूम होता है वह ध्वनि है। वह ध्वनि न हो तो संपूर्ण कृत्य नितांत Justified ठहरता है। लेकिन वह मेरा अभिप्राय नहीं है। मेरा तो इष्ट मात्र इतना है कि हम कहानी में उस नारी के स्खलन पर घृणा से न भर जायँ प्रत्युत हमें करुणा हो, और वह नारी हमारी सहानुभूति से सर्वथा वंचित न हो जाय। 'विश्वात्मा' आदि-आदि बातों के समावेश की इतनी ही सार्थकता है। कहानी में यह तो स्पष्ट ही है कि नारी में अपराध-चेतना Guilty Conscience हो जाती है। फिर यह Guilty Conscience ही उसे अपने पति के प्रेम और संरक्षण की छाया के नीचे से हटकर चले जाने को लाचार करती है। लेकिन क्या वह अपना ग्लानिभरा हृदय बाहर की ओर खुलने दे? यह वह नहीं कर सकती, इसी से

पति से झगड़ा मोल लेने को उतावली और तत्पर वह दिखायी देती है। मैं समझता हूँ इन मेरी ऊपर की बातों के प्रकाश में वह कहानी आपको असंयम का समर्थन करती न जान पड़ेगी जैसी कि इस समय आपको लगी है।

खैर आप अपने सम्बन्ध में खुलासा लिखियेगा। अभी तक किसी भी भाँति 'हंस' के बारे में वे पुरानी बातें सोचना नहीं छोड़ सका हूँ। मैं अब भी यही सोचता हूँ कि 'हंस' का सम्पादन आप बिलकुल मुझ पर छोड़ दें। एक Organ की बड़ी सख्त ज़रूरत जान पड़ती है। कहानी महीने में कितना खप सकती हैं, मुश्किल से तीन। तीन कहानियाँ मेरा कुछ भी समय नहीं भरतीं और न तीन कहानियों का Production कोई मन में Purpose की भाँति जम पाता है। उस Purpose को सामने पा लें, उसी के सहारे कोई बड़ी किताब उपन्यास आदि हाथ में ली जा सकती है अन्यथा खाली खाली-सा लगता है। अभी यों भी जितने हिन्दी में पत्र हैं, मन कोई भी नहीं चढ़ता। एक बढ़िया, ठोस, स्टैण्डर्ड पत्र की कमी हिन्दी में खलती ही है।

मैं इधर मध्य मार्च में आपकी ओर ज़रा सैर करने के मंसूबे बनाने में लगा था कि आप ही चल दिए।

वर्धा जायँ और गाँधी जी से मिलें तो मेरा प्रणाम कहिएगा और कहिएगा कि जैनेन्द्र को आपका पत्र मिला है और वह साहस संग्रह कर लेगा तब उन्हें उत्तर लिखेगा। पत्र दीजिएगा।

आपका
जैनेन्द्र

४६

प्रयाग,
४ मई १९३५

प्रिय जैनेन्द्र,

मैं तो इंदौर जाते-जाते रह गया। सबसे वायदे कर लिये थे, एक भी पूरा न कर सका। इस उम्मीद से कि तुमसे इंदौर में गपशप होगी, तुम्हें खत भी नहीं लिखा। जब पूरा भोजन मिलने की आशा हो तो पानी पी-पीकर क्यों भूख को दुर्बल बनाया जाय। लेकिन कुछ तो प्रेमी जी के न आने और कुछ नातेदारियों में जाकर मिलने-मिलाने के कारण सारा प्रोग्राम भ्रष्ट हो गया। अब धुन्नू को चेचक निकल आयी है, और २७ से वह पड़े हुए हैं। हम भी उसके साथ हैं

यात्रा करने के लायक हो जाय तो सात को यहाँ से उसे ले कर चले जायँ। चेचक हल्की है। यही कुशल है। दाने मुरझा गए हैं। मगर अभी सफ़र करने में गर्मी लगने से मुमकिन है उनके अच्छे होने में ज़्यादा समय लग जाय।

परसों श्री कन्हैयालाल मुंशी के पत्र से मालूम हुआ कि सम्मेलन ने राष्ट्र-साहित्य-बोर्ड-निर्माण के संबंध में एक प्रस्ताव पास किया है। यह तो मुश्किल न था, मगर उस प्रस्ताव को कार्य रूप देने का भार किस पर सौंपा गया? मुंशी साहब से तुम्हारी क्या बातचीत हुई और कार्यक्रम का क्या ढंग रहेगा? 'हंस' तो इस काम के लिए यहाँ तक तैयार है कि अन्य प्रान्तीय लेखकों से पत्र-व्यवहार करके उनसे हिन्दी में लेख और कहानियाँ लिखवा कर छापे, मगर क्या इतना ही उस संस्था को सजीव बनाने के लिए काफ़ी होगा? (विस्तार से) लिखना। मैंने 'भारत' में तुम्हारे भाषण की रिपोर्ट पढ़ी, बहुत अच्छी है।

मैंने इरादा किया है कि जून से हंस को और प्रेस को प्रयाग लाऊँ और खुद भी यहीं रहूँ। काशी में न तो काम है और न साहित्यवालों का सहयोग। वहाँ जितने हैं, वह सभी सम्राट हैं कोई कवि-सम्राट, कोई आलोचना-सम्राट, कोई प्रहसन-सम्राट। यह गौरव तो काशी ही को है कि वहाँ सभी सम्राट मौजूद हैं, मगर सम्राटों की सम्राटों से पटेगी? शिष्टाचार की बात और है, हार्दिक सहयोग की बात और। मुझे डर लग रहा है कि कहीं तुम भी साल छः महीने में सम्राट हो जाओ तो मेरा काम ही तमाम हो जाय! फिर तुमसे कोई लेख माँगने का साहस भी न कर सकूँ। इसलिए अब प्रयाग आ रहा हूँ जहाँ सम्राट कम हैं।

अगर कोई कहानी भेज सको तो बहुत अच्छा, मगर उस आखिरी कहानी की तरह पूरा उपन्यास नहीं।

और क्या लिखूँ। प्रेमी जी तो नहीं आए थे। हाँ, सम्मेलन पर अपने Impressions लिख दो तो 'हंस' में निकाल दूँ। तुम्हारी क्या सलाह है, 'हंस' को बिलकुल कहानी पत्र बना दूँ, और आधी अनुवादित और आधी मौलिक कहानियाँ दिया करूँ?

माता जी को मेरा प्रणाम कहना और भगवती को आशीर्वाद।

तुम्हारा—
धनपतराय

४७

७, दरियागंज
७ मई १९३३

बाबू जी,

पत्र मिला। कितनी मुद्दत बाद मिला है। इन्दौर में मैंने पहली बात यह पूछी कि आप आये हैं? पता लगा नहीं आये। तब सोचा तार दूँ। लेकिन प्रेमी जी, जो स्टेशन पर ही मिल गये थे, बोले — आप आ न सकेंगे, तार देना फिजूल होगा। इससे रह गया। ज़रा भी जानता कि आप इन्दौर जाने के लिए उद्यत बैठे हैं तो जरूर आपको बुला ही लिया जाता। वहाँ आपको मिलने को बहुत ही जी भटकता रहा।

हाँ, मुंशी जी वहाँ मिले थे। बातें भी हुईं। जो सोचा था वह तो न हुआ। उसका भी इतिहास है। एक सीधा साधा-सा प्रस्ताव अवश्य हुआ है। कमेटी बनी है जिसमें मुंशी संयोजक हैं। अब सब उन पर है।

काम का क्या ढंग हो। आने जाने में खर्च तो बहुत पड़ता है लेकिन पाँच आदमियों को मिल लेना चाहिए तब काम आगे बढ़ सकता है। गांधी जी, मुंशी, कालेलकर, आप और मैं, ये सब लोग वर्धा में ही यथाशीघ्र सुविधानुसार मिल लें लेकिन यह मुंशी पर है। उनका पत्र आया था। लेकिन मैंने इधर उसका जवाब भी नहीं दिया है, अब दूँगा।

यह भी बात हुई थी कि अपना अलग पत्र न निकालकर आपसे 'हंस' ही देने के लिए कहा जाय। मैं समझता हूँ इसमें आपके लिए भी अयुक्त कुछ नहीं है। जब तक इस सम्बन्ध में आगे बातें हों आप 'हंस' में विशेष परिवर्तन न कीजिए।

आपकी काशी छोड़ने की बात तो समझ में आती है। साहित्यिक ग़ज़ब का Egotist होता है। इसमें उस बेचारे का दोष उतना क्यों कहिये क्योंकि वह तो Egotism का शिकार होता है। काशी में मैंने यह देख लिया है। पर प्रयाग में भी ऐसा नहीं होगा ऐसी आशा आपको किस बल पर होती है? किन्तु फिर प्रश्न है प्रयाग भी यदि नहीं तो क्या किया जाय। इसका उत्तर मेरे पास नहीं है। दिल्ली — में एकाएक नहीं कह सकता, क्योंकि धुन्नू आदि का भी सवाल है। इन्दौर में मेरे मन में आया था कि प्रेमी जी का कारोबार भी कुछ Institution की शक्ल में नहीं है न आपका ही, तब क्यों न दोनों को मिलाकर एक सम्मिलित (Limited),फर्म की शकल में ढाल दिया जावे और चलाया जावे। लेकिन यह सब दौड़-धूप के बिना कैसे हो। वह कौन करे? मैं इधर बहुत

Handicapped हो रहा हूँ, चलना-फिरना भी सरल नहीं होता। फिर भी यह देखता हूँ कि आगे कोई रास्ता नहीं है। जानता नहीं आप बम्बई से कितना पैसा जमा करके लाये हैं। लेकिन जितना भी मुझे दीखता है सब इस कारोबार में ही भुँकेगा।

मैंने प्रवासीलाल जी को लिखा था कि मैटर की जब ज़रूरत हो दो रोज़ का नोटिस देकर मुझे लिख दें। सोलह सफे तक की गारण्टी मैंने दी थी। अब मेरा इसमें दोष नहीं है कि वह वसूल न किया जाय। जब क्लर्क पास हो तो मैटर देने में कठिनाई क्या होनी है। इधर दस दिनों से क्लर्क नहीं था इससे काम सब ठप्प था। अब है तो मैटर की क्या चिन्ता।

कहानी भेज रहा हूँ।

हाँ, साहित्य परिषद् (इन्दौर) में मैं बोला था पर 'भारत' में तो भाषण का कचूमर था। लगभग आध घण्टे तो मैं बोला हूँगा। और 'भारत' में जो था उसका तो अर्थ भी कुछ न बनता था, हाँ ध्वनि उसमें मुझे अवश्य अपनी ही जान पड़ी। जान पड़ता है शार्टहैण्ड की रिपोर्ट उसकी ली गयी है। आप उन्हें लिखिये न कि यदि रिपोर्ट हो तो उसकी प्रति वह आपको भेज दें, मैं भी यहाँ से लिखूँगा। यहाँ सम्मेलन के बारे में एक ने Interview ली थी। वह मैं कल या परसों आपको भिजवा दूँगा।

इलाहाबाद में क्या आपने मकान आदि पक्का कर लिया है ? यदि दिल्ली की बात किसी तरह भी व्यवहार्य जान पड़े और सब बन्दोबस्त Shift का न हुआ हो तो उस पर सोचियेगा। मैं आपका बहुत कुछ, लगभग सभी कुछ बोझ हलका कर सकता हूँ ऐसा मुझे लगता है।

और आप पत्र देने के बारे में ऐसा प्रमाद न किया कीजिये। इस बीच आपके पत्र न पाने से सच जानिये मुझे बहुत सोच रहा।

बाकी ठीक ही-सा है।

आपका
जैनेन्द्र

४८

सरस्वती प्रेस,
१४ मई १९३५

प्रिय जैनेन्द्र,

तुम्हारी कहानी, छपा हुआ भाषण और सम्मेलन पर प्रश्नोत्तर सब मिले।

धन्यवाद। पत्र तैयार हो गया है। अगले महीने काम आएँगे।

बम्बई से क्या लाया? कुल ६३००) मिले। इसमें १५००) लड़कों ने लिये, ४००) लड़की ने, ५००) प्रेस ने। दस महीने में बम्बई का खर्च बड़ी किफायत से भी २५००) से कम न हो सका। वहाँ से कुल १४००) लेकर अपना-सा मुँह लिये चले आये। अब ये यहाँ से प्रेस के उठाने में खर्च हो जायेंगे। प्रयाग में शायद यहाँ से अच्छी तरह काम चले। लेखक संघ के दो-एक सज्जन कुछ मदद करेंगे। एकेडमी से कुछ काम मिल जायगा और बाहर का कुछ काम मिलने की उम्मीद है। अगर वह विचार पूरा हो गया तो यह बला सर से टल गयी। इसके सिवा मुझे तो कोई दूसरा उपाय नहीं सूझता। अगर दो एक साझेदार मिल जायँ जो दस-पाँच हज़ार रुपये लगायें और काम अपने हाथ में ले लें, मुझसे केवल ऊपरी सलाह का काम लेते रहें, तो और भी अच्छा। नहीं लिमिटेड ही सही। इन सभी बातों के लिए प्रयाग अच्छा क्षेत्र है। बनारस तो केवल × × × जानता है। अगर ऐसी कोई सूरत निकल आये तो मेरी हार्दिक इच्छा है कि हम लोग साथ रहते। अभी तो यह हाल है कि आज प्रेस पर मकान के किराये की नालिश हुई है। ३०००) बाकी हैं। जिस कार्यालय में मज़दूरों की मज़दूरी और मकान का किराया भी न निकल सके, उसकी हालत का अनुमान कर सकते हो। किसे दोष दूँ? प्रवासीलाल जी से जो हो सकता है करते हैं। इससे ज़्यादा एक आदमी और क्या कर सकता है? अगर वह ज़्यादा दौड़-धूप कर सकते तो शायद दशा इतनी खराब न होती। लेकिन जो काम उनसे नहीं हो सकता तो शायद उन्हें उसके लिए मजबूर भी तो नहीं किया जा सकता।

मैंने मि० के० एम० मुंशी को पत्र लिखा है। देखो। क्या जवाब देते हैं।

इधर धुन्नू को चेचक निकली थी। उन्हें प्रयाग से यहाँ लाये। यहाँ बन्नू को भी निकल आई, और छः दिन से यह पड़ा हुआ है। मैं तो शहर गया भी नहीं। घर बैठा-बैठा केवल चिट्ठी-पत्र लिख लेता हूँ।

प्रयाग से मुझे कुछ सभाओं की राय है कि हंस केवल कहानियों का पत्र बना दिया जाय। तुम्हारी क्या राय है? इस विषय में शायद हमारी बातचीत हो चुकी है। लेकिन याद नहीं आता कि तुमने क्या राय दी थी।

शेष कुशल है।

तुम्हारा
धनपतराय

४९

५ मई १९३५

बाबू जी,

पत्र मिला। मैंने तो समझा था कि आपने चिट्ठी लिखी हैं इससे तुरन्त ही कहानी की ज़रूरत होगी सो भेज दी थी। डर है वह अगले महीने तक पुरानी न हो जाय क्योंकि बम्बई से छपनेवाले संग्रह में भी उसे भेजा है।

'हंस' कहानियों का ही हो इसमें क्या बुरा है बल्कि एक Specialization की दिशा ही बनेगी लेकिन इतनी अच्छी कहानियाँ मिलेंगी ? और तब जब कि 'हंस' की हालत पैसा देने की नहीं है ? न 'हंस' स्टाफ ही अच्छा रख सकता है। मेरा तो खयाल है कि मुंशी की स्कीम कुछ बने तो 'हंस' छोड़कर आप छूटिये। छूटना मात्र झंझट से होगा। क्योंकि तब भी पत्र तो सम्पादन के लिहाज़ से आपका ही होगा। मुझसे पूछें तो मेरे मन में यह भी है कि कहूँ कि 'हंस' का सम्पादन मुझे दे दें।

इलाहाबाद जा ही रहे हैं, तो जाकर देखिये। मुझे तो वहाँ का ज़्यादा भरोसा नहीं होता। भारतीय जी को मैं नहीं जानता। अच्छा ही है कि उनसे आपको सहायता मिले। बम्बई से पाये पैसे में से इतना भी बचा कि एक तजुर्बा किया जाय तो क्या बुरा है। वहाँ कहाँ जमने का ठीक किया है।

इस चेचक से मुझे बड़ा डर लगता है। अब बन्नू की क्या हालत है ज़रूर लिखियेगा। क्या Acute case है ? यों तो सात-आठ रोज में दाने मुरझा आते और झड़ने लगते हैं, क्या वहाँ Epidemic हो पड़ा था क्या चेचक का ?

यहाँ यों सब ठीक-ठाक है। इधर आप मुद्दत से नहीं आये। कभी दो रोज़ की छुट्टी निकाल सकेंगे कि यहाँ आयें ? गर्मी खूब पड़ने लगी है। पहाड़ याद आता है लेकिन जाना कहाँ होता है। अम्माँ जी को मेरा प्रणाम।

आपका

जैनेन्द्र

५०

बनारस

२७ सितम्बर १९३५

प्रिय जैनेन्द्र,

तुम्हारा कार्ड मिला। चिन्ता हो रही थी कि क्यों कोई पत्र नहीं आ रहा

है। माता जी बीमार हैं, यह तो बुरी ख़बर है। अब तो तुम वहाँ पहुँच गये। शीघ्र लिखना उनकी तबियत का क्या हाल है।

क्लर्क का रोग तुमने बुरा पाल लिया। दिल्ली के लेखकों को ही मुश्किल पड़ रही है, क्लर्कों के लिए कहाँ से प्रबन्ध हो! मेरी आमदनी तो समाचार-पत्रों से प्रायः बन्द हो गई। छः महीने में कुल ३५) का काम किया। 'चाँद' में एक कहानी लिखी, मगर रुपये वह भी नहीं दे रहे हैं। कहते हैं 'चाँद' की माली हालत खराब है, और मैंने कहीं कुछ नहीं लिखा। हंस तो अपना है, और अपने तो लेते हैं, देते कभी नहीं।

रुपये के विषय में मैं क्या लिखूँ। तुमने कुछ टेढ़ा-सीधा काम किया भी। मैं तो पाँच महीने में एक पैसा भी न कमा सका। बम्बई से थोड़े से पैसे लाया था, वह पाँच महीने में खा गया और कुछ कर्ज़ चुका दिया। और ऐसा था ही क्या। अब इसी चिन्ता में घुल रहा हूँ कि आगे क्या होगा। 'कर्मभूमि' और 'ग़बन' दोनों करीब-करीब समाप्त हैं। मुझे कौड़ी न मिली। उन्हें दोबारा छपवाने की चिन्ता अलबत्ता हो रही है। क्या ऐसा नहीं हो सकता कि तुम यहाँ आकर 'जागरण' को पाक्षिक रूप में निकालो और वह वास्तव में 'जागरण' के नाम को चरितार्थ करे।

मेरा ख़याल है बत्तीस पृष्ठों का पाक्षिक पत्र जिसका दाम ~) हो और तुम्हारे सम्पादकत्व में निकले तो ६ महीने में उसमें कुछ न कुछ निकलने लगेगा। मैंने जो तख़मीना किया है उसके हिसाब से प्रति संख्या १००) खर्च पड़ेगा और आमदनी का अनुमान १३०) प्रति संख्या है। १००० छपेगा। अगर ६ महीने चल जाय तो आशा है कि उससे ६०), ७०) माहवार निकलने लगें। जब प्रचार बढ़ेगा और २००० तक पहुँच जायगा, तब तो और भी मिल सकते हैं। मुझे केवल काग़ज़ और पोस्टेज खर्च करना पड़ेगा। इतनी आमदनी विज्ञापनों से हो सकती है।

लेकिन अभी तो तुम परेशान हो, माता जी अच्छी हो जायँ तो इस विषय पर कुछ सोचना पड़ेगा। पत्रों से आमदनी के भरोसे पर तो एकादशी के सिवा और कुछ नहीं है। 'भारत' की दशा अच्छी नहीं है। 'चाँद' का हाल कह ही चुका। अब रहे, 'विशाल भारत', 'माधुरी' और 'सरस्वती'। इनसे २०) महीना मिलना भी मुश्किल है।

'हंस' शायद पहली तक तैयार हो जाय।

भवदीय
धनपतराय

५२

हंस कार्यालय, बनारस।
६ दिसम्बर १६३५

प्रिय जैनेन्द्र,

कल तुम्हारा पत्र मिला। मुझे यह शंका पहले ही थी। इस मर्ज़ में शायद ही कोई बचता है। पहले ऐसी इच्छा थी कि दिल्ली आऊँ, लेकिन मेरे दामाद तीन दिन से आये हुए हैं, और शायद बेटी जा रही है। फिर यह भी सोचा कि तुम्हें समझाने की तो कोई बात है ही नहीं। यह तो एक दिन होना ही था। हाँ, जब यह सोचता हूँ कि वह तुम्हारे लिये क्या थीं, और तुम उनके काल में आज भी लड़के से बने फिरते थे, तब जी चाहता है तुम्हारे गले मिलकर रोऊँ। उनका वह स्नेह। वह तुम्हारे लिए जो कुछ थीं, वह तो थीं ही, मगर उनके लिए तो तुम प्राण थे। आँख थे। सब कुछ थे। बिरले ही भाग्यवानों को ऐसी माता मिलती है। मैं देख रहा हूँ तुम दुःखी हो, और चाहता हूँ, यह दुःख आधा-आधा बाँट लूँ अगर तुम दो। मगर तुम दोगे नहीं। इसे तो तुम सारे का सारा अपने सबसे निकट स्थान में स्वरक्षित रखोगे।

काम से छुट्टी पाते ही अगर आ सको तो ज़रूर आ जाओ। मिले बहुत दिन हो गये। मन तो मेरा भी आने को चाहता है, लेकिन मैं आया तो तीसरे दिन रस्सी तुड़ाकर भागूँगा। तुम — मगर अब तो तुम भी मेरे जैसे हो, भाई। अब वह बेफ़िक्री के मज़े कहाँ!

और सच पूछो तो मेरी ईर्ष्या ने तुम्हें अनाथ कर दिया। क्यों न ईर्ष्या करता, मैं सात वर्ष का था जब माता जी चली गयीं। तुम २७ के होकर मातावाले बने रहे। यह मुझसे कब देखा जाता। अब जैसे हम वैसे तुम। बल्कि मैं तुमसे अच्छा हूँ। मुझे माता की सूरत भी याद नहीं आती। तुम्हारी माता तुम्हारे सामने है और बोलती नहीं, मिलती नहीं।

महात्मा जी तो वहाँ होंगे?

और तो सब ठीक है। चतुर्वेदी जी ने कलकत्ते बुलाया था कि आकर नोगूची जापानी कवि का भाषण सुन जाओ। यहाँ नोगूची हिन्दू यूनीवर्सिटी आये, उनका व्याख्यान भी हो गया, मगर मैं न जा सका। अक़्ल की बातें सुनते और पढ़ते उम्र बीत गयी। ईश्वर पर विश्वास नहीं आता, कैसे श्रद्धा होती। तुम आस्तिकता की ओर जा रहे हो। जा नहीं रहे पक्के भक्त बन रहे हो। मैं संदेह से पक्का नास्तिक होता जा रहा हूँ।

बेचारी भगवती अकेली हो गयी।

'सुनीता' जाने कहाँ रास्ते में रह गयी। यहाँ कहीं बाज़ार में भी नहीं। चित्रपट के पुराने अंक उठाकर पढ़े, पर मुश्किल से तीन अध्याय मिले। तुमने बड़ा ज़बरदस्त Ideal रख दिया। महात्मा जी के एक साल में स्वराज्य पानेवाले आन्दोलन की तरह। मगर तलवार पर पाँव रखना है।

तुम्हारा
धनपतराय

५२

हंस कार्यालय, बनारस।
२४ दिसम्बर १९३५

प्रिय जैनेन्द्र,

'सुनीता' पढ़ गया। आधी दूर तक तो कुछ रस न आया, लेकिन पिछला आधा सुंदर है। नारीत्व का जो आदर्श तुमने रखा है, वही सच्चा आदर्श है। नारी केवल गृहिणी क्यों हो, गृहिणी से अलग भी उसका जीवन है। अगर उसमें गृहिणीत्व से आगे बढ़ने की सामर्थ्य है तो वह क्यों न आगे बढ़े। सुनीता के मन में इस नये क्षेत्र में आने से जो संघर्ष हुआ है, वह उसके रक्त में सने हुए गृहिणी जीवन के अनुकूल है। मगर तुम्हारा हरिप्रसन्न अंत में जाकर मुझे कुछ × × × होता जान पड़ता है। शायद मुझे भ्रम हो। लेकिन श्रीकान्त से छिपकर वह कृत्य क्यों किया गया? इसमें मुझे नैतिक दुर्बलता का भय होता है। श्रीकान्त की पूरी अनुमति से यह काम किया जा सकता था। श्रीकान्त जैसा उदारचेता मनुष्य सुनीता के इस नये मार्ग में बाधक न होता और होता तो सुनीता को अपने निश्चय पर दृढ़ रहना और उसके नतीजे (बर्दाश्त कर) लेना चाहिए था। हरिप्रसन्न ने सुनीता को Seduce किया, कुछ ऐसा भासित होता है। सुनीता ध्वजाधारिणी बने, इसमें कोई हर्ज नहीं, नहीं वह गौरव की बात है। उसके लिए भी और देश के लिए भी। लेकिन हरिप्रसन्न के मन में यह कुत्सित भावना क्यों? ध्वजा-धारिणी के पद से गिराकर उसे व्यभिचारिणी के पद पर क्यों लाना चाहता है? अगर सुनीता विवाहित न होती, अगर यह प्रेम सत्या के साथ निभाता तो कोई बात न थी। लेकिन जब श्रीकान्त और सुनीता में एक मुआहिदा हो चुका है और वह मुआहिदा उसे स्वीकार है तो फिर यह व्यवहार क्यों? अगर सुनीता हरिप्रसन्न को जी से चाहती है, तो उसे अपने पति से स्वयं कह देना चाहिए था। यह धोखा और फरेब क्यों? मगर सुनीता कहीं भी हरिप्रसन्न को चाहती नहीं दिखायी दी। विद्रोह या असंतोष की वहाँ गंध भी नहीं फिर वह क्यों हरिप्रसन्न के सामने इस तरह

नत हो जाती है। क्या हरिप्रसन्न का Personal Magnetism उस पर असर करता है। अगर ऐसा है तो यह भी हरिप्रसन्न की नीचता और लापरवाही है, मित्र के साथ दगा है। उस मित्र के साथ जो उसे अपने भाई से भी प्रिय रखता हो ? क्रान्तिकारी नीति में विवाह हेच वस्तु हो सकती है। मगर इस सामाजिक (बंधन) का महत्व क्यों भूल जायँ। स्त्री पत्नी रहते हुए भी अभिनेत्री बन सकती है, और अगर पति दुराचार करे तो उसे लेकर मार सकती है। लेकिन इस तरह एक युवक के पंजे में फँस जाना न उस क्रांतिकारी युवक को शोभा देता है न नारी को।

अगर मेरे समझने में ग़लती हो तो सुधार देना।

मेरे 'कर्मभूमि' का उर्दू एडिशन जामिया मिल्लिया ने निकाला है।

हो सके तो काशी नम्बर 'हंस' के लिए कुछ लिखना।

तुम्हारा

धनपतराय

५३

हंस कार्यालय,

बनारस कैंट,

१० जून १९३६

प्रिय जैनेन्द्र,

तुम दिल्ली कब पहुँच गये ? मैं तो समझ रहा था अभी चिरगाँव में ही हो। हाँ, वह राष्ट्रभाषावाला कटिंग था तो मगर न जाने कहाँ रह गया। मिल नहीं रहा है।

'गोदान' निकल गया। कल तुम्हारे पास जायगा। खूब मोटा हो गया है, ६०० से (ऊपर) गया। अपना विचार लिखना।

परिषद् तो साबिक दस्तूर (घिसट) रहा है। परिषद् का निर्माण हो जाने से इसमें कुछ नया जीवन तो आया नहीं।

आजकल 'हंस' में ४५०) महीने की कमी पड़ रही है। ६००) का खर्च और १५०) की आमदनी। सोचा था काका साहब के आने से इसकी दशा सँभलेगी, मगर अभी तो कोई फल नहीं हुआ। आज जून की संख्या निकल गयी, कल भेजी जायगी।

हाँ, सीरियल नाविल शौक से लिखो। मुझे डर यही है कि 'हंस' की माली

हालत खराब है। खैर। लिखना शुरू करो। कुछ न कुछ करना चाहिए। बेकार बैठने से कैसे काम चलेगा। मैं ऐसा करूँगा कि दो हज़ार हर महीने छापता जाऊँ। इस तरह (उसके) प्रकाशन में सुविधा हो जायगी। पुस्तक बहुत कम खर्च में तैयार हो जायगी। हाँ यह चाहता हूँ कि मुंशी जी का उपन्यास खत्म हो जाय तो शुरू करो।

तुम्हारा
धनपतराय

५४

बनारस कैंट,
२२ जून १९३६

प्रिय जैनेन्द्र,

यह लेख तो अगस्त में जायगा। देर में आया और हिन्दी के चारों फ़ार्म भर गये। राष्ट्र-भाषावाला लेख क्या कोई प्रिंट था ? याद नहीं आ रहा है, कब आया। यहाँ तो मिलता ही नहीं।

'हंस' का पैसेवाला भार कम्पनी पर है, मुझ पर नहीं। हाँ, कम्पनी इसके खर्च से × × × हुई है। ४ जुलाई को वर्धा में भारतीय परिषद् की कार्य कमेटी की बैठक है। इसमें फैसला किया जायगा कि 'हंस' का क्या किया जाय। शायद मैं भी जाऊँ। आज भी बम्बई में काका और मुंशी बैठे कुछ सलाह कर रहे हैं। मुझे तार दिया था, लेकिन अभी बम्बई जाता और ४ को वर्धा। वर्धा जाना ही मुश्किल हो रहा है। तबीयत भी अच्छी नहीं है।

बंगलावालों का यह (रोग) किसी तरह दूर हो जाय तो क्या कहना। काम मिलने-मिलाने का है और यहाँ किसी को फुर्सत नहीं। जब तक कोई एक आदमी पीछे न पड़ जाय तो जीवन कहाँ से आये।

आज 'गोदान' भेज रहा हूँ। पढ़ना और अच्छा लगे तो कहीं 'अर्जुन' या 'विशाल भारत', या 'हंस' में आलोचना करना। अच्छा न लगे तो मुझे लिख देना, आलोचना मत लिखना........

५५

बनारस,
२ जुलाई १९३६

प्रिय जैनेन्द्र,

'सुनीता' मैं छापूँगा। जिस वक्त तुम यहाँ आओगे, टाइप, काग़ज, दाम आदि

का निश्चय किया जायगा।

४ को वर्धा में भारतीय साहित्य परिषद् की मीटिंग है। हंस लिमिटेड 'हंस' को परिषद् के हाथ सौंपेगा। छपायी आदि का प्रबन्ध काका खुद करेंगे, मेरा केवल नाम रहेगा सम्पादकों में। यहाँ छापने में उन लोगों के विचार से खर्च ज़्यादा पड़ता है।

अब तक कम्पनी ने मुझे कुल १४००) दिये हैं। मगर मुझे झंझट से निजात मिल जायगी।

(लोपामुद्रा) समाप्त हो गई। अगस्त में तुम्हारा उपन्यास जा सकता है। मुंशी को एक पत्र लिख दो। अगर 'हंस' यहाँ रहा तो कोई बात नहीं, लेकिन वहाँ गया तो वे लोग फैसला करेंगे। मैं तो जनवरी से एक और पत्र निकालूँगा। तुम आओगे तो सारी बातें तय होंगी। भगवती को साथ लाना। मैं १५ दिन से दस्तों में मुबतिला हूँ।

तुम्हारा

धनपतराय

५६

बनारस

१६ अगस्त १९३३

प्रिय जैनेन्द्र,

कहानियाँ और पत्र ठीक-ठीक पहुँच गये। धन्यवाद। ठाकुर श्रीनाथ सिंह जी वाली इण्टरव्यू कुरुचिपूर्ण थी और अत्युक्तियों से भरी हुई। मैंने हंस में एक टिप्पणी दी है। यह लोग सस्ती ख्याति के पीछे पड़े हैं और सनसनीखेज़ पत्रकारिता उसके लिए राजमार्ग है। मुझे उम्मीद है कि श्रीनाथ सिंह इस शरारत को दोहराएँगे नहीं।

मुझे यह जानकर अफ़सोस हुआ कि तुम्हारे मामले काफ़ी परेशान कर रहे हैं, ऐसा लगता है कि रंगभूमि का कारबार ठीक से नहीं चला। साहित्यिक उद्योग से तुम आशा भी और क्या कर सकते थे? हर जगह वही पुरानी कहानी है। किताबों की बिक्री इतनी निराशाजनक है कि भविष्य की बात सोचकर कलेजा थाम लेना पड़ता है। तुम मुझसे जागरण बन्द करने को कहते हो। एक से ज़्यादा मर्तबा उसके बारे में सोच चुका हूँ। लेकिन चूँकि मैं उस पत्र पर करीब तीन हज़ार का घाटा उठा चुका हूँ, उसे बंद कर देने में मुझे कठिनाई हो रही है।

साहित्य सृष्टि अनिश्चित-सी चीज़ है। उस पर भरोसा नहीं किया जा सकता। अलावा इसके, उसके लिए मानसिक शान्ति और वातावरण की शान्ति अपेक्षित है जो कि वर्तमान स्थितियों में हाथ नहीं आती। प्रेस को चलाना ही पड़ेगा। मैंने अपने भाई का रुपया उसमें लगा दिया है और अपनी ज़िम्मेदारियों से अब नहीं बच सकता। यहाँ पर काम बहुत कम है। थोड़ा-बहुत जो है, वह ज़्यादा सस्ते प्रेस हथिया लेते हैं। प्रेस को काम देना है। जागरण से औसतन क़रीब चार सौ रुपये वसूल होते हैं। इसका मतलब है कि उससे प्रेस का खर्चा निकल आता है। जागरण में जो काग़ज़ इस्तेमाल होता है उसकी कीमत लगभग डेढ़ सौ रुपये होती है। यह रक़म हर महीने हंस से और किताबों की बिक्री से पूरी करनी पड़ती है। बिक्री अगर संतोषजनक होती तो सब ठीक-ठीक रहता। हमने 'फाँसी', 'रूपराशि', 'बिखरे फूल' और 'प्रेम की वेदी' छापी हैं। अब हम 'प्रतिज्ञा' छाप रहे हैं और उसके खतम होते ही 'कायाकल्प' शुरू करेंगे। इस तरह तुम देखोगे कि यहाँ तक असासे की बात है हम नफ़े में काम कर रहे हैं। लेकिन रुपये का सम्पूर्ण अभाव है। कोई भी किताब नहीं बिक रही है मेरे एक-दो संग्रह जो स्कूलों में मंजूर हैं, वही किसी तरह स्थिति को सम्हाले हुए हैं। कर्मभूमि भी काफी अच्छी बिक रही है। जागरण बड़े मज़े में मुनाफे की चीज़ हो सकती है, अगर मैं धीरज के साथ उसमें लगा रह सकूँ। उससे अगर मुझे महीने में सौ रुपये की भी आमदनी हो जाय तो मैं सन्तुष्ट हूँ। मुझे उम्मीद है कि दूसरे वर्ष के अन्त तक वह मेरे लिए बोझ न रह जायगा।

'कायाकल्प' के खत्म होते ही मैं तुम्हारी 'मैगडलीन' हाथ में लूँगा। मैं कितना चाहता हूँ कि तुम्हारी सब रचनाएँ प्रकाशित करूँ और तुमको तुम्हारी छोटी-छोटी चिन्ताओं से मुक्त कर दूँ।

तुमने 'यामा' का अनुवाद शुरू किया है, बहुत अच्छी बात है। विश्व का मेरा इतिहास समाप्त हो गया है। अब मैं फिर अपना 'गोदान' उठाऊँगा।

मुझे उम्मीद है कि मैं बहुत जल्द ही तुमको कुछ भेजूँगा। जहाँ तक महावीर की बात है, अगर तुम सोचते हो कि वह अच्छा सेल्समैन हो सकता है, और अच्छा बिज़नेस ला सकता है तो मुझे उसको अपने पास रखकर खुशी होगी। मेज़ पर बैठकर करने लायक़ कोई काम नहीं है। उसको बिहार, राजपुताना, आदि का दौरा करना पड़ेगा। अगर वह अच्छा काम करता है तो कोई वजह नहीं है कि वह क्यों हमारा स्थायी सेल्समैन न बने। शुरू में मैं उसके कच्चेपन के लिए छूट देने को तैयार हूँ और क़रीब छः महीने तक का ट्रायल उसको दूँगा। अगर वह महीने में दो सौ रुपये की बिक्री कर सके या हंस और जागरण के

बीस-बीस ग्राहक ला सके और एक सौ रुपये की किताबें बेच सके तो उसकी तनख्वाह और सफर खर्च निकल आयेगा और वह एक कमाऊँ आदमी साबित होगा, बोझ नहीं बनेगा। अगर तुम संतुष्ट हो कि वह इतना सब कर सकता है तो तुम उसको मेरे पास भेज दो या रुके रहो जब तक कि मैं तुमको रुपया नहीं भेजता।

तुम मेरी कुछ मदद क्यों नहीं करते ? साप्ताहिक पत्र को मुनाफे की चीज़ बनाया जा सकता है और अब भी एक-दो ऐसे पत्र हैं। अगर हम और भी अच्छी सामग्री दे सकें और विज्ञापन हासिल करने के लिए अपना कुछ ज़ोर लगा सकें तो हम अपने प्रकाशनों को आगे बढ़ा सकते हैं और फिर प्रकाशकों की टोह में जाने की ज़रूरत न होगी। दुनिया बेधड़क उत्साही लोगों के लिए बनी है जो अपने मौकों का अधिक से अधिक लाभ उठा सकते हैं। तुम रोज़मर्रा की चीज़ों पर टिप्पणियों के रूप में कालम दो कालम बड़े मज़े में घसीट सकते हो। बड़े अफ़सोस की बात है कि इतना सब दिमाग रखकर भी हम एक साप्ताहिक को कामयाबी के साथ नहीं चला सकते। तुम मिस्टर बिरला से मिलो और उनको हम लोगों के काम का महत्व समझाओ और बतलाओ कि हम कैसी-कैसी परेशानियाँ उठाते हैं। वह एक बड़े विज्ञापनदाता हैं। वह अपनी कपड़े की मिलों, जूट केट उद्योग और बीमे के व्यवसाय का विज्ञापन करते हैं। हमको भी अपना संरक्षण वह क्यों नहीं दे सकते ? अगर तुम सोचते हो कि सुख-सुविधा और धन-सम्पत्ति अपने आप आ जायगी और लक्ष्मी तुम्हारी प्रतिभा के कारण तुम पर इतनी रीझ जायँगी कि आकर तुम्हारे पैरों पर गिर पड़ेंगी तो तुम धोखे में हो। या तो संन्यासी हो जाओ और सांसारिक अभिलाषाएँ त्याग दो। गृहस्थ होकर जब कि एक परिवार का बोझ हमारे कंधों पर है, हमें कुछ न कुछ करना ही पड़ेगा। जब मेरे जैसा एक टूटा-फूटा बुड्ढा आदमी, जिसके सर पर घर कि तुमसे ज़्यादा बड़ी ज़िम्मेदारियाँ हैं, अकेले दम इतना सब कर सकता है तो फिर तुम्हारे जैसा प्रतिभाशाली व्यक्ति तो चमत्कार कर सकता है।

शुभाकामनाएँ लो। हम सब कुशलपूर्वक हैं।

सस्नेह —

तुम्हारा

धनपतराय

बनारसीदास चतुर्वेदी

५७

विशाल भारत कार्यालय
६१ अपर सरकुलर रोड, कलकत्ता
२८ मई १९२८

श्रीमान् प्रेमचन्द जी,

सादर वन्दे।

'माडर्न रिव्यू' के जून के अंक में जो दो तीन दिन बाद निकल जावेगा, आपकी कहानी छप गयी है। हार्दिक बधाई देता हूँ। मुझे इससे उतना ही हर्ष हुआ है जितना अपनी ही किसी रचना के प्रकाशित होने से होता।

कहानी की भाषा को ठीक कराने के लिए मुझे मि० ऐण्ड्रूज को कष्ट देना पड़ा था यद्यपि करेक्शन उन्हें थोड़े ही करने पड़े। पर उन्होंने इसे सहर्ष स्वीकार कर लिया और बड़ी प्रसन्नतापूर्वक यह कार्य कर दिया। श्री रामानन्द बाबू से भी मैंने यह कह दिया था कि यदि वे ठीक समझें तो छापें, नहीं तो मुझे वापिस दे दें। पहले उनका सन्देश आया था 'प्रेमचन्द जी की सर्वोत्तम कहानी हम पहले छापना चाहते हैं और यह कहानी छपने योग्य होने पर भी प्रेमचंद की कीर्ति के प्रति न्याय नहीं करती।' इस पर मैंने यही कहला भेजा कि आप इसे न छापिये दूसरी मैं चुनकर भिजवाऊँगा। रामानन्द बाबू के सुयोग्य पुत्र अशोक चटर्जी ने, जो केम्ब्रिज के बी० ए० हैं, मुझसे कहा है कि मैं स्वयं आपकी गल्प का अनुवाद करूँ और वे (अशोक बाबू) उसे ठीक कर लेंगे। पर मुझे आपकी कहानियों का अनुवाद करने की हिम्मत नहीं पड़ती क्योंकि जैसी बढ़िया हिन्दी आप लिखते हैं मैं उतनी तो क्या उसका दसवाँ हिस्सा अच्छी अंग्रेजी नहीं लिख सकता।

कृपया एक काम कीजिए। 'नवनिधि' इत्यादि कहानियों की अपनी सभी पुस्तकें मुझे भेज दीजिए। श्री राजेश्वरप्रसाद सिंह जी का पता भी बतलाइये।

श्री रामानन्द बाबू, अशोक बाबू, 'प्रवासी' के उप-सम्पादकगण इत्यादि सभी सज्जन आपकी रचनाओं को पढ़ने के लिए उत्सुक हैं और मेरी सम्मति में 'बेस्ट स्टोरीज़' का पहले अनुवाद होना चाहिए। 'इसीलिए मैंने रामानन्द बाबू से

कहला भेजा था कि उसे आप पहले न छाप पर फिर उन्होंने स्वयं ही छाप दी। यह भी एक प्रकार से अच्छा ही हुआ। मैं यह नहीं चाहता था कि मेरी सिफारिश से आपकी रचना छपे। You don't stand in need of my recommendation.

मुझे अत्यन्त खेद होता यदि वे केवल इसी कारण से कि मैं कह रहा हूँ आपकी कहानी छापते।

मैं उस दिन का स्वप्न देख रहा हूँ जब कि किसी हिन्दी गल्प लेखक की कहानियों का अनुवाद रशियन, जर्मन, फ्रेंच इत्यादि भाषाओं में होगा। यदि आप ही को यह गौरव प्राप्त हो तब तो बात ही क्या है। मेरे हृदय में आपके प्रति श्रद्धा इसलिए है कि आप दूसरी भाषावालों को कुछ देकर हिन्दी का माथा ऊँचा कर सकते हैं। बँगला इत्यादि से दान लेते-लेते हमारा गौरव बढ़ नहीं रहा।

आशा है कि आप सकुशल हैं।

भवदीय

बनारसीदास चतुर्वेदी

श्री रुद्रदत्त जी के विषय में लिखूँगा।

अकेला होने से काम करते-करते तंग आ जाता हूँ।

मि० एण्ड्रूज़ ने मुझसे कहा था कि प्रेमचन्द जी को लिख भेजना कि अंग्रेजी में उनकी गल्प के अनुवाद के प्रकाशित होने पर मैं उनका अभिवादन करता हूँ। वे विलायत चले गये हैं।

आप स्वयं अपनी किसी ग्राम्य जीवन से सम्बन्ध रखनेवाली गल्प का अंग्रेजी अनुवाद क्यों न भेजें।

५८

९१ अपर सरकुलर रोड, कलकत्ता

१७ अक्टूबर १९२८

प्रिय प्रेमचंद जी,

पत्र के लिये अनेक धन्यवाद। मैं बीस तारीख को घर जा रहा हूँ और आपको सूचना दूँगा कि हमारी मुलाकात का सबसे अच्छा तरीका क्या होगा। लौटते वक्त मैं इलाहाबाद में रुकने का इरादा रखता हूँ, इसलिये शायद मेरा लखनऊ आना मुमकिन न हो पर मैं कोशिश करूँगा।

मैं सुन्दरलाल जी को एक दिन के लिये फ़ीरोज़ाबाद आने को कह रहा हूँ। वे आपकी रचनाओं के बहुत बड़े प्रशंसक हैं और आपके असाम्प्रदायिक

विचारों को विशेष रूप से पसंद करते हैं। आपने देखा होगा कि मैंने अपने पत्र में एक भी चीज़ साम्प्रदायिकता के समर्थन में नहीं छापी। इतना ही नहीं मैं बहुत बार उसकी तीव्र आलोचना कर चुका हूँ। पहले अंक में ही मैंने लिखा था कि साम्प्रदायिकता एक ऐसा पाप है जिसका कोई प्रायश्चित्त नहीं है। मुझे बड़ी खुशी है कि इस प्रश्न पर हम दोनों बिलकुल सहमत हैं। सुन्दरलाल जी के विचार तो इस प्रश्न पर और भी दृढ़ हैं। अगर वे फ़ीरोज़ाबाद आना मंजूर कर लेते हैं तो मैं आपसे भी आने की प्रार्थना करूँगा और अगर आप नहीं आ सकते तो फिर मैं लखनऊ आने की कोशिश करूँगा।

हमारे जनवरी के स्वराज्यांक के लिये आपको एक कहानी लिखनी होगी। कृपया उसे महीने भर के अंदर भेज दें। प्रेमाश्रम के ढंग की कोई चीज़ बहुत अच्छी रहेगी। लेकिन मैं अपनी बात आपके ऊपर लादना नहीं चाहता। आप कलाकार हैं और जो मन चाहे लिखने के लिये आपको स्वतंत्र छोड़ना ही ठीक है। ताराचंद राय को आपकी कहानी 'मंत्र' बहुत अच्छी लगी पर उनका खयाल है कि कहानी 'एक चिलम तमाखू का भी रवादार न हुआ' के साथ खत्म हो जाना चाहिये थी और मैं उनसे सहमत हूँ। आप क्या चेखोव या दूसरे किसी लेखक की कुछ कहानियाँ अनुवाद के लिये सुझायेंगे। तुर्गनेव का 'मूमू' हम लोग इस अंक में छाप रहे हैं।

आपका,

बनारसी दास

गुप्त जी पर निगम का लेख, जिसकी आपने सिफ़ारिश की थी, सचमुच बहुत सुन्दर है—जितने लेख उनके बारे में लिखे गये हैं सबसे अच्छा।

क्या आप कुछ उर्दू या हिन्दी लेखकों या कवियों के संस्मरण लिखने की कृपा करेंगे?

५६

विशाल भारत कार्यालय
६१ अपर सरकुलर रोड कलकत्ता
१० जून १६२८

प्रिय प्रेमचंद जी,

कृपया अपनी सब पुस्तकें—मेरा मतलब उपन्यासों और कहानियों से है—

मेरे मित्र—

Mr. Tarachand Roy
Professor of Hindi
Berlin University
Hohenzollerndamm 161 b
Berlin — Wilmersdorf
Germany

को भेज दें।

मिस्टर राय को जर्मन भाषा पर अद्भुत अधिकार है। यहाँ पर मैं इतना और जोड़ दूँ कि टैगोर की संपूर्ण जर्मनी यात्रा में वही उनके दुभाषिये थे। मिस्टर राय हमारे सर्वश्रेष्ठ लेखकों की कहानियों का अनुवाद करना चाहते हैं और मैं उनसे कह रहा हूँ कि आप ही से शुरू करें। आपकी कहानियों को जर्मन में देख कर मुझे कितनी खुशी होगी, गो मैं उस भाषा का एक शब्द भी नहीं जानता। मिस्टर राय को आप के एक संक्षिप्त जीवन-वृत्त की भी जरूरत होगी। प्रोफ़ेसर गौड़वाला मुझको अच्छा नहीं लगता। उसमें आत्मीयता नहीं है। क्या आप मुझे अपने जीवन के बारे में कुछ नोट्स देने की कृपा करेंगे? अपने मौलवी साहब के कमरे से शुरू कीजिये—वही मौलवी जिन्हें आप इतना प्यार करते थे। मैं कुछ निजी ढंग की छोटी-मोटी घटनाएँ चाहता हूँ। मैं बहुत से लेखकों से ज्यादा अच्छा स्केच लिख सकता हूँ क्योंकि मुझे वह काम पसंद है। आपके बारे में मैंने कुछ बातें टाँक रखी थीं लेकिन वह कहीं इधर उधर हो गयी है। इसलिये आपको मुझे पूरे नोट्स देने पड़ेंगे। मिस्टर गौड़ ने विद्वान आलोचक की तरह लिखा है। मेरे पास उनकी विद्वत्ता नहीं है। मैं आपको आदमी के रूप में जानना चाहता हूँ। कृपया मुझे अपना एक अच्छा चित्र भेज दें। अगर आपके पास अपनी कहानी पुस्तकों और उपन्यासों की अतिरिक्त प्रतियाँ हों तो कृपया मुझे सबकी एक-एक प्रति भेज दें। रंगभूमि आपने मुझे लखनऊ में दी थी।

मैं १९१६ से ही आपकी कहानियों का एक तुच्छ प्रशंसक रहा हूँ। उस समय मैं चीफ़्स कॉलेज इंदौर में छः साल से अध्यापक था और मैंने आपकी एक पुस्तक 'नवनिधि' पाठ्यक्रम में रखी थी। मिस्टर राय ने मुझको लिखा है कि अब तक किसी हिन्दी पुस्तक का अनुवाद जर्मन भाषा में नहीं हुआ। लिहाज़ा आपकी कहानियाँ पहली चीज़ होंगी! है न ज़ोर की बात? मैं आपकी कहानियों को जर्मन में देखने के लिये अधीर हो रहा हूँ। उन्हें देख कर किसी को उतनी खुशी न होगी जितनी कि मुझे।

आपका तुच्छ प्रशंसक
बनारसी दास चतुर्वेदी

आपको मेरा आखिरी खत मिला ? मोहन सिंह का लेख अब तक नहीं निकला।

६०

विशाल भारत कार्यालय
१२०।२ अपर सरकुलर रोड कलकत्ता
१५ नवम्बर १९२९

प्रिय प्रेमचंद जी,

प्रणाम। घासलेट साहित्य के विरुद्ध जो आन्दोलन मैं कर रहा था उसकी मैंने अब इतिश्री कर दी है और अन्तिम लेख 'घासलेट-विरोधी आन्दोलन का उपसंहार' विशाल भारत में लिख रहा हूँ। इस अवसर पर मैं आपकी सम्मति इस आन्दोलन के विषय में चाहता हूँ। मैंने सुना था कि आपने 'भारत' में मेरे समर्थन में एक चिट्ठी लिखी थी। क्या उसकी प्रतिलिपि आपके पास है ? मैंने रख छोड़ी थी पर वह खो गई।

श्रीयुत सुन्दरलाल जी से मैं अभी प्रयाग में मिला था। उन्होंने मुझसे कहा 'तुमने इस गन्दे साहित्य के विरुद्ध आन्दोलन उठाकर सचमुच बहुत अच्छा कार्य किया। किसी न किसी को यह कार्य करना ही चाहिए था। यद्यपि इससे प्रारम्भ में घासलेटी लेखकों को कुछ विज्ञापन ज़रूर मिला, फिर भी यह कार्य बहुत आवश्यक था।'

मेरा विश्वास है कि आपकी इस आन्दोलन में मेरे साथ सहानुभूति थी। साहित्यिक दृष्टि से चाकलेटी साहित्य सचमुच अत्यन्त भयंकर है। मुझे खेद है कि 'प्रताप' तथा 'कर्मवीर' जैसे राष्ट्रीय पत्रों ने इस आन्दोलन को बिलकुल ignore किया। कृपया विस्तार पूर्वक अपनी सम्मति इस विषय में भेजिये। मैं उसे अपने लेख में उद्धृत करूँगा।

विनीत
बनारसीदास चतुर्वेदी

६१

१०२।२ अपर सरकुलर रोड, कलकत्ता
११ मई १९३०

प्रिय प्रेमचंद जी,

प्रणाम। कृपापत्र अभी मिला। मैं आपकी कठिनाइयों से भलीभाँति

सूल पत्र अंग्रेजी में

परिचित हूँ। इसलिये बुरा नहीं मानता। जब कभी आपको अवकाश मिले, 'विशाल भारत' के लिए कोई कहानी लिखिये।

सुन्दरलाल जी वाला स्केच आपको पसन्द आया, यह पढ़कर मुझे हर्ष हुआ। मेरा उनका साक्षात् परिचय तो सन् १९१८ में हुआ था पर वैसे अपने विद्यार्थी जीवन में मैंने उनके 'कर्मयोगी' से बहुत लाभ उठाया था। मेरे ऊपर उनकी बड़ी कृपा है बल्कि यों कहना चाहिए कि उन्हीं का भेजा हुआ मैं आज यहाँ 'विशाल-भारत' में काम कर रहा हूँ।

आपके पत्र के विषय में क्या लिखूँ। अंक आते ही आफिस के अन्य मित्र पढ़ने के लिए ले गये और मुझे अभी तक नहीं मिला। अब पढ़कर अवश्य लिखूँगा।

'हंस' के लिए अवकाश मिलने पर ज़रूर कुछ लिखना चाहता हूँ लेकिन एक शर्त पर, वह यह कि आप अपना चित्र मुझे भेज दें और किसी से biographical notes भिजवा दें। साथ ही इन प्रश्नों के उत्तर भी दें। मैं किसी अंग्रेज़ी पत्र (सम्भवतः लीडर) में आप पर कुछ लिखना चाहता हूँ।

१—आपने गल्प लिखना कब प्रारम्भ किया?

२—अपनी कौन-कौन सी गल्प आपको सर्वोत्तम लगती है?

३—आपकी लेख-शैली पर देशी या विदेशी किन-किन गल्प लेखकों की रचना का प्रभाव पड़ा है?

४—आपको अपने ग्रन्थों से रचनाओं से क्या मासिक आय हो जाती है?

५—हिन्दी में गल्प-साहित्य की वर्तमान प्रगति के विषय में आपके क्या विचार हैं?

६—आपकी रचनाओं का अनुवाद किन-किन भाषाओं में हुआ है?

७—आपकी आकांक्षाएँ क्या-क्या हैं?

मैं एक बार आपकी गल्प पढ़ जाना चाहता हूँ और फिर उसके विषय में अपनी ओर से कुछ लिखना चाहता हूँ। इन प्रश्नों का उत्तर कृपया विस्तार-पूर्वक चिट्ठी के रूप में मुझे दीजिये। मैं प्रतीक्षा करूँगा। उत्तर आने पर मैं 'हंस' के लिए कोई लेख आपकी सेवा में भेजने का प्रयत्न करूँगा। शर्त मैंने इसलिए रखखी है कि आपसे चित्र माँगते-माँगते वर्षों बीत गये पर आपने अभी तक न भेजा, इसलिए हताश होकर दुकानदारी पर उतर आया हूँ।

कृपा बनी रहे

विनीत

बनारसीदास चतुर्वेदी

पुनश्च:

एक अपना अच्छा चित्र आप 'विशाल भारत' के लिए specially खिंचवा दीजिए और उसका बिल मेरे नाम भेज दीजिए। चित्र की तीन प्रतियाँ भेजिये। यह arrangement ठीक रहेगा 'कवच' के २६ रू० वि० भा० से भिजवाऊँगा। तक़ाज़ा कर रहा हूँ।

६२

सरस्वती प्रेस, काशी
३ जून १९३२

प्रिय भाई साहब, बंदे।

आप का पत्र कई दिनों से आया हुआ है। पहले तो कई बरातों में जाना पड़ा फिर नैनीताल जाने की जरूरत पड़ गयी। पहली तारीख़ को वहाँ से आया तो यहाँ काँग्रेस की उलझनों में पड़ा रहा। शहर पर फ़ौज का क़ब्ज़ा है। अमीनाबाद में दोनों पार्कों में सिपाही और गोरे डेरे डाले पड़े हुए हैं, १४४ धारा लगी हुई है, पुलिस लोगों को गिरफ्तार कर रही है और काँग्रेस तो १४४ धारा तोड़ने की फ़िक्र में है! डंडे की नई पालिसी ने लोगों की हिम्मत तोड़ दी है।

आप मुझसे मेरा चित्र माँगते हैं। एक चित्र कुछ दिन हुए खिंचवाया था। वह लाहौर भेज दिया। वहाँ से ब्लाक मँगवाकर कहानियों के एक संग्रह 'पाँच फूल' में छापा। उसी की एक परत फाड़कर भेज रहा हूँ। अगर इससे काम चल जाय तो क्यों नई तसवीर खिंचवाऊँ। मैं तो समझता हूँ यह काफी अच्छी है। अगर ज़रूरत होगी तो इसका ब्लाक भेज दूँगा, हालाँकि ठीक नहीं कह सकता ब्लाक प्रेस में है या नहीं, क्योंकि 'वीणा' ने माँगा था। अगर वहाँ चला गया होगा तो वहाँ से आने पर भेज दूँगा। हाँ, अगर बिलकुल नई तसवीर दरकार हो तो मुझे तुरन्त लिखिए, खिंचवाकर भेज दूँ।

मेरे विषय में आपने जो प्रश्न पूछे हैं उसका उत्तर यों है:—

१— मैंने १९०७ में गल्प लिखना शुरू किया। सब से पहले १९०८ में मेरा 'सोज़े वतन' जो पाँच कहानियों का संग्रह है ज़माना प्रेस से निकला था, पर उसे हमीरपुर के कलेक्टर ने मुझसे लेकर जलवा डाला था। उनके ख़याल में वह विद्रोहात्मक था, हालाँकि तब से उसका अनुवाद कई संग्रहों और पत्रिकाओं में निकल चुका है।

२—इस प्रश्न का जवाब देना कठिन है। दो सौ से ऊपर गल्पों में कहाँ

तक चुनूँ लेकिन स्मृति से काम लेकर लिखता हूँ—

१—बड़े घर की बेटी २—रानी सारंधा ३—नमक का दरोग़ा ४—सौत ५—आभूषण ६—प्रायश्चित ७—कामना तरु ८—मंदिर और मसजिद ९—घासवाली १०—महातीर्थ ११—सत्याग्रह १२—लांछन १३—सती १४—लैला १५—मंत्र ।

'मंज़िले मक़सूद' नामक उर्दू कहानी बहुत सुन्दर है। कितने ही मुसलमान मित्रों ने उसकी बड़ी प्रशंसा की है, पर अभी तक उसका अनुवाद नहीं हो सका। अनुवाद में भाषा-सारस्य ग़ायब हो जायगा।

३—मेरे ऊपर किसी विशेष लेखक की शैली का प्रभाव नहीं पड़ा। बहुत कुछ पं० रतननाथ दर लखनवी और कुछ डा० रवीन्द्रनाथ ठाकुर का असर पड़ा है।

४—आय की कुछ न पूछिए। पहले की सब किताबों का अधिकार प्रकाशकों को दे दिया। प्रेम पच्चीसी, सेवासदन, सप्त सरोज, प्रेमाश्रम, संग्राम आदि के लिए एकमुश्त तीन हजार रुपये हिन्दी पुस्तक एजेंसी ने दिया। नवनिधि के लिए शायद अब तक दो सौ रुपये मिले हैं। रंगभूमि के लिए अट्ठारह सौ रुपये दुलारेलाल ने दिये। और संग्रहों के लिए सौ दो सौ मिल गये। कायाकल्प, आज़ाद-कथा, प्रेमतीर्थ, प्रेमप्रतिमा, प्रतिज्ञा मैंने खुद छापा पर अभी तक मुश्किल से ६००) रुपये वसूल हुए हैं। और प्रतियाँ पड़ी हुई हैं। फुटकल आमदनी लेखों से शायद २५ रुपये माहवार हो जाती हो। मगर इतनी भी नहीं होती। मैं अब 'हंस' और 'माधुरी' के सिवा कहीं लिखता ही नहीं। कभी-कभी 'विशाल भारत' और 'सरस्वती' में लिखता हूँ। बस हाँ, अनुवादों से भी अब तक शायद दो हज़ार से अधिक न मिला होगा। आठ सौ रुपये में रंगभूमि और प्रेमाश्रम दोनों का अनुवाद दे दिया था। कोई छापनेवाला ही न मिलता था।

५—हिन्दी में गल्प साहित्य अभी अत्यन्त प्रारम्भिक दशा में है। कहानी लिखनेवालों में सुदर्शन, कौशिक, जैनेन्द्र कुमार, उग्र, प्रसाद, राजेश्वरी यही नज़र आते हैं। मुझे जैनेन्द्र, और उग्र में मौलिकता और बाहुल्य के चिन्ह मिलते हैं। प्रसाद जी की कहानियाँ भावात्मक होती हैं realistic नहीं, राजेश्वरी अच्छा लिखते हैं मगर बहुत कम। सुदर्शन जी की रचनाएँ सुन्दर होती हैं पर गहराई नहीं होती और कौशिक जी अक्सर बात को बेज़रूरत बढ़ा देते हैं। किसी ने अभी तक समाज के किसी विशेष अंग का विशेषरूप से अध्ययन नहीं किया। उग्र ने किया मगर बहक गये। मैंने कृषक समाज को लिया मगर अभी कितने ही ऐसे समाज पड़े हैं जिनपर रोशनी डालने की जरूरत है। साधुओं के समाज को

किसी ने स्पर्श तक नहीं किया। हमारे यहाँ कल्पना की प्रधानता है, अनुभूत की नहीं। बात यह है कि अभी तक साहित्य को हम व्यवसाय के रूप से नहीं ग्रहण कर सकते। मेरा जीवन तो आर्थिक दृष्टि से असफल है और रहेगा। 'हंस' निकालकर मैंने किताबों की बचत का भी वारा-न्यारा कर दिया। यों शायद इस साल चार छः सौ मिल जाते पर अब आशा नहीं।

६––मेरी रचनाओं का अनुवाद मराठी, गुजराती, उर्दू, तामिल भाषाओं में हुआ है। सब का नहीं। सबसे ज्यादा उर्दू में, उसके बाद मराठी में। तामिल और तेलगू के कई सज्जनों ने मुझसे आज्ञा माँगी जो मैंने दे दी। अनुवाद हुआ या नहीं, मैं नहीं कह सकता। जापानी में तीन-चार कहानियों का अनुवाद हुआ है जिसके महाशय साबरवाल ने मुझे अभी कई दिन हुए ५०) रुपये भेजे हैं। मैं उनका आभारी हूँ। दो-तीन कहानियों का अंग्रेजी में अनुवाद हुआ है। बस।

७––मेरी आकांक्षाएँ कुछ नहीं हैं। इस समय तो सबसे बड़ी आकाँक्षा यही है कि हम स्वराज्य-संग्राम में विजयी हों। धन या यश की लालसा मुझे नहीं रही। खाने भर को मिल ही जाता है। मोटर और बँगले की मुझे हविश नहीं। हाँ, यह जरूर चाहता हूँ कि दो-चार ऊँची कोटि की पुस्तकें लिखूँ पर उनका उद्देश्य भी स्वराज्य-विजय ही है। मुझे अपने दोनों लड़कों के विषय में कोई बड़ी लालसा नहीं है। यही चाहता हूँ कि वह ईमानदार, सच्चे और पक्के इरादे के हों। विलासी, धनी, खुशामदी सन्तान से मुझे घृणा है। मैं शांति से बैठना भी नहीं चाहता। साहित्य और स्वदेश के लिए कुछ न कुछ करते रहना चाहता हूँ। हाँ, रोटी-दाल और तोला भर घी और मामूली कपड़े मयस्सर होते रहें।

बस आपके प्रश्नों का जवाब हो गया। मेरे जन्म आदि का ब्योरा आपके ही पत्र में छप चुका है. अब आप अपना वचन पूरा कीजिए और हंस' के लिए कुछ लिख भेजिए। वैसा ही स्केच हो जैसा पं० सुंदरलाल जी का था तो क्या कहना।

शेष सकुशल है। आशा है आप भी सकुशल होंगे।

भवदीय
धनपतराय

६३

सरस्वती प्रेस, काशी
१८ जून १६३२

प्रिय बनारसीदास जो, बंदे।

लीजिए फ़रमाइश की तामील कर रहा हूँ। जो कुछ याद आया लिखा।

उस वक्त जानता कि यह लेख लिखना पड़ेगा तो शर्मा जी का एक-एक वाक्य नोट कर लेता।

'हंस' का स्वदेशांक निकलने जा रहा है। पत्र सेवा में पहुँचेगा। अब की तो निराश न कीजिएगा।

भवदीय
धनपतराय

६४

सरस्वती प्रेस, बनारस
३ अक्टूबर १९३२

प्रिय बनारसीदास जी,

बनारस से बाहर होने के कारण आपके खतों का जवाब देने में मुझे देर हो गयी। आप चाहते हैं कि मैं आपके लिए एक कहानी लिखूं। मैं इन दिनों खुराफ़ात में बुरी तरह फँसा हुआ हूँ। अकेले दम 'जागरण' निकाल रहा हूँ। मेरा सारा वक़्त उसी में चला जाता है। तो भी मैं एक कहानी लिखने की कोशिश करूँगा।

मैंने निराला का लेख नहीं पढ़ा। मुझे लगता है कि आप इन छोटी- छोटी बातों को लेकर खामखाह इतना परेशान होते हैं। लोग व्यर्थ ही हमको वाद-विवाद में खींचने की कोशिश करते हैं। अपनी तरफ़ से उन्हें न्योता क्यों दिया जाय?

आपको 'कंकाल' पसन्द नहीं आया। इसका मुझे खेद है। मैं बड़ी उदार रुचि का आदमी हूँ और आलोचना-बुद्धि मुझमें बहुत कम है। 'कंकाल' में मुझको सच्चा आनन्द मिला। और मैं पुस्तक से भी अधिक उस आदमी का प्रशंसक हूँ! वह बहुत खुले हुए और स्पष्टवादी आदमी हैं।

अपने कहानी-अंक के लिए आप हिन्दी के जाने-माने लेखकों से चीज़ें माँगिये, जैसे जैनेन्द्र, सुदर्शन, कौशिक, प्रसाद, द्विज, हिन्दू होस्टल प्रयाग के वीरेश्वर सिंह। इनके अलावा आप चाहें तो गुजराती, बँगला, उर्दू और मराठी कहानीकारों को भी अपनी-अपनी भाषा में एक कहानी लिखने के लिए आमंत्रित कर सकते हैं। फिर उसमें योरप और अमेरिका के आधुनिक कहानीकारों के अनुवाद होने चाहिए। कहानी के मूल सिद्धांतों पर एक लेख भी बेजा न होगा।

शुभकामनाओं के साथ,

आपका
धनपतराय

मूल पत्र अंग्रेज़ी में

६५

सरस्वती प्रेस, बनारस
१४ नवम्बर १९३२

प्रिय बनारसीदास जी, नमस्ते ।

कृपापत्र के लिए धन्यवाद । मैंने सदा आपको अपना सबसे सच्चा दोस्त समझा है और आप मेरे साहित्यिक सलाहकारों में से एक हैं जिसकी आलोचना की मैं सबसे ज़्यादा क़दर करता हूँ, क्योंकि वह सहानुभूतिपूर्ण होती है और न्याय-बुद्धि पर आधारित होती है । आलोचकों का मूल्यांकन, जैसा कि आप खुद जानते हैं, लेखकों के लिए बहुत संतोष की चीज़ नहीं होती और वह तो सजग मित्र ही हैं, जिनको कि वह सदा अपनी आँखों के सामने रखता है । आपने जो-जो कुछ मेरे लिए किया है, उन सब का हवाला देने की तकलीफ़ आपने नाहक़ की । मैं उन चीज़ों को सारी ज़िन्दगी नहीं भूल सकता । जब कोई मौक़ा आया है, मैं आपकी तरफ़ से हमेशा लड़ा हूँ । और मैं जिस रूप में आपको देखता हूँ उस रूप में मैंने आपको पेश करने की कोशिश की है । मैं इस बात से इन्कार नहीं करता कि साहित्यिकों में कुछ ऐसे लोग हैं, जो आपकी अवहेलना करते हैं और आपकी सच्ची लगन के लिए आपको अपना उचित प्राप्य नहीं देते । इतना ही नहीं, कुछ लोग उससे भी बहुत आगे चले जाते हैं । मगर किसकी बुराई करनेवाले लोग नहीं हैं । खुद मेरे चारों तरफ बुरा-भला कहनेवाले लोग जमा हैं जो मुझ पर चोट करने का एक भी मौक़ा हाथ से न जाने देंगे । दुर्भाग्य की बात है कि हमारे साहित्यिक कर्मियों में विचारों की उदारता और सौहार्द्र का भाव नहीं है । एक श्रेणी ऐसे लोगों की है जिन्हें किसी की कीर्ति का ध्वंस करने में आनन्द आता है, जिस कीर्ति को बनाने में दूसरे आदमी को बरसों लगे हैं । मगर उससे क्या ? हमें अपना अन्तःकरण स्वच्छ रखना चाहिए । और वही असली चीज़ है । ऐसा लगता है कि आप मज़ाक में की गयी छींटेकशी को ज़रा ज़्यादा महत्व देते हैं । मैं मानता हूँ कि मैंने ढुंढिराज का लेख नहीं पढ़ा और न ख़ैराती ख़ाँ का । आपको पता ही होगा ख़ैराती ख़ाँ ने 'आज' में मेरी अच्छी ख़बर ली है । मगर मैंने उसको बड़ी दिलेरी के साथ क़बूल किया । मामला संगीन तब हो जाता है, जब नियत पर शक किया जाने लगता है । यह मैं कभी किसी हालत में बर्दाश्त नहीं कर सकता । साफ़ दिल से की गयी छींटेकशी का आपको बुरा न मानना चाहिए, अगर आप इतने तुनुकमिज़ाज हो जायँगे तो आप अपनी बुराई करनेवालों को और प्रोत्साहन देंगे कि वह आपको चुटकी काटें ।

मुस्कराते हुए चेहरे के साथ उनका सामना कीजिए। एक समय ऐसा था जब किसी की एक अमित्रतापूर्ण चोट से मैं रात की रात जागता रह जाता था, आँखों की नींद उड़ जाती थी। मगर अब वह हालत गुज़र चुकी है और मैं अपने आप को पहले से कहीं ज्यादा अच्छी तरह जानता हूँ। मतभेद सदा रहेंगे लेकिन उसकी चिन्ता हम क्यों करें। सब लोग मेरी प्रशंसा नहीं करेंगे और न यही कहा जा सकता है कि मैंने जो कुछ लिखा है, सब का सब निर्दोष है। आपको 'कंकाल' अच्छा नहीं लगता, मुझको लगता है। बात ख़तम। प्रसाद जी बहुत अच्छे आदमी हैं, अनायास उनसे मुहब्बत हो जाती है। अब जब कि मैं उन्हें पास से देख रहा हूँ तो मैं पाता हूँ कि साल भर पहले मैं उनके बारे में जो सोचता था वह उसके काफी विपरीत है। ग़लतफ़हमियाँ घनिष्ठ सम्पर्क से ही दूर हो सकती हैं। मैं आपको विश्वास दिलाता हूँ कि मैं आपकी ज्यादा से ज़्यादा क़द्र करता हूँ। कोई चीज़ उसको हिला नहीं सकती। वातावरण में जो ईर्ष्या और संकीर्णता छायी हुई है, उसकी सफाई के लिए मैं क्या कुछ न दे दूँगा। हमें विचारों की उदारता से काम लेना चाहिए। आप इस सिद्धान्त को मुझसे ज्यादा अच्छी तरह समझते हैं।

'कर्मभूमि' आपको निश्चय ही भेंट की जायगी। दो सौ प्रतियाँ जिनकी जिल्द बँधी थी चली गयीं। नयी प्रतियों की जिल्दबंदी हो रही है। अब बस चन्द दिनों की बात है।

मैं इस महीने के अन्त तक आपको अपनी कहानी दूँगा।

आपकी 'जागरण' वाली समालोचना बहुत अच्छी है।

धन्यवाद—

आपका

धनपतराय

६६

सरस्वती प्रेस बनारस

१३ फरवरी १९३३

प्रिय बनारसीदास जी, पालागन।

आपके अत्यन्त सुखद पत्र के लिए धन्यवाद। आपके साथ जो दिन गुज़रे उनकी मधुर स्मृति मैं सदैव सँजोकर रखूँगा। मेरी कितनी इच्छा है कि ऐसे

मूल पत्र अंग्रेजी में

अवसर बार-बार आयें।

मैंने आपके कहानी अंक की समालोचना लिखी है। लेकिन स्थानाभाव के कारण मुझे उसको छोटा करना पड़ा। आपकी इण्टरव्यू मुझको सबसे ज़्यादा पसन्द आयी। और मुझी को नहीं, तरुण, जनार्दन और दूसरों को भी। इसलिए नहीं कि आपने उसमें मेरी तारीफ की है बल्कि इसलिए कि वह सचमुच बहुत अच्छे और सुथरे ढंग से लिखी गयी है। मैंने आपकी 'समाधि' आनन्दपूर्वक पढ़ी। आप साधू को उसमें क्यों ले आये ? कहानी और ज़्यादा अच्छी चलती अगर आप अपने व्यंगात्मक स्वर में, पत्नी की ब्रजभाषा के साथ, एक सम्पादक के जीवन के कष्टों और आपदाओं का चित्रण कर सकते।

आपकी समालोचना पाकर श्रीमती प्रेमचंद को बहुत ही ख़ुशी होगी। साहित्यिक संसार से अब तक उन्हें न्याय नहीं मिला है क्योंकि मैं उनके ऊपर छाया हुआ हूँ या इसलिए कि हो सकता है कुछ अक़्लमन्दों का यह ख़याल हो कि मैं ही उन कहानियों का असल लेखक हूँ। मैं इस बात से इनकार नहीं करता कि मैं उनके साहित्यिक बनाव-सँवार के लिए ज़िम्मेदार हूँ, मगर कल्पना और लेखन पूरी तरह उन्हीं का होता है। एक-एक पंक्ति में एक संघर्षपरायणा नारी बोलती है। मेरे जैसे शान्त स्वभाव का व्यक्ति इस प्रकार के भीषण नारी-परक कथानकों की कल्पना भी नहीं कर सकता। मैं उनका चित्र आपको भेज सकता हूँ। उन्हें कोई आपत्ति न होगी। जहाँ तक उनके हाथ की घड़ी की बात है, जब कोई साहसी पत्रकार उनको पैसे देने लग जायगा वे आप ही उसका बंदोबस्त कर लेंगी या हो सकता है कि कोई उन्हें भेंट में दे दे।

आप जब भी चाहें मैं कलकत्ता आने के लिए तैयार हूँ, कोई मौका होना चाहिए। सिर्फ तमाशबीनी के लिए आना और दूसरों से उसका खर्च उठाने की उम्मीद करना मज़ाक़ की बात है। जब ऐसा कोई अवसर होगा तो आप मुझको सपत्नीक वहाँ पायेंगे।

हज़ार-हज़ार अफ़सोस कि केवल लापरवाही के कारण वे छः स्वदेशांक अब तक नहीं भेजे जा सके। अब पैकेट तैयार है और कल भेज दिया जायगा।

शुभकामनाओं के साथ।

आपका

धनपतराय

पुनश्च :—पंच परमेश्वर सप्त सरोज की एक कहानी है। आप कृपया हिन्दी पुस्तक एजेन्सी से एक प्रति देने के लिए कहें। वे खुश होंगे।

मूल पत्र अंग्रेज़ी में

६७

सरस्वती प्रेस काशी,
१२ अप्रैल १६३३

प्रिय बनारसीदास जी, बंदे ।

आपको तो मैंने कलकत्ता पत्र लिखा था । आज जवाब आया कि आप यहाँ हैं । आप ही कुछ लिखेंगे ? दो-एक पृष्ठ सही । जगह रिज़र्व रख छोड़ी है ।

गुप्त जी को मेरा नमस्कार कहियेगा ।

आपका
धनपतराय

६८

सरस्वती प्रेस , बनारस
१७ जुलाई १६३३

प्रिय भाई,

मैं अनुमान लगाने की कोशिश कर रहा था कि यह मनीराम कौन हो सकता है और इन सज्जन के बारे में मेरे मन में एक हल्का-सा संदेह था । तो अब बात साफ हो गयी । यह महाशय आजकल कहानियाँ लिख रहे हैं और हिन्दी की दुनिया में एक तहलका मचाने की कोशिश कर रहे हैं । मगर अब तक उनकी कोशिशें नाकाम-सी मालूम पड़ती हैं ।

'इस्लाम का विष-वृक्ष' मैंने नहीं देखा है । मगर 'चित्रपट' में उसका जो विज्ञापन निकल रहा है, उससे मैं अच्छी तरह समझ सकता हूँ कि वह क्या है । यह साम्प्रदायिकता फैलाने की एक बेहद शरारतभरी और नीच कोशिश है और उसका पर्दाफ़ाश करना ही होगा। किताब पढने के बाद मैं खुद उसके बारे में लिखने की सोच रहा था और अब जब कि आपने इस मामले को उठा लिया है, मैं दिलोजान से आपके साथ हूँ । इसकी परवाह मत कीजिये कि हम लोग अल्पमत में हैं । हमारा लक्ष्य पवित्र है । जुलाई का हंस पूरा हो गया है, इसलिए मैं आपका नोट जागरण में दे रहा हूँ । अगर आप मेरे पास किताब भेज दें तो मैं इस मसले पर एक पूरा सम्पादकीय लिखूँ ।

एक बात और । मेरे पास आपका एक जीवनवृत्त है और मैं उसे हंस में देना

मूल पत्र अंग्रेज़ी में

चाहता हूँ। क्या आप मुझे अपना ब्लाक या अगर ब्लाक न हो तो अपनी सबसे नयी तसवीर भेज सकते हैं, बहुत कृतज्ञ हूँगा

सस्नेह

आपका

धनपतराय

६९

सरस्वती प्रेस, बनारस

६ अगस्त १९३३

प्रिय बनारसीदास जी,

जागरण में जो मज़ाकिया नोट निकला था उसका मुझे बिलकुल पता न था। सच कहता हूँ सरस्वती में जो सब खुराफ़ात लिखी गयी थी उस पर मैंने एक क्षण के लिए विश्वास नहीं किया। मैं फ़ौरन समझ गया कि शुरू से लेकर आखिर तक वह बदमाशी है। उस आदमी ने आपमें और सारी दुनिया में रार पैदा करने की कोशिश की है। मगर माफ़ कीजिएगा। आपको भी चाहिए कि ऐसे बेई-मान स्वार्थसेवियों से बच कर रहें। कभी कोई ऐसी बात न कहिये जो आप पूरी संजीदगी से कहना न चाहते हों। मैं इस इण्टरव्यू के बारे में 'हंस' में एक नोट लिखने जा रहा हूँ। आपको अदालत में इस मामले को उठाना चाहिए। परिस्थिति का यही तक़ाज़ा है। जब उसने साफ़-साफ़ तौर पर यह नहीं कहा कि वह किसी पत्र के लिए इण्टरव्यू ले रहा है और आपको उस इण्टरव्यू की कापी नहीं दिखायी तब वह कैसे इस तरह की भयानक बातें आपके मुँह में डालकर आपकी ख्याति को ऐसी अपूरणीय क्षति पहुँचा सकता है।

क्या आप यह चाहेंगे कि मैं उस खत का अनुवाद छाप दूँ, जो आपने लिखा है?

आपका

प्रेमचंद

७०

सरस्वती प्रेस, बनारस

१८ अगस्त १९३३

प्रिय बनारसीदास जी,

कृपापत्र के लिए धन्यवाद। मुझे यह जानकर खुशी हुई कि 'विशाल भारत'

अपनी मुसीबतों से उबर आया और अब उसे कोई खतरा नहीं है। बधाई !

मैंने 'हंस-वाणी' में एक टिप्पणी लिखी है। एक-दो रोज में आपके पास पहुँचेगी। डिस्पैच कल से शुरू होगा। आपको पसन्द आयेगी। मैंने पूरी सच्चाई और सद्भाव से लिखा है। आपको उसका स्वर पसन्द आया या नहीं, लिखियेगा।

बड़े दुख की बात है कि अब तक मेरी चलायी हुई कोई चीज़ अपने पैरों पर नहीं खड़ी हो सकी। 'हंस' पर मुझे बहुत खर्चा नहीं आता मगर 'जागरण' असह्य होता जा रहा है। मैं सोच-सोचकर हैरान हुआ जाता हूँ कि कैसे इस परिस्थिति से बाहर निकलूँ। हर महीने मुझे कोई दो सौ रुपये का घाटा आता है। यह चीज़ कब तक चल सकती है? एक बार उसको शुरू करने की ग़लती कर चुकने पर अब उसको बन्द करने के रास्ते में अपना अहम् आड़े आता है। लोग कैसे हँसेंगे और खिल्ली उड़ायेंगे! अगर मुझे कुछ अच्छे विज्ञापन मिल जाते तो मैं घसीट ले जाता। इसमें आप मेरी कुछ मदद कर सकते हैं? बंगाल केमिकल खूब इश्तहार कर रहा है। 'जागरण' में विज्ञापन देने के लिए उनसे कहा जा सकता है। मैं आपका बड़ा कृतज्ञ होऊँगा अगर आपका कोई मित्र यह विज्ञापन हमारे लिए हासिल कर सके। फिर बिरला बन्धु हैं और उनकी जूट की चीजें हैं। वे भी खूब विज्ञापन करते हैं। उनसे आप मेरी ओर से प्रार्थना कर सकते हैं। अगर मुझे सिर्फ सौ रुपये महीने की आमदनी हो जाय तो स्थिति सम्हाली जा सकती है। अपनी निजी आवश्यकताओं की मुझे चिन्ता नहीं है। अपनी पुस्तकों और लेखन से मुझको खाने भर को मिल जाता है। मगर इन पत्रों को कैसे चलाऊँ, यही समस्या है। अगर मुझमें यह साहस होता कि इनको बंद कर सकता तो मैं इन सारी परेशानियों से बच जाता मगर वह साहस नहीं जुटता। यह अपनी अयोग्यता की एक दुखद स्वीकृति होगी जिससे मैं अपनी शक्ति भर बचना चाहता हूँ। मैंने आपको दोस्त जानकर अपना दिल आपके सामने खोल दिया है और मुझे आशा है कि यह बात आप ही तक रहेगी। अगर आपको ऐसा कुछ खयाल हो कि मैं आप पर बहुत भारी बोझ डाल रहा हूँ तो आप कोई चिन्ता न करें।

आशा है आप सानन्द हैं।

आपका

धनपतराय

मूल पत्र अंग्रेजी में

७२

सरस्वती प्रेस, बनारस
२४ अगस्त १९३३

प्रिय भाई,

धन्यवाद। आप अपने लेख के लिए तीन-चार-पाँच पेज ले लें। उसकी कोई बात नहीं है। आप अपनी बात कहिये, इस क़ैद को ख़याल में मत लाइये। मुझे यह देखकर खुशी हुई कि हम लोग जो काम उठाने जा रहे हैं, आप उसके विस्तार क्षेत्र को समझ रहे हैं।

आपके अत्यन्त मैत्रीपूर्ण परामर्श के लिए मैं सचमुच आपका कृतज्ञ हूँ। उस आदमी के खिलाफ मेरे मन में ज़रा भी बुराई नहीं है। सच तो यह है कि मुझे उसके लिए दुख है। लेकिन हिन्दी पाठक इतने उथले और आलोचना-बुद्धि से रहित हैं कि वे ऊटपटाँग से ऊटपटाँग बात को, जो बार-बार उनके कान में डाली जाती है, मान लेने के लिए हरदम तैयार रहते हैं। मगर आगे से मैं अपने ऊपर अधिक संयम रखूँगा।

'भविष्य किनका है' एक बड़ा विषय है और मैंने कभी उसके बारे में सोचा नहीं। इतने लिखनेवाले हैं कि उनमें से कुछ को विशेषरूप से गिनाने के लिए चुनना ज़रा कठिन है। साहित्य केवल कहानी नहीं है। उसमें नाटक है, कविता है, आलोचना है, कहानी है, उपन्यास है, निबन्ध है। हमको उन्हें इस तरह विषयानुसार लेना पड़ेगा। माधुरी के दो अंकों में, साल भर से ज़्यादा हुआ, उमर खय्याम पर जो लेख निकला था उससे अधिक सुन्दर आलोचना हिन्दी में मेरे देखने में नहीं आयी। लेखक का नाम शायद रामदयाल तिवारी था। जिन दिनों मैं सम्पादक था, उन दिनों भी माधुरी में एक बड़ी उदात्त आलोचना कालिदास के 'ऋतु-संहार' पर निकली थी। लेखक का नाम मैं भूल गया हूँ लेकिन वह वही सज्जन हैं तो आजकल मथुरा म्युज़ियम के क्यूरेटर हैं। नन्ददुलारे वाजपेयी में भी अद्भुत व्याख्यात्मक-विश्लेषणात्मक शक्ति है। नाटक हमारे पास बहुत ही कम हैं। रोमाण्टिक स्कूल के प्रसाद हैं, बुद्धिवादी स्कूल के पण्डित लक्ष्मीनारायण मिश्र हैं, हास्यरस के श्री जी० पी० श्रीवास्तव हैं। सबसे नया आदमी इस लाइन में भुवनेश्वर है जिसने हाल ही में अपने छोटे-छोटे एकांकियों का संग्रह 'कारवाँ' के नाम से छपाया है। मेरे देखने में भुवनेश्वर सबसे अधिक प्रतिभा-सम्पन्न है, अगर वह अपनी प्रतिभा को आलस्य, बेसिर-पैर के सपने देखने, सिगरेट पीने और इश्क़बाज़ी

में बर्बाद न कर दे ! उसमें अभिव्यक्ति की अद्भुत शक्ति है, आस्कर वाइल्ड और शॉ का रंग लिये हुए। मिश्र जी को मैं पसन्द नहीं कर सका। उनके पास विचार हो सकते हैं मगर अभिव्यक्ति की क्षमता और शक्ति नहीं है। मिलिन्द और हरिकृष्ण प्रेमी हैं, दोनों में नाटकीय शक्ति है, पर नाटक की आधुनिक पकड़ और सूझ-बूझ नहीं है।

उपन्यासकारों में—वृन्दावनलाल वर्मा, भगवतीचरण वर्मा, निराला, सियाराम शरण गुप्त, प्रसाद, प्रतापनारायण श्रीवास्तव आदि हैं। मैं समझता हूँ कि इनमें वृन्दावनलाल वर्मा सबसे अधिक उल्लेखनीय हैं, गो उन्होंने अब वकालत शुरू कर दी है और लिखना शायद बन्द कर दिया है।

कहानीकारों में चुनाव और भी अधिक कठिन है—जैनेन्द्र सबसे अलग अपनी एक हस्ती रखते हैं। नये लोगों में अज्ञेय, चन्द्रगुप्त, कमला देवी, सुभद्रा, ऊषा मित्रा, सत्यजीवन, भुवनेश्वर, जनार्दन झा, जनार्दन राय नागर, अंचल, ओझा, राधाकृष्ण, वीरेन्द्र कुमार (जिन्होंने हंस में 'चूनड़ी के अंचल में' लिखा था) और भी बहुत से लोग हैं। इनमें अज्ञेय, वीरेन्द्र कुमार, सत्य जीवन में सबसे अधिक संभावनाएँ हैं।

हास्य-रस के लिखनेवालों में अन्नपूर्णानन्द बेजोड़ हैं मगर वह बहुत ही कम लिखते हैं। जर्नादन झा भी योग्य लेखक हैं मगर उनमें प्रतिभा की स्फूर्ति या अन्तर्दृष्टि बहुत नहीं है। साहसिक आख्यानों के क्षेत्र में पं० श्रीराम शर्मा अकेले हैं।

सृजनशीलता ही असल चीज़ है, मूल स्रोत। सृजनशील प्रतिभाएँ हमारे यहाँ बहुत कम हैं, कहानीकारों में जैनेन्द्र मैदान सम्हाले हुए हैं। दूसरी क़तार में बहुत से लोग हैं।

जहाँ तक निबन्धों की बात है, पं० रामचन्द्र शुक्ल सम्राट हैं। हेमचन्द्र जोशी ने कुछ सुन्दर निबन्ध लिखे हैं।

आपके मित्र बाबू ब्रजमोहन वर्मा भी हास्य-व्यंग के बड़े प्यारे लेखक हैं, और द्विवेदी ग्रंथ में उनका 'शेख' मास्टरपीस था।

यह सरकारी रायें हैं जिनसे आपको नयी कोई बात न मालूम होगी, लेकिन मैं समीक्षाबुद्धि-सम्पन्न पाठक भी तो नहीं हूँ। सच तो यह है कि मुझमें आलोचना-बुद्धि तनिक भी नहीं है।

आपने जो विषय चुना है उसका विस्तार साहित्य का पूरा क्षेत्र है लेकिन इसमें आप कोई भविष्यवाणी नहीं कर सकते। जिनमें आज सबसे अधिक संभावनाएँ दिखायी पड़ती हैं। हो सकता है कि वे बिलकुल बोदे साबित हों और जो बोदे नज़र

आते हैं वे चमक उठें।

आपका
धनपतराय

पुनश्च :—

आप अपना घर क्यों नहीं बसाते, संन्यास ले रहे हैं जब कि आपको गृहस्थ होना चाहिए ! भला हो विधवा-विवाह का, आपको अपने लिए कन्या पाने में कोई कठिनाई न होगी। संयम एक वरदान है मगर हत्या करना अभिशाप। एक थोड़ी वहुत पढ़ी-लिखी सुसंस्कृत, अधेड़ महिला आपके लिए आदर्श होगी। तब आपको यहाँ-वहाँ, झुकी हुई, शर्मायी हुई, भीख-सी माँगती हुई नज़रें डालने की ज़रूरत न रहेगी ! वह मानसिक और भावात्मक दोनों रूपों में आपकी रक्षा करेगी।

७२

सरस्वती प्रेस, बनारस
१२ जनवरी १९३४

प्रिय बनारसीदास जी,

धन्यवाद। मैंने वह टुकड़ा 'जागरण' में दे दिया है जो कि परसों सनीचर के दिन निकलेगा।

निर्मल जी को जवाब देते हुए मैंने 'जागरण' में जो लेख लिखा था, क्या आपने उसको देखा ? यह निर्मल बिलकुल सिद्धान्तहीन आदमी है। जिन दिनों पाक्षिक 'जागरण' बाबू शिवपूजन सहाय के हाथों में था, मेरे और 'जागरण' के बीच एक विवाद उठ खड़ा हुआ। पं० नन्ददुलारे वाजपेयी ने कुछ लिखा था उसी को लेकर यह झगड़ा खड़ा हो गया। उस समय निर्मल ने 'जागरण' में एक लेख लिखा था जिसमें मेरे साहित्यिक कार्य का मूल्य गिराया गया था और मुझको सलाह दी गयी थी कि अब मैं और कुछ न लिखूँ। क्योंकि मेरे दिन बीत चुके और अब मैं पुराना पड़ गया। शिवपूजन सहाय ने इस लेख को नहीं छापा। कुछ समय बाद जब 'जागरण' मेरे हाथ में आया, तो इसी निर्मल ने एक लेख मेरी तारीफ़ में ज़मीन और आसमान के कुलाबे मिलाते हुए लिखा जिसको मैंने छाप दिया। इससे पता चलता है कि वह आदमी किस धात का बना है। उसने मुझपर यह दोष लगाया है कि मैं ब्राह्मण वर्ग का द्रोही हूँ सिर्फ इसलिए कि मैंने इन पुजारियों और महंतों और धार्मिक लुच्चे-लफंगों के कुछ पाखंडों का मजाक उड़ाया है। उनको वह ब्राह्मण कहता है और ज़रा भी नहीं सोचता कि उनको

ब्राह्मण कहकर वह अच्छे-भले ब्राह्मणों का कितना अपमान करता है। ब्राह्मण का मेरा आदर्श सेवा और त्याग है, वह कोई भी हो। पाखंड और कट्टरता और सीधे-सादे हिन्दू समाज के अन्धविश्वास का फायदा उठाना इन पुजारियों और पंडों का धंधा है और इसीलिए मैं उन्हें हिन्दू समाज का एक अभिशाप समझता हूँ और उन्हें अपने अधःपतन के लिए उत्तरदायी समझता हूँ। वे इसी क़ाबिल हैं कि उनका मखौल उड़ाया जाय और यही मैंने किया है। यह निर्मल और उसी थैली के चट्टे-बट्टे दूसरे लोग ऊपर से बहुत राष्ट्रीयतावादी बनते हैं मगर उनके दिल में पुजारी वर्ग की सारी कमज़ोरियाँ भरी पड़ी हैं और इसीलिए वे हम लोगों को गालियाँ देते हैं जो स्थिति में सुधार लाने की कोशिश कर रहे हैं।

मैं कुछ समझ नहीं सका कि आप किस चीज़ में पंच बनने जा रहे हैं और मेरे ख़िलाफ़ फ़र्दे जुर्म क्या है। क्या वे कहानियाँ जिनमें मैंने इन पाखंडियों का मख़ौल उड़ाया है? बराय मेहरबानी उन्हें पढ़ जाइये। बहुत नहीं हैं। मखौल की असल चीज़ बात को बढा-चढ़ाकर नमक-मिर्च लगाकर कहना होता है। और यही मैंने किया है। मगर यह काम मैंने साफ दिल से, हँसी-दिल्लगी के रंग में किया है। वह द्वेष और विष से पूरी तरह मुक्त है।

मेरी हालत बहुत अच्छी नहीं है। इस साल मुझे कोई दो हज़ार रुपये का घाटा हुआ। उसने मेरी कमर तोड़ दी है। मैं यह सब प्रेस और प्रकाशन और पत्र लीडर प्रेस को सौंप देने के लिए बातचीत कर रहा हूँ। देखूँ इसका क्या नतीजा निकलता है।

आशा है, आप मज़े में हैं।

आपका

धनपतराय

७३

अजन्ता सिनेटोन लिमिटेड, परेल, बाम्बे-१२

२७ सितम्बर १९३४

प्रिय बनारसीदास जी,

दोनों पत्रों के लिए धन्यवाद, एक डाक से और दूसरा हम दोनों के दोस्त के ज़रिये।

मूल पत्र अंग्रेज़ी में

जैसे ही प्रिण्ट मिलेंगे मैं आपके आदेश का पालन करने की कोशिश करूँगा। अब तक वह मिले नहीं।

यहाँ की हालतें मेरे लिए काफ़ी ठीक हैं क्योंकि इस उम्र में अब मेरे बहकने का कोई डर नहीं है। इसके विपरीत, हो सकता है कि मेरा इस लाइन में रहना कुछ रोक-थाम करे।

आशा है, आप मज़े में हैं।

शुभकामनाओं के साथ

आपका

धनपतराय

७४

सरस्वती प्रेस, बनारस

२५ मई १६३५

प्रिय बनारसीदास जी,

आपको उस प्रस्ताव का पता चला होगा जो साहित्य सम्मेलन ने एक अन्तर्प्रान्तीय साहित्यिक संघ बनाने के सम्बन्ध में पास किया है जिसका काम राष्ट्रभाषा के माध्यम से साहित्यिक भाई-चारा पैदा करने के तरीकों और रास्तों पर विचार करना होगा ताकि धीरे-धीरे हिन्दुस्तान के पास अपना एक राष्ट्रीय साहित्य और अपनी एक राष्ट्रभाषा हो सके। जैसा कि आप देख ही सकते हैं इस प्रस्ताव में बड़ी सम्भावनाएँ हैं और आवश्यक है कि आपकी तरह के लोग इस लक्ष्य के समर्थन में जनमत तैयार करें। मई के अंक में मैंने इस विषय पर अपनी सम्पादकीय टिप्पणी में लिखा है। मैं आपसे प्रार्थना करूँगा कि अगर आपने अब तक नहीं किया है तो अब अपने सम्पादकीय में इस चीज़ के बारे में अपने सुझाव और टिप्पणियाँ दें। श्री मुंशी ने मुझको सुझाव दिया है कि 'हंस' परिषद् का मुखपत्र बना दिया जाय और मैंने सधन्यवाद इस सुझाव को मान लिया है। वे दूसरे प्रान्तों के साहित्यकारों को इस आन्दोलन में दिलचस्पी लेने के लिए प्रेरित कर रहे हैं और अगर अच्छा समर्थन मिला तो आगामी वर्ष एक अखिल भारतीय साहित्यकार सम्मेलन वास्तविक रूप ले सकेगा।

आशा है आप हमेशा की तरह प्रसन्न हैं।

आपका

धनपतराय

मूल पत्र अंग्रेजी में

७५

हंस कार्यालय, बनारस
२ अगस्त १९३५

प्रिय बनारसीदास जी,

आपका पत्र पाकर कृतज्ञ हूँ और आपको अपने काम में इतनी दिलचस्पी लेते देखकर कृतज्ञ हूँ। मगर जब तक कि मुझे कोई योग्य अनुवादक नहीं मिल जाता, फ़ादर ऐण्ड्रूज़ को खामखाह तकलीफ़ देना ठीक नहीं। अब तक शायद वक्त नहीं आया। जब वक्त आयेगा, मददगार उठ खड़े होंगे।

जहाँ तक तुलसी जयन्ती की बात है, मैं इस काम के लिए सबसे कम योग्य व्यक्ति हूँ। एक ऐसे उत्सव कि अध्यक्षता करना जिसमें मैंने कभी कोई रुचि नहीं ली, हास्यास्पद बात है। मुझे अपने भीतर आत्मविश्वास की कमी जान पड़ती है, डर लगता है। सच बात तो यह है कि मैंने रामायण भी आदि से अन्त तक नहीं पढ़ी है। यह एक लज्जाजनक स्वीकारोक्ति है, मगर बात ठीक है।

सम्प्रति मैं बहुत व्यस्त हूँ। मैं अपना कार्यालय और निवास एक नये मोहल्ले में ले जा रहा हूँ और मेरी उपस्थिति बहुत वांछनीय है। कृपया मुझे क्षमा करें। चीज़ जब चल निकलेगी तो संभव है कि मैं आऊँ।

आपको मेरा पत्र मिला होगा। मैं 'हंस' के लिए आपकी ओर से किसी साहित्यकार जैसे कि पं० पद्म सिंह शर्मा के स्केच की उम्मीद लगाये हूँ। पहला अंक पहली अक्टूबर को निकलेगा। आप कृपया अपनी रचना इस महीने के अन्त तक भेज दें।

आपका
प्रेमचंद

७६

हंस कार्यालय, जगतगंज, बनारस कैंट
१७ अगस्त १९३५

प्रिय बनारसीदास जी,

कृपा पत्र के लिए कृतज्ञ हूँ। मैं खुद ऐसे झगड़ों में पड़ना पसन्द नहीं करता लेकिन जब कोई गुण्डा आपका गला दबा रहा हो तो आपको अपनी रक्षा करनी

मूल पत्र अंग्रेज़ी में

ही पड़ेगी, चाहे आप दार्शनिक ही क्यों न हों। अब मुझे पक्का विश्वास हो गया है, कि उस आदमी का दिमाग़ अति-भावुक है, भावुक नहीं द्वेषपूर्ण। शायद उसको लगता है कि दुनिया से उसको अपना प्राप्य नहीं मिल रहा है और इसलिए उसको जब-तब अपने आपको आगे लाना चाहिए और अपनी श्रेष्ठता की घोषणा करनी चाहिए। मैंने तो जो कुछ महसूस किया, सीधे-सीधे शब्दों में लिख दिया और अगर वह चुप नहीं हो जाता तो मैं उसका सिर तोड़ दूँगा। ज़रा उसकी धृष्ठता तो देखिये!

मैं वहाँ नहीं आ सका इसके लिए आप मुझे गालियाँ न दीजियेगा। अगर आपने तुलसी उत्सव मेरे ऊपर न लगा दिया होता तो मैं आता। लेकिन एक ऐसे व्यक्ति का तुलसी जयन्ती में सभापतित्व करना, जिसने कभी उन्हें पढ़ा नहीं और जो उनके संबंध में कही जानेवाली अतिमानवी बातों में विश्वास नहीं करता, हास्यास्पद है। उन्होंने राम और हनुमान को देखा और वह बन्दरवाली घटना, सब खुराफ़ात। मगर क्या तुलसी-भक्त लोग मेरी काफ़िरों जैसी बात पसंद करेंगे? इससे क्या फ़र्क पड़ता है कि वह विक्रम सम्वत् दस में पैदा हुए या बीस में या चालीस में? क्यों अपनी बुद्धि खामखाह इसके पीछे बर्बाद करो जब कि और भी न जाने कितनी चीजें करने को पड़ी हैं। वह एक महान कवि थे, उनकी व्याख्या करो, दार्शनिक व्याख्या, मनोवैज्ञानिक व्याख्या, प्राणिशास्त्रीय व्याख्या, शरीरशास्त्रीय व्याख्या, जो चाहे करो, मगर उन्हें ईश्वर काहे बनाते हो।

'हंस' अब एक कंपनी के हाथ में दे दिया गया है और कन्हैयालाल माणिकलाल मुंशी और मैं इसके अवैतनिक सम्पादक हैं। देखिये यह व्यवस्था कैसी चलती है। इस विचार को हमें सफल बनाना ही होगा। क्या आप नहीं सोचते कि सभी (भारतीय) साहित्यों को हिन्दी के माध्यम से उपलब्ध करना एक ऐसा विचार है, जिसे परीक्षा करके देखना चाहिए? यह ठीक है कि जब-तब हमारी पत्रिकाओं में बँगला, मराठी, उर्दू के अनुवाद निकलते रहते हैं। कुछ अच्छे और योग्य उर्दू लेखकों और बंगालियों को सामने लाकर 'विशाल भारत' ने एक उल्लेखनीय सेवा की है। हमारी सारी शक्ति इसी काम में लगेगी। अकेला सवाल यह है कि अच्छी सामग्री हमें कैसे मिले। पारिश्रमिक हम दे नहीं सकते और केवल अनुवादों का सहारा लेना नहीं चाहते। हम ऐसे मौलिक लेख चाहते हैं जो पहली बार 'हंस' में छपें। कोशिश करके देखें कि यह विचार हमारे साहित्यिक नक्षत्रों को कैसा पसन्द आता है। बंगाली और मराठे और कुछ मुसलमान हो सकता है कि हिन्दी को यह स्थान दिये जाने पर नाक-भौं सिकोड़ें मगर शरत बाबू और रवि बाबू दोनों को यह विचार पसन्द आया है। उर्दू लेखकों ने

मेरे निमंत्रणपत्र का उत्तर बड़ी तत्परता से और सौजन्य से दिया है। और इधर हिन्दी महारथियों को लिखे गये तमाम पत्रों में से शायद ही किसी पत्र का उत्तर आया हो। बाबू मैथिलीशरण जी अकेले आदमी हैं जिन्होंने जवाब दिया है। दूसरों ने पत्र की प्राप्ति को स्वीकार भी नहीं किया। यह है हमारे हिन्दी लेखकों की मनोवृत्ति। अगर सम्भव हो तो आप पहली सितम्बर तक पद्म सिंह जी का स्केच भेज दें। संक्षेप में लिखियेगा—दो पृष्ठ काफी होंगे।

अगर पहले अंक के लिए आप, शुक्ल जी, जैनेन्द्र और मैं लिखूं और और भी कुछ लोग, तो जगह भर जाती है। हिन्दी के लिए हमारे पास २० पृष्ठ से अधिक नही हैं।

तुर्गनेव की जो चीज़ आपने बड़ी मेहरबानी से नक़ल की है, मैं उसका अनुवाद करूँगा और उसे प्रकाशित करूँगा।

आपका

धनपतराय

७७

सरस्वती प्रेस, बनारस
१ दिसम्बर १९३५

प्रिय बनारसीदास जी,

आपका कार्ड मुझे मिला था, उसके लिए धन्यवाद। मेरी कितनी इच्छा है, काश कि मैं नोगूची के व्याख्यान सुन सकता मगर मजबूर हूँ। घरवालों को कैसे छोड़ूँ, यही समस्या है। लड़के इलाहाबाद में हैं और मैं चला जाऊँगा तो मेरी पत्नी बेहद अकेला और बेबस महसूस करेंगी। अगर मैं उनको भी अपने साथ लेता आऊँ तो इसके लिए अच्छी खासी रक़म खर्च करने के लिए चाहिए। इसलिए अच्छा है, कि घर ही पर पड़े रहो, बजाय इसके कि पैसे की तंगी महसूस हो। और जहाँ तक जवान बने रहने की बात है, वह एक स्वभाव की बात है। बहुत से नौजवान हैं, जो मुझसे बुड्ढे हैं और बुड्ढे हैं जो कि मुझसे जवान हैं। लेकिन मैं तो सोचता हूँ कि मैं रोज़-ब-रोज़ जवान होता जा रहा हूँ। परलोक में मेरा विश्वास नहीं है इसलिए अध्यात्म का विचार जो कि यौवन का सबसे बड़ा घातक है, मेरे पास नहीं फटकता। हाँ यह ज़रूर है कि एक चीज़ स्वस्थ यौवन होती है और दूसरी उन्मत्त यौवन। स्वस्थ यौवन जीवन के प्रति एक प्रगतिशील और आशावादी दृष्टिकोण में होता है, और उसके साथ गड्ढों से बचता है। उन्मत्त यौवन का

मूल पत्र अंग्रेजी में

मतलब है बिना सोचे-विचारे कुछ कर बैठना और अपनी क्षमताओं और स्वप्नों को बढ़ा-चढ़ाकर देखना। मैंने सपने देखना बन्द नहीं किया है और थोड़ा-बहुत जल्दबाज़ भी हूँ, बिना सोचे-विचारे कुछ कर बैठता हूँ। लेकिन खुशी की बात है कि अतिरंजना की प्रवृत्ति चली गयी है। इस तरह पागलपन का भी बड़ा हिस्सा मेरे पल्ले पड़ा है। मैं समझने लगा हूँ कि संतुष्ट पारिवारिक जीवन एक बड़ा वरदान है। और बड़े-बड़े दिमाग़ों की दुनिया में कमी नहीं है, ढेरों पड़े हैं। सच्ची महानता और नक़ली महानता में फ़र्क़ कर सकने के लिए बड़ी न्यायबुद्धि चाहिये। मैं ऐसे महान आदमी की कल्पना ही नहीं कर सकता जो धन-संपत्ति में डूबा हुआ हो। जैसे ही मैं किसी आदमी को धनी देखता हूँ, उसकी कला और ज्ञान की सब बातें मेरे लिए बेकार हो जाती हैं। मुझको ऐसा लगने लगता है कि इस आदमी ने वर्तमान समाज व्यवस्था को, जो अमीरों द्वारा गरीबों के शोषण पर आधारित है, स्वीकार कर लिया है। इस प्रकार कोई भी बड़ा नाम जो लक्ष्मी से असंपृक्त नहीं है, मुझको आकर्षित नहीं करता। यह बहुत सम्भव है कि मेरे मन के इस ढाँचे के पीछे जीवन में मेरी अपनी असफलता हो। हो सकता है कि बैंक में अच्छी रकम रखकर मैं भी औरों जैसा ही हो जाता—उस लोभ का संवरण न कर पाता। लेकिन मैं खुश हूँ कि प्रकृति और भाग्य ने मेरी मदद की है और मुझे गरीबों के साथ डाल दिया है। इससे मुझे मानसिक शान्ति मिलती है।

आप कितनी ही बार मोग़लसराय से गुज़रे मगर कभी यह तकलीफ़ नहीं की कि एक दिन के लिए यहाँ चले आते। और फिर आप मुझसे उम्मीद करते हैं कि मैं यहाँ से कलकत्ते तक का सफ़र करूँ और अपनी बीवी को नाराज़ कर लूँ। आन्तरिक शान्ति मेरा सिद्धान्त है!

आपका
धनपतराय

७८

हंस कार्यालय, बनारस
१८ मार्च १९३६

प्रिय बनारसीदास जी,

धन्यवाद। हंस चल रहा है। ग्राहक धीरे-धीरे आ रहे हैं। अब भी इसमें दो सौ रुपये महीने का घाटा है, जब कि इसे सम्पादकों को कोई तनख्वाह नहीं देनी पड़ती और सारे लेख मुफ्त होते हैं।

मूल पत्र अंग्रेजी में

मुझे जानकर दुख हुआ कि विशाल भारत अब भी घाटा दे रहा है। कितने अफ़सोस की बात है कि पहला हिन्दी पत्र, जिसे सब सर्वश्रेष्ठ हिन्दी मासिक के रूप में जानते-मानते हैं, इस हालत में हो। इससे हमारी सांस्कृतिक मनोवृत्ति का पता चलता है। उर्दू पत्र आगे बढ़ रहे हैं। पचास से अधिक प्रथम श्रेणी के मासिक पत्र हैं, और उनमें से एक भी ऐसा नहीं है जिसका दो-ढाई रुपये दाम का पाँच सौ पृष्ठों का एक वार्षिकांक न निकलता हो। निस्सन्देह उनकी साहित्यिक रुचि और अन्तर्दृष्टि ज्यादा अच्छी है। वे मूल्यांकन करना जानते हैं। उनके यहाँ कविता में वही संघर्ष मिलता है जो हमें जीवन में मिलता है, हिन्दी कविता अब भी व्यक्तिवादी और निरी भावुकतापूर्ण होती है। उसमें ज़िन्दगी की हरकत नहीं है, वह ज़िन्दगी को उजागर नहीं करती। वह बस तुमको हताश-निराश बना देती है। मैं समझ नहीं पाता कि क्यों हमारे सब कवि निराशा के दर्शन से इस तरह अभिभूत हैं। उर्दू कवि दार्शनिक हैं, यथार्थवादी हैं और आशावादी हैं। आधे दर्जन कवि हथौड़े मार-मारकर मुस्लिम जाति को समता और भ्रातृत्व और जनतन्त्र के नये आदर्शों में ढाल रहे हैं। मुस्लिम कवि कम्युनिस्ट होता है, यहाँ तक कि इक़बाल भी।

चार अप्रैल को वर्धा में एक अखिल भारतीय साहित्यिक सम्मेलन होने जा रहा है। हंस को हर हालत में तब तक निकल जाना चाहिए। मैं वहाँ पर मौजूद रहने की उम्मीद करता हूँ।

मैं शान्ति निकेतन नहीं जा सका। वहाँ पर मेरे लिए कोई आकर्षण नहीं है। वे लोग मुझसे उम्मीद करेंगे कि मैं बड़ा विद्वतापूर्ण भाषण दूँ जो कि मैं कर नहीं सकता। मैं कोई विद्वान आदमी नहीं हूँ। तो भी अगर वे लोग मुझे काफी पहले से बुलायें तो मैं आने की कोशिश कर सकता हूँ। मिनट भर की तार की सूचना पर मैं तैयारी नहीं कर सकता।

आगरे गया था और वहाँ मैंने आपके दोनों छोटे बच्चे देखे। आपके भाई एक आदर्श भाई हैं। मैं आपको बधाई देता हूँ।

आपने मुझको विशाल भारत में लिखने के लिए आमंत्रित किया है। मैं किसी पत्र के लिए नहीं लिख रहा हूँ। हंस के लिए भी पिछले तीन-चार महीनों में मैंने कुछ नहीं लिखा। जब तक कि कोई विशेष चीज़ मेरी कल्पना को कुरेदे नहीं, मैं कोई अच्छी चीज़ पैदा करने में बिलकुल असमर्थ हूँ। तब क्यों अपने दिमाग़ के साथ जोर-ज़बर्दस्ती करो। मैं अपने आप को साल में छः कहानियाँ और हर दूसरे साल एक उपन्यास तक सीमित रखना चाहता हूँ। मुझे चलाये चलने के लिए इतना काफी है। इससे अधिक की क्षमता मेरे अन्दर नहीं है।

सभापति के लिए आपने मेरा नाम प्रस्तावित क्यों किया ? दूसरों ने भी आपका अनुकरण किया है । मैं उत्सुक नहीं हूँ । मेरी अभिलाषा कभी उस दिशा में नहीं रही । बल्कि मैं उसे पसन्द भी न करूँगा ।

शुभकामनाओं के साथ,

आपका

धनपतराय

७६

सरस्वती प्रेस, बनारस
३१ मार्च ३६

प्रिय बनारसीदास जी,

पत्र के लिए धन्यवाद । हाँ, अगर आप अंग्रेजी पाठकों से हिन्दी लेखकों का परिचय करा सकें तो यह एक सच्ची सेवा होगी । लेकिन आप तो हिन्दी लेखकों की प्रवृत्ति जानते हैं । जिन-जिनको आप छोड़ेंगे उन सब की तरफ़ से चौमुख हमले को बर्दाश्त करने के लिए आपको तैयार रहना चाहिए । निर्दोष से निर्दोष बात की भी व्याख्या इस तरह की जा सकती है कि उसमें शरारत भरी हुई मालूम हो ।

नागपुर सभा ने बाबू राजेन्द्रप्रसाद को चुना है; इससे अच्छा चुनाव वे नहीं कर सकते थे । सम्मेलन में शरीक होने का मेरा कोई इरादा न था । अब तक मैं केवल दिल्ली अधिवेशन में सम्मिलित हुआ हूँ और वह भी जैनेन्द्र के दबाव में पड़कर । लेकिन इस बार भारतीय साहित्य परिषद्, जो तीन और चार अप्रैल को वर्धा में होने वाला था, नागपुर सम्मेलन के लिए स्थगित कर दिया गया है । इसलिए मैं वहाँ जाऊँगा, गो अभी तक पक्का नहीं है, क्योंकि यह बजट का सवाल है ।

दिल्ली की हिन्दुस्तानी सभा मेरे और जैनेन्द्र के सलाह-मशविरे का नतीजा है । जब तक हम दूसरी भाषाओं के लेखकों से मिलें-जुलें नहीं, दोस्ती न बनायें, साहित्यिक समस्याओं पर एक-दूसरे से रोशनी न लें, विचारों का आदान-प्रदान न करें, अपने नतीजों का साथ बैठकर मिलान न करें, तब तक हममें कैसे दृष्टि की वह व्यापकता और मन की वह उदारता आ सकती है जो साहित्यिक कर्मियों के लिए अपरिहार्य है ? योरोप में उनके अन्तर्राष्ट्रीय साहित्यिक सम्मेलन होते हैं, और उनमें वे उन सभी विषयों पर विचार-

---

मूल पत्र अंग्रेजी में

विमर्श करते हैं जिनका साहित्य से संबंध है । हमने अब तक दूसरो भाषाओं के अपने भाइयों से भाईचारा क़ायम करने की कोई कोशिश नहीं की। उर्दू के पास निस्संदेह एक सांस्कृतिक परम्परा है और उनके सम्पर्क में आने पर हमको अपनी कमज़ोरियाँ मालूम होती हैं । सच तो यह है कि मैंने उनको अधिक सामाजिक और सहानुभूतिशील पाया, और जैनेन्द्र मेरी बात की तसदीक़ करेंगे । वह अभी हाल में लाहौर गये थे और वहाँ पर उन्होंने कई व्याख्यान दिये और हिन्दुस्तानी सभा संगठित की । उत्साह में भरे हुए वे वहाँ से लौटे हैं और उनके प्रशंसक हो गये हैं । इस बढ़ती हुई खाई को कैसे पाटा जाय ? इन राजनीतिज्ञों से तो कोई उम्मीद रखनी न चाहिए, बिलकुल बेमसरफ़ लोग हैं । उनसे उदारमनस्क होने की आशा ही न करनी चाहिए । लेखकों ही को आगे आना पड़ेगा । और शत्रु से अधिक मित्र के रूप में वे ज़्यादा अच्छी तरह अगुआई कर सकते हैं । हिन्दुस्तानी सभा पाक्षिक मीटिंगों का संगठन करेगी जिनमें साहित्यिक और भाषाशास्त्रीय विषयों पर निबन्ध और भाषण हुआ करेंगे । जब श्रोता-मण्डली मिले-जुले ढंग की होगी तब वक्ताओं को भी अत्यधिक साहित्यिक होने के लोभ का दमन करना पड़ेगा और वह ज़्यादा सरल रूप में अपनी बात कहने के लिए मजबूर होंगे ताकि सब लोग उन्हें समझ सकें । अगर हम सभी महत्वपूर्ण सांस्कृतिक केन्द्रों में ऐसी सभाओं की व्यवस्था कर सकें तो हम वर्तमान संकीर्ण और पार्थक्यवादी दृष्टि को व्यापक बना सकेंगे । तब हमारा साहित्य अधिक समृद्ध, अधिक पूर्ण होगा और यही एक मिली-जुली भाषा की समस्या का अकेला हल होगा ।

प्रान्तीयता एक नया संकट है और हमको सावधान होना पड़ेगा । अगर आप कलकत्ते में एक हिन्दी-बंगाली या हिन्दोस्तानी सभा का संगठन कर सकें, और समय-समय पर उर्दू, हिन्दी और बँगला लेखकों को एक जगह पर जमा कर सकें, तो यह एक असली काम होगा ।

आपका

धनपतराय

मूल पत्र अंग्रेज़ी में

इम्तयाज़ अली 'ताज'

८०

नार्मल स्कूल, गोरखपुर
२७ जुलाई १८

बन्दानवाज़,

तसलीम। रुपये मिले और रसीद न भेज सका। आप ही का काम कर रहा था। 'कहकशाँ' के लिये यह किस्सा ज़ंजीरे हवस इरसाल है। इसकी आपसे दाद चाहता हूँ। इसकी × × × सूरत पर न जाइयेगा। इसके मानी पर ग़ौर फ़रमाइयेगा।

अगर मुमकिन हो तो मौलाना राशिद की कोई किताब मुझे देखने के लिए रवाना फरमाइये। कब यह मुमकिन हो कि 'कहकशाँ' में मेरा नाविल "बाज़ारे हुस्न" बित्तरतीब निकल सके। मुमकिन है कि इसके निकलने से पर्चे की इशाअत[१] पर कुछ असर पड़े। यह नाविल कोई तीन सौ सुफ़हात का है। इसके लिखने में मैंने अपनी कोई कोशिश उठा नहीं रक्खी। किताब की सूरत में अब तक इसलिये नहीं निकाल सका कि मुझे इतनी फुरसत ही नहीं मिलती कि तमाम-ओ-कमाल[२] एक बार साफ़ कर सकूं। माहवार दस बीस सफ़े तो मुमकिन हैं, मगर यकबारगी ३०० सुफ़हात का ख़याल करके हौसला छूट जाता है। मगर जब तक 'कहकशाँ' की इशाअत माक़ूल न हो जाय नाविल निकालने का ख़याल क़ब्ल-अज़-वक़्त[३] मालूम होता है।

बारिश नहीं हुई। क़हत का सामान है। उम्मीद है कि आप बख़ैरोआफ़ियत होंगे। सैयद मुमताज अली साहिब की ख़िदमत में आदाबे दस्तबस्ता कह दें। अगर किसी वजह से 'कहकशाँ' में न निकल सके तो यह मज़मन वापस फ़रमाइयेगा। 'तहज़ीब' में इसे नहीं देना चाहता।

नियाज़मंद
धनपतराय

---

१ प्रचार २ पूरे का पूरा ३ असमय

८१

नार्मल स्कूल गोरखपुर
२० मार्च १६१६

मुशिफ़क़ीओ मुकर्रमे बन्दा,

तसलीम। मशकूर हूँ। सख़्त नादिम[1] हूँ कि अब तक 'बाज़ारे हुस्न' के मुताल्लिक़ ईफ़ाएवादा[2] न कर सका। बार बार कोशिश की कि मुस्तक़िल तौर पर साफ़ कर डालूँ लेकिन एक न एक रुकावट आ जाती है। किताब एक चौथाई साफ़ करके पड़ी हुई है। अब तो १५ अप्रैल तक मुझे मरने की फ़ुर्सत नहीं है। इंशा अल्लाह १ मई तक। जिस 'कहकशाँ' में 'चम्पा' का क़िस्सा छपा था वह मेरी फ़ाइल में नहीं है। कोई साहब उड़ा ले गये। हरचन्द तलाश किया मगर बेसूद। मजबूर हूँ। 'कहकशाँ' में अबकी रसाइले[3] पर तनक़ीद मुझे बेहद पसन्द आई। मगर उसका टाइटल का डिज़ाइन बावजूद मिस्टर चुग़ताई के तवाज़ाद[4] होने के मुझे कुछ नहीं जँचता। शायद यह मेरी नाशनासी[5] का बाइस है। मज़ामीन भी मई ही में लिखूंगा। ताख़ीर के लिए मुआफ़ी का तालिब हूँ।

खैरअन्देश
धनपतराय

८२

नार्मल स्कूल गोरखपुर
२ अप्रैल १६१६

जनाबे मुशिफ़क़ी,

तसलीम।

मुफ़स्सल खत मिला। 'प्रेम बत्तीसी' की तबाअत शुरू नहीं हुई। काग़ज़ से मजबूरी है। मुझे उम्मीद है कि आप ताहद्दे इमकाँ[6] करेंगे। तसावीर का मैं बहुत गिरवीदा[7] नहीं हूँ। इससे बच्चे खुश हो सकते हैं। मगर अहले मज़ाक को तसावीर की ज़रूरत नहीं। मैं भी इस झमेले में नहीं पड़ना चाहता।

अपने क़सस[8] का मजमूआ ज़रूर शाया कीजिये। मुझे यक़ीन है क़ुबूल होगा। कल की डाक से 'बाज़ारे हुस्न' बज़रिये रजिस्टर्ड पैकेट ख़िदमत में

---

१. लज्जित २ वादा पूरा ३ पत्रिकाओं ४ मौलिक ५ जानकारी की कमी
६. यथासंभव ७. प्रेमी ८. क़िस्सों

पहुँचेगा। खत्म हो गया। पैकेट बना हुआ तैयार है। आज डाकखाना बन्द है। आप इसे एक बार सरसरी तौर पर देख जायें और तब इसके मुताल्लिक अपनी राय से मुत्तला फरमावें। अबकी हिन्दी के मशहूर रिसाले 'सरस्वती' में इस पर एक मुफ़स्सल तबसरा निकला है। अगर वहाँ कहीं पर्चा मिले तो मार्च नम्बर में देखें।

'प्रेम बत्तीसी' हिस्सा अव्वल के १२ फर्मे छप चुके हैं। 'शबाबे' उर्दू, ने मुझे याद किया है। लेकिन यहाँ फुर्सत कहाँ। बन पड़ेगा तो कुछ लिखूँगा। 'कहकशाँ' के लिये अभी तक कोई मज़मून नहीं लिख सका। मगर जल्दी शुरू करूँगा।

जवाब से जल्द सरफ़राज़ फ़रमाइयेगा।

नियाज़मंद

धनपतराय

८३

नार्मल स्कूल, गोरखपुर

१६ अप्रैल १६१६

मुशिफ़क़ीओ मुकर्रमेबन्दा,

तसलीम। कल इलाहाबाद से वापस आया। 'कहकशाँ' मिला। आपके 'क़तहे मुहब्बत' की दाद देता हूँ। मुहब्बत का नश्वोनुमा[1] खूब है। बिल्कुल हस्बे फ़ितरत[2]। आप मुझे मजबूर कर रहे हैं कि छोटी कहानियाँ लिखना छोड़ दूँ।

अब मज़ामीन और 'बाज़ारे हुस्न' में लिपटा हूँ। ख़ुदा करे लाहौर में अमन हो। एक जिल्द 'माहे अजम' बज़रिये वी० पी० क़िस्म अव्वल इरसाल फ़रमायें। मशकूर हूँगा।

खैरअन्देश

धनपतराय

८४

कानपुर

२७ मई १६१६

जनाबे मुकर्रम-ओ-मुशफ़िक़े मन,

तसलीम। मुझे कई दिन हुए आपका कार्ड मिला था। उस वक़्त मैं मौज़े रामपुर में था। कई तरद्दुदात के बाइस जवाब न दे सका। मुआफ़ फ़रमाइयेगा।

१. उपजना-बढ़ना २. स्वाभाविक

इस तातील में कुछ नहीं लिख सका। इस वजह से तामीले इरशाद[1] से क़ासिर[2] हूँ। हाँ यह वायदा करता हूँ कि पन्द्रह जून तक कुछ न कुछ ज़रूर हाज़िर करूँगा। मेरा 'कहकशाँ' मालूम नहीं कहाँ-कहाँ ठोकर खाता होगा।

'बाज़ारे हुस्न' के मुताल्लिक : आप इसे अगर हमेशा के लिये चाहते हैं तो मुझे कोई उज्र नहीं है। मैं उर्दू पब्लिक से वाक़िफ़ हूँ। यहाँ हमेशा के मानी हैं ज़्यादा से ज़्यादा तीन एडीशन और वह भी दस सालों में या इससे ज़्यादा। इसलिये मैं ऐसी शर्तें हर्गिज़ पेश नहीं कर सकता जो नामाकूल हों। मेरे ख़याल में पहले एडीशन के लिये आप बीस फ़ीसदी रखें और बक़िया दो एडीशनों के लिये दस फ़ी सदी। यानी कुल रक़म तीन सौ पचास रुपये होती है। यह हिसाब मैंने कुल उमूर को मद्देनज़र रखकर पेश किया है और मुझे यक़ीन है कि आप को नागवार न होगा।

आपकी मजमूए की निस्बत क्या राय है।

'प्रेम बत्तीसी' हिस्सा अव्वल के एक सौ बारह सफ़हात छपे हैं। अभी अस्सी सफ़हात बाक़ी हैं। हिस्सा दोयम की किताबत ख़त्म हो गयी या नहीं। काग़ज़ आज कल बेहद गराँ हो रहा है। एक तो यह काम यूँ ही नुक़सानात से पुर[3] था, उस पर ये मज़ीद[4] आफ़तें शायद इसे तबाह ही कर छोड़ें। मजबूरन नफ़ासत के ख़याल को तर्क करना पड़ेगा। मेरे ख़याल में तसनीफ़ की इशाअत को नफ़ासत पर क़ुर्बान न करना चाहिये।

'शबाबे उर्दू' निकला ज़रूर, मगर मेरी नज़र से नहीं गुज़रा। हज़रते तपिश ने भेजा है। कहीं गोरखपुर में पड़ा होगा। यहाँ दफ़्तर 'ज़माना' में भी इसका पता नहीं। ख़ैर, फिर देख लूँगा। उर्दू में किताबें बहुत कम बिकती हैं। मालूम नहीं यह मेरा ही तजरबा है या और लोगों का।

'प्रेम पचीसी' हिस्सा दोयम की जिल्दें अगर दरकार हों तो मैं आपके पास भेजता हूँ। किसी तरह यह एडीशन ख़त्म हो जाये तो दूसरी बार ज़्यादा एहतियात और सफ़ाई से छपवाने की कोशिश की जाय।

और तो कोई ताज़ा हाल नहीं है। यहाँ जेठ के महीने में बारिश हो गयी। अप्रैल में दो-चार दिन गर्मी हुई थी। मगर दस मई से फिर रातें सर्द होती हैं, और दिन को भी लू का पता नहीं। इरादा था कि देहरा जाऊँ। मगर जब यहीं देहरा हो रहा है तो ख़ामख़ाह सफ़र की ज़हमत कौन उठाये। हाँ कह नहीं सकता जून क्या रंग लाये। बुझक्कड़ों का गुमान है कि जून में शिद्दत की गर्मी होगी।

वसलाम

धनपतराय

---

१. आज्ञा पालन २. असमर्थ ३. भरा हुआ ४. अतिरिक्त

८५

नार्मल स्कूल गोरखपुर
१४ जुलाई १६१६

बरादरम,

तसलीम। आप के दो नवाज़िशनामे एक साथ आये। मशकूर हूँ। तवारुदे[१] मज़ामीन का मुझे अफ़सोस इसलिये है कि आपका क़िस्सा अधूरा रह गया, और खुशी इसलिये कि हमारे दरमियान कोई रूहानी[२] या बातिनी[३] ताल्लुक़ ज़रूर है वर्ना औरों को वही बातें क्यों नहीं सूझतीं। पर आप अपना क़िस्सा ज़रूर तमाम करें। हर गुले रा रंगों बू दीगर[४]।

संस्कृत लिटरेचर पर लिखने का मैंने इरादा किया था। मगर उसके लिये जो मवाद जमा किया था वह सब इधर-उधर हो गया। अब बिहारी के मुताल्लिक़ कोई मज़मून अन्क़रीब[५] भेजूंगा।

'प्रेम पचीसी' के लिये आप नक़द हिसाब कर दें तो ज़्यादा बेहतर। कुल क़ीमत पर चालीस फ़ीसदी कमीशन और सिर्फ़ रेल वज़ा कर लें। यूँ बीस रुपये निकलेंगे। क़िस्से का हिसाब मिला कर तीस रुपये का मनीआर्डर इरसाल फ़रमा दें तो ऐन इनायत हो।

मैं अब तक आप से अपने मज़मूनों के लिये दस रुपया लिया करता था। मुझे अब भी कोई इन्कार नहीं है। मगर चूँकि बाज़ दीगर रसाइल इससे बेहतर शरायत करने पर आमादा हैं इसलिये मुझे एहतमाल[६] है कि मेरा नफ़्स[७] कहीं इन शरायत पर फ़रेफ़्ता[८] न हो जाये और मुझे अपनी ख़्वाहिश के ख़िलाफ़ अपने अच्छे मज़ामीन उनके पास भेजने के लिये मजबूर न करे।

'सुबहे उम्मीद' के मुतवातिर ख़ुतूत आ रहे हैं और वह मुझे पन्द्रह रुपये से बीस रुपये तक नज़्र कर रहा है। अब मुझे मजबूरन उसके शरायत मंज़ूर करने पड़े वर्ना आपने देखा होगा कि मैंने अब तक उसमें एक सतर भी न लिखी थी। अब किस हीले से इन्कार करूँ। यह सब दुखड़ा आपसे महज़ दिली ताल्लुक़ के बाइस कर रहा हूँ।

मैं हाशा यह नहीं कहता कि आप भी मुझे पन्द्रह रुपये दिया करें। अपने क़दीम[९] समझौते पर क़ाने[१०] ओ शाकिर हूँ। पर अगर मेरे मज़ामीन 'सुबहे उम्मीद' में निकलें और मुझ जैसा सुस्त-क़लम आदमी 'कहकशाँ' में इससे भी ज़्यादा तसाहुल[११]

---

१. टक्कर २ आत्मिक ३ छिपा हुआ ४ हर फूल का अपना अलग रंग और बू होती है ५ जल्द ६ डर ७ मन ८ आकृष्ट ९ पुराने १० संतुष्ट ११ ढील

करे तो मुझे माजूर खयाल फ़रमाइयेगा।

मेरी वज़ा ओ क़ता[१] और शकलो-शबाहत[२] के मुताल्लिक़ आपने जो क़यास किया है उससे रूहानी ताल्लुक़ का गुमान और भी पुख्ता हो जाता है। बेशक मेरा सिन चालीस साल है। मैं बन्द कालर का कोट और सीधा पाजामा पहनता हूँ और पगड़ी बाँधता हूँ। एक पूरबी आदमी का पहनावा फ़ेल्ट कैप है। आपने पगड़ी का गुमान क्यों किया। क्या आपको इल्क़ा[३] हुआ है। मैं अपने १५ मुसल्लमाँ उसूलों के खिलाफ़ अपना एक फ़ोटो भी इरसाले खिदमत करता हूँ इस शर्त पर कि वह बाद मुलाहजा वापिस कर दिया जाये। और या अगर आप बतौर एक दोस्त की यादगार के रखना चाहें तो उसका किसी आर्टिस्ट से एक बड़े पैमाने का बस्ट बनवा लें।

और क्या अर्ज़ करूँ।

'कहकशाँ' का इन्तज़ार है।

रवीन्द्र बाबू की कौन-कौन-सी तसनीफ़ के तर्जुमे जनाब के दफ्तर से शाया होनेवाले हैं ?

अबकी 'ज़माना' जुलाई में रवीन्द्र पर एक दिलचस्प मज़मून निकल रहा है। आपकी नज़र से गुज़रेगा।

जनाब क़िब्ला सैयद मुमताज़ अली साहिब की खिदमत में मेरा दस्तबस्ता आदाब कुबूल हो।

नियाज़मन्द

प्रेमचंद

८६

नार्मल स्कूल, गोरखपुर

३० जुलाई १९१९

मेहरबाने बन्दा,

तसलीम। कितनी ही खताओं की माफ़ी का ख्वास्तगार हूँ। आज दो माह के बाद यहाँ आया हूँ और कामिल चार माह के बाद क़लम उठाया है। दो महीने तो इधर-उधर आवारा फिरता रहा, दो महीने इम्तहान की नज़र हुए मगर मेहनत ठिकाने लगी। अब मुस्तक़िल तौर पर काम करूँगा।

एक मुख्तसर सा क़िस्सा इरसाले खिदमत है। पसन्द आये तो रख लीजिये। 'बाज़ारे हुस्न' का ज़िक्र करते हुए खौफ़ मालूम होता है, इसलिये अब वादे न

---

१ रंग-ढंग २ सूरत-शकल ३ दैवी प्रेरणा

करूँगा।

"प्रेम पचीसी" की साठ जिल्दें बनारस से भेजी थीं। आपने रसीद से इत्तला नहीं दी, या दी हो तो मुझे मिली नहीं। उम्मीद है कि आपके दफ्तर से यह किताबें जल्द निकल जायेंगी।

और क्या अर्ज़ करूँ। यहाँ कुछ खफ़ीफ़-सी बारिश हुई है गर ज़रूरत से बहुत कम। शुक्र है कि पंजाब में अब सुकून हुआ। कल मैंने "चम्पा" को खास तौर से पढ़ा। मुन्सिफ ने खूब लिखा है। अगर कोई हिन्दू साहब हैं तो खैर। और अगर मुसलमान साहिब हैं तो उनकी क़लम की दाद देता हूँ। क़िस्सा खूब बनाया गया है। श्रीकांत का कैरेक्टर क़ाबिले तारीफ़ है। मैंने इस क़िस्से का हिन्दी में तर्जुमा करने का फ़ैसला कर लिया है।

उम्मीद है कि आप बखैरो आफ़ियत होंगे। जवाब से जल्द सरफ़राज़ फरमाइयेगा हालाँकि इसका मुझे इस्तहक़ाक़[१] नहीं।

अहक़र

धनपतराय

८७

गोरखपुर

११ अगस्त १९१९

मुशिफ़क़े मन,

तसलीम। लिफ़ाफ़ा मिला। मशकूर हूँ। मई-जून के पर्चे खूब पढ़े और हज़ उठाया। मैं बिला मुबालग़ा कहता हूँ कि ऐसा दिलचस्प रसाला इस वक़्त उर्दू ज़बान में नहीं है। पब्लिक अगर क़द्र न करे तो मजबूरी है। बिलखुसूस 'इर्तक़ा और अस्ल अनवा' पर जो मज़बून किब्ला सैयद मुमताज़ अली साहब ने तहरीर फ़रमाया है वह रिसाले की जान है। इन मौज़ूआत पर ऐसा साफ़ और रौशन मज़मून मेरी नज़र से नहीं गुज़रा। मुझे अब तक न मालूम था कि हज़रते मम्दूह इल्मी मज़ामीन में इतनी दस्तरस[२] है। कुछ ज्यादा दिलचस्प नहीं लेकिन 'शबनम की सरगुज़श्त' बहुत अच्छा है। 'गुलकदे' पर उर्दू रिसालों में कोई मुवस्सिराना[३] तनक़ीद नहीं निकली। इस लिहाज़ से व नीज़ तनक़ीद की खूबी के एतबार से आपका रिसाला अव्वल है। उर्दू के नक़्क़ाद पर अच्छी चोट की है, हालाँकि किसी क़दर ग़ैर-मुंसिफ़ाना है। 'आलमे ख़ाब' मुझे बहुत पसंद आया। 'इलाजे बे-दवा' खूब है। मालूम नहीं तबाज़ाद है या कुछ और। हिस्साएज़ नज़्म भी

---

१. हक़   २. अधिकार   ३. समीक्षात्मक

दीगर रिसालों से कहीं बलन्दतर है। मैं तारीफ़ करने का आदी नहीं हूँ, हक़ का इज़हार कर रहा हूँ। गुमनाम साहब तो बड़े लिक्खाड़ मालूम होते हैं और हक़ यह है कि खूब लिखते हैं।

'प्रेम पचीसी' हिस्सा दोम की सौ जिल्दें आपके यहाँ भिजवा दी हैं। 'प्रेम बत्तीसी' हिस्सा अव्वल छप रही है। ग़ालिबन दो महीने में तैयार हो जायेगी। क्या 'बत्तीसी' का हिस्सा दोम अपने एहतमाम से नहीं शाया कर सकते? 'बाज़ारे हुस्न' तो अभी मालूम नहीं कब तक तैयार हो इस असना में अगर 'बत्तीसी' हिस्सा दोम आप शाया कर सकें तो खूब हो। कुछ क़िस्से आप ही के दोनों पर्चों में निकले हैं। बक़िया दस मैं दे दूँगा। कोई दस जुज़ की किताब होगी। आपके लिए एक क़िस्सा लिख रहा हूँ। खूने जिगर तो बहुत सर्फ़ कर रहा हूँ पर मालूम नहीं कुछ रंग भी आयगा या नहीं। खून ही नहीं है तो रंग क्या खाक पैदा हो! और क्या इल्तमास[१] करूँ। अपने वालिद साहिब क़िब्ला की ख़िदमत में मेरा दस्तबस्ता सलाम कहियेगा। आप के ख़ुतूत से ऐसा ख़ुलूस[२] टपकता है कि बे-अख़तियार मिलने को जी चाहता है। पर गुलामी की क़ैद और सफ़र की दराज़ी हिम्मत तोड़ देती है।

वस्सलाम,

नियाज़मंद

धनपतराय

८८

नार्मल स्कूल, गोरखपुर

३० सितंबर १९१९

बन्दानवाज़,

तसलीम। 'ज़ंजीरे हवस' कोई तारीख़ी वाक़या नहीं है और न किसी तारीख़ी वाक़ये से इसका बरायेनाम भी ताल्लुक़ है। क़ासिम ज़रूर फ़ातिहे सिंध का नाम है और उसकी ज़िन्दगी में एक वाक़या ऐसा है भी जो क़िस्से के काम आ सकता है लेकिन इस क़िस्से को उससे ताल्लुक़ नहीं। यहाँ तक कि मैंने देहली के किसी बादशाह का नाम भी नहीं दिया ताकि किसी को ग़लतफ़हमी न हो—न मुलतान के फ़र्मारवा[३] का नाम दिया है। इसमें यह दिखाना मेरा मक़सूद है कि इंसान हवस के हाथों कितना अंधा हो जाता है और यह हवस किस तरह तेज़ी से बढ़ती जाती है, और कुछ नहीं।

---

१. प्रार्थना २. सच्चा प्रेम ३. हाकिम

अब 'बाज़ारे हुस्न' के मुताल्लिक़ — यह नाविल तक़रीबन् तीन सौ सुफ़हात का होगा। लिखा हुआ तैयार है मगर महज़ अदीम-उल-फ़ुर्सती[१] के बाइस[२] साफ़ न कर सका। अगर आप इतनी बड़ी किताब छाप सकें तो मैं साफ़ करना शुरू करूँ वर्ना अभी गर्मी की तातील तक मुल्तवी रखूँ। आपको साफ़ करने की तकलीफ़ न दूँगा क्योंकि साफ़ करने में अकसर क़िस्से के सीन के सीन पलट जाते हैं। इस क़िस्से में मैंने एक अख़लाक़ी[३] बेशर्मी यानी बाज़ारे इस्मतफ़रोशी[४] पर चोट की है। अगर आप यूँही देखना चाहें तो इसके मुताफ़र्रिक़, अजज़ा[५] आपके पास भेज दूँ। मुआवज़े के मुताल्लिक़, क़िस्सा जब आप देख लेंगे तब। 'कहकशाँ' के लिए मैंने पहले अर्ज़ की थी कि मैं आइन्दा कई माह तक बहुत कम लिख सकूंगा। मगर इंशा अल्लाह कोई मौक़ा निकाल कर आपके इर्शाद की तामील करूँगा।

बारिश इधर भी वाजिबी हुई है और फ़स्लें ख़राब हो गई हैं। जवाब से मुमताज़ फ़र्माइए।

नियाज़मंद

धनपतराय

८६

नार्मल स्कूल गोरखपूर

११ सितम्बर १६१६

जनाब बन्दानवाज़,

तसलीम। नवाज़िशनामे के लिए मशकूर हूँ। आप कहकशाँ के हर नम्बर के लिये कुछ लिखने को कहते हैं। और कई माह से एडीटर साहब ज़माना नाराज़ हैं, इसलिए कि मैं अपने मज़ामीन दूसरे रिसालों को क्यों देता हूँ। उनकी रज़ा-जोई[६] भी ज़रूरी है। उस पर अपने कारे-मनसबी[७] के अलावा ये नयी उलझनें, सेहत नाक़िस[८], ख़ुदा ही हाफ़िज़ है।

मैंने "प्रेम पचीसी" के दोनों हिस्से खुद ही शाया किये थे। लेकिन पब्लिशर और मुसन्निफ़ दो जुदा-जुदा हस्तियाँ हैं। मुझे इस काम में घाटा रहा। क्या यह मुमकिन है कि लाहौर में मेरे प्रेम बत्तीसी के लिए कोई पब्लिशर मिल जावे। मैं अपने ३२ कहानियों के मजूमए को दो हिस्सों में निकालना चाहता हूँ। दोनों हिस्से मिलकर गालिबन ५०० सुफहात की किताब होगी। इसमें ५००

१. फ़ुर्सत न होने २. कारण ३. नैतिक ४. वेश्या वृत्ति ५. अलग-अलग टुकड़े
६. खुश रखना ७ ड्यूटी ८. बुरी

जिल्दें मैं लागत की कीमत पर खरीद सकूँगा। इधर तो उर्दू के पब्लिशरों का क़हत है। एक नवलकिशोर है। उसने इशाअत का काम बन्द-सा कर रखा है। अगर आप की मार्फत कुछ इन्तजाम हो सके तो फर्माइयेगा। किस्से सब "जमाना" और दूसरे रसायल में शाया हो चुके हैं। सिर्फ इन्तखाब[1] और तरतीब देना बाकी है। इसमें मेरी ग़रज़ सिर्फ इतनी है कि किताब शाया हो जाय और उसकी हस्ती महज़ अख़बारी न रहे। मुझे जो कुछ क़दरे कलील मिल रहेगा उसी पर शाकर रहूँगा।

एक और तकलीफ देता हूँ। लाहौर में किताबत और छपाई का निर्ख़ क्या है? इससे भी मुत्तिला फ़रमाइये। अगर मैं "प्रेम बत्तीसी" बारह पौंड के कागज पर छपाऊँ तो ३२ जुज़्व की किताब पर क्या लागत आयगी। मुमकिन है छपाई अरजाँ[2] पड़े तो मैं खुद ही जुरअत कर जाऊँ।

एक ताजा किस्सा 'हज्जे अकबर' इरसाले ख़िदमत है। पसन्द आये तो रख लें। आपने जमाना के जिस मजमून की तरफ इशारा किया है उसका नाम "मंज़िले मक़सूद" है। वह मुझे खुद बे इन्तहा पसन्द है और बारहा चाहता हूँ उसी रंग में फिर कुछ लिखूँ। पर क़लम नहीं चलता। प्रेम पचीसी हिस्सा दोयम में वह छप गया है। उम्मीद है कि जनाब सैयद मुमताज अली साहिब किब्ला बखैरियत होंगे। उनकी ख़िदमत में मेरा सलाम अर्ज़ कीजियेगा।

वस्सलाम,

धनपतराय

६०

नार्मल स्कूल गोरखपुर

२५ सितम्बर १६१६

मुशिफ़क़े मन,

तसलीम। "दफ़्तरी" आपकी ख़िदमत में दस्तबस्ता हाजिर होता है। इस पर निगाहे करम कीजिये। यह इस अम्र का सबूत है कि मजामीन के हुकूक़ के मुताल्लिक़ मैं ज़रा भी × × नहीं हूँ। मगर 'दफ़्तरी' इन शरायत की इस-लाह करेगा। यह "प्रेम चालीसी" का पहला किस्सा है। "कहकशाँ" का हक़ अव्वल इशाअत के साथ खत्म हो जायगा। देखें यह "चालीसा" कब तक खत्म होता है। ग़ालिबन दो साल लगेंगे।

"प्रेम पचीसी" और "प्रेम बत्तीसी" के मुताल्लिक़। बत्तीसी का पहला

---

१. चुनाव २. सस्ता

हिस्सा छप रहा है। आपने शरायत का बार मुझ पर डाला है। मैं चाहता था कि इसका फैसला आप खुद कर सकते। "प्रेम पचीसी" आइन्दा दस साल में गालिबन दो एडीशन निकल सकेंगे। अगर आप मतबूआ कीमत पर मुझे पन्द्रह फ़ी सदी दें और फ़ी एडीशन एक हज़ार कापियाँ रखें तो बहिसाब एक रुपये चार आना फी नुस्खा मुझे कमोबेश एक सौ अस्सी रुपये मिलते हैं। यानी चौदह सौ पचास रुपये पर पन्द्रह फ़ी सदी। और दो एडीशन के इसी हिसाब से तीन सौ साठ रुपये हो जायेंगे। चूंकि आप को मुद्दते दराज़ तक किताबें बेचने के बाद नफ़ा होगा इसलिए इस तीन सौ साठ रुपये में आप तख़फ़ीफ़ का मुतालिबा कर सकते हैं। वह आप शौक से करें। "बत्तीसी" के तीन एडीशन होंगे। आपके किस्से निकालने के बाद मेरे लिए यह भी पचीसी ही रह जायगी और उसी पुराने हिसाब से मुझे पाँच सौ चालीस रुपये मिलने चाहिए। इसमें भी आइन्दा और हाल का ख़याल करके मुझे जो तख़फ़ीफ़ चाहें करें। मैं उस आफ़र पर खूब गौर करूँगा। आप बिला तआम्मुल[1] अपना खयाल ज़ाहिर फ़रमायें।

"बाज़ारे हुस्न" में ताखीर हुई। यह ख़याल हुआ कि दस दिन की तातील हो रही है। मुमकीन है सुफ़हात और नकल हो जायें तो इकट्ठे भेजूं। इसलिए रोक लिया है।

मैंने इन्हीं दिनों एक और किस्सा लिखा है, "आतमा राम"। वह "ज़माना" में भेज रहा हूँ। वह इस कदर हिन्दू हो गया कि "कहकशाँ" के लायक़ नहीं। आप खुद हिन्दू सही लेकिन आप के नाज़रीन[2] तो हिन्दू नहीं हैं।

"दफ़्तरी" बिल्कुल लाइफ से लिया गया है। तख़ैयुल[3] का बहुत कम दख़ल है। मुमकिन है कि वह खुश्क मालूम हो। आप बिला तकल्लुफ़ वापिस फ़र्मा दीजियेगा। मुझमें एक खास ऐब यह है—और वह उम्र के साथ बढ़ता जाता है—कि मैं कहानियों में हुस्न-ओ-इश्क़ की चटपटी चाशनी नहीं दे सकता। वह दिन अब नहीं रहे। हज़रते नियाज़ की-सी जवान तबीयत कहाँ से लाऊँ। और क्या अर्ज़ करूँ।

एक बात आप से राज़ की कह दूँ। मुझे "पचीसी" और "बत्तीसी" के लिए चौदह फ़ी सदी का आफ़र हो चुका है और बग़ैर तग़य्युर[4] आइन्दा व हाल। रवीन्द्र बाबू को मैकमिलन बीस फ़ी सदी देता है। मैं रवीन्द्र बाबू नहीं हूँ। इसलिए बारह और बीस के दरमियान १५ पर क़ाने होना चाहता हूँ।

वस्सलाम

धनपतराय

---

१. बेधड़क २. पाठक ३. कल्पना ४. बदले बिना, सदा वही

६१

गोरखपुर

१२ अक्टूबर १९१९

बन्दानवाज़,

तसलीम। मिज़ाजे आली। 'अन्ना' देखी। खूब है। जिस कलम से 'अन्ना' निकल सकती है उससे आयन्दा मुझे रक़ाबत[१] का अन्देशा हो तो क़ाबिले मुआफ़ी है। बक़िया का इश्तियाक़[२] है। छोटी कहानियों को कई हिस्सों में छापने से लुत्फ़ जाता रहता है।

रुपये मिल गये। ममनून हूँ। 'पैमाने वफ़ा' अहबाबे क़दीम के नज्र, हुआ। आपके लिये दूसरी फ़िक्र करूँगा।

"बाज़ारे हुस्न' 'रफ़्ता-रफ़्ता साफ हो रहा है। इरादा है कि एक मुहर्रिर रखकर काम जल्दी से खत्म कर डालूँ।

ज़्यादा वस्सलाम

अहक़र

धनपतराय

६२

३० नवम्बर १९१९

जनाब मकर्रमे बन्दा,

तसलीम। मैं यहाँ तीन दिन से आपका इन्तजार कर रहा हूँ। मगर गालिबन आप लखनऊ से वापिस आ गये। मेरी बदनसीबी। 'प्रेम बत्तीसी' हिस्सा दोम के लिये मैंने कौन-कौन से क़िस्से तजवीज किये थे उनकी एक फेहरिस्त मुझे भेज दीजिये। मुझे याद नहीं आता। मिसतर इक्कीस सतरी ही होना चाहिए। इस मिसतर पर हिस्सा अव्वल छप रहा है। काग़ज़ मैंने हिस्सा अव्वल के लिए बीस पौंड लगाया है। अगर आप भी यही काग़ज़ लगायें तो दोनों हिस्सों में यकसानियत आ जाय और तब कीमत भी यकसां रखी जा सकेगी। घटिया काग़ज़ लगाना बेजोड़ होगा।

मेरी शर्तें क्या थीं इसकी भी एक नक़ल दरकार है। मेरा हाफ़िज़ा[३] नाक़िस[४] है और याददाश्त का नोट भी नहीं रखता। आज 'कहकशां' दोनों सितम्बर और अक्टूबर मिले। खूब हैं। पढ़कर तनक़ीद करूँगा।

---

१ होड़ २. चाव ३. स्मरण शक्ति ४. खराब

'बाज़ारे हुस्न' के तीन सौ सुफ़हात हो गये। सिर्फ दो सौ और बाक़ी हैं। आप को अगर फुरसत हो तो मैं यह तीन सौ सुफ़हात चलता करूँ। जब तक आप देखेंगे, कातिब लिखेगा, तब तक मैं दो सौ सुफ़हात पूरे कर दूँगा, जो दो घंटा रोजाना के हिसाब से दो-एक माह का काम है। 'ख़ूने हुर्मत' से हज़रते 'तमद्दुन' कितने बरहम[१] हुए। देखी आपने इन साहबों की वुसअतदिली[२]। जहाँ सुई न चुभे वहाँ शहतीर डालने की कोशिश की जाती है। इनका जवाब मैंने लिखकर 'तमद्दुन' को भेजा है। अगर छपा तो ख़ैर, वर्ना 'ज़माना' में निकलेगा। क़िब्ला सैयद मुमताज़ अली के दिमाग़ में ग़ालिबन फ़लसफ़ा यानी मसाइल का ज़खीरा मौजूद है। हर माह निकलता ही आता है। इस मौज़ू पर उन्हें निहायत मुहक़्क़िक़ाना[३] दस्तगाह[४] है। जनवरी से रिसाला 'ज़माना' में रंगीन तसवीरें भी होंगी। आपने मुझ से कुछ जनवरी के लिए माँगा है। मैं मुस्तकिल वादा नहीं कर सकता क्योंकि मैं आजकल अपने जदीद नाविल में दिलोजान से लिपटा हुआ हूँ। इसे दिसम्बर इकतीस तक ख़त्म करना चाहता हूँ। ज़्यादा वस्सलाम। जवाब से जल्द याद फ़रमाइयेगा।

अहक़र

धनपतराय

६३

गोरखपुर,

१६ दिसम्बर १९१९

ज़नाब मुशिफ़क़ी,

तसलीम। प्रूफ और नवाज़िशनामा कई रोज़ गुज़रे मिले। काग़ज़ बुरा नहीं है। इसी पर छपने दीजिये। छपे हुए फ़ार्म रद्द कर देने से नुक़सान होगा। मेरा काग़ज़ इससे कहीं बेहतर है। लेकिन कोई मुजायक़ा नहीं। सस्ता काग़ज़ रहेगा तो किताब भी अर्ज़ा[५] होगी। मिस्तर यही रहना चाहिए, मगर कातिब को ताकीद कर दी जाये कि मक़ालमे हमेशा नई सतरों से शुरू किया करें। क़िस्सों की फ़ेहरिस्त ज़रूर रवाना फ़रमाइयेगा। 'कहकशाँ' सितम्बर और अक्तूबर दोनों मिले। बेहतरीन मज़मून मौलाना साहब क़िब्ला का है। इन मौज़ूआत पर ऐसे वाज़े मज़ामीन मेरी नज़र से नहीं गुज़रे। 'हिजाबे उलफ़त' ख़ूब है। हाँ, प्लाट कमज़ोर है और कहीं-कहीं सलासते[६] बयान क़ायम नहीं रहने पायी है। दीगर मज़ामीन औसत दर्जे के हैं। बन्नू इबाद बिल्कुल तारीख़ी मज़मून है।

---

१. नाराज़ २. उदारता ३. पाण्डित्य पूर्ण ४. अधिकार ५. सस्ती ६. सरलता

इससे अवाम को क्या दिलचस्पी होगी। मैं अनक़रीब चार्ल्स डिकेन्स का एक क़िस्सा भेजूंगा। नादिर[1] क़िस्सा है। तर्जुमा मुकम्मल है। अदीम-उल-फ़ुर्सती के बाइस एक साहिब से नक़्ल करा रहा हूँ। 'बत्तीसी' का काम जारी रखियेगा ताकि हिस्सा अव्वल व दोम साथ-साथ निकलें। 'बाज़ारे हुस्न' की कापी भी क़िस्सए मौऊदा[2] के साथ रवानए ख़िदमत होगी।

'एक रात' मुझे बहुत पसन्द आया। ज़ोरे बयान है, तशबी हात नादिर।' रसाइएफ़िक्र[3] की दाद देता हूँ। कुछ 'ख्वाबे परीशाँ' से मिलता हुआ मालूम होता है। तशबीहें कई बहुत खूब हैं। वस्सलाम,

नियाज़मंद

धनपतराय

६४

गोरखपुर,

११ फरवरी १९२०

भाईजान,

तसलीम।

खुतूत का जवाब देने में देर हुई। मुआफ़ कीजियेगा।

"इसलाह" हस्बे वादा इरसाले ख़िदमत है। इसे आप कहानी की निगाह से नहीं, खयालात की निगाह से देखने की इनायत कीजियेगा।

चन्द नज़्में मुंशी गोरखप्रसाद 'इबरत' मरहूम की भी इरसाल हैं। पसन्द आयें तो दर्ज कीजियेगा।

जनवरी नम्बर मिला। हस्बे मामूल क़िबला मुमताज़ अली का मज़मून बेहतरीन है। बहैसियत मजमूई बहुत ही अच्छा नम्बर है। नज़्म का हिस्सा खास तौर पर दिलकश है। तपिश और नश्तर की ग़ज़लों में खूब लुत्फ़ आया।

"बाज़ारे हुस्न" का गुजराती एडीशन निकल रहा है। खूब-खूब तसवीरें निकल रही हैं। आप चाहेंगे तो ब्लाक दिलवा दूँगा मुसव्वर[4] एडीशन निकल जायगा और अर्ज़ां।

"दुर्गा का मन्दिर" "ज़खीरा" में छपा था। "ज़खीरे" के फ़ाइल में देखें। मिल जाये तो बेहतर। वर्ना मुझे इत्तला कीजिये। नक़ल करके भेज दूँ।

"नेकी की सज़ा" हिन्दी में निकला था। इसका मुसव्विदा[5] भी मेरे पास

---

१. अनूठा २. वादा किये हुए ३. कल्पना की पहुँच ४. सचित्र ५. मसौदा

है। सिर्फ़ नक़ल करने की जरूरत है। "ईमान का फ़ैसला" और "फ़तेह" आपकी ख़िदमत में पहुँच गये होंगे। उजलत में हूँ। मुआफ़ कीजियेगा।

निियाजमंद

धनपतराय

सैयद इम्तियाज़ अली ताज को : सन् १९२०-१९२१

९५

गोरखपुर

२४ मार्च, १९२०

मुश्फ़िक़ी,

तसलीम। यह ख़ामोशी क्यों ? दो खत लिखे, जवाब नदारद। प्रेम पूर्णिमा नज़ की, रसीद नदारद। सख़्त तरद्दुद है। जल्द रफ़ा कीजिए। मार्च का रिसाला देखा। मौलाना राशिद और हज़रत नियाज़ दोनों साहबों के मज़ामीन क़ाबिले-दाद हैं। खूब लुत्फ़ आया।

मसूरी चलने की दावत दी थी। मैं तैयार हूँ। मगर आप दावत करके भूल गये। जल्द फ़ैसला कीजिए ताकि उधर से मायूसी हो तो मैं देहरादून जाने का इरादा कर लूँ। और तो कोई हाल ताज़ा नहीं। "प्रेम बत्तीसी" का क्या हाल है ? कितनी हुई और कितनी बाक़ी है ? "बाज़ारे हुस्न" के अब कुल अड़तीस सुफ़हात बाक़ी हैं। पहली अप्रैल को आपके पास रजिस्टर्ड पहुँच जायगी।

वस्लाम,

धनपतराय

९६

गोरखपुर, नार्मल स्कूल

१४ अप्रैल, १९२०

मुहिब्बी,

तसलीम। मुफ़स्सल खत मिला, लेकिन मुफ़स्सल जवाब उस वक़्त दूँगा जब आप "बाज़ारे हुस्न" तमाम-ओ-कमाल[१] पढ़ चुकेंगे। उसके मुतल्लिक़ आपने जो कुछ फ़रमाया वह सब आपकी क़द्र-अफ़ज़ाई है। मैं बहुत ममनून हूँगा अगर जनाब उस पर अपनी मुफ़स्सल तबसराना राय से मुझे मुत्तला फ़रमायें। इसमें

१. पूरा

नाराज़ होने की कौन बात है। नक़्क़ाद[१] हैं कहाँ? मुझे तो इसकी आरज़ू रहती है कि कोई मुझे खूब नेक-ओ-बद समझाए। इसकी तबाअत, हक़-उल-खिदमत वगैरह के मुतल्लिक़ आप मुझसे कहीं बेहतर फ़ैसला कर सकते हैं। क़िब्ला सैयद मुमताज़ अली साहब को मेरी जानिब से सालिस[२] बना लीजिएगा। मुक़द्दमा आपके लिए लिख रहा हूँ, मई में दर्ज हो सकेगा।

वस्सलाम,
धनपतराय

९७

गोरखपुर
२२ अप्रैल १९२०

मुश्फ़िक़े मन,

तसलीम। नवाज़िशनामा मिला। "बाज़ारे हुस्न" आप शाया करें। शरायत के मुताल्लिक यह अर्ज़ है कि आप पहले एडीशन के लिये मुझे बीस फ़ी सदी रायलटी अता फरमावें। पहला एडीशन बारह सौ नुस्खों का हो। ग़ालिबन सवा रुपये क़ीमत रखी जाय। मुझे २४० जिल्दें मिलेंगी। यह जिल्दें ख्वाह मुझे जिल्दों की सूरत में दे दें या रुपये की सूरत में। रुपये की सूरत में देने से वही कमीशन जो मैं किसी दूसरे बुकसेलर, मसलन रिसाला "ज़माना", को दूँगा आपको वज़ा कर दूँगा। अगर आप इसे पसन्द न फरमावें तो आप मुझे जिल्दें ही दे दें। मैं किसी तरह बेच या बिकवा लूँगा। अगर इन सूरतों में कोई पसन्द न हो तो मुझे पहले एडीशन के लिए दो सौ पचास रुपये अता फरमावें। हिन्दी में मुझे पाँच सौ रुपये मिले थे। गुजराती एडीशन के मुझे सौ रुपये मिले। आप जिस तरह चाहें फैसला करें। दो सौ पचास रुपये ग़ालिबन जरूरत से ज़्यादा मुतालबा[३] नहीं है। मेरी डेढ़ साल की मेहनत और ख़ामाफ़रसाई[४] का नतीजा यह किताब है। अगर यह सब शर्तें आपको नागवार मालूम हों तो अपनी मर्ज़ी के मुताबिक़ किताब शाया करके मुझे जो चाहें दे दें। मैं आपका मशकूर हूँगा। मुझे यह सख्त जिल्लत मालूम होती है कि अपनी किताब के लिए पब्लिशरों की खुशामद करता फिरूँ।

"प्रेम बत्तीसी" हिस्सा दोम का क़िस्सा "खूने अज़मत" मलफ़ूफ़[५] है। पहला हिस्सा अनक़रीब तैयार है। दूसरा हिस्सा भी जल्द निकले तो बेहतर। मालूम नहीं काग़ज दस्तयाब[६] हुआ या नहीं। मेरे हिन्दी पब्लिशर कलकत्ते से आपके

१. आलोचक २. पंच ३. माँग ४. क़लम घिसाई ५. लिफ़ाफ़े में बन्द ६. मिला

लिए हर एक क़िस्म का काग़ज़ सुभीते के साथ भेजने पर आमादा हैं। निस्फ़[१] क़ीमत पेशगी दरकार होगी। अगर आप इसे मंजूर फ़रमावें तो काग़ज़ आ जायगा। आर्डर वग़ैरा इस पते से दे सकते हैं। मेरा हवाला देना ज़रूरी होगा :

श्रीयुत महावीर प्रसाद पोद्दार,
हिन्दी पुस्तक एजेंसी,
१२६, हरीसन रोड, कलकत्ता।

मुंशी गोरखप्रसाद साहब 'इबरत' मरहूम की नज़्म "यादे मिज़गाँ" आपने शाया की। इसके लिए शुक्रिया क़ुबूल फ़रमाइये। अभी इनका कलाम आप के यहाँ ग़ालिबन पाँच ग़ज़लें और दो नज़्में हैं। इन्हें भी शाया कर दें। और इन नज़्मों की एक-एक कापी बराहे करम ज़ैल के पते से अता फ़रमावें :

बाबू रघुपति सहाय,
लक्ष्मी भवन, गोरखपूर, यु० पी०।

यह साहब ज़िन्दादिल आदमी हैं और उम्मीद है कि अपनी तरद्दुदात से फ़ुर्सत पाकर "कहकशाँ" की कुछ ख़िदमत कर सकेंगे। इस कलाम की इशाअत का मंशा सिर्फ़ यह है कि रसायल में तबा[२] हो जाने के बाद इसकी किताबी सूरत शाया हो। इसलिए जिस क़दर जल्द मुमकिन हो सके इन्हें आप निकाल दें।

आजकल क़लम बिल्कुल सुस्त है। एक क़िस्सा बिल्कुल अधूरा पड़ा हुआ है। सुबह का मदरसा हो गया है। दस बजे लौटकर फिर चार बजे तक बैठने की हिम्मत नहीं होती। और यह वक़्त अख़बारबीनी[३] का है न कि तसनीफ़[४] का।

ज़्यादा वस्सलाम। जवाबे ख़त से जल्द सरफ़राज फ़रमावें।

नियाज़मंद
धनपतराय

६८

रेस्ट हाउस, नीयर रेलवे स्टेशन, देहरादून
६ जून १९२०

मुशफ़िक़े मन,

तसलीम। मैं आजकल कनखल ऋषिकेश वग़ैरा का सफ़र करता हुआ देहरादून आ पहुँचा। मैंने कनखल से एक ख़त आपकी ख़िदमत में रवाना किया था। मालूम नहीं पहुँचा या नहीं। मुझे उसका जवाब नहीं मिला। आप इधर आने का क़स्द रखते हों तो बराह करम एक मामूली तार से मुत्तिला फ़रमाइये ताकि आपका

१ आधी २ प्रकाशित ३ अख़बार देखने ४. रचना।

इन्तज़ार करूँ। वर्ना मैं बहुत जल्द यहाँ से चला जाऊँगा। मेरी तबीयत दौराने सफ़र में ज़्यादा मुज़महिल[1] हो गयी है। आया था कि हरिद्वार की आबोहवा से कुछ फायदा होगा, लेकिन नतीजा इसका उलटा हुआ। पेचिश ने, जिससे मेरी पुरानी दोस्ती है, बहुत दिक़ कर रखा है। इस खत के पाते ही अपने फ़ैसले से मुत्तला फरमाइए। अगर यहाँ न आ सकें तो देहली में मिलने का फ़ैसला कीजिये और मुत्तला कीजिये कि आप वहाँ कब तक पहुँचेंगे और मैं कहाँ आप से मिलूँ।

ज़्यादा वस्सलाम,

नियाज़मंद

धनपतराय

६६

नया चौक, कानपुर
१५ जून १६२०

मुश्फ़िके मन,

तसलीम। आपका रजिस्टर्ड लिफ़ाफ़ा मुझे दफ्तर "ज़माना" में आकर मिला! अफ़सोस है कि काश यह खत देहरादून में मिल गया होता तो मैं आप लोगों की हमराही में मसूरी की सैर कर लेता। मुझे अबकी सफ़र में यह तजुर्बा हुआ कि मैं बग़ैर किसी रफ़ीक़ या दोस्त के तनहा नहीं रह सकता।

यह सुनकर बग़ायत[2] खुशी हुई कि काग़ज़ आ गया और प्रेम बत्तीसी की किताबत मुकम्मल हो गई। अब उसे छपवा भी डालें। हिस्सा अव्वल भी ग़ालिबन आख़िर जुलाई तक तैयार हो जायेगा।

"बाज़ारे हुस्न" के मुताल्लिक़, अगर आपको मेरी शर्तें मंजूर हैं तो रुपये के लिए फ़िक्र न कीजिए। मुझे फ़िलहाल अशद ज़रूरत नहीं, आख़िर अगस्त तक भेज दें तब भी कोई हर्ज़ नहीं।

अब उज्रे गुनाह—आपके लिए दौराने सफ़र में मज़मून लिखा और भेजने ही वाला था, मगर यहाँ आते ही आते वह मेरे क़ब्ज़े से निकल गया। 'मेहरे-पिदर' नाम था। अदमे तामीले इर्शाद के लिए माफ़ कीजिएगा। आज गोरखपुर वापस जाता हूँ। पेचिश का बाक़ायदा इलाज करूँगा। और 'रिश्ता-ए-आरज़ू' जो शुरू कर चुका हूँ, जल्द ही हाज़िरे खिदमत होगा।

वस्सलाम,

धनपतराय

---

१. गिरी-पड़ी, कमज़ोर २. बहुत

२००

गोरखपुर
२५ जून १६२०

भाई जान,

तसलीम ! मैं कल यहाँ आ पहुँचा। कल आपका ख़त मिला और आज अपनी तसवीर देखी। फ़ोटो खूब है। मुझे उम्मीद न थी कि आप इसे ग्रुप में से इतनी सफ़ाई से जुदा कर सकेंगे। ख़ैर, आपकी बदौलत मुझे अपनी सूरत तो नज़र आयी।

बेहतर है, "बाज़ारे हुस्न" दो हिस्सों में शाया हो। मेरे खयाल में भी यही तजवीज़ थी। "टीन की लैला" का दीबाचा ज़रूर लिखूँगा, मगर किताब छप जाने के बाद ग़ालिबन जियादा सहूलत होगी। 'प्रेम बत्तीसी' अगर सितम्बर तक तैयार हो जाये तो मैं ग़नीमत समझूँ।

अब मज़मून की बात। मज़मून फ़िलहाल मेरे पास दो हैं, मगर सफ़र की थकान और तबीयत के मुज़महिल हो जाने के बाइस साफ़ नहीं कर सका। इरादा था कि ख़त का जवाब और मज़मून साथ-साथ भेजूँ, लेकिन फ़ोटो की रसीद देनी ज़रूरी थी। कल इन्शा अल्लाह एक मज़मून साफ़ करना शुरू करूँगा और ग़ालिबन २६ जून को यहाँ से रवाना कर दूँगा। इस ताख़ीर के लिए मुझे माज़ूर समझिएगा। सेहत से मजबूर हूँ। उम्मीद है कि आप खुश होंगे। काश्मीर की ज़ियारत मुबारिक।

नियाज़मंद
धनपतराय

२०१

गोरखपुर
२६ जून १६२०

मुहिब्बी,

तसलीम। मेरी परेशानियों का खात्मा नहीं हुआ। छोटे बच्चे को चेचक निकल आई है। उसके रोने-रुलाने का नज़्ज़ारा कोई काम नहीं करने देता। यह मज़मून आस्कर वाइल्ड के एक क़िस्से Canterville's ghost का तर्जुमा है। पसन्द आये तो रख लें। मगर इसके आखिर में मेरा नाम देने की ज़रूरत नहीं

क्योंकि "आबे हयात" और "अश्के नदामत" के बाद से अब मैंने अहद कर लिया है कि तर्जुमे न करूँगा।

और तो कोई ताजा हाल नहीं।

वस्सलाम,

धनपतराय

२०२

नार्मल स्कूल गोरखपुर
२८ जुलाई १९२०

भाईजान,

तसलीम। आपका एक कार्ड कई दिन हुए आया था। "कहकशाँ" भी मिला। मज़मून की फ़रमाइश अभी तक पूरी न कर सका। आजकल मुसीबतों की यूरिश[१] है। यहाँ २३ जून को आया, ६ जुलाई को छोटा बच्चा चेचक में मुबतिला हो गया और हमेशा के लिए दाग़ दे गया। अभी तक इस ग़म से निजात नहीं हुई। सब्र तो हो गया मगर याद बाक़ी है। और शायद ताज़ीस्त रहेगी। इसे अपने आमाल[२] का नतीजा समझता हूँ, और क्या।

जब तक दिल न सँभले मज़मून कहाँ से आयें। खतों का जवाब देना भी शाक़ है। मुआफ़ कीजियेगा।

'प्रेम बत्तीसी' और 'बाजारे हुस्न' की क्या हालत है। उम्मीद है कि आप खुश होंगे।

दुआगो
धनपतराय

२०३

गोरखपुर
२८ अगस्त १९२०

भाईजान,

तसलीम। तार मिला था मगर खत का इन्तजार करते-करते थक गया। इरादा था कि जवाब में मेरा मेज़मून पहुँचे खत न लिखूँ। लेकिन सेहत और कुछ सोजे पिन्हाँ[३] ने ऐसा मजबूर कर रखा है कि आज मजबूरन खत लिख रहा हूँ।

१. धावा   २. कर्मों   ३. दिल की जलन

क्या करूँ, कई काम छेड़ रखे थे, सभी अधूरे पड़े हुए हैं। 'नाकाम' नामुकम्मल है। उसका हिन्दी तर्जुमा नामुकम्मल है। चार मुख्तसर कहानियाँ अधूरी, एक ड्रामा ज़ेरे तजवीज़। मगर सेहत कुछ करने ही नहीं देती।

मालूम नहीं 'प्रेम बत्तीसी' इस ज़िन्दगी में शाया होगी या नहीं। 'बाज़ारे हुस्न' का अल्लाह ही हाफ़िज़ है, और 'नाकाम' का तो अभी ज़िक्र ही क्या। न ज़माना प्रेस को फ़ुर्सत, न दार-उल-इशाअत को मोहलत।

सितम्बर के महीने में कुछ ज़रूर हाज़िर करूँगा।

वस्सलाम,

अहक़र
धनपतराय

२०४

गोरखपुर
२५ अगस्त १९२०

जनाब मुश्फ़िक़ी,

तसलीम। नवाज़िशनामा सादिर हुआ। आप अपने सिलसिला-ए-इशाअत[१] की तौसीह[२] करना चाहते हैं। यह अम्र मेरे लिए ख़ास तौर पर बाइसे इतमीनान है। उर्दू में रिसाले और अख़बारात तो बहुत निकलते हैं। शायद ज़रूरत से ज़्यादा। इसलिए कि मुसलमान एक लिट्रेरी क़ौम है और हर तालीमयाफ़्ता शख़्स अपने तईं मुसन्निफ़[३] होने के काबिल समझता है। लेकिन पब्लिशरों का यकसर क़हत है। सारे क़लमरवे[४]-हिन्द में एक भी ढंग का पब्लिशर मौजूद नहीं। बाज़ जो हैं उनका अदम और वजूद[५] बराबर है क्योंकि उनकी सारी कायनात[६] चंद रद्दी नाविल हैं जिनसे मुल्क या ज़बान को कोई फायदा नहीं। अर्सा हुआ "दायरा तुल अदब" देहली में क़ायम हुआ था और बड़े तमतराक़[७] से चला, लेकिन थोड़े ही दिनों में उसके नाज़िम साहिब का जोश फ़रो[८] हो गया और वह कुछ इस तरह ग़ायब हो गये कि मुआमलेदारों का हिसाब तक न साफ़ किया। इसलिए मैं आपकी इस तजवीज़ से बहुत मुतमइन[९] हूँ। लेकिन मुआफ फ़रमाइयेगा एक अदबी रिसाले का बार अपने सर पर रखे हुए आप अपनी नयी तजवीज़ में कामयाब हो सकते हैं, इसमें मुझे शक है। एक अव्वल दर्जे का उर्दू रिसाला एक

१. प्रकाशन माला २. विस्तार ३. लेखक ४. हिन्दुस्तान ५. होना-न होना ६. पूँजी ७. धूमधड़क्के ८. उतर गया ९. आश्वस्त

आदमी को हमातन[१] मसरूफ़[२] रखने के लिए काफ़ी से ज़्यादा है। वरना उसका मेयार[३] से गिर जाना यक़ीनी है। ऐसी हालत में आप दोनों काम कामयाबी के साथ नहीं कर सकते तावक़्ते कि आपको कोई होशियार एसिस्टेंट न मिल जाये। और चूँकि आजकल लाहौर में बिला माकूल मुआवज़े के होशियार आदमी मिल नहीं सकता और "कहकशाँ" के लिए यह बार शायद नाक़ाबिले बर्दाश्त हो इसलिये आपको इसके सिवा और मफ़र[४] नहीं कि या तो इशाअत के हों या कहकशाँ के। मेरी नाचीज़ राय है कि अगर आप इशाअत का काम सरअंजाम दे सकते हैं तो 'कहकशाँ' को ख़ैरबाद कहिये। 'कहकशाँ' जो काम कर रहा है वही काम और भी कई मुमताज़ रिसाले कर रहे हैं या करने का इरादा रखते हैं। मगर पब्लिशिंग का मैदान बिल्कुल ख़ाली है और ज़बान की खिदमत करने के जितने मौक़े इशाअते कुतुब के ज़रिये मिल सकते हैं माहवार रिसाले से मुमकिन नहीं। मैं यह नहीं कहता कि माहवारी सहाइफ़[५] से ज़बान की ख़िदमत नहीं होती, मगर रसायल के वसायल महदूद होते हैं और उसके हुदूद उसे तसनीफ़ के अक्सर शोबों से बेफ़ैज़ रखते हैं। उर्दू रिसालों में आप कोई ज़ख़ीम और मुहक़्क़िक़ाना[६] तारीख़ी तसनीफ़ नहीं शाया कर सकते, तावक़्ते कि वह आप के रूबरू ख़ुर्दबीनी सूरत में पेश न की जाये। अलाहाज़ा, फ़लसफ़ा,[७] शेर,[८] नज़रयात,[९] कीमियात,[१०] वग़ैरा वग़ैरा सभी असनाफ़े कलाम का दरवाज़ा आप के लिए बन्द है। आपको चलते हुए मज़ामीन, तफ़रीहबख़्श[११] चुटकुले, दिलचस्प शायराना तज़किरे, रंगीन किस्से चाहिए। यहाँ तक कि आप कोई ज़ख़ीम नाविल हाथ में लेते हुए डरते हैं। तो जनाब चटपटे मज़ामीन से नाज़रीन की ज़ियाफ़ते तबा चाहे हो जाये लेकिन ज़बान की कोई मुस्तक़िल ख़िदमत नहीं हो सकती। ऐसे मज़ामीन से ज़बान के मुस्तक़िल सरमाये में कोई क़ाबिले क़द्र इज़ाफ़ा नहीं होता। उर्दू को हर एक शोबे[१२] की अच्छी और मुस्तनद[१३] किताबों की जितनी ज़रूरत है वह मोहताजे बयान नहीं। और हालाँकि इस बेबिज़ाअती[१४] का बाइस एक बड़ी हद तक हमारी सियासी बेदस्तओ-पाई है ताहम हमने अपने लिटरेचर की तरफ़ अभी उतनी तवज्जो नहीं की जिसका वह मुस्तहक़ है। अगर हमें अपनी लाज रखनी है तो अपने लिटरेचर को फ़रोग़ देना पड़ेगा। और चाहे यह काम अफ़राद[१५] करें या मजमूआए अफ़राद, मगर इसे कारोबारी उसूलों पर किये बग़ैर इस्तहकाम[१६] नहीं हो सकता। अगर आप एक मुशतरिका सरमाये से कोई पब्लिशिंग काम जारी

---

१. पूरी तरह २. व्यस्त ३. स्टैन्डर्ड ४. बचाव ५. पत्रिकाओं ६. गंभीर, पांडित्यपूर्ण ७. दर्शन ८. काव्य ९. सिद्धान्त शास्त्र १०. रसायन शास्त्र ११. मनोरंजक १२. विभाग १३. प्रामाणिक १४. दरिद्रता १५. व्यक्ति १६. स्थिरता

कर सकें तो क्या कहना। लाहौर जैसे तिजारती मक़ाम पर ऐसी कम्पनी खोलनी बहुत मुश्किल न होनी चाहिए। बहरहाल अगर आप इशाअत के कारोबार में हाथ डालना चाहते हैं तो 'कहकशाँ' को बन्द कीजिये। बिलखुसूस ऐसी हालत जब कि आपको इसके जारी रखने में सरासर खसारा है। यही मेरी दोस्ताना सलाह है। उम्मीद है आप मेरी साफ़गोई को मुआफ़ फ़रमायेंगे।

ख़ाकसार
प्रेमचंद

२०५

गोरखपुर
२६ अगस्त १९२०

भाईजान,

तसलीम। ख़त इन्तज़ार के बाद मिला। मशकूर हूँ। "बत्तीसी" छप गयी, शुक्र है। "बाजारे हुस्न" की किताबत होने लगी, बड़ी खुशी की बात है। हिस्सा अव्वल अभी तक मुंशी दयानारायन साहिब की बेतवज्जो ही के सबब मआरिज़े-इलतवा[1] में पड़ा हुआ है। मगर उम्मीद है कि हिस्साए दोम का शाया होना ताज़ियाने का काम देगा। और यही मेरी ग़रज़ थी।

"कहकशाँ" आप बन्द करना चाहते हैं। जब नुक़सान हो रहा है तो ज़रूर बन्द कीजिये। जब आपको विलायत जाने का मौक़ा मिले तो इससे फ़ायदा न उठाना अपने ऊपर और क़ौम के ऊपर जुल्म है। यह उमंग के दो-चार साल निकल जायँगे तो मेरी तरह आपको भी पछताना पड़ेगा। काश मैंने अवायले उम्र में एम० ए० तक हासिल कर लिया होता तो यह कसम-पुर्सी[2] की हालत न होती। वर्ना वह ज़माना फ़सानानिगारी के नज़्र हुआ और अब ज़रूरतें डिग्री के लिए मजबूर करती हैं। आप बी० ए० पंजाब से कीजिये और फ़ौरन विलायत का सफ़र कीजिये। दो-तीन सालों में आप पाँच छः सौ रुपये हासिल करने के मुस्तहक़ हो जायँगे और अगर अखबारनवीसी की तरफ़ मायल होंगे तो यहाँ भी अव्वल दर्जे का अंग्रेजी रिसाला निकाल सकेंगे। अखलाक़ी और ज़ेहनी फ़वायद जो हासिल होंगे उनकी कोई क़ीमत नहीं। मैंने अपनी जानिब से एक दोस्ताना ख़त लिखा है। मुनासिब समझें तो इसे शाया कर दीजिये। मुझे इस नरग़े[4] से खूबसूरती से निकल जाने का इसके सिवाय और कोई रास्ता नज़र न आया। लतायफ़उल[5]-हील के फ़न में भी उम्मी[6] हूँ। साफ़-साफ़ कहना जानता हूँ।

---

१. खटाई २. शुरू उम्र ३. बेकसी ४. घेरे ५. बहानेबाज़ी ६. नादान

"बत्तीसी" और दीगर कुतुब जरूर रवाना करें। आपने गान्धी के हालात लिखे थे, उसकी कितनी जिल्दें निकल गयीं। "प्रेम बत्तीसी" आपके यहाँ से कितनी निकल जायगी। अब तो "कहकशाँ" का ज़रियाए इश्तहार भी न रहेगा।

यहाँ बारिश क़ब्ल अज़ वक़्त बन्द हो गयी। फ़स्ल का नुक़सान हो रहा है।

मैंने कलकत्ते के एक हिन्दी प्रेस में शिरकत कर ली है। ग्यारह आने मेरे एक दोस्त का होगा और पाँच आने मेरे। मुझे अपने हिस्से के रुपयों की फ़िक्र करनी है। अगर काम चल गया तो पचास-साठ रुपये माहवार का फ़ायदा हो सकेगा। अगर आपको तरद्दुद न हो तो सितम्बर में मशरूता[१] हिसाब तै फ़रमा दीजियेगा। कुल प्रेस सोलह हज़ार का है। ताज़ियत[२] के लिए मशकूर हूँ। दो बच्चे थे, एक ने मुफ़ारक़त[३] की, अब एक चहारसाला[४] शीरख़ार[५] रह गया और एक लड़की। परमात्मा इन्हीं दोनों को ज़िन्दा रक्खे। ग़म जो कुछ होना था हो चुका। मशीयत[६] यही थी। मुझे भी अब उसकी मसलहत नज़र आ रही है। शायद मुझे अलायक़[७] की ज़ंजीरे-गराँ[८] से कुछ आज़ाद करना मक़सूद था। ख़त जल्द लिखियेगा। आपके ख़ुतूत से तसकीन होती है।

आपके वालिद साहिब बुज़ुर्गवार ने जिन अलफ़ाज़ में मुझे तलक़ीने-सब्र[९] और तवक्कुल[१०] फ़रमाया है उनके लिये तहेदिल से ममनून हूँ। ईद-उज़्ज़ुहा का दिन है, दो-चार अहबाब मिलने आते होंगे। इसलिए अब रुख़सत। ईद मुबारिक। ख़याल में आप से भी बग़लगीर हो रहा हूँ।

वस्सलाम,

नियाज़मन्द
धनपतराय

२०६

नार्मल स्कूल गोरखपुर
१४ सितम्बर १९२०

भाईजान,

तसलीम। आपका नवाज़िशनामा कई रोज़ हुए मिला था, मगर इस आलमे ज़ईफ़ी[११] क़ब्ल-अज़-वक़्त[१२] में एम० ए० पास करने की धुन सवार हो गयी है। इस वजह से वक़्त का बहाना करता रहा। सुबह को शाम के लिए रख छोड़ता

---

१. शर्त किया हुआ २. मातमपुर्सी ३. वियोग ४. चार साल की ५. दूध-पीती ६. दैवी इच्छा ७. मुसीबतों ८. भारी जंजीर ९-१० सब्र करने और ईश्वरेच्छा के आगे सिर झुकाने की हिदायत ११-१२ अकाल वार्द्धक्य

था, शाम को सुबह के लिए। आपने 'कहकशाँ' को बन्द कर देने का फ़ैसला किया। खूब किया। नुक़सान उठाना, उस पर दर्दे सर। इस बला से निजात ही अच्छी। मगर इस वक़्ते फुर्सत को या तो अपनी आइन्दा तरक़्क़ी या तसनीफ़ में सर्फ़ कीजिये। क्यों, आप के इंग्लैंड जाने की तजवीज़ क्या फ़िस्क[१] हो गयी ? अगर आप के माली हालात इजाज़त दें तो आप जैसे तब्बा[२] नौजवान का वहाँ क़िस्मत आज़माई करने जाना ज़रूरी है। वहाँ से लौटकर आप किसी कालिज के प्रोफ़ेसर और फिर प्रिंसिपल हो सकते हैं। सिर्फ़ दो साल की जिलावतनी[३] है।

महात्मा गांधी की अगर सिर्फ़ हज़ार डेढ़ हज़ार जिल्दें ही निकलीं तब तो आपको शायद इसमें भी ख़सारा ही रहा हो। 'प्रेम बत्तीसी' का मुन्तज़िर हूँ। 'ज़माना' की भी तक़ाज़ों से चैन नहीं लेने देता। ग़ालिबन अक्तूबर में दोनों हिस्से निकल जायेंगे। आपके 'तहज़ीब' की मार्फ़त मेरी पाँच सौ जिल्दों में से भी कुछ निकल जायँ तो क्या कहना।

'ज़माना' का हाल मुझे मालूम है। साल भर में शायद डेढ़ सौ दो सौ जिल्दें निकलीं, और कहीं इश्तिहार देना नहीं चाहता। अबकी 'सुबहे उम्मीद' में भी कुछ जिल्दें भेजूंगा। इसके लिए एक क़िस्सा 'बाद अज मर्ग' लिखा है। क़िस्सा क्या है एक दोस्त की हक़ीक़त है। सिर्फ़ आख़िर में थोड़ी-सी उपज है। पढ़कर अपनी तनक़ीद और मुमकिन हो तो हज़रते 'पितरस' की तनक़ीद से मुत्तिला फ़रमाइयेगा।

मुझे रुपयों की जरूरत तो थी और है। इसलिए कि मैं प्रेस में शिरकत कर चुका हूँ और उसके रुपये अदा करने लाज़िम हैं। लेकिन चूंकि मेरा शरीक मेरा क़द्रदाँ है, उसकी जानिब से रुपयों का तक़ाज़ा नहीं है और शायद न हो। अगर आपको फ़िलहाल तरद्दुद है तो मुज़ायक़ा नहीं। जब आपको सहूलियत हो उस वक़्त सही।

'पचीसी' भी दोनों हिस्से खत्म हो चुकी है। शायद हिस्सा दोम की चन्द जिल्दें बाक़ी हों। दूसरी दशाअत का मरहला दरपेश है। 'ज़माना' के मैनेजर साहब इसरार कर रहे हैं मगर मैंने अहद कर लिया है कि ज़माने की गर्दिश में न पड़ूंगा। अगर आप इसे निकाल सकें तो कहीं बेहतर।

१—जी हाँ, नवाबराय मैं ही था लेकिन जब 'सोज़े वतन' लिखने के बाद मुझे मेरे डिपार्टमेंट ने मज़ामीन लिखने से मजबूर कर दिया और डिपार्टमेंटल सख़्तियाँ शुरू कीं तो मैंने मुहिब्बी[४] बाबू दयानरायन के मशविरे से यह नाम

---

१ खत्म   २ क्षीण बुद्धि   ३ निर्वासन   ४ मेरे प्यारे

तजवीज़ कर लिया।

२—"सैरे दरवेश" "ज़माना" ने शाया किया है। मगर उसके हुकूक़ मेरे ही पास हैं। अगर आप पुरतकल्लुफ़ छाप सकें तो शौक से छापिये।

३—जी नहीं, 'नक़्क़ाद' मेरे पास इलतज़ामन कभी नहीं आया। और न इसमें कभी लिखने की जुर्रत की। दिलगीर साहब ने दो-एक बार फ़र्माइश ज़रूर की थी मगर मैं बन्दए दाम[1] और वहाँ क़द्रदानी और तहसीन। इससे मेरा काम न चला। हज़रत नियाज़ फ़तेहपुरी के चन्द मज़ामीन मार्के के थे। उन्हें "ज़माना" के दफ्तर में देख आया था। 'नक़्क़ाद' अक्सर चोंचले बहुत करता है। मुझे यह ज़नानापन पसंद नहीं। मैं लिटरेचर को Masculine देखना चाहता हूँ। Feminine ख्वाह वह किसी सूरत में हो मुझे पसंद नहीं। इसी वजह से मुझे टैगोर की अक्सर नज़्में नहीं भातीं। यह मेरा फ़ितरी नुक़्स है। क्या करूँ। अशआर भी मुझे वही अपील करते हैं जिनमें कोई जिद्दत हो। ग़ालिब के रंग का मैं आशिक़ हूँ। अज़ीज़ लखनवी के गुलकदे की खूब सैर की थी मगर बदक़िस्मती से आज तक एक शेर भी मौज़ूँ नहीं कर सका। न जी चाहता है। ग़ालिबन शायराना हिस[2] दिल में है ही नहीं। आपके "सुन्दर मुरली" और "गंगा अस्नान" के देखने का इत्तफ़ाक़ नहीं हुआ। अगर आपके पास उनकी नक़ल हो तो भेजने की इनायत कीजियेगा। मैंने तो अब तक आप की जितनी चीज़ें देखी हैं उनमें "नाबीना जवान" सबसे ज़्यादा पसन्द आया। आपने ग़ज़ब किया था। शायद उर्दू में ऐसा तख़ैयुल और नहीं नज़र आ सकता। 'लाला ए सहरा' में भी ज़ोर खूब था। मगर वह बात न थी।

आपकी ग़ज़लों को खूब ग़ौर से देखा। 'माना आफ़रीनी[3] की दाद देता हूँ। यह शेर बहुत खूब हैं, सुबहान अल्ला।

दुनिया दिखाई देती थी मख़मूर सी मुझे
वह देखना तेरी निगहे नीमबाज़ का

'दास्ताँ मेरी' वाला शेर बहुत खूब है। ख़मोशी क्या है हैरते हुस्न व रोबे हुस्न वफ़ूरे जज़्बात। यहाँ भी इतवार को बाबू रघुपतिसहाय के मकान पर एक छोटा-सा मकामी मुशायरा हुआ था। तरह थी :

सो गया जागनेवाला शबे तनहाई का—

बाबू रघुपति सहाय ज़िन्दादिल शायर हैं। उन्होंने भी आपकी ग़ज़लों की खूब दाद दी। वह आपके "लाला ए सहरा" का तर्जुमा अँग्रेज़ी में करना चाहते थे मगर बहुत दिक़्क़ततलब देखा तो इरादा तर्क कर दिया।

---

१ पैसे का गुलाम   २ काव्य-संवेदना   ३ बात पैदा करना

और क्या लिखूँ। सेहत बदस्तूर, मसरूफ़ियात[१] रोज अफ़ज़ूँ[२] बारिश रोज़ाना। "कहकशाँ" का जुलाई नम्बर खूब था।

वस्सलाम,

धनपतराय

२०७

नार्मल स्कूल गोरखपुर
३ अक्टूबर १९२०

जनाब मुकर्रमे मन,

तसलीम। किताबों का पार्सल पहुँचा। "प्रेम बत्तीसी" देखी। बाग-बाग हो गया। मुझे यह मजमूआ निहायत पसन्द आया। किताबत जरा और जली होती तो बेहतर होता। लेकिन तब कीमत और ज़्यादा रखनी पड़ती। फ़िल जुमला किताब खूब छपी है और मैं इसके लिए आपका तहेदिल से ममनून हूँ। देखें पब्लिक इसकी क्या क़द्र करती है। पहला हिस्सा भी शायद इस माह में तैयार हो जाय। मैंने दफ्तर "ज़माना" को लिख दिया है कि आपके यहाँ पाँच सौ जिल्दें भेज दें। आप भी उनके यहाँ इतनी ही जिल्दें या इससे दस पाँच कम भेज दीजियेगा। मुफ़स्सल खत बाद को लिखूँगा।

अहक़र

धनपतराय

२०८

गोरखपुर
२० अक्टूबर १९२०

बरादरम,

तसलीम। आपकी तूलानी खामोशी ने ग़ज़ब किया। "कहक़शाँ" भी अब तक नहीं आया। क्या मुआमला है? क्या कतई राय हुई? आपने आइन्दा के लिए कौन सबील निकाली। मुफ़स्सल खत चाहता हूँ। "प्रेम बत्तीसी" की बिक्री की क्या क़ैफ़ियत है? कुछ निकल रही है? कानपुर वाले अभी देर कर रहे हैं। नाक में दम हो गया है। अब भूल कर भी अपनी ज़िम्मेदारी पर कोई किताब न छपवाऊँगा। "प्रेम पचीसी" के दूसरे एडीशन का मसला दरपेश है। आपका

१-२ दिनों दिन बढ़ती हुई व्यस्तताएँ

"हिर्माँ-नसीब" मुझे कुछ पसन्द न आया। मोहमल-सी किताब मालूम होती है। हाँ शेख हसन के इब्तदाई हिस्से दिलचस्प हैं। हालाँकि आख़िरी हिस्सा उम्मीद के ख़िलाफ़ है। ईश्वर ने चाहा तो चन्द माह में मेरा अपना नाबिल "नाकाम" तैयार हो जायगा। "सैरे दरवेश" की निस्बत आपने क्या फ़ैसला किया? "बत्तीसी" रिव्यू के लिए कहीं भेजी या नहीं? क्या मुमकिन है कि पंजाब टेक्स्ट बुक कमेटीवाले उसे कुतुब में ले लें। लेकिन नहीं, पब्लिक की क़द्रदानी ही पर छोड़िये।

बारिश बन्द हो गयी। क़हत नाज़िल हो गया। मुल्क पर सख़्त मुसीबत है। देखें परमात्मा कैसे नाव पार लगाते हैं।

और क्या लिखूँ। हाँ, मैंने कलकत्ता में प्रेस लेने का इरादा तर्क कर दिया। दूर-दराज़ का मामला था। अब इसी सूबे में इरादा है। कानपुर में एक प्रेस बिक रहा है। "लाइट प्रेस" नाम है। इसके मुताल्लिक ख़तोकिताबत कर रहा हूँ। तय हो जाय तो नौकरी से मुस्ताफ़ी[1] हो जाऊँगा। अब यह तौक़ नहीं सहा जाता। ग़ालिबन नवम्बर में आप मुझे बिला तरद्दुद रुपये दे सकेंगे।

ज़्यादा वस्सलाम,

अहक़र
धनपतराय

२०६

नार्मल स्कूल गोरखपुर
२६ अक्टूबर १६२०

भाईजान,

तसलीम। कार्ड मिला। मशकूर हूँ। ईश्वर मरीज़ को जल्द शिफ़ा[2] और आपको तीमारदारी की मुसीबत से नजात दे। बहुत खुश हूँ कि "बाजारे हुस्न" की किताबत क़रीब ख़त्म है। बेशक शांता के ख़त का एक हिस्सा नक़ल करने से रह गया। आपने खूब गिरिफ़्त[3] की। उसे पूरा किये देता हूँ—

"मैं बड़ी मुसीबत में हूँ। मुझ पर रहम कीजिये। यहाँ की हालत क्या लिखूँ। पिता जी गंगा में डूब गये। आप लोगों पर मुकदमा चलाने की सलाह हो रही है। मेरी दोबारा शादी होनी करार पाई है। जल्द खबर दीजिये। एक हफ्ते तक आप की राह देखूँगी। उसके बाद इस बेकस यतीम की फ़रियाद आपके कानों तक न पहुँचेगी।"

---

१ इस्तीफ़ा दे दूँगा २ नीरोगता ३ पकड़

"प्रेम बत्तीसी" अगर इस अर्से में एक सौ निकल गयी तो आग़ाज़[१] बुरा न समझना चाहिये। "ज़माना" प्रेस अभी तक वादों ही पर टाल रहा है। तंग आ गया। किसी तरह अब की नजात हो, फिर उसके जंजाल में न फँसूँगा। मेरे प्रेस की शराकत का मसला बिल्कुल अभी तक तय नहीं हुआ। उर्दू, हिन्दी, अंग्रेजी, बंगला सभी कुछ छापने का इरादा है। मेरा छोटा भाई मैनेजरी के काम में होशयार है। इस वजह से शायद मुझे ज्यादा दर्दे सर न हो। और फिर किस कारोबार में परेशानियाँ नहीं है, कशमकश तो जमानए हाल की एक लाज़िमी क़ैफ़ियत है। इससे छुटकारा कहाँ।

आपके मुफ़स्सल खत का इन्तजार कर रहा हूँ। मुझे लाहौर से आप सरमाई[२] चीज़ें कुछ भेज सकते हैं। यहाँ अलवान और शाल वग़ैरह नायाब हैं। मेवे खुश्क भी बाबा के मोल; किशमिश डेढ़ रुपये सेर। बादाम....सेर। लाहौर से यह चीज़ें शायद कुछ अर्ज़ां हों। एक अलवान उम्दा आपके खयाल में कितने का मिल जायगा। यहाँ तो शायद....से कम पर न मिले। अगर तकलीफ़ न हो तो ज़रा रेट दर्याफ्त करके मुझे फ़रमाइयेगा और दूकान का पता भी ताकि मैं खुद मँगवा लूँ। आपको तकलीफ़ नहीं देना चाहता।

"प्रेम पचीसी" आप ही के गले पड़ेगी। हाँ, अगर मेरा प्रेस चल निकला तो मुमकिन है इसी में छप जाय। मगर जहाँ तक मेरा ख़याल है मेरे भाई साहब लिथो का काम पसंद न करेंगे। टाइप के काम में सहूलियत होती है। कातिबों की अनक़ासिफ़ती[३] ने लिथो का काम बहुत दिक़्क़ततलब बना दिया है।

और क्या अर्ज़ करूँ। क़हत पड़ गया। गेहूँ का निर्ख पाँच सेर है। घी छ छटाँक, शक्कर तो नायाब है। रुपये की सेर भर भी नहीं। चौदह छटाँक है। कोई क्या खाये और कैसे जिन्दा रहे।

ख़त का जवाब जल्द दीजिए। उमीद है आप मअ़ल-खैर[४] होंगे। नानको-आपरेशन ने तो लाहौर का कचूमर निकाल दिया। देखिये यह ऊँट किस करवट बैठता है।

वस्सलाम,

धनपतराय

---

१ आरंभ २ जाड़े की ३ दुर्लभता ४ कुशल पूर्वक

२२०

गोरखपुर
१० नवम्बर १९२०

बन्दानवाज़,

तसलीम।

इनायतनामा मिला। मशकूर हूँ। "कहकशाँ" भी नम्बर अव्वल से बेहतर है। मुबारकबाद। दीगर रसाइल पर नोट लिखने की फ़िक्र ज़रूर कीजिये। इससे रसाला मक़बूलतर होगा।

एक क़िस्सा "बैंक का दीवाला" जाता है। लम्बा हो गया है। देखिये पसंद आये तो रख लीजिये। दो नम्बरों में निकल जायगा। क़िस्सा रूखा है, जज़्बात नहीं आने पाये।

नाविल के मुताल्लिक़ तसवीरों की राय फ़िस्क हो गयी। हिन्दी का पाब्लिशर इसे जल्द निकालना चाहता है। दूसरे एडीशन में तस्वीरें दी जायँगी। इसलिए फ़िलहाल उनका ज़िक्र फ़िज़ूल। रहा मुआवज़ा, वह क़िस्सा पढ़ लेने पर आप खुद तय कर लेंगे। हिन्दीवालों ने मुझे चार सौ रुपये दिये हैं। उर्दू से इतनी उम्मीद नहीं। मगर इक्कीस सतरी सफ़े के बारह आने के हिसाब से क़बूल कर लेने में मुझे ताम्मुल न होगा। यह मेरा पहला ज़खीम नाविल है। मुझे इसकी इशाअत की फ़िक्र है। दूसरा नाविल भी शुरू कर चुका हूँ। और क्या अर्ज़ करूँ। सैयद मुमताज अली क़िब्ला की खिदमत में आदाब क़ुबूल हो। जवाब से याद कीजिएगा।

वस्सलाम,

धनपतराय

२२१

नार्मल स्कूल गोरखपुर
२५ नवम्बर १९२०

भाईजान

तसलीम।

कार्ड मिला। मशकूर हूँ। आपकी परेशानियों और नीज़ नासाज़िए तबीयत से तरद्दद है। ईश्वर आपको इन झमेलों से फ़ुर्सत दे।

''बाज़ारे हुस्न'' का मुआवज़ा दो सौ पचास तय हुए थे। ''प्रेम पचीसी'' के लिए यक सद। कुल साढ़े तीन सौ रुपये होते हैं। बज़रिया रजिस्ट्री भिजवा दें। किफ़ायत होगी।

मेरे ख़त के दीगर उमूर[१] का जवाब आपने कुछ न दिया। आपके दूसरे ख़त का इन्तज़ार कर रहा हूँ। तब तक हिस्सा अव्वल ''प्रेम बत्तीसी'' का टाइटल वग़ैरा भी तैयार हो जायगा।

और क्या अर्ज करूँ।

नियाज़मन्द
धनपतराय

११२

नार्मल स्कूल गोरखपुर
१० जनवरी २१

जनाब मुशफ़िको व मकर्रमे बन्दा,

तसलीम।

अर्से से हालाते मिज़ाज से मुत्तला नहीं हुआ। तरद्दद है। बराहे करम हालात से मुत्तला फ़रमाइये। मैंने दफ्तर ज़माना को ताकीद की थी कि आपकी ख़िदमत में 'प्रेम बत्तीसी' की छः सौ जिल्दें रवाना कर दें। लकड़ी के संदूक में किताबें बंद करा के स्टेशन भेजी गयीं, लेकिन मालगाड़ी बंद थी। इस वजह से फ़िलहाल सौ जिल्दें बज़रिये रेलवे ख़िदमते वाला में भेजी गयीं। ज्योंही गाड़ी खुलेगी बकिया पाँच सौ जिल्दें भेज दी जायँगी। आप भी एक सौ जिल्दें हिस्सा दोम को बज़रिया पार्सल रवाना फ़रमावें। कानपुर के पते से। और अगर लाहौर से मालगाड़ी मिल सके तो पूरी चार सौ जिल्दें भेज दें। ताकि ख़र्चा ज़्यादा न पड़े। जैसा मुनासिब मालूम हो वह कीजिये। पाँच सौ जिल्दें ग़ालिबन इसी माह में आप के पास पहुँच जायेंगी।

प्रेम पचीसी के मुताल्लिक़ आपने कुछ तहरीर न फ़रमाया। उम्मीद है कि आप खुश व खुर्रम होंगे।

अहक़र
धनपतराय

---

१ बातों

२२३

नार्मल स्कूल, गोरखपुर
२६ जनवरी १६२१

भाईजान,

तसलीम। बाद इन्तज़ारे[1] शदीदाँ-मदीद[2] इनायतनामे के दर्शन हुए। मश्कूर हूँ। किताबें आपने ग़ालिबन कानपुर भेज दी होंगी। मालगाड़ी मिलने पर वहाँ से आपकी खिदमत में पाँच सौ जिल्दें और पहुँचेंगी। आप भी उनके पहुँचने पर तीन सौ जिल्दें और भेज दीजिएगा। सरे वरक़ का मुझे सख्त अफ़सोस है, यह मोहतमिम[3] साहब प्रेस की इनायत का नतीजा है। मुमकिन हो तो आप सरे वरक़ दूसरा लगवा लें, कीमत मुझसे वज़ा कर लें।

"सैरे दरवेश" और "प्रेम पचीसी" की एक जिल्द भी मेरे पास नहीं। ज़ियादा तसहीह[4] की ज़रूरत नहीं। किताबत या प्रूफ़ के साथ-साथ तसहीह भी होती जायगी। बस कातिब ने पैराग्राफ़ अलग नहीं किये हैं। अक्सर दो पैराग्राफ़ मिला दिये हैं। इसके सिवा मुझे तो ज़ियादा अग़लात मालूम नहीं होते। आप किताबत शुरू करवा दें और दोनों "बाज़ारे हुस्न" ही के साइज़ पर छपवायें। मुझे भी एक ही साइज़ की किताबें पसन्द हैं। आप इन दोनों किताबों का कापीराइट चाहते हैं या महज़ दूसरे एडीशन का हक़े इशाअत है?

मैंने इधर दो-तीन क़िस्से लिखे हैं एक, "सुबहे उम्मीद" में है, 'बाद अज़ मर्ग," दूसरा "ज़माना" में है, "नौक झोंक"। एक और "ज़माना" में रखा हुआ है। 'मसर्रते हयात'। एक चौथा मेरे पास है, "दस्ते ग़ैब" पाँचवाँ ज़ेरे तहरीर है जिसमें नान कोआपरेशन का रंग नज़र आयेगा। इनके मुताल्लिक़ मैं आपकी नुक्ताचीनी का शौक़ से इन्तजार करूँगा। आपको मेरी तहरीरें जब नज़र आयें, जरूर इज़हारे ख्याल कर दिया करें। इससे मुझे दिली तसकीन होती है। इन क़िस्सों के अलावा एक नाविल "नाकाम" साफ़ कर रहा हूँ, जो तसनीफ़ से कम जाँसौज़ काम नहीं है। यह खत्म हो जाये तो ड्रामे में हाथ लगाऊँ। इसका प्लाट तैयार है, चार ही ऐक्ट में खत्म हो जायगा मगर सीन पद्रह-सोलह से कम न हो सकेंगे। कामयाब हो सकूँगा या नहीं, ईश्वर ही जाने। "नाकाम" ज्यों ही तैयार हुआ, आपके मुलाहिज़े के लिए भेजूँगा। मैं अपनी किताबों की तौसीए इशाअत के एतबार से पंजाब के किसी रिसाला में लिखना चाहता हूँ।

१-२ लंबी और कठिन प्रतीक्षा ३ मैनेजर ४ जीवन-चरित्र

लेकिन "कहकशाँ" के बाद अब मुझे कोई ऐसा रिसाला नज़र नहीं आता। अब आपका शग़ल क्या रहता है ?

मेरे एक दोस्त आपकी किताब "भारत सपूत" का हिन्दी तर्जुमा कराना चाहते हैं। उनका इरादा उसे पाँच हज़ार छापने का है। अगर आप पसन्द फ़रमायें तो इस किताब की एक जिल्द मेरे पास भेज दें। जो नुस्ख़ा आपने नज़् किया था वह कोई साहब उड़ा ले गये। यों हिन्दी में गाँधी जी की कई सवानेउम्रियाँ[१] मौजूद हैं लेकिन आपकी तसनीफ़ में और ही लुत्फ़ है। इसी वजह से मेरे दोस्त मौसूफ़ उसे हिन्दी जामा पहनाने के शायक़ हैं। और क्या लिखूँ ? क्या मेरी और आपकी मुलाक़ात कभी न हो सकेगी ? दुनिया में मेरे सिर्फ़ गिने-गिनाये दोस्त हैं। आप भी इस निहायत महदूद तादाद के रुकने-ख़ास[२] हैं। मगर अफ़सोस कि अभी तक सूरत-आशनाई भी नहीं। और न हो तो अपना फ़ोटो ही भेज दीजिए। हाँ, "हम ख़ुरमा-ओ-हम "सवाब" व "किश्ना" वग़ैरह मेरी इब्तदाई तसानीफ़ है। पहली किताब तो लखनऊ के नवल प्रेस ने शाया की थी दूसरी किताब बनारस के मेडिकल हाल प्रेस ने। यह ग़ालिबन उन्नीस सौ की तसानीफ़ है। मेरे पास इनमें से एक जिल्द भी नहीं, और न शायद पब्लिशरों के यहाँ ही निकल सकें और न उनके देखने की ज़रूरत ही है। नौमश्क़ी के सारे उयूब उनमें मौजूद हैं। मौलाना मुमताज़ अली साहब क़िब्ला की ख़िदमत में दस्तबस्ता आदाब फ़रमा दीजिएगा।

आपका

धनपतराय

२२४

८ फरवरी, १९२१

भाईजान,

तसलीम। तसवीर मिली। बहुत ममनून हूँ। इसने मुलाक़ात की आरज़ू दह-चन्द कर दी। आपकी मेरे ज़ेहन में जो तसवीर थी वह कुछ और ही थी। मैं अगर 'मुसव्विर होता तो 'शेर' और 'अदब' की ग़ालिबन यही तसवीर बनाता।

महात्मा भी गाँधी मिले[३]। (आज यहाँ उनकी आमद है।)

आपने शायद अभी तक "प्रेम बत्तीसी" हिस्सा दोम की जिल्दें कानपुर नहीं

१ विशिष्ट सदस्य २ दोस्त ३ यानी 'महात्मा गांधी' नामी किताब मिली

इरसाल फ़रमाईं। वहाँ की फ़र्माइशें रुकी हुई हैं। बराहे करम अब ताख़ीर न फ़र्माइये। अगर मालगाड़ी से न भेज सकें तो फ़िलहाल १०० जिल्दें ही रवाना फ़र्मायें।

इससे पहले के ख़त के जवाब का मुन्तज़िर हूँ।

वस्सलाम,

धनपतराय

२२५

ज्ञान मंडल, बनारस
१८ अप्रैल, १९२१

मकर्रमे बन्दा,

तसलीम।

अर्साए दराज़ से आपकी ख़ैरियत से मुत्तला नहीं हूँ। उम्मीद है बख़ैरो आफ़ियत होंगे।

मैं इधर एक माह से अपने घर आ गया हूँ। मुलाज़मत से मुसताफ़ी हो गया हूँ। कुछ लिटरेरी काम करता हूँ और कुछ इशाअती। आपका शुग़ल आज कल क्या है?

"प्रेम पचीसी" की इशाअत के मुताल्लिक क्या फ़ैसला किया? "बाज़ारे हुस्न" की क्या हालत है?

"प्रेम बत्तीसी" की जिल्दें आपके यहाँ कितनी पहुँच गयीं और उनकी बिक्री कैसी हो रही है।

बराहे करम इन उमूर से सरफ़राज़ फ़र्माइये।

"तहज़ीबे निसवां" और "फूल" अभी तक गोरखपुर जाते हैं। वहाँ भेजने की मुमानियत कर दें और जब तक मैं अपना कोई मुस्तक़िल[१] पता न लिखूँ ऊपर के पते से ही भिजवाने की इनायत करें। और तो कोई हाल ताज़ा नहीं। हालाते मिज़ाज से जल्द मुत्तला फ़र्मावें। सख़्त तशवीश[२] है।

आपका
धनपतराय

---

१ स्थायी २ चिन्ता

२२६

मारवाड़ी स्कूल, नयागंज, कानपुर
२६ जून १९२१

जनाबे मोहतरम ओ मकर्रमे बन्दा,

तसलीम। मिज़ाजे अक़दस[१]? कई माह से मुझे आप साहिबों के खैरियते मिजाज की खबर न मिली। यक गूना तरद्दुद है। भाई इमतियाज अली साहब के पास कई खत लिखे मगर मालूम नहीं क्यों उन्होंने गैर-मामूली सुकूत[२] से काम लिया। मुझे मुतलक़ खबर नहीं कि "बाजारे हुस्न" की इशाअत का काम कितना हुआ है और इसमें कितनी देर है। "प्रेम बत्तीसी" की जिल्दें यहाँ आप की ख़िदमत में भेजी जाने के लिए रखी हुई हैं। लेकिन आपके किसी रिसाले में उसका इश्तिहार तक नज़र नहीं आता। कुछ राज़ समझ में नहीं आता। बराहे करम मुफ़स्सल हालात से सरफ़राज़ फ़रमावें। ऐन एहसान होगा। "तहज़ीबे निसवां" मेरे पास मुन्दर्जा बाला[३] पते से इरसाल फ़रमावें। मैंने तर्के मवालात करके सरकारी मुलाज़िमत से इस्तीफ़ा दे दिया और अब इस क़ौमी पाठशाला की हेडमास्टरी पर आ गया हूँ। हज़रते "ताज" और कई किताबें शाया करने वाले थे। इशाअत का दायरा वसीह करना चाहते थे। मगर यह तूफ़ानी खामोशी कुछ और ही कहती है। उम्मीद है जवाबे ख़त से महरूम न रखा जावेगा।

नियाज़मंद
धनपतराय प्रेमचंद

मैनेजर,
दारुल अशायत पंजाब,
लाहौर।

२२७

मारवाड़ी हाई स्कूल, कानपुर
३ अगस्त १९२१

बरादरम,

तसलीम।

मज़मून भेजा था। रसीद नहीं आई। क्या मज़मून पसन्द नहीं आया। मुत्तला फ़रमावें।

---

१ पाकीजा २ खामोशी ३ उपरोक्त

कल रेल से "प्रेम बत्तीसी" रवाना होगी। ख्वाह माल से ख्वाह पार्सल से। तवक्कुफ़ न होगा। माल का इन्तज़ार न करूँगा। किताबें बक्स में पड़े-पड़े सड़ रही हैं। इश्तिहार जारी फ़र्मावें।

"तहज़ीब" और "फूल" अब नहीं आते। क्या बनारस जाते हैं? पता तबदील करा दें तो एहसान होगा। और अगर बन्द कर दिया हो तो कोई ज़रूरत नहीं।

नियाज़मन्द
धनपतराय

१२८

मारवाड़ी हाई स्कूल, कानपुर
२७ अगस्त १९२१

बरादरम,

तसलीम। ख़त कई दिन हुए आया। मेरा क़िस्सा पसन्द न आया। मुझे खुद भी यही ख़ौफ़ था। इसकी तनक़ीद आपने मुनासिब की है। बेशक क़िस्सा दब गया है। आइन्दा एहतियात रखूँगा। "ज़माना" के जुलाई नम्बर में "लाल फीता" एक क़िस्सा है। इसके मुताल्लिक़ भी अपनी राय तहरीर फ़रमाइयेगा। क्या अबकी बार भी क़िस्सा दब गया, या मैं कुछ कामयाब हुआ। कम से कम मैंने कामयाब होने की कोशिश जरूर की थी। आपकी राय का बेताबी से मुन्तज़िर रहूँगा। "मखज़न" क्यों नहीं आया? आपके ख़त के लिए मैं चश्म बराह हूँ।

आप इस क़िस्से को "मखज़न" में शाया नहीं कर सकते तो इतनी तकलीफ़ कीजिए कि इसे "बन्देमातरम" आफ़िस में भेज दीजिए। वहाँ निकल जायगा। "मखज़न" के लिए मैं जल्द लिखूँगा। क़िस्सा होगा या कुछ और अर्ज़ नहीं कर सकता।

ज़ियादा वस्सलाम

नियाज़मंद
धनपतराय

२२६

मारवाड़ी हाई स्कूल, कानपुर
१६ दिसम्बर, १६२१

मुशिफ़क़े मन,

तसलीम।

अब तो आपके खतों के लिए महीनों तरस जाता हूँ। मैं समझता हूँ मैं ही अदीमुल फुर्सत हूँ। पर आप मुझसे ज़्यादा मसरूफ़ेकार[1] नज़र आते हैं। या यह बेएतनाई तो नहीं है।

''बाज़ारे हुस्न'' की बाक़ी किताबत अभी ख़त्म हुई या नहीं। किताब के शाया होने का कब तक इन्तज़ार करूँ।

''प्रेम बत्तीसी'' की बिक्री कैसी हो रही है। आपने किसी अख़बार में ग़ालिबन इश्तिहार नहीं दिया। आपने उर्दू लिटरेचर की ख़िदमत का बीड़ा उठाया है तो ज़्यादा ज़िन्दादिलाना जोश के साथ काम करना चाहिये। इस वायज़ाना[2] मशविरे के लिए मुआफ़ फ़र्माइयेगा।

उम्मीद है कि आप बख़ैरो आफ़ियत ख़ुश व ख़ुर्रम होंगे।

नियाज़मंद
धनपतराय

२२०

महावीर विद्यालय, कानपुर
२६ दिसम्बर १६२१

बरादरम,

तसलीम। नवाज़िशनामा मिला। बहुत इतमीनान हुआ। दफ्तरे ''ज़माना'' में ''प्रेम बत्तीसी'' हिस्सा दोम की क़ीमत में तरमीम करने के लिये कह दिया। ''मख़ज़न'' के लिये मज़मून लिखा हुआ तैयार है। स्कूल ही में लिखा था। तातील के बाइस वहाँ जाना नहीं होता। मदरसा खुलते ही मज़मून भेजूंगा। मगर क़िस्सा बहुत मुख़्तसर है। आजकल लाहौरी रिसालों में लिखते हुए तबीयत हिचकिचाती है। मैं वह ज़बान नहीं लिख सकता जिसका आजकल अक्सर रिसालों में नमूना नज़र आता है और जिसका पेशरौ अगर कोई एक शख़्स है

१ व्यस्त २ उपदेशकों-जैसे

तो आगरे का 'नक़्क़ाद' है। इस रंग का उन्सुर[१] है सीधी-सी बात को तशबीहात[२] और इस्तआरात[३] में बयान करना। मैं इस रंग की तक़लीद[४] से क़ासिर हूँ। ताजवर साहिब भी इसी रंग के मुक़ल्लिद[५] थे और मुआफ़ कीजियेगा हज़रते बेदिल भी इसके दिलदादा नज़र आते हैं।

ऐसे रंगीननवीसों को मेरी रूखी-फीकी तहरीर क्या पसन्द आयेगी। यह महज़ आपका इसरार है जिसने मुझे 'मख़ज़न' के लिये क़लम उठाने पर मजबूर किया। अलावा वरीं मैं भी तर्के मवालाती[६] हूँ। मेरे दिलो-दिमाग़ में भी आजकल वही मसाइल गूंजा करते हैं। क़िस्सों में भी वही ख़यालात झलकते हैं और अदबी रसाइल में उनकी गुंजाइश नहीं। नवम्बर के 'ज़माना' में 'मूठ' लिखा है। ज़रा उस पर रायज़नी कीजियेगा। मुमकिन है यह आपके मेयार पर उतरे। इसमें सिर्फ़ चन्द घंटों के वाक़यात हैं, दो-तीन पुश्तें नहीं गुज़रने पाईं। और सब ख़ैरियत है। ज़रा जल्द-जल्द याद फ़रमाया कीजिये। आप के ख़तों का बहुत मुन्तज़िर रहता हूँ।

आपका

धनपतराय

२२१

मारवाड़ी विद्यालय, कानपुर।

१६ फरवरी, १९२२

भाईजान,

तसलीम। आपका खत मिला। "मख़ज़न" और "हुमायूँ" में आपके मज़ामीन देखे। सिद्क़[७] दिल से दाद देता हूँ। "ज़ुबेदा" में ज़ोरे क़लम ज़्यादा है और तखैयुल निहायत बलन्द। मगर मेरे ख़याल में हीरोइन की नाज़ुक फ़िलासफ़ी अच्छी तरह वाज़े नहीं हुई। उसके ज़ज़बाती फ़लसफ़े का तो इल्म हो जाता है। लेकिन ज़ेहन में एक उड़ते हुए खाके के सिवा और कोई असर नहीं होता। अन्दाज़े तहरीर में जिद्दत है, तासीर है, उमक़[८] है, गहरे जज़्बात की तौज़ीह[९] है लेकिन शीरीनी[१०] नहीं। कहीं-कहीं ऐसे अलफ़ाज़ सक़ील[११] आ जाते हैं जो नग़मे की रवानी में हारिज[१२] हो जाते हैं। बाज़-बाज़ मक़ामात पर ऐसा मालूम होता है कि आपने किसी जज़्बे की तौज़ीह करने की कोशिश की है मगर अदा

---

१ तत्व २ उपमाओं ३ रूपकों ४ अनुकरण ५ अनुकरण करने वाले ६ असहयोगी ७ सच्चे ८ गहराई ९ व्याख्या १० मिठास ११ गरिष्ठ, भारी १२ बाधक

करने में नाकाम रहे। मसलन कि आसमान को एक वहम बना दें। अंजाम भी बहुत जल्द हुआ। कोई छोटा-मोटा वाक़या आ जाता तो जुबैदा के तर्ज़े अमल से उसके ख़यालात और रौशन हो जाते। बहरहाल इन मामूली बातों से क़ता-नज़र, क़िस्सा महज़ क़िस्सा ही नहीं बल्कि एक नग़माए मानी है। आप "नाबीना जबान" का सा क़िस्सा लिखने की फिर कोशिश कीजिये। यह लाजवाब चीज़ थी। "मखज़न" में जो क़िस्सा है वह मुझे जँचा नहीं। मुझे याद आता है कि मैंने एक जगह कुछ इसी क़िस्म का एक क़िस्सा देखा था। अंजाम ज़रूर ड्रामैटिक है। मैं आपसे यह भी गुज़ारिश कर देनी चहाता हूँ कि इख़्तिराइयत[१] के दाम[२] में न फँसिये। सलासत और रवानी हाथ से न जाये। आजकल लोग एक अजीब तर्ज़े बयान इख़तियार करते जाते हैं जिसमें सादगी और नैचुरलपन को छोड़कर ख्वामख्वाह शौकते-बयान[३] पैदा करने को कोशिश करते हैं।

मेरा हिन्दी नाविल ख़त्म हो गया। अब उर्दू काम जल्द होगा। जब तक "बाज़ारे हुस्न" प्रेस से निकलेगा, शायद नये नाविल का हिस्साए अव्वल आप की ख़िदमत में हाज़िर हो जाये।

"नूरजहाँ" का तर्जुमा मैं खुद तो नहीं कर सकता क्योंकि मुझे फ़ुर्सत नहीं है। खुद भी एक ड्रामा लिखने की कोशिश कर रहा हूँ। लेकिन मेरे चन्द अह्-बाब बँगला ज़बान के माहिर हैं। उनकी मदद से यह काम हो सकता है। ओरिजनल से तर्जुमा करने में ज़्यादा आसानी होगी। और क्या अर्ज़ करूँ।

नियाज़मन्द

धनपतराय

२२२

गणेशगंज, लखनऊ

१५ मार्च १९३२

मुहिब्बी,

तसलीम। "अनारकली" उर्दू का पहला ड्रामा है जिसे मैंने अव्वल से आख़िर तक एक ही साँस में पढ़ा। यह तो मैं नहीं कहता कि मैंने उर्दू के सब ड्रामे पढ़ डाले हैं। मगर जितने पढ़े हैं उनमें मुझे जितनी कशिश "अनारकली" में हुई वह और किसी ड्रामे में नहीं हुई। मैं तो इसे अंग्रेजी के बेहतरीन ड्रामों के मुक़ाबिल रखने को तैयार हूँ। "दौरे जदीद" उसके एक-एक लफ़्ज में मनकूश है पारसी तर्ज़ की जंजीरों से आपने ड्रामे को यकलख़्त आज़ाद कर दिया। कहीं कहीं तो आपने नज़ाकतेफ़हमी का कमाल दिखाया है। "अनारकली" मुझे बहुत

---

१ नयी बात पैदा करने २ जाल ३ आडंबर पूर्ण लेखन शैली

अर्से तक याद रहेगी। अकबर का कैरेक्टर मुझे बेहतरीन मालूम हुआ। बस अगर शिकायत है तो यही कि आपने जहाँगीर के हाथों दिलाराम का क़त्ल करा के मेरे दिल को सख़्त सदमा पहुँचाया, हत्ताकि इस ड्रामावाले जहाँगीर से मुझे नफ़रत हो गई। कोई सच्चा आशिक़ इतना बेरहम हो सकता है, इसे दिल नहीं तसलीम करता। मुआफ़ कीजिएगा।

वस्सलाम,

मुख़लिस
प्रेमचंद

२२३

दफ़्तर हंस, बनारस
६ अगस्त, १९३५

मेहरबाने बन्दा,

तसलीम। ममनून हूँ। 'शाहकार' का अब तक मुन्तज़िर हूँ। मैंने तो समझा था आपने वह इरादा तर्क कर दिया। मैं ग़ालिबन पन्द्रह अगस्त तक अपना अफ़साना ख़िदमते आली में ज़रूर-बिल-ज़रूर हाज़िर करूँगा। मैं तो मुन्तज़िर था और शायद एक बार दर्याफ़्त भी किया था कि रिसाला इजरा हुआ या नहीं। 'हंस' अब आल-इंडिया लिटरेरी रिसाला होने जा रहा है जिसमें गुजराती, मराठी, तामिल, तेलगू, कनाड़ी, बँगला—सभी ज़बानों के अदीब अपने मज़ामीन भेजेंगे। चूँकि इसमें एक हिस्सा उर्दू के लिए लॉज़िमी तौर पर मखसूस है और निहायत मुमताज़ हिस्सा, इसलिए मैं चंद मुन्तख़ब और मुस्तनद उर्दू रिसाइल से 'हंस' का तबादला करना चाहता हूँ। आप 'शाहकार' से 'हंस' का तबादला मंज़ूर फ़रमायें और अगस्त का पर्चा भेज दें। मैं भी अगस्त का पर्चा रवाना कर दूँगा। इसके साथ ही वह पैम्फ़लेट रवाना करता हूँ जो आलइंडिया अदबी तहरीक की जानिब से अंग्रेज़ी में शाया हुआ है। और इसके साथ यह ख़त भी और आपसे यह इस्तदआ करूँगा कि आप इस आल-इंडिया तहरीक में शिरकत फ़रमायें और इसमें अमली हिस्सा लें। तहरीक के अग़राज़[१] और मक़ासिद[२] इस पैम्फ़लेट से जनाब पर वाज़े[३] हो जायँगे। इसके साथ अलहदा एक ख़त इरसाल है जिसकी नक़्ल उर्दू के अदीबों की ख़िदमत में दावत के तौर पर इरसाल की गयी है। मुझे उम्मीद है कि जनाब इस क़ौमी, अदबी ख़िदमत में न जाती तौर पर बल्कि अपने असर से भी इमदाद फ़रमायेंगे।

अहक़र
प्रेमचंद

१ लक्ष्य २ उद्देश्य ३ स्पष्ट

मैनेजर 'ज़माना'

१२४

नार्मल स्कूल, गोरखपुर
१७ अक्तूबर १९१७

जनाब मैनेजर साहब,

तसलीम ।

प्रूफ़ वापस है। इकहत्तर के आख़िर में और बहात्तर सुफ़हात में कुछ सतरें बिल्कुल उड़ गयी थीं। चूंकि अस्ल मेरे पास नहीं है, इसलिए इन सतरों को दुरुस्त नहीं कर सका। अस्ल से देखकर बनवाने की तकलीफ़ कीजिएगा।

चूँकि आपने तादादे कुतुब के बारे में फिर मुझी से पूछा है इसलिए पाँच सौ जिल्दें छपेंगी। ज्यादा की गुंजाइश नहीं।

इसके क़ब्ल आपके खत के जवाब में मैंने हिसाबात के मुताल्लिक़ जो खत लिखा था उसका आपने जवाब नहीं दिया। जो राय तय पाये वह मुझे लिख भेजिए।

बाक़ी सब ख़ैरियत है।

ख़ैर अन्देश,
धनपतराय

१२५

नार्मल स्कूल, गोरखपुर
१ नवम्बर १९१७

मुकर्रमी,

तसलीम ।

आपने मेरे हिसाबात के मुताल्लिक़ जो खत लिखा था उसका मैंने दूसरे ही रोज़ जवाब दे दिया था लेकिन बदक़िस्मती से वो ख़त आपके यहाँ पहुँचा ही नहीं और मेरे यहाँ भी आपके ख़त का पता नहीं। बहरहाल प्रेम पच्चीसी पाँच सौ छपेगी। इसका निस्फ़ खर्च मेरे ज़िम्मे है। जैल की रुकूम को मिनहा करके मुझे

मुत्तिला फ़र्माइए कि मेरे ज़िम्मे और कितना निकलता है। प्रेम पच्चीसी चौवालीस जिल्दें बाद कमीशन बाइस रुपया बाबत मज़ामीन वग़ैरह अड़तिस रुपया मीज़ान कुल साठ रुपया।

आपके दफ़्तर से मुझे अट्ठाइस रुपये की किताबें आयी हैं। वह इस हिसाब में शामिल नहीं हैं। बहरहाल हिसाब लिखते वक़्त बराहे करम मदों की तफ़सील भी दे दीजिएगा।

नियाज़मन्द

धनपतराय

जवाब आते ही रुपये रवाना होंगे।

२२६

गोरखपुर

१९ नवम्बर १९१७

मुकर्रमे बन्दा जनाब मैनेजर साहब ज़माना,

तसलीम। नवाज़िशनामा सादिर हुआ। हिसाबात से मालूम हुआ कि मुझे अपने निस्फ़ की शराकत के लिए फ़िलहाल रुपया भेजने की ज़रूरत नहीं है। छपाई का रूपया किताब छप जाने के बाद वाजिबुल अदा होगा और जो कुछ मेरे ज़िम्मे निकलेगा अदा कर दूँगा।

वस्सलाम,

नियाज़मन्द

धनपतराय

२२७

नार्मल स्कूल, गोरखपुर

११ फ़रवरी १९१८

जनाब मुकर्रमे बन्दा मैनेजर साहब जमाना,

तसलीम। आपने अपने नवाज़िशनामे मुवर्रिख़ा २७ जनवरी में मेरे ज़िम्मे ज़माना के दफ्तर की दस रुपये तीन आने की किताबें नामज़द कर दी हैं। आपको ख्याल होगा आपने मेरे नाम कुल सत्रह रुपये की किताबें भेजी थीं। मैंने आपको सोलह रुपये की मालियत की किताबें वापस कर दी हैं। इस तरह गोया मैं दफ़्तर का सिर्फ़ एक रुपये का और मक़रूज़ हूँ। अगर्चे उन में दफ़्तर

की कई किताबें नहीं हैं लेकिन उनके एवज़ मैंने अल नाज़िर प्रेस की किताबें रख दी हैं जो आपकी एजेन्सी से फ़रोख्त हो रही हैं। बराहे करम इसे नोट फ़र्मा लें।

नियाज़मन्द

धनपतराय

२२८

नार्मल स्कूल गोरखपुर

३ जनवरी १९१८

जनाब मुकर्रमे बन्दा मैनेजर ज़माना,

तसलीम। प्रेम पच्चीसी हिस्सए दोम की तैयारी में अभी कितनी कसर बाक़ी है। कुछ गज़ीद काम हुआ या प्रूफ़ तक ही मुआमला रुका हुआ है। मैंने आपके दफ़्तर से अर्सा हुआ सतरह रुपये की किताबें मंगवायी थीं लेकिन यहाँ उनकी फ़रोख्त का माकूल इन्तज़ाम न होने के बाइस उन्हें फिर रवानए खिदमत करता हूँ। महसूल पार्सल अदा कर दिया है ताकि आपको तावान न हो। इनमें कुछ किताबें 'अल नाज़िर' की भी हैं। उनके लेने में ग़ालिबन् आपको एतराज़ न होगा।

जवाब से सरफ़राज़ फ़र्मायें।

नियाजमन्द

धनपत राय

२२९

नार्मल स्कूल, गोरखपुर

५ अप्रैल १९१८

जनाब मुकर्रमे बन्दा मैनेजर साहब ज़माना,

तसलीम।

प्रेम पच्चीसी हिस्सा दोम को देखकर बेहद मसर्रत हुई। काग़ज़ ज़रूर हल्का है लेकिन किसी तरह प्रेस से किताब निकल तो गयी। इस ज़माने में यही हज़ार ग़नीमत है। इसलिए मैं कारखाने का ममनून हूँ। अब मुझे यह बतलाइए कि कुल कितना सर्फ़ा हुआ। दफ़्तर ज़माना पर मेरे मतालिबात हस्बे ज़ैल हैं....पचहत्तर रुपये हस्बे तहरीर आपके और प्रेम पच्चीसी की पचास और सत्ताइस जिल्दें जिनकी क़ीमत बाद कमीशन साढ़े अड़तिस रुपये होती है। एक रुपया खर्च निकालकर साढ़े सैंतीस हुए। इस रक़म को पचहत्तर रुपये दस आने में शामिल कर लीजिए।

एक सौ तेरह रुपये दो आने होते हैं। अब आप अपना मतालबा बतलाइए ताकि मुझे मालूम हो कि मुझे कितना देना या पाना है। अब प्रेम बत्तीसी हिस्सा अव्वल की किताबत शुरू कराने का इरादा है। इसमें ज़ैल के क़सस होंगे....

१ शोलाए हुस्न, २ तिरिया चरित्तर, ३ निगाहे नाज़, ४ पंचायत, ५ बाँगे सहर, ६ सरे पुरगुरूर, ७ धोका, ८ बाज़याफ़्त, ९ राजपूत की बेटी, १० ईमान का फ़ैसला, ११ कुर्बानी, १२ नेकी का बदला, १३ सौत, १४ जुगनू की चमक, १५ दुर्गा का मन्दिर, और १६ फ़तेह।

मुझे मालूम हो जाय तो किताबत के लिए तजवीज़ करूँ।

आपका
धनपतराय

१३०

गोरखपुर
१४ सितम्बर १९२०

जनाब मैनेजर साहब ज़माना,

तसलीम।

आपका ९ सितम्बर का खत मिला। प्रेम बत्तीसी पंद्रह रोज़ में तैयार हो जायेगी, यह खुशखबरी ख़ास फ़रहत का बाइस हुई। मैंने लाहौरवालों को हिदायत कर दी है कि वो हिस्सा दोम बत्तीसी की पाँच सौ जिल्दें दफ़्तर ज़माना को भेज दें। आपके यहाँ हिस्सा अव्वल तैयार हो जाये तो आप भी पाँच सौ जिल्दें कहकशां के दफ़्तर को रवाना फ़र्मा दीजियेगा। प्रेम पच्चीसी का फ़ैसला बत्तीसी के निकलने पर होगा। दोनों हिस्से पच्चीसी के साथ ही निकलेंगे। हिस्सा दोम की चंद जिल्दें हों तो उन्हें सस्ते दामों में निकालने की कोशिश फ़र्माइए। क्या हर्ज है अगर बजाय बारह आने के ज़माना में एक जदीद सफ़े पर इसकी क़ीमत आठ आने कर दी जाय। शायद इससे कुछ जिल्दें ज़्यादा फ़रोख़्त हो जायें।

वस्सलाम,

धनपतराय

१३१

नार्मल स्कूल, गोरखपुर
३० दिसम्बर १९२०

जनाब ख्वाजा साहब बन्दा नवाज़,

तसलीम।

इनायतनामा मिला। अगर मालगाड़ी के खुलने में बहुत ज़्यादा यानी एक

हफ़्ते से ज़ाइद की देर हो तो आप बराहे करम सौ जिल्दें रेलवे पार्सल से लाहौर भेज दें। वहाँ से बार-बार तक़ाज़े आ रहे हैं और मुझे महजूब होना पड़ता है। मैं वहाँ भी सौ जिल्दें कानपुर भेजने के लिए ताकीद कर रहा हूँ। बक़िया जिल्दें मालगाड़ी से रवाना फ़र्माइएगा। उम्मीद है कि आप हत्तुल इमकान उजलत फ़र्मायेंगे।

दूसरी गुज़ारिश है कि मुझे हिसाब आमदनी और ख़र्च का मुफ़स्सल लिख भेजें। ऐन नवाज़िश होगी।

ज़्यादा वस्सलाम,

नियाज़मन्द

धनपतराय

२३२

गोरखपूर

१० जनवरी १९२१

जनाब मुकर्रम,

तसलीम।

शुक्रिया। लाहौरवालों को आज ताकीदी ख़त लिख दिया है। हफ़्ते अशरे में किताब पहुँच जायेगी। मेरे पास हिसाब के साथ पाँच जिल्दें ज़रूर रवाना फ़र्माइएगा। मेरे मज़ामीन का दफ़्तर के ज़िम्मे कुल बीस रुपया आता है।

वस्सलाम।

मालगाड़ी का इन्तज़ार कीजिएगा ताकि फिर रेलवे पार्सल न भेजना पड़े।

नियाज़मन्द

धनपतराय

२३३

ज्ञानमण्डल, बनारस

२४ जून १९२२

जनाब मुशिफ़क़े बन्दा ख़्वाजा साहब,

तसलीम।

प्रेम बत्तीसी का हिसाब देखा। समझ में न आया। लाहौरवाले कहते हैं कि प्रेम बत्तीसी हिस्सा दोम की पाँच सौ जिल्दें दफ़्तर ज़माना में आ चुकी हैं, आप फ़र्माते हैं सिर्फ़ एक सौ सैंतालिस जिल्दें आयी हैं। इस क़दर तफ़ावुत क्यों? या तो लाहौर की ग़लती या आपसे सह्व हुआ है। हिस्साए अव्वल एक हज़ार तबा

हुई। पाँच सौ कहकशां को दी गयी, ग्यारह मेरे नाम दर्ज है, दो दाख़िले अदालत है, बाक़ी दफ़्तरे ज़माना में चार सौ सत्तासी रह गयीं। क्या तबा के वक़्त से यकुम मई तक तिरपन जिल्दें फ़रोख्त हो गयीं ? मुझे बीस रुपये जो मार्च में मिले थे वह कुतुब के मुताल्लिक़ न थे, मज़ामीन के मुताल्लिक़ थे। अब बराहे करम इतनी तकलीफ़ और कीजिए कि ३१ दिसम्बर १९२१ से ३१ मई १९२२ तक का हिसाब और तहरीर फ़र्माइए। बग़ायत मशकूर होऊँगा। उम्मीद है कि आप बख़ैर ओ आफ़ियत होंगे।

ख़ैर अन्देश,

धनपतराय

२३४

आशा भवन, कबीरचौरा, बनारस

१० अप्रैल १९२३

मुशिफ़क़े बन्दा जनाब ख़्वाजा साहब,

तसलीम।

इसके क़ब्ल एक अरीज़ा बाबू दयानरायन साहब की मार्फ़त आपकी ख़िदमत में इरसाल कर चुका हूँ। जवाब से महरूम हूँ। मेरी किताबों का हिसाब एक मुद्दत से नहीं हुआ। बराहे करम मार्च १९२३ तक के अकाउण्ट मुरत्तब करने को तकलीफ़ गवारा फ़र्मायें। जरा हिसाब तफ़सील के साथ हो जिसमें मुझे समझने में दिक़्क़त न हो। मैं ख़ुद हाज़िर होनेवाला था मगर चंद दर चंद परीशानियों के बाइस अभी तक न आ सका। उम्मीद है कि जवाब से जल्द मुम्ताज़ फ़र्माएँगे।

ख़ैरअन्देश,

धनपतराय

२३५

सरस्वती प्रेस, मध्यमेश्वर, काशी

२९ जुलाई १९२३

मुकर्रमे बन्दा जनाब ख़्वाजा साहब,

तसलीम ओ नियाज़।

बराहे करम बवापसी एक जिल्द सैरे दरवेश भेजकर ममनून फ़र्माइए। उसकी सख़्त ज़रूरत है।

उम्मीद है कि आप ख़ूब खुश होंगे। देखूँ कब तक आपसे मुलाक़ात होती है।

ख़ैरअन्देश

धनपतराय

महताब राय

२३६

गंगा पुस्तकमाला, लखनऊ
२४ अप्रैल

बरादर अज़ीज़मन सल्लमहू,

बाद दुआ। कल तुम्हारा खत मिला। हालात मालूम हुए। चाची साहिबा को लाये, अच्छा किया। यहाँ भी अब सब खैरियत है। बन्नू भी अब अच्छे हैं।

प्रेस के मुताल्लिक़ तुमने जो तजवीज की, वह मुझे बहुत पसन्द है। मैं भी यही चाहता हूँ कि प्रेस एक आदमी का हो जाये। मैंने तुमसे जो कहा था कि प्रेस बन्द कर दो उसके मानी भी यही थे कि मैं साझे के रूपये को सूदी रूपया क़र्ज समझकर कुछ अभी दे देता और कुछ बाद को और प्रेस का काम जारी रखता। बेचने का इरादा तो उस हालत में था जब मैं भी आज़माइश कर लूँ, उसके पहले नहीं। लेकिन अब चूँकि तमने खुद उसको अपना कर लेने का इरादा किया है, बहुत अच्छी बात है। मैं बड़ी खुशी से तुम्हें इसकी सलाह देता हूँ। मगर प्रेस से नफ़ा उठाने के लिए तुम्हें बनारस रहना पड़ेगा। जब तक दो फ़ारम रोज़ न छापोगे, काम अच्छा न निकलेगा। और लोगों से मिलते-मिलाते न रहोगे, नफ़ा फिर न होगा। घर रहकर तुमको भी खसारा होगा या नफ़ा होगा तो इतना ही कि अपना गुज़र कर लो। अगर दो फ़ारम रोज़ छपे तो कोई वजह नहीं कि माक़ूल नफ़ा क्यों न हो और कोई वजह नहीं कि चार हजार काग़ज़ भी रोज़ाना न छपे। इसे मैं इन्तज़ाम की खराबी कहता हूँ। कम्पोज़ीटरों से भी ठेके पर काम लेने का इन्तज़ाम करो। वही कम्पोज़ करें, वही डिस्ट्रीब्यूट करें और वही पहला करेक्शन भी करें। यहाँ तो नवलकिशोर प्रेस में यही इन्तज़ाम है। इण्डियन प्रेस में भी यही इन्तज़ाम है। खैर। अब यह देखो कि तुम्हें अगस्त तक कितने रुपये का इन्तज़ाम करना पड़ेगा।

भाई साहब को असल दो हजार दो सौ पचास रुपया, सूद दो सौ सत्तर रुपया कुल दो हजार पाँच सौ बीस रुपया। रघुपति सहाय को असल दो हजार रुपया, सूद डेढ़ साल का एक सौ अस्सी रुपया कुल दो हजार एक सौ अस्सी रुपया। कुल मीज़ान चार हजार सात सौ रुपया।

क्या तुमने चार हज़ार सात सौ रुपये का इन्तज़ाम कर लिया है, साफ़-साफ़ बतलाने की ज़रूरत है। मैं साल भर तक रुपये का इन्तज़ार कर सकता हूँ गोया पारसाल जुलाई में मुझे चार हज़ार पाँच सौ रुपया और छः सौ पच्चहत्तर रुपया (तीन साल का सूद) यानी पाँच हज़ार एक सौ पच्चहत्तर रुपये देने पड़ेंगे। यानी तुम्हें चार हज़ार सात सौ और पाँच हजार एक सौ पच्चहत्तर यानि नौ हज़ार आठ सौ पच्च-हत्तर रुपये का इन्तज़ाम करने की ज़रूरत है। मेरा शुमार अभी न करो तब भी चार हज़ार सात सौ रुपये का इन्तज़ाम तो करना ही पड़ेगा। अगस्त तक तुम इसका इन्तज़ाम कर सकते हो तो करो और अगर किसी ने तुम्हें मदद देने का योंही वादा कर लिया है तो उसके धोखे में न आओ।

मैं इसके लिए भी तैयार हूँ कि तुम भइया के रूपये मय सूद के वापस कर दो। इस तरह प्रेस में हम और तुम रह जायँगे। रघुपति सहाय का रुपया दस्ता-वेज़ी कर लिया जाये और उन्हें बारह रुपये सैकड़ा सूद हम लोग देते रहें। लेकिन उस हालत में हममें से कोई:भी तनख्वाह न लेगा। काम हम भी करेंगे, काम तुम भी करोगे। हम अगर खुद काम न करेंगे तो अपनी तरफ़ से एक आदमी रख देंगे जो प्रूफ़ देखेगा और दफ़्तर का काम, मुलाज़िमों की हाज़िरी वग़ैरह, हिसाब-किताब ठीक रखेगा। अगर यह सूरत पसन्द न हो तो तुम सब को अलहदा करके प्रेस अपना कर लो। लेकिन जब तक रुपये मिलने की पूरी उम्मीद न हो वादों पर न टालो क्योंकि अब की अगस्त में कुछ-न-कुछ इन्तज़ाम ज़रूर करना पड़ेगा। मेरे ख़त का जवाब खूब ग़ौर करके देना।

तुमने कमरा बनवाने की तजवीज़ भाई साहब से की थी। तजवीज़ अच्छी है बशर्ते कि रुपया हाथ में हो। जब तक आमदनी का माकूल इन्तज़ाम नहीं हो जाय खर्च पैदा करने से सिवाय परेशानी के और क्या हाथ आयेगा।

और सब खैरियत है। इधर तो सिनहा साहब से मुलाकात नहीं हुई। बच्चों को और चाची साहिबा को सलाम।

धनपतराय

२३७

गंगा पुस्तकमाला, लखनऊ

बरादरम,

बाद दुआ।

तुम्हारा ख़त मिला, जवाब में देर इस वजह से हुई कि मैं सोच रहा था क्या जवाब दूँ। एक हजार रुपया तो मैं तुम्हें इसी महीने में दे दूँगा; लेकिन मुझे ख़ौफ़

है कि दवाओं की दूकान चल न सकेगी। बनारस में दवाओं की दूकानें बहुत हैं। फिर तुम्हें सुबह से आठ बजे रात तक दूकान पर रहना पड़ेगा। अगर ऐसा मकान लो जिसमें दवाखाना और रहने का मकान भी हो तो सड़क पर ऐसे मकान का किराया चालीस-पचास रुपये से कम न होगा, यह सोच लो। ऐसा न हो कि रुपया भी हाथ से जाय और फिर उसी नौकरी का सहारा लेना पड़े। मेरे खयाल में तुम्हारे लिए बेहतरीन सूरत यह है कि भाई बलदेवलाल के रुपये दे दो, हम और तुम आधे-आधे के हिस्सेदार हो जायें, एक प्रूफरीडर तनख्वाहदार रख लिया जाये, हम दोनों दिल लगाकर काम करें, अच्छे से अच्छा काम निकाला जाये, मैं अपनी ज़िम्मेदारी पर काम तलाश करने की कोशिश करूँ, बनारस ही में रहूँ और कारोबार को चलाऊँ। अपनी किताबें जो अब लिखूँ, अपने यहाँ छपवाऊँ और किताबों की दूकान कर लूँ। इसमें शायद दो फ़ारम रोज़ का औसत पड़ जाय। कम-से-कम मैं कोशिश ऐसी ही करूँगा लेकिन चूँकि तुम्हें यह इन्त-ज़ाम पसन्द नहीं है इसलिए मैं मई में तुम्हें एक हजार रूपया दे दूँगा और बाक़ी एक हजार रूपया अगस्त में। अगस्त में मैं बनारस आ जाऊँगा और वहीं रहूँगा।

और तो कोई ताज़ा हाल नहीं है।

तुम्हारा
धनपतराय

२३८

लक्ष्मी भवन, गोरखपुर
२ जून

बरादर अज़ीज़ सल्लमहू,

दुआ। मैं यहाँ पहुँचा तो बाबू रघुपतिसहाय बम्बई से नहीं आये थे। एक दिन के बाद आये और आये भी तो बीमार। डाक्टर की दवा हो रही है। आज उनकी तबीयत अच्छी है। इसलिए अभी रूपये के मुताल्लिक़ कोई कार्रवाई नहीं हो सकी। मुझे शायद यहाँ दो-तीन दिन यहाँ और ठहरना पड़े। इस असना में अगर वहाँ बाबू दयानारायन का कोई ख़त आये और उनकी वालिदा साहिबा बनारस आ रही हों तो तुम ज़रा तक्लीफ़ करके उन लोगों को बुलानाले के धर्मशाला में ठहरा देना और हिन्दी पुस्तक एजेन्सी के माधोप्रसाद से ताकीदन कह देना कि उन लोगों की आसाइश का ज़रा खयाल रक्खें। यह काम ज़रूर करना वर्ना बाद को दयानरायन शिकायत करेंगे।

यहाँ महाबीरप्रसाद पोद्दार ने भी एक प्रेस, जिसका नाम गीता प्रेस है,

खोला है। मैंने उनसे अपने प्रेस के लिए भी काम देने को कहा है। मुमकिन है कुछ काम मिलता रहे। मैं यहाँ से लौटकर सीधे इलाहाबाद जाऊँगा और हिन्दी के टाइप लाने की फ़िक्र करूँगा। मगर तुम्हें यह मालूम रहे कि यह सब कोशिश तुम्हारे ही भरोसे पर की जा रही है। इस वक़्त तुम्हें ज़ाती नुक़सान का ख़याल तर्क कर देना पड़ेगा। रोज़गार में पहले नफ़ा तो होता ही नहीं, महज़ आइन्दा नफ़े के ख़याल से काम किया जाता है। तुम इस प्रेस को बिलकुल अपना समझ कर चलाओ और जब तक तुम्हें इतना न मिलने लगे कि तुम्हारा खर्च आसानी से चलने लगे, तब तक मुझे या भाई बलदेवलाल को कुछ देने की ज़रूरत नहीं और न हम तुमसे इसका तक़ाज़ा करेंगे। ईश्वर बड़ा कारसाज़ है। अगर काम बढ़ गया तो आइन्दा के लिए लड़कों को भी रोज़गार की एक सूरत निकल आयेगी। मैं पब्लिशिंग भी करने का मुसम्मम इरादा रखता हूँ। एक हज़ार से इस काम को शुरू करूँगा। इसमें जो नफ़ा होगा उसके एक चौथाई के हक़दार तुम होगे। प्रेस में एक चौथाई तुम्हारा है ही। क्या इन दोनों सूरतों से साल या दो साल में पचास रुपया माहवार भी न मिलेगा। तुम्हारी काम करने की तनख्वाह या गुज़ारा जो चाहे समझो साठ रूपया कैपिटल से उस वक़्त तक निकलेगा जब तक इतनी गुंजाइश प्रेस से न होने लगे। मुझे यक़ीन है कि तुम्हें इसमें कोई एतराज़ न होगा। इस वक़्त बज़ाहिर चालीस रूपया माहवार का नुक़्सान ज़रूर है लेकिन कौन कह सकता है कि तीन-चार साल में हमको प्रेस से दो सौ रूपआ माहवार और पब्लिशिंग से भी दो सौ रूपया माहवार न मिलने लगेगा। इसलिए जहाँ तुम्हें खुदमुख्तारी हो जायगी वहाँ आइन्दा के लिए भी फ़ायदे की सूरत हो जायगी। तुम्हें इसलिए ज़ोर देता हूँ कि ग़ैर आदमी दूसरे के काम अपना नहीं समझ सकता वर्ना यों पचास रूपये में मामूली किराये का टट्टू आसानी से दस्तयाब हो सकता है। तुम पहली जुलाई से, अगर उस वक़्त तक टाइप आ जायें, इस्तीफ़ा देने का इरादा मज़बूत कर लो। औरतों के कहने में न आना। अब तो जिस क़दर जल्द काम शुरू कर दिया जाये उतना ही अच्छा है। मुमकिन हो तो गौरीशंकर जी को भी लिखना कि दुकान में उनके कुफ्ल पड़े रहने के क्या माने हैं? क्या वह उसका किराया देंगे? ऊपर के कमरों में भी उन्हीं के लोग रहते हैं। यह तहक़ीक़ कर लेना चाहिए कि वह लोग गौरीशंकर की मर्ज़ी से रहते हैं या खुद-ब-खुद। अगर गौरीशंकर की मर्ज़ी न हो तो उन लोगों से मकान खाली करने को कहना होगा। ऐसा न हो कि हम तो समझें, हम गौरीशंकर पर एहसान कर रहे हैं और वह कहें मैंने कब कहा था कि आप इन आदमियों को रहने दीजिये। साहित्य विद्यालय वालों से भी कहना होगा कि वह लोग

हम लोगों की मर्ज़ी के बग़ैर वहाँ क्यों आते हैं। उन लोगों में इतनी इन्सानियत तो जरूर होनी चाहिए थी कि जिसके घर में जाकर बैठते और पढ़ते हैं एक मर्तबा उससे पूछ तो लें।

और क्या लिखूँ। शायद मैं यहीं से कानपुर चला जाऊँ और आने में देर हो इसलिए तुम्हें यह सब बातें लिख दी हैं। बच्चों का खयाल रखना। तुम्हारे सिवा वहाँ और कौन है। एक बार रोज़ प्रेस में जाकर देख आया करना। हैंडप्रेस और रैक तय कर लेना। अब ज्ञान मण्डल से डरने की ज़रूरत नहीं। और कोई ताज़ा हाल नहीं। यहाँ गर्मी बहुत कम है। मालूम होता है, देहरादून है।

दुआ।

तुम्हारा—
धनपतराय

२३६

१ अक्टूबर

बरादरम,

बाद दुआ। कल एक कार्ड लिख चुका हूँ। आज फिर प्रेस के मुताल्लिक़ तुमसे कुछ मशविरा करना चाहता हूँ। दसहरे में आ जाओ तो सब बातें मुफ़स्सल तय हो जायें। यहाँ मेरे दोस्तों की और नीज़ घरवालों की राय कलकत्ते में प्रेस करने की नहीं होती और मैं भी इसमें कोई ज़्यादा फ़ायदा नहीं देखता। पोद्दार जी ही के बयान के मुताबिक़ उसका सालाना नफ़ा सोलह सौ के क़रीब है। इस हिसाब से हम लोगों को आधे हिस्से पर आठ सौ सालाना मिलेंगे। पाँच हज़ार का सूद सालाना साढ़े चार सौ होगा। गोया कुल सालाना फ़ायदा बारह सौ के क़रीब होगा। कुछ कम या ज़्यादा होना भी मुमकिन है। क्या अगर हम लोग अपना ज़ाती प्रेस पाँच हज़ार के सरमाये से बनारस में खोलें तो सौ रुपया माहवार या बारह सौ सालाना नफ़ा न होगा? मेरा ख़याल है कि ज़रूर होगा। इससे कम किसी तरह नहीं हो सकता। यहाँ इससे छोटे-छोटे प्रेस, जो दो-ढाई हज़ार से खुले हुए हैं, सौ रुपया माहवार कमा रहे हैं। मैं यह चाहता हूँ कि तुम किसी नये प्रेस की तलाश में रहो जिसमें टाइप, ट्रेडिल मशीन वग़ैरह सब सामान मुकम्मल मौजूद हो। अगर सेकेण्डहैण्ड न मिल सके तो कलकत्ते के किसी फ़र्म से नये सामान का आर्डर करो। बस कोशिश यह होनी चाहिये कि बजट पाँच हज़ार से ज़्यादा न होने पाये। मेरे पास इस वक़्त तीन हज़ार मौजूद है। अप्रैल, मई तक एक हज़ार और हो जायगा क्योंकि रघुपति सहाय से और

लाहौर के पब्लिशरों से रुपया वसूल हो जायगा। इधर मैं भी कानपुर, इलाहाबाद वग़ैरह में तलाश करता रहूँगा। बनारस में भी सुराग़ लगाता हूँ। यहाँ अभी हाल ही में दो आदमी बनारस से सामान लाये हैं और खूब अर्ज़ां। फ़ैज़ाबाद का ताल्लुक़ेदार प्रेस बिक रहा है। तीन हज़ार में सब सामान मिलता है। मुंशी गुलहज़ारीलाल से दरियाफ्त किया है। देखूँ क्या जवाब आता है। अब इस इरादे को मुस्तक़िल समझो। तुम्हारे कलकत्ता रहने से मुझे ऐसा मालूम होता है कि मैं बिलकुल अकेला हूँ। मुझे हमेशा एक मददगार की जरूरत मालूम होती है। मेरी सेहत कुछ अच्छी होती मालूम होती थी लेकिन अब फिर ज्यों की त्यों हो रही है। जल-चिकित्सा से भी कोई फ़ायदा ज़्यादा नहीं हुआ। ऐसी हालत में मेरी दिली आरज़ू यह है कि बनारस में तुम्हारे मुस्तक़िल रहने का इन्तज़ाम हो जाये ताकि तुम हर हालत में घर को सम्हाल सको। कलकत्ते में रहकर तुम घर को हरगिज़ नहीं सम्हाल सकते। खुदा न ख्वास्ता मैं न रहा तो तुम्हें कितनी मुश्किल पड़ेगी। तुम रहोगे कलकत्ता, मेरे बाल-बच्चे रहेंगे बनारस, कुछ भी न हो सकेगा। इसलिये मेरी तुमसे दरख्वास्त है कि बनारस आने की फ़िक्र करो। अब तुम्हें पाँच हजार रुपये मिल सकते हैं। उसकी फ़िक्र नहीं। मार्च-अप्रैल तक अगर प्रेस का इन्तज़ाम हो जाय तो मई-जून में हम लोग मकान वग़ैरह लेकर बनारस में जम जायँ। ऐसा मकान लिया जाय कि उसमें प्रेस भी रहे और तुम भी रहो। मेरे बच्चे कभी बनारस रहें; कभी मेरे साथ। छुट्टियों में मैं भी बनारस आया करूँ और कुछ तुम्हारी मदद किया करूँ। साल-छः महीने में जब काम चल निकले तो मकान बनवाना शुरू कर दिया जाय। तुम एक सायकिल ले लो और अपनी निगरानी में मकान बनवाओ। इस तरह आइन्दा का इन्तज़ाम पूरा हो जायगा और मुझे इत्मीनान हो जायगा कि मैं कच्ची गृहस्थी छोड़कर नहीं मरा। कलकत्ते में काम करने से यह बातें एक भी पूरी न होंगी और मैं इस फ़िक्र से नजात न पाऊँगा। कानपुर में दयानरायन और रामभरोसे मुझे शरीक करना चाहते हैं और बीस हजार से प्रेस खोलना चाहते हैं लेकिन अब मैं बनारस के सिवाय और अपने लिये कहीं सुभीता नहीं पाता। बनारस में चाहे नफ़ा कुछ कम ही हो, लेकिन मुझे यह इत्मीनान रहेगा कि मेरे बाद खानदान भूखों नहीं मरेगा और इज़्ज़त के साथ निबाह होता जायगा। यह भी मुमकिन है कि मैं बनारस तबादला करा लूँ। तब तो चैन ही हो जायगा। हम-दोनों साथ रहेंगे और एक-दूसरे की मदद करते रहेंगे। जो कुछ अपने पास रुपया जमा होगा वह कारोबार बढ़ाने में खर्च करेंगे। और मुमकिन होगा तो दस-पाँच बीघा ज़मीन ले लेंगे ताकि एक हल की खेती का भी आसानी से इन्तज़ाम हो जाये। खाने

को गल्ला घर पर हो जाये, दीगर मसारिफ़ के लिए प्रेस से आमदनी हो जाये। कोशिश यह करेंगे कि प्रेस नदेसर या चेतगंज के आसपास खुले। शुरू में कुछ दौड़-धूप करनी पड़ेगी जो कलकत्ते में न करनी पड़ती लेकिन आइन्दा की बेहतरी के खयाल से इसे बर्दाश्त करना पड़ेगा। तुम पोद्दार जी से इन बातों को साफ़-साफ़ समझा देना और उनसे रुपये लेकर कहीं अमानत रख देना। अगर कहीं प्रेस का सौदा पट जाये तो यह रुपये बयाने का काम देंगे। दसहरे में आओ, ज़रूर आओ, इस बारे में और भी सलाह हो जायगी लेकिन अब अपनी सेहत की हालत देखते हुए मैं तुम्हारा कलकत्ते रहना पसन्द नहीं कर सकता। और तो कोई हाल ताज़ा नहीं है। नाना साहब के यहाँ चार अक्टूबर को ब्रह्मभोज है। अगर तुम आ जाते तो उसमें शरीक होते वर्ना मुझे जाना पड़ेगा और बहुत तकलीफ़ उठानी पड़ेगी। तुम बनारस रहोगे तो कुछ मेरे लिटरेरी काम में भी मदद करोगे। हम लोग अपनी किताबें भी खुद ही छाप लिया करेंगे। जब तक इसका इन्तज़ाम न हो जाय तुम नौकरी करो, चाहे पोद्दार जी के प्रेस में, चाहे किसी दूसरे प्रेस में। लेकिन अप्रैल में तुम्हें हमेशा के लिए कलकत्ता छोड़ना पड़ेगा, अगर गृहस्थी और खानदान की तुम्हें फ़िक्र है। बस यही मेरा आखिरी फ़ैसला है। अब इसमें किसी क़िस्म का रद्दोबदल मैं न करूँगा। तुम खुद इसका फ़ैसला कर सकते हो कि प्रेस के लिए नया सामान खरीदना बेहतर होगा या सेकेण्डहैण्ड। क्या-क्या सामान दरकार होंगे इस बारे में मुझे फ़िलहाल कोई तजुर्बा नहीं है।

और क्या लिखूँ, यहाँ सब ख़ैरियत है। क़हत का सामान हो गया। दुआ। भाई बलदेवलाल से मैंने पाँच सौ माँगे थे लेकिन मेरा खत पहुँचने के पहले ही वह एक हज़ार की फ़िक्र कर चुके थे। कोई शक नहीं कि वह निहायत नेकनियत और साफ़ दिल आदमी हैं।

तुम्हारा
धनपतराय

२४०

गंगा पुस्तक माला, लखनऊ
१० अगस्त १९२५

बरादरम सल्लमहू,

बाद दुआ। तुमने मेरे खत का अभी तक जवाब न दिया। मैंने यहाँ से चलने की इन्तज़ारी में धोबी को कपड़े देना बन्द कर दिये, आटा बाज़ार से मँग-

वाता हूँ कि ज़्यादा पिस जायगा तो क्या होगा। धुन्नू का नाम नहीं लिखाया और तुम मेरे ख़तों का जवाब ही नहीं देते। आख़िर तुमने क्या फ़ैसला किया? किस तरह काम चलाना चाहते हो। मैंने कई सूरतें लिखीं, तुमने एक भो न पसन्द की। आख़िरी सूरत मैंने यह लिखी कि ठेके का इन्तज़ाम करो, या तुम ठेका लो या मैं। रूपया सैंकड़ा माहवार सूद, चार रुपया सैकड़ा सालाना घिसाई। इस शर्त पर अगर ठेका लेकर काम करना चाहो, तो करो वर्ना कोई दूसरी सूरत बतलाओ जिससे किसी का नुक़सान न हो। मैं इसी शर्त पर ठेके पर काम करने को तैयार हूँ। अगर तुम ठेका लोगे तो मैं लखनऊ से अपना सिलसिला न तोड़ूँगा। तुम न ठेका लोगे तो ख़ुद आकर काम करूँगा। जवाब में देर न करो। अभी गुज़िश्ता साल का हिसाब देना है। वह सब तुमने तैयार किया या नहीं। वापसी डाक ख़त लिखो। लेना मंजूर हो तो साफ़-साफ़ लिख दो, न ले सकते हो तो साफ़-साफ़ लिख दो। इस तरह दो साल गोलमाल करते हो गया। कब तक नुक़सान उठाया जाय। जब तुम नफ़ा नहीं हासिल कर सकते तो ख़ामख़ाह हम लोगों को क्यों ज़ेरबार करते हो। हाँ, ठेके का हिसाब माहवार करना पड़ेगा।

मैं कई दिन से चारपाई पर हूँ। पैर में फोड़ा निकल आया है। कल नश्तर दिलाया है। उठ-बैठ नहीं सकता हूँ, लेटे-लेटे ख़त लिखता हूँ।

उम्मीद है कि अब जल्द जवाब दोगे जिसमें पहली सितम्बर से बनारस का इन्तज़ाम हो जाये वर्ना मजबूरन मुझे प्रेस बन्द करना पड़ेगा। ज़्यादा दुआ। उम्मीद है कि तुम लोग अच्छी तरह होगे।

तुम्हारा
धनपतराय

२४२

बरादरम,

प्रेस का हाल यह है कि सितम्बर से जनवरी तक तो बेकारी रही। वही एक किताब नन्दकिशोर की और एक किताब चौधरी की चली। मज़दूरी पास से देनी पड़ी। क़रीबन तीन सौ रुपया मज़दूरी में सर्फ़ हो गये। जनवरी में कुछ टाइप लिये तब से मामूली तौर पर काम चल रहा है। चाँद, इलाहाबाद ने कुछ काम दिया और कुछ और देनेवाला है। लाहौर से काम मँगवाया था। मगर उसकी बदमुआमलगी की वजह से आज वापस किये देता हूँ। मुझे मालूम हुआ है कि लाहौरवाले मज़दूरी देने में बहुत तंग करते हैं।

अब लहरियासराय से काम मिलने की उम्मीद है। मेरी दो किताबें भार्गव

के मतबे में चल रही हैं। टाइप के लिए चार सौ रुपये मैंने सर्फ़ किये, एक सौ साठ रुपया भाई साहब, तीन सौ नन्दकिशोर से लिये, चार सौ भार्गव साहब से। भार्गव के रुपयों में अब दो सौ और बाक़ी हैं। नन्दकिशोर का जितना लेना-देना था, ग़ालिबन बेबाक हो गया है सिर्फ़ तीन सौ रुपया जो नक़द के थे वही बाक़ी हैं। वसूल भार्गव से हुए, चालीस रुपया मानिक से और शायद एक सौ पचास और रुपये वसूल हुए होंगे। और किसी से वसूल न हुआ। तुम्हें मैंने जनवरी से बारह सैकड़ा सूद दो हज़ार रुपया पर पन्द्रह रुपया माहवार देने का फ़ैसला किया है। अगर काम खातिरख्वाह चल गया तो सूद एक रुपया सैकड़ा हो जायगा मगर अभी तक तो आमदनी खर्च बराबर ही है। तुम्हारे चालीस रुपये हुए मार्च के आख़ीर तक। उसमें दस रुपया भेजता हूँ और जब-जब मिलता जायगा देता जाऊँगा। अगर मन्दिर में हाथ लगा दिया होता तो वह दस रुपया भी तुम्हारे सूद के मद में जाते। खैर, अब तो उसे किसी तरह पूरा करना है। आज सहदेव से पचास फुट चूने के लिए कहूँगा।

मैं तुम्हारी तरफ से बिलकुल बेफ़िक्र नहीं था। लेकिन क्या करूँ पुराने मकान का किराया भी बीस रुपये माहवार दे रहा हूँ। माता प्रसाद के क़र्ज़े में अब उनके हिसाब से नौ रुपया और तुम्हारे हिसाब से तीन रुपया और बाक़ी रह गये हैं। हरिहर नाथ को भी इस माह में कुछ देना है। रघुपति सहाय की बहिन की शादी मई में है। दो सौ रुपया माँग रहे हैं। आज 'चाँद' को लिखियेगा कि हमारी छपाई में से दो सौ रुपया उन्हें दे दें।

तुम्हारा
धनपतराय

२४२

सरस्वती प्रेस
बनारस सिटी

बरादरम,

तुमने मुझे पहले भी रुपये के लिये लिखा था और अपनी तिहीदस्ती का उज़्र किया था। तुम्हें मालूम है कि मैंने प्रेस के लिए एक हज़ार तीन सौ रुपये के टाइप लगवाये थे। वह रुपये अभी तक पूरे अदा नहीं हो सके। बमुश्किल प्रेस का ख़र्च निकाल कर टाइप के रुपये अदा कर रहा हूँ और जो तुमने नंदकिशोर के छः सौ रुपये क़र्ज़ पर लिये थे वो सब अदा कर रहा हूँ। बाबू हरिहरनाथ का सूद अदा कर रहा हूँ। पुराने मकान का किराया बीस रुपया माहवार अदा कर रहा हूँ फिर भी इस कोशिश

में हूँ कि मुमकिन हो तो तुम्हारी मदद करूँ। गुलूखलासी हो जाने पर तुम्हें एक सौ अस्सी रुपये जहाँ से हो सके दूँ। और दूँगा। तुमने प्रेस में इतना झंझट छोड़ रखा है कि उससे फुरसत ही नहीं मिलती। खैर, पीर खुद माँदे दरगाह कहाँ से लगे। मेरी हालत खुद ही अबत्तर है। तुम्हें खुदा खुश रखे। तेज बहादुर तो मौजूद हैं। मैं किसकी जान को दुआ करूँ। प्रेस में इतना नफ़ा कहाँ कि पाँच महीने में एक हज़ार तीन सौ रुपये टाइप का, एक सौ रुपये पुराने मकान का, छःसौ रुपये नंदकिशोर का, पचास रुपये तुम्हारी माता जी का, पचास रुपये शिव नंदन प्रसाद और माता प्रसाद का क़र्ज़ा अदा करके अपना गुज़र भी कर लूँ और तुम्हारी फ़िकर भी रखूं। नियत ज़रूर यह है कि काम सबका चलता रहे। मगर सब काम नियत से ही तो नहीं हो जाते। इसका तुम यक़ीन रखो कि मैं साल आखिर तक तुम्हें सूद हसबे वायदा जिस तरह मुमकिन होगा दूँगा। और तो मेरी हालत इस क़ाबिल नहीं कि तुम्हारी और कुछ मदद कर सकूं। मैं खुद ही अपने अख़राजात से ज़ेर-बार हूँ और मालूम नहीं होता कैसे ज़िंदगी पार लगेगी। शायद फिर नौकरी करनी पड़ेगी या क्या होगा। इस वक़्त तो मैं भी तंगहाल हूँ। और क्या लिखूं।

तुम्हारा
धनपतराय

२४३

गोरखपुर
७ अक्टूबर १९२०

बरादर अज़ीज़मन सल्लमहू।

बाद दुआ।

तुम्हारा खत मिला। पढ़कर कुछ खुशी भी हुई कुछ रंज भी हुआ। खुशी इसलिए हुई कि तुम्हारे दिल में बरादराना मुहब्बत के ऐसे ऊँचे भाव मौजूद हैं, रंज इसलिए कि तुमने मेरी बातों का मंशा ग़लत समझा। मैंने पोद्दार जी को जो खत लिखा है उसमें मेरा मंशा सिर्फ यही है कि मैं श्रीपतराय के नाम से साझा चाहता हूँ, अपने या तुम्हारे नाम से नहीं। हम और तुम अपनी फ़िक्र कर सकते हैं और बच्चे ही के आइन्दा के खयाल से यह सब इन्तज़ाम करने की फ़िक्र है। इसलिए वही साझेदार भी रहे। चूँकि तुम वहाँ मौजूद हो और तुम्हारी निगरानी में उसकी जायदाद रहेगी इसलिए तुम गोया उसकी जायदाद के ट्रस्टी और गार्जियन हो। इन्हीं वजूह से मैं तुम्हारे ऊपर उसकी परवरिश की ज़िम्मेदारी का बार डालना नहीं चाहता था। मैं इसे बहुत (ज़रूरी समझता हूँ)

हूँ कि तुम्हारे ज़िम्मे उसकी ट्रस्टीशिप रहे। मैं क्या अगर सब रुपया तुम्हीं देते तब भी यही कहता कि साझा श्रीपतराय के नाम से हो क्योंकि मैं जानता हूँ कि तुम उसे अपने या मेरे नाम के मुक़ाबले में ज़्यादा पसन्द करोगे। और यह तो मैं अब भी कहता हूँ कि जिस जायदाद को मैं तुम्हारे लिए लेता उसके लिए भी तुम्हें क़र्ज़ लेने की सलाह न देता और न तुम्हारे ऊपर उसका बार डालता। बलदेव लाल ने कहा था कि मेरे पास सात सौ रुपये हैं, वह मैं तुम लोगों को दे सकता हूँ। चाची साहिबा सिर्फ नाना के भरोसे पर वादा करती थीं लेकिन जब नाना साहब मुझे दो सौ रुपये ज़ायद नहीं दे सके (मैंने सात सौ रुपये माँगे थे मगर उन्होंने पाँच ही सौ दिये) तो मैं कैसे उम्मीद करता कि वह तुम्हें या हमें एक हज़ार दे देंगे। इसीलिए मैंने लिखा था कि महताबराय धोखे में हैं यानी हम लोग दोनों धोखे में हैं। काम वही करना चाहिए जो अपने सम्हाले सम्हल सके। क़र्ज़ लेना मुझे किसी तरह पसन्द नहीं, ख़ासकर ऐसे काम में।

मैंने पहले भी पोद्दार जी को जो लिखा था उसका मंशा बजुज़ इसके और कुछ न था कि चूँकि महताबराय कलकत्ते में एक अजनबी आदमी हैं और दुनिया की मक्कारियों से अभी वाक़िफ़ नहीं है इसलिए मैं तुम्हारी ट्रस्टीशिप को उतना ही जरूरी समझता हूँ जितना पोद्दार या किसी ऐसे ही मोतबर शख़्स की मदद को। जब तुम खुद लिखते हो कि मैं अपना नाम नहीं रखना चाहता था और बार-बार मुझे लिखते थे कि आप शरीक हो जाइये तो जब मैंने तुम्हारे हुक्म की तामील की तो तुम क्यों बदगुमान होते हो। पोद्दार जी हर एक ख़त में लिखते थे कि बाबू महताब राय मेरे साझेदार होंगे। आप पंच बनियेगा। जब मेरे और उनके दरमियान कोई इख़्तलाफ़ हो तो आप फ़ैसला कीजियेगा। मैंने पंच बनने से बचने के लिए लिखा कि महताब राय साझेदार न होंगे बल्कि श्रीपतराय होंगे और मैं पंच नहीं बनूँगा बल्कि प्रोफ़ेसर रामदास गौड़ को पंच बना दूँगा। मैं जानता हूँ कि तुम्हारे दिल में मेरे और मेरे बच्चों की निस्बत ऐसे ऊँचे ख़यालात हैं। मैं हमेशा....तुम्हारी सआदतमंदी की तारीफ़ किया करता हूँ। अगर मैं जानता कि तुम इस बात के लिखने से इतने बदगुमान हो जाओगे तो हरगिज़ न लिखता। अगर तुम्हारा बच्चा होता तो मैं इस साझे को अपने और तुम्हारे बच्चे दोनों ही के नाम से लेता या कोई दूसरी जायदाद लेता तब भी और अगर ईश्वर ने ज़िन्दगी बाक़ी रक्खी तो मैं इसे साबित कर दूँगा। हाँ एक बात ज़रूर है। चूँकि मेरे घर में भी औरत है और तुम्हारे घर में भी औरत है, मैं यह नहीं चाहता कि खुदा न ख्वास्ता अगर मेरी ज़िन्दगी वफ़ा न करे तो औरतों में तानाज़नी हो और एक दूसरे पर रोब या सख़्ती जताये। मैं यह साफ़

कर देना चाहता हूँ कि मैं अपने लड़के के लिए जो कुछ करता हूँ वह सब अपनी क़ूवतेबाज़ू से करता हूँ और उसके चचा पर महज़ उसकी सरपरस्ती और निगरानी का बार डालना चाहता हूँ। महज़ तुम्हें इस बात का मौक़ा देने के लिए कि तुम अपनी सआदतमंदी का इज़हार कर सको, मैं कलकत्ते के कारोबार में शरीक होने पर राज़ी हुआ। हालाँकि मेरा शुरू से इरादा था कि तुम बनारस रहते और यहीं ख़ानदान को अपने साथ रखकर मुझे हर एक फ़िक्र से आज़ाद कर देते। यहाँ फ़ैज़ाबाद में एक ताल्लुक़ेदार प्रेस बिक रहा है। उसकी बाबत मैंने मुंशी गुलहज़ारीलाल को लिखा भी है। खुलासा यह है। मेरा मंशा पोद्दार को इस ख़त लिखने का और कुछ न था कि श्रीपत राय उसका मालिक और महताब राय उसके ट्रस्टी रहें। इसके लिए तुम्हें बदगुमानी की कोई वजह नहीं है। प्रेस का जो नफ़ा होगा (या नुक़सान भी हो सकता है) उसके ख़र्च की मैंने यह सूरत सोची है कि मकान बनवाऊँगा क्योंकि इस तरह हम लोगों के पास काफ़ी रुपया जमा होना मुश्किल है। इसी खयाल से मैंने तुम्हें प्रेस के काम में लगाया और अब भी हमेशा इसी कोशिश में रहूँगा कि तुम्हारा प्रेस किसी तरह बनारस चला आये। एक और बात याद रक्खो। तुम्हारा दिल मैं जानता हूँ, बहुत साफ़ है, लेकिन औरतों का दिल अक्सर तंगखयाल होता है। तुम्हारी बीवी को ग़ालिबन मालूम हो कि तुम रुपया क़र्ज़ ले रहे हो महज़ इसलिए कि श्रीपतराय के नाम से प्रेस ख़रीदो तो वह इसे हरगिज़ पसन्द न करेगी। तुम सआदतमंदी से ख़्वाह उसे डाँटते रहो लेकिन बहुत मुमकिन है कि इससे तुम्हारी आफ़ियत में ख़लल पैदा हो और तुम्हारे घर में एक रार मचे। इन सब बातों का खयाल करके मैंने यही इरादा किया कि रुपया सब मेरा हो जो मैंने अपनी मेहनत से वसूल किया हो। वह तुम्हारी निगरानी में लड़के के नाम से लगा दिया जाय। गोया तुम उसकी जायदाद के ट्रस्टी रहो। और जब तुम भी साहिबे औलाद हो जाओ (ईश्वर करे कि मैं वह मुबारक दिन देखूँ) तो हरेक जायदाद में दोनों भाइयों की औलादें बराबर की हिस्सेदार रहें, दोनों का साथ-साथ नाम चढ़े। इसीलिए तुम्हारे दिल में मेरे उस ख़त से ज़रा भी मलाल हो तो उसे निकाल डालो, क्योंकि तुम मेरे ख़त का मंशा पूरी तरह समझ गये होगे। ईश्वर ने चाहा तो दो-तीन साल में हम लोग इस प्रेस के पूरे मालिक हो जायँगे और उसे बनारस ले जाकर काम करेंगे।

आज नाना साहब का ख़त आया है। तेजनरायन लाल की बीवी का इन्तक़ाल हो गया। २० अक्टूबर को ब्रह्मभोज होगा।

अभी पोद्दार जी का ख़त नहीं आया। ख़त आने पर मैं रुपया भेजूँगा।

तुम्हारे पास ढाई सौ रुपये मौजूद होंगे, पाँच सौ बलदेवलाल भेजनेवाले हैं। मैं सिर्फ़ ढाई हज़ार दूँगा। रघुपति सहाय से वसूल नहीं हुए। कल....रुपये पोद्दार जी के पास पहुँच जायँगे। अक्टूबर से जनवरी तक दो सौ तुम्हारे पास हो जायँगे, ढाई सौ मेरे पास तनख़्वाह से होंगे। दो सौ 'जलये ईसार' से मिलेंगे और साढ़े तीन सौ रुपये 'प्रेम बत्तीसी' और 'बाज़ारे हुस्न' के मिलेंगे। गोया एक हज़ार हम लोग जनवरी तक पूरा कर देंगे। फ़रवरी में रघुपति सहाय से सात सौ रुपये मिल जायँगे। इस तरह अप्रैल तक हम सब हिसाब साफ़ कर देंगे। तुम आधे प्रेस के मालिक हो जाओगे। बलदेव लाल का रुपया आइन्दा अक्टूबर तक पहुँच जायगा।

ज़्यादा दुआ।

तुम्हारा दुआगो
धनपतराय

२४४

सरस्वती प्रेस, बनारस
१ जून १९३१

बरादर अज़ीज़मन,

बाद दुआ। मैं यहाँ बारह मई को आ गया था। धुन्नू और बन्नू बेटी के साथ पन्द्रह को सागर के लिए रवाना हुए। सोलह को इलाहाबाद पहुँचकर बन्नू को पेचिश हो गयी। मुझे तार मिला। उन्नीस को हम और बन्नू की वालिदा यहाँ से इलाहाबाद गये। बन्नू की हालत खराब थी। खून के दस्त आ रहे थे। २७ तक वहाँ रहना पड़ा। २७ को हम बन्नू के साथ घर लौट आये। धुन्नू वासुदेव प्रसाद के साथ सागर गये। यहाँ आकर मैंने दो-तीन दिन प्रेस का हिसाब-किताब देखा। आज फिर जा रहा हूँ। ६ जून को यहाँ से इलाहाबाद होते हुए सोराम जाने का इरादा है। ११ को मुझे लखनऊ पहुँचना है।

कल भाई साहब से बातचीत हो रही थी। उनसे मुझे यह मालूम करके कुछ हँसी भी आयी, कुछ ताज्जुब भी हुआ कि तुम अभी तक उस लफ्ज़ी डुएल को जो आज से छः-सात साल पहले यहाँ मेरे और तुम्हारे दरमियान हुआ था तमस्सुक की तरह महफ़ूज़ रखे हुए मुझसे अपने रुपये के लिए एक रुपया सैकड़ा ब्याज की उम्मीद रखते हो। यही बात एक बार मुझसे रामकिशोर ने भी कही थी। मगर मुझे उनकी बात का यक़ीन न आया था। मगर भाई साहब की

ज़बान से सुनकर अब मालूम होता है कि तुमने उनसे भी कहा होगा और मुझे इस वक़्त इस मामले को साफ़ करना ज़रूरी मालूम होता है।

जिस वक़्त हमारे और तुम्हारे दरमियान वह लफ्ज़ी होड़ हुई थी, न तुम्हारे पास रुपये थे न मेरे पास। तुमने भी, अगर मेरा हाफ़िज़ा ग़लती नहीं करता, नौ हज़ार चार सौ बोली बोली थी। क्या तुम कह सकते हो कि उस वक्त अगर मैं नौ हज़ार चार सौ पर राज़ी हो जाता तो तुम मेरे और रघुपति सहाय के हिस्से के रुपये इसी परते से अदा कर देते? हरगिज नहीं। न तुम अदा कर सकते थे और न मैं ही इस क़ाबिल था कि तुम्हारे एक हज़ार नौ सौ रुपये जो इस परते से होते अदा कर देता। नतीजा यह होता कि प्रेस तुम्हारी ही निगरानी में रहता और जिस तरह काम चलता था उसी तरह चलता रहता। मेरा मंशा प्रेस को अपनी निगरानी में लेकर उससे कुछ नफ़ा करने का था। मुझे यक़ीन था कि मैं नफ़ा कर सकूँगा इसलिए कि मुझे अपने ही रुपये की फ़िक्र नहीं रघुपति सहाय के रुपये की भी फ़िक्र थी। मुझे प्रेस को अपनी निगरानी में रखने की जरूरत महसूस होती थी। मुझे यह भी महसूस हो रहा था कि प्रेस से अलहदा होकर तुम अपने लिए इससे बेहतर कोई सबील निकाल सकते हो। प्रेस में पड़े-पड़े न तुम्हारा ही भला हो रहा है और न हिस्सेदारों का। इन खयालों के ज़ेरे असर ही मैंने तुम्हारे हाथ से इन्तज़ाम लिया वर्ना तुम भी जानते हो और मैं भी जानता हूँ कि उस वक़्त भी बाज़ार में प्रेस की क़ीमत उतनी किसी तरह नहीं लग सकती थी।

अगर यह मान लिया जाय कि तुम रुपये अदा कर देते और तुम्हारे पास उस वक्त छः हजार रुपया मौजूद थे (हालाँकि यह ग़ैर-मुमकिन मालूम होता है) तब भी तुमने प्रेस के लेने और देने की जो फ़र्द पेश की थी और जिसकी बिना पर मैंने तुम्हारे रुपये चुका देने का इरादा किया था वह सही नहीं निकली। उसकी ज़्यादा रक़में ऐसी थीं जो वसूल न हो सकती थीं और न वसूल हुईं और कई रक़में उसमें से ऐसी छूट गयी थीं जो फ़ौरन अदा करनी पड़ीं। मेरा ख़याल है कि इस फ़र्द के मुताबिक़ प्रेस को दो हज़ार दो सौ रुपये मिलने चाहिए थे। मुझे दो हज़ार दो सौ रुपया मिल जाते तो मैं तुम्हें एक हज़ार नौ सौ रुपया देकर बेफ़िक्र हो जाता। मगर इस दो हज़ार दो सौ रुपये में शायद मुश्किल से पाँच सौ रुपया वसूल हुए होंगे। देने में कई बड़ी-बड़ी रक़में निकल आयीं जो अदा करनी पड़ीं। इसलिए जिस बेसिस पर मैं रुपये अदा करने का इरादा कर रहा था वह ही ग़लत निकला। अगर नावसूलशुदा रुपये तुम्हारे नाम डाल दूँ और जो और ज़ायद मुझे तुम्हारे ज़माने के लिए देने पड़े तो तुम्हारा हिस्सा ही ग़ायब हो जायगा। मेरे

पास तुम्हारे ज़माने के लेने और देने की सही नक़ल मौजूद है जिसके एतबार से लेना एक हज़ार तीन सौ रुपया ठहरता है और देना एक हज़ार छः सौ पैंतीस रुपया। लेने में एक हज़ार तीन सौ बीस रुपया भी वसूल नहीं हुए, मुश्किल से पाँच सौ रुपया वसूल हुए होंगे। देने में शायद एक हज़ार छः सौ पैंतीस रुपया से कुछ ज़ायद ही देना पड़ा। इसलिए मुझे ताज्जुब होता है कि तुम किस क़ानून इन्साफ़ से अपने रुपये के सूद के हक़दार हो सकते हो।

यह ज़रूर है कि तुम्हें प्रेस में फँसने और रुपये लगाने का अफ़सोस हो रहा है। मुझे भी हो रहा है। भाई साहब को भी हो रहा है। रघुपतिसहाय को भी हो रहा है। सब के सब सिर पर हाथ धरे रो रहे हैं लेकिन तुमने कम से कम प्रेस से दो साल की तनख्वाह तो ली, ज़्यादा से ज़्यादा तुम्हारा सूद का नुक़सान हुआ जो आठ रुपये सैकड़े के हिसाब छः साल का सात सौ रुपये के क़रीब होता है। मेरे नुक़सान का अन्दाज़ा करो। मैंने दो साल तक प्रेस से एक पाई लिये बग़ैर काम किया और अपना कम से कम पाँच सौ रुपया उसमें और लगाया जो हिसाब में मौजूद है। उसके बाद से आज तक मैंने हज़ारों रुपये का काम प्रेस को दिया, खुद अपनी किताबें प्रेस में छपवायीं, आज भी अपनी किताबों की बिक्री से प्रेस चला रहा हूँ। अगर मैं अपने सारे नुक़सानात जोड़ूँ तो पन्द्रह सौ रुपया तो ख़ाली तनख़ाह के हो जायँ, पाँच सौ रुपया जो उधार दिये और जो अब तक वसूल नहीं हुए इस तरह दो हज़ार रुपये, फिर अपनी किताबों की बिक्री के रुपये जो प्रेस में लग गये हैं जोड़ूँ तो तीन हजार रुपया से कम न होंगे। इस तरह मुझे तो अलावा सूद के कोई पाँच हजार रुपया का नुक़सान हो चुका है और सूद भी जोड़ूँ तो एक हज़ार नौ सौ रुपया बढ़ जाते हैं। गोया प्रेस खोलकर मैंने सात हजार रुपया का नुक़सान उठाया और मैं इसे हर्फ़-ब-हर्फ़ सही साबित कर सकता हूँ। हिसाब प्रेस में मौजूद है। तुम्हारा नुक़सान तो सिर्फ़ सूद का हुआ। रघुपतिसहाय को भी इतना ही नुक़सान हुआ मगर अभी तक सब्र से बर्दाश्त किये जाते हैं। भाई साहब भी प्रेस की हालत से वाक़िफ़ हैं और ख़ामोश हैं। सब समझ रहे हैं कि प्रेस खोलना ग़लती थी और अगर तक़दीर में होंगे तो मिलेंगे नहीं डूब गये। मैं अपनी ज़िम्मेदारी को समझकर अब भी हर तरह का नुक़सान उठाता हुआ उसे कामयाब बनाने की फ़िक्र में पड़ा हुआ हूँ। बार-बार दौड़-दौड़ आता हूँ, हिसाब-किताब देखता हूँ क्योंकि मेरे दिल से लगी हुई है कि किसी तरह नफ़ा हो और हिस्सेदारों को कुछ दे सकूँ। मैंने अगर बेईमानी की होती और कुछ खा गया होता तो हिस्सेदारों को मुझसे बदगुमानी होती लेकिन मैंने तो प्रेस से पान तक नहीं खाया। मेरा कांशन्स बिलकुल साफ़ है। जब तक मेरी ज़िन्दगी है

मैं अपना नुक़सान उठाता हुआ प्रेस के लिए जान देता रहूँगा और कामयाब होना तक़दीर में लिखा है तो कामयाब हूँगा।

तो अब इसका तसफ़िया कैसे हो ? या तो दीगर हिस्सेदारों की तरह तुम भी ख़ामोशी से मुझ पर एतबार करते हुए बैठे रहो। जब देखो कि मैंने प्रेस से कुछ लिया है तो मेरी गर्दन पर सवार होकर अपना हिस्सा ले लो, अगर देखो कि मैं नुक़सान उठा रहा हूँ तो सब्र से बर्दाश्त करो या खुद प्रेस में आकर कुछ काम उठा लो। गुज़ारे के लिए जो कुछ प्रेस दे सके वह ले लो या प्रेस के लिए दौरा करके काम लाओ, किताबें बेचो और अपनी मुनासिब तनख़्वाह ले लो। प्रेस को नफ़ा देने के क़ाबिल बनाने में मेरी मदद करो या आख़िरी सूरत यह कि एक पंच बनाकर प्रेस की क़ीमत आँक लो और तुम्हारा हिस्सा जितना निकले उतना या तो मुझसे इसी वक़्त खड़े-खड़े कान पकड़कर ले लो या मुझे दे दो। पंचों में बाबू सम्पूर्णानन्द, श्रीप्रकाश और नन्दकिशोर को रख लो और या ट्रेडिल और कटिंग मशीन को असली दामों पर समझकर अपने बाक़ी रुपये मुझसे ले लो। इस तरह तुम्हें तस्कीन हो जायगी कि तुमने जितने रुपये लगाये थे, उतने मिल गये क्योंकि अगर इन चीजों को उनकी मौजूदा क़ीमत पर लोगे तो इस हिसाब से सारे प्रेस की क़ीमत घट जायगी। प्रेस में तीन ही चीज़ें तो क़ीमती थीं, उनमें दो का हाल तुम्हारे सामने है। रही मशीन, वह यही साल-दो साल में जवाब दे देगी। टाइप पुराने थोड़े ही रह गये हैं अगर पुराने सामान मय ट्रेडिल और कटिंग मशीन के बाज़ार में रखे जायँ तो मुश्किल से दो-ढाई हज़ार मिलेंगे। कुल प्रेस चार हज़ार रुपये या चार हज़ार पाँच सौ रुपये में बिक जायगा तो लागत के दाम मिलना तो अब ग़ैर मुमकिन है। तुम जिस तरह अपना इतमीनान कर सको, कर लो, मैं आमादा हूँ। तुम्हें नुक़सान पहुँचाकर या तकलीफ़ में देख-कर मुझे मसर्रत नहीं होती और न हो सकती है। तुम्हें खुशहाल देखकर मुझे जितनी खुशी होगी उसका अन्दाज़ा तुम शायद न कर सको। अगर मैं इस क़ाबिल होता कि तुम्हारी ज़्यादा इमदाद कर सकता तो हरगिज़दरेग़ न करता लेकिन मुझे इस प्रेस ने बिलकुल मुफ़लिस बना डाला। किताबों से मुझे जो कुछ मिल जाता था वह अब प्रेस की नज़र हो रहा है। अब मेरा इरादा हो रहा है कि लखनऊ से आकर फिर प्रेस में डटूँ और जिस तरह भी हो सके उसे कामयाब बनाऊँ। तुम चाहो तो अब भी इस काम में मदद दे सकते हो। यह न मंजूर हो तो प्रेस की मौजूदा हैसियत को देखकर उसकी क़ीमत का अन्दाज़ा करा लो और वह जिस तरह चाहे समझ लो। या तुम्हारे खयाल में प्रेस से और जो कुछ तुम्हें अपने हिस्से में मिलना चाहिए वह ले लो। मेरे पास प्रेस की हर एक चीज़ का बीजक

रखा हुआ है। उस बीजक को देखकर दो हज़ार रुपये की चीज़ें निकाल लो। चीज़ें बेशक पुरानी हो गयी हैं मगर उनका नफ़ा मैंने नहीं उठाया, न तुमने उठाया, यह समझ लो कि कारोबार में नफ़ा-नुकसान दोनों होता है और इसमें नुक़सान हुआ। तुम्हारे दो हज़ार रुपये इस वक्त तुम्हारे पास होते तो तुम उससे एक छोटा-सा पूरा प्रेस खोल सकते थे। मेरे चार हज़ार पाँच सौ रुपये मेरे होते तो मैं उससे अच्छा प्रेस खोल सकता था। अगर हमने या तुमने बंक में रख दिये होते तो तुम्हें अब तक एक हज़ार रुपये के क़रीब सूद मिल गया होता और मुझे भी दो-ढाई हज़ार मिल गये होते। मैंने और जो हज़ारों का नुकसान उठाया, उससे बच गया होता। लेकिन अब इन बातों को याद करके पछताने से क्या हासिल अब तो गले की ढोल को बजाना ही पड़ेगा। मैं तो इस प्रेस के पीछे बर्बाद हो गया, सिर्फ़ इसलिए कि मैं हिस्सेदारों के नुक़सान को नहीं देख सकता चाहे अपना कितना ही नुक़सान हो जाये। रघुपति सहाय और भाई साहब मुझ पर तकिया किये बैठे हुए हैं। मैं अपने जीते-जी उन्हें नुक़सान से बचाने की कोशिश करता रहूँगा। कामयाबी का होना न होना ईश्वर के हाथ है।

उम्मीद है कि तुम बख़ैरियत हो। बच्चों को दुआ।

P. S. मैं चाहता हूँ कि तुम इन सूरतों में जो चाहे क़बूल कर लो या खुद तसफ़िये की कोई सूरत पेश करो और जल्द। प्रेस की क़ीमत अब आधी भी नहीं रही और तुम्हारे दो हज़ार अब मुश्किल से एक हज़ार रहेंगे। मैं तुम्हारे जवाब का इन्तज़ार करता रहूँगा। मैं निस्फ़ लेने को तैयार हूँ अगर कोई दे। रघुपति सहाय और मेरे हिस्से के छः हज़ार पाँच सौ रुपये होते हैं, मैं उसे सवा तीन हज़ार पर दे दूँगा मगर नक़द की शर्त है। प्रेस में जो नयी ट्रेडिल आयी है उसका अभी दाम देना बाक़ी है। भाई साहब निस्फ़ पर राज़ी होंगे या नहीं, मैं नहीं कह सकता।

धनपत राय

हसामुद्दीन ग़ोरी, हैदराबाद

२४५

अजंता सिनेटोन, बम्बई।

१३ नवम्बर १९३४

मकर्रम बन्दा, तसलीम।

'निगारिस्तान' में जनाब का मज़मून 'हिन्दुस्तानी' फ़िल्मों में बतदरीज[१] इस्लाह[२]' बड़े शौक़ से पढ़ा और मुस्तफ़ीद हुआ। मुझे आपके ख़याल से लफ़्ज व लफ़्ज इत्तफ़ाक़[३] है। मगर जिन हाथों में फ़िल्म की क़िस्मत है वह बदक़िस्मती से इसे इंडस्ट्री समझ बैठे हैं। इंडस्ट्री को मज़ाक़[४] और इस्लाह से क्या निस्बत ? वह तो एक्सप्लाइट करना जानती है और यहाँ इन्सान के मुक़द्दसतरीन[५] जज़बात[६] को एक्सप्लाइट कर रही है। बरहना[७] और नीम-बरहना[८] तस्वीरें, क़त्ल-ओ-ख़ून और जब्र की वारदातें, मारपीट, गुस्सा और ग़ज़ब और नफ़सानियत[९] ही इस इंडस्ट्री के औज़ार हैं और इसी से वह इन्सानियत का खून कर रही है। उम्मीद है आप यूँ ही अपने बेशबहा ख़यालात से पब्लिक को फ़ैज़ पहुँचाते रहेंगे।

नियाजमन्द अहक़र

प्रेमचंद

२४६

अजंता सिनेटोन, बम्बई

१४ फरवरी, १९३५

मकर्रम बन्दा, तसलीम।

आपका ख़याल सही है। फ़िल्म को लायक़ अदाकारों को ज़रूरत है और यहाँ ऐसे मुवाक़ा[१०] भी मिल सकते हैं कि दो-चार साल में आप किसी कम्पनी के डाइरेक्टर हो सकें। लेकिन इसके लिए आपको खुद आकर सिलसिला-जुम्बानी[११] करनी पड़ेगी। अच्छे आदमियों की हमेशा ज़रूरत रहती है। मेरी कम्पनी तो इस

---

१ क्रमशः २ सुधार ३ सहमति ४ रुचि ५ पवित्रतम ६ भावनाओं ७ नग्न ८ अर्द्ध-नग्न ९ वासना १० मौक़ ११ सिलसिला बैठाना

वक़्त नाज़ुक हालत में है। इसकी तस्वीर एक भी मक़बूल न हो सकी। और इधर ऐक्टरों के मातूब[१] हो जाने से और भी नुकसानात हुए हैं। चुनांचे उनके आज़मूदाकार ऐक्टर, जैराज, बिब्बो, ताराबाई वग़ैरा किनाराकश हो गये....

मैं तो ज़िन्दगी में एक नया तजुर्बा हासिल करने के लिए यहाँ साल भर के लिए आया था। मई में वह मुद्दत खत्म हो जायेगी और मैं अपने वतन बनारस लौट जाऊँगा और हसबे-साबिक़[२] अदबी मशग़िल[३] में बक़िया ज़िन्दगी सर्फ़ कर दूँगा। बम्बई की आबोहवा और फ़िज़ा दोनों ही मेरे मुआफ़िक़ नहीं।

आप यहाँ आयेंगे तो आप से मिलकर बड़ी खुशी होगी। एक अपना हमनवा[४] तो मिलेगा। यह तो दुनिया ही नई है।

नियाज़मन्द

प्रेमचंद

२४७

१६८ सरस्वती सदन, दादर, बम्बई

१६ मार्च १६३५

बरादरम,

तसलीम

ईद मुबारक।

मेरा तस्फ़िया हो गया। मैं पचीस तारीख को बनारस अपने वतन जा रहा हूँ। अजन्टा कम्पनी अपना कारोबार बन्द कर रही है। मेरा कंट्रैक्ट तो साल भर का था और अभी तीन महीने बाक़ी हैं। लेकिन मैं उनकी ज़ेरबारी में इज़ाफ़ा नहीं करना चाहता। महज़ इसलिए रुका हुआ हूँ कि फ़रवरी और मार्च की रक़म वसूल हो जाये और जाकर फिर अपने लिटरेरी काम में मसरूफ़ हो जाऊँ।

मेरी दो किताबें जामिआ मिल्लिया देहली के एहतमाम से छप रही हैं। एक का नाम "मैदाने अमल", दूसरी का नाम "वारदात" है। तीसरी ज़ेरे तसनीफ़[५] है। मेरे लिए वही काम ज़्यादा मौज़ूँ है। सिनेमा में किसी इस्लाह की तवक़्क़ो करना बेकार है। यह सनत[६] भी उसी तरह सरमायादारों के हाथ में है जैसे शराब-फ़रोशी। इन्हें इससे बहस नहीं कि पब्लिक के मज़ाक़ पर क्या असर पड़ता है। इन्हें तो अपने पैसे से मतलब। बरहना रक़्स[७], बोसा-बाज़ी और मर्दों का औरतों पर हमला। यह सब उनकी नज़रों में जायज़ हैं। पब्लिक का मज़ाक़ इतना गिर

---

१ रुष्ट २ पहले की तरह ३ साहित्यिक कार्यों ४ एक-सी राय रखनेवाला ५ लिखी जा रही ६ उद्योग ७ नंगे नाच

गया है कि जब तक ये मुर्ख़रिब[१] और हयासोज़[२] नज़ारे न हों, उसे तस्वीर में मज़ा नहीं आता। मज़ाक़ की इस्लाह का बीड़ा कौन उठाये ? सिनेमा के ज़रिये मग़रिब की सारी बेहूदगियाँ हमारे अन्दर दाखिल की जा रही हैं, और हम बेबस हैं। पब्लिक में तंज़ीम[३] नहीं न नेक-ओ-बद का इम्तियाज़[४] है। आप अख़बारों में कितनी ही फ़रियाद कीजिए वह बेकार है, और अख़बारवाले भी तो साफ़गोई से काम नहीं लेते। जब ऐक्ट्रेसों और ऐक्टरों की तस्वीरें धड़ाधड़ छपें और उनके कमाल के क़सीदे गाये जायें तो क्यों न हमारे नौजवानों पर इसका असर हो। साइंस एक बरकते एज़दी[५] है मगर नाअहलों[६] के हाथों में पड़कर लानत हो रहा है। मैंने खूब सोच लिया और इस दायरे से निकल जाना ही मुनासिब समझता हूँ।

मुख़लिस
प्रेमचंद

२४८

हंस आफ़िस, बनारस
२१ मई १९३५

मुहब्बी व मुख़लसी,

तसलीम।

यादआवरी का ममनून हूँ। मैं बम्बई से आकर अपने तसनीफ़ व तालीफ़ में मसरूफ़ हो गया। मेरा माहवारी रिसाला "हंस" तो निकलता ही था। इसका मक़सद आप पर मुंदर्जा-ग्राला[७] उनवान[८] से वाज़े[९] हो जायगा। यानी वह हिन्दी रस्मुलखत[१०] के जरिये हिन्दुस्तान की सभी जबानों की अदबियात[११] से बेहतरीन मवादे[१२] फ़राहम[१३] करके पब्लिक को देगा, और इस तरह क़ौमी अदब की बुनियाद डालेगा जिसमें हर एक जबान के मुसन्निफ़ और अदीब मौजूद होंगे। फ़िलहाल एक ज़बानवालों को दूसरी ज़बानवालों से एक बेगानगी-सी होती है। बंगलावालों को गुजराती की कुछ खबर नहीं और न मरहठों को बंगला की कुछ ख़बर होती है। सूबेजाती अदबियात में क्या-क्या जवाहर भरे होते हैं, और रोज़ ब रोज़ पैदा होते जाते हैं, इसकी तरफ किसी की तवज्जो नहीं। 'हंस' ने यह ख़िदमत अपने ज़िम्मे ली है। इसमें तेलुगु, कनाडी, बंगला, मराठी, गुजराती, उर्दू, मलयालम वग़ैरा जबानों के बाकमालों के तख़लीक़ी कारनामे रहते हैं, और कोशिश की

---

१ घातक २ निर्लज्ज ३ संगठन ४ पहचान ५ दैवी वरदान ६ अयोग्य लोगों ७ उपरोक्त ८ शीर्षक ९ स्पष्ट १० लिपि ११ साहित्य १२ सामग्री १३ एकत्र

जाती है कि सभी जबानों के अदीबों से हम वाक़िफ हो जायें। जबान की हुदूद[१] के बाइस[२] किसी बाकमाल बुजुर्ग की अदबियात से फ़ैज़[३] उठाने से हम क्यों महरूम[४] रहें। उर्दू के लिए भी एक हिस्सा वक़्फ़ है। पहले नम्बर के लिए हमने डाक्टर इक़बाल, डाक्टर जाकिर हुसैन साहब और सय्यद मुहीउद्दीन क़ादरी साहब ज़ोर के मज़ामीन शाया किये हैं। मैं यह तफ़सील इसलिए दे रहा हूँ कि बंबई से आकर बेकार नहीं बैठा और तफ़ीते[५] औक़ात[६] नहीं कर रहा हूँ।

अगर मौलाना अबुलकलाम आज़ाद मुकालमे[७] लिखें तो फ़िल्मों में जान पड़ जाए मगर आप तो जानते हैं फ़िलम की क़दर दर्जा पंजुम के तमाशाइयों पर है, और यह अच्छे मुकालमे की कदर नहीं कर सकते। मगर ख़ैर यह लोग कदर न करें समझनेवाले तो करते हैं।

इस इनायत और करम के लिए आपका तहे दिल से शुक्रिया।

मुख़लिस
प्रेमचंद

२४६

बनारस।
सितम्बर, १९३६

बरादरम,

आपका खत और रसायल[८] पहुँचे। "ऐक्ट्रेस" और "सहेली के खुतूत" पढ़े। आपने अदाकारों की जिन्दगी और निगारख़ानों[९] के अन्दरूनी हालात की सच्ची व इबरत-आमोज़[१०] तस्वीरें जिस मुवस्सर[११] व दिलपिज़ीर[१२] अन्दाज़ में खींची हैं वह आप ही का हिस्सा है। इससे क़ब्ल अपने किसी ख़त में लिख चुका हूँ कि महज ज़िन्दगी में एक नया तजुर्बा हासिल करने की ग़रज़ से बंबई गया था। अपने मशाहदात[१३] की बिना पर मैं आपके ख़यालात का लफ्ज ब लफ्ज ताईद करूँगा। मेरे ख़याल में शरीफ़ ख़वातीन[१४] का फ़िलमसाज़ी में हिस्सा लेना हर्गिज दुरुस्त नहीं, क्योंकि निगारख़ानों की फ़िज़ा उनके लिए रास नहीं आ सकती और न आइन्दा इसमें किसी क़िस्म की इसलाह मुमकिन है। सिनेमा की बदौलत हमारे नौजवानों पर जो बुरे असरात मुरत्तब[१५] हो रहे थे, अब अख़बारात के तुफ़ैल उनमें दिन ब दिन तरक़्क़ी होती जा रही है। जब अख़बारों में ऐक्ट्रेसों की तस्वीरें

---

१ सीमाओं २ कारण ३ लाभ ४ वंचित ५-६ समय की बरबादी ७ बातचीत, डायलाग ८ पत्रिकाएँ ९ फ़िलम-कंपनियों १० शिक्षा-परक ११ प्रभावशाली १२ आकर्षक १३ निरीक्षण १४ स्त्रियों १५ पड़ रहे थे

छपें और उनके कमाल के क़सीदे गाये जायँ तो क्यों न नौजवानों पर उसका असर हो। आप जल्द अज़ जल्द 'ऐक्ट्रेस' और 'सहेली के ख़ुतूत' किताबी सूरत में शाया कर दीजिए, ताकि नौजवानों पर फ़िल्मी दुनिया की हक़ीक़त वाज़े हो जाये। मुझे तवक़्क़ो है कि आपकी तसनीफ़ अपने फ़ायदाबख़्श असर से लोगों के दिलों पर ज़रूर असर करेगी। ऐसी मुफ़ीद किताब जिस क़दर जल्द शाया हो अच्छा है। खुदा आपको इस कारे खैर[१] का उज्रा[२] दे और क़ौम को इससे फ़ायदा बख़्शे। आजकल मेरी सेहत निहायत कमज़ोर हो रही है। लिखना-पढ़ना तर्क कर दिया है। लेकिन आप अपनी किताब का मुकम्मिल मसविदा भेज दीजिए। बख़ुशी मुक़द्दमा[३] लिख दूँगा।

मुख़लिस
प्रेमचंद

---

१ शुभकार्य २ पुरस्कार ३ भूमिका

रामचन्द्र टन्डन

२५०

३० गवर्नमेन्ट गेट रोड, परेल, बम्बई १२
४ दिसम्बर १९३४

प्रिय रामचन्द्र जी,

वंदे।

पत्र का कटिंग मिला। इसके लिये धन्यवाद। मेरे खयाल में लेखक संघ का एक कर्त्तव्य यह भी होगा कि वह लेखकों के स्वत्वों की रक्षा करे, प्रकाशकों को ज्यादा न्याय का व्यवहार करने पर मजबूर करे। मगर जब तक प्रकाशकों और पत्र निकालनेवालों की दशा ऐसी न हो कि वे लेखकों का पारिश्रमिक दे सकें तब तक आप उन्हें मजबूर करके इसके सिवा और क्या कर सकते हैं कि वे पत्र का प्रकाशन बंद कर दें। जहाँ तक मेरा खयाल है साहित्यिक प्रकाशकों में कोई भी नफ़े से अपना काम नहीं कर रहा है। अधिकांश ऐसे हैं जो नफ़े के खयाल से प्रकाशन का काम शुरू करके अब केवल इसलिये पड़े हुए हैं कि उनका बहुत-सा धन प्रेस और पुस्तकों में फंस गया है और वे उसे छोड़ नहीं सकते। हाँ, स्कूली पुस्तकें छापनेवालों की बात अलग है। इधर प्राय: सभी प्रकाशकों ने साहित्य की पुस्तकें छापनी बन्द कर दी हैं। यही कारण है कि पुस्तकों की खपत नहीं होती। कागज़ और छपाई नहीं निकलती तो लेखक को कहाँ से दें। हाँ, जिन प्रकाशकों को लाभ हो रहा है उन्हें संघ इसकी प्रेरणा करेगा कि वे लेखकों के साथ न्याय करें और जब ऐसा समय आवेगा कि हिन्दी में पत्रों और पुस्तकों के प्रकाशन से नफ़ा होने लगेगा तो संघ इस प्रश्न को अवश्य हाथ में लेगा। मैं आपसे बिल्कुल सहमत हूँ कि संघ को लेखकों के आर्थिक हितों की रक्षा के लिए लड़ना पड़ा, पर पहले यह समय तो आवे। लेखकों ही का यह काम होगा कि वह उस समय को जल्द निकट ला सकें।

कुछ समय हुआ हमने (आपने और मैंने) हिन्दी में अच्छे लेखकों के अनुवाद की एक योजना बनायी थी। क्यों न संघ में वह योजना भी शामिल कर दी जाय।

रूस में भी सोवियत राइटर्स यूनियन है। और देशों में है या नहीं मुझे मालूम नहीं। लेकिन मुझे लेखकों को केवल क़लमी मजूर समझने में कष्ट होता है। लेखक केवल मजूर नहीं बल्कि और कुछ है—वह विचारों का आविष्कारक और उत्तेजक और प्रचारक भी है। जिस तरह आप उपदेशकों और प्रचारकों को संघ के रूप में नहीं ला सकते उसी तरह आप लेखकों को भी उस रूप में नहीं बाँध सकते। हाँ, संघ यह कर सकता है कि लेखकों और प्रकाशकों के बीच में भक्ष्य और भक्षक के व्यवहार को बन्द करने का उद्योग करे, लेखकों में ऊँचे आदर्श, ऊँचे आचरण और कला की उन्नति की व्यवस्था करे।

मैं इस विषय में मिलने पर आपसे बातें करूँगा। आशा है, आप प्रसन्न हैं। मैं तो ठेले जाता हूँ।

भवदीय

धनपत राय

२५२

सरस्वती सदन, दादर, बम्बई १४

३ फरवरी १९३५

प्रिय बन्धु,

पत्र के लिए और उन कतरनों के लिए जो आपने कृपापूर्वक भेजी हैं, धन्यवाद। डा० सप्रू का लेख मैं पढ़ चुका था और उसमें बहुत तुक की बातें कही गयी हैं। उसमें एक भी ऐसा शब्द नहीं है जिस पर कोई आपत्ति कर सके। लेकिन मिस्टर धीरेन्द्र के विचार पृथकतावादियों के हैं और मैं उनका समर्थन नहीं कर सकता। शायद आपने इस विषय पर गारसों द तासी के लेख पढ़े हों। 'उर्दू', अंजुमन तरक़्क़िये उर्दू का मुखपत्र, उन्हें क़िस्तों में छाप रहा है। हाल में प्रकाशित लेखों में से एक मैंने पढ़ा। उसमें इतनी ताज़गी और साफ़गोई और दूरन्देशी पाकर मुझे ताज्जुब हुआ। कौन जाने मिस्टर वर्मा ने उसको पढ़ा है या नहीं। उसने इस समस्या का समाधान बहुत उस्तादी ढंग से किया है। उसकी राय है कि लिपि को छोड़कर हिन्दी और उर्दू एक ही भाषा हैं। उनमें केवल लिपि का भेद है। कहाँ पर भाषा उर्दू की सीमा को लांघकर हिन्दी के क्षेत्र में पहुँच जाती है, रेखा खींचकर बतलाना असम्भव है। उर्दूवाले जितना मन चाहे अरबी और फारसी से लें। हिन्दीवाले भी उनका अनुकरण करें। उनकी भाषा प्रान्तीय उर्दू और हिन्दी बनी रहेगी। हमारी हिन्दुस्तानी जनता के रास्ते पर चलेगी और ज़बान जैसे बोली जाती है वैसे लिखने की कोशिश करेगी। जनता से मेरा मतलब

स्वभावत: वे लोग हैं जो लिख-पढ़ सकते हैं और जिनके पास साहित्यिक संस्कार हैं।

हिन्दुस्तानी एकेडमी का काम इसी समस्या से जूझना था। ऐसे ही मेम्बर लीजिये जो एक मिली-जुली भाषा में आस्था रखते हों। उसे मिली-जुली भाषा में अलग-अलग लिपियों में एक पत्रिका निकालनी चाहिए थी। यह एक सच्ची सेवा होती। सम्प्रति उसकी कार्रवाइयाँ साम्प्रदायिक हैं और उसने अपने अस्तित्व को चरितार्थ नहीं किया।

निस्सन्देह हिन्दुस्तानी अपने रूप और वैभव और शब्द सम्पदा में साहित्यिक भाषा नहीं है। साहित्यिक भाषा बोल-चाल की भाषा से अलग समझी जाती है। मेरा ऐसा विश्वास है कि साहित्यिक अभिव्यक्ति को बोल-चाल की भाषा के निकट से निकट पहुँचना चाहिए। कम से कम नाटक, कहानी और उपन्यास साधारण बोल-चाल की भाषा में हम लिख सकते हैं, इन्हीं में हम जीवनी और यात्रा-वर्णनों को भी शामिल कर सकते हैं और साहित्य की ये शाखाएँ सम्पूर्ण साहित्य का तीन चौथाई ठहरती हैं और ऐसा तीन चौथाई जो सचमुच महत्व रखता है। आपका विज्ञान और दर्शन संस्कृत में लिखा जाय या प्राकृत में, मुझे कोई परवाह नहीं। जैसा कि गारसाँ द तासी कहता है, 'हिन्दी को उसके पुराने आधारों के पास खींचकर ले जाना एक वैसी ही बेकार कोशिश है जैसी कि नदी की धारा को मोड़कर वापस उसके उद्गम स्थल पर ले जाना।'

किताबों के बार में मैंने अपने लड़के 'को लिखा है कि वह आपको जाकर बतलाये कि यह किताबें उसने किसके पास जमा कीं। आपको शायद पता न हो, मेरे दोनों लड़के कायस्थ पाठशाला इण्टरमीडिएट स्कूल में हैं और उसी इमारत में रहते हैं जिसमें हिन्दुस्तानी एकेडमी है। लेकिन दोनों बेहद झेंपू हैं, जो गुण उन्होंने शायद मुझसे लिया है, यानी अगर ये मान लें कि मैं उनका बाप हूँ। उसका नाम श्रीपतराय है, अगर आप उसे बुला लें और उससे पूछें तो वह आपको बतलायेगा कि उन किताबों का क्या हुआ।

लेखक संघ। मेरी राय में उसका एकमात्र उपयोगी काम सहकारी प्रकाशन है जिसमें कि हर लेखक जो उसका सदस्य है तीस से लेकर चालीस फ़ी सदी रायल्टी पाने के लिए आश्वस्त हो जाय। हिन्दी का बाज़ार इतना मंदा है और लेखक अपनी पुस्तकें छपवाने के लिए इतने आतुर हैं कि वे प्रकाशकों के साथ कोई भी समझौता कर लेंगे। वे अगर अपनी शर्तों पर अड़े रहें और प्रकाशक उनकी पुस्तकें प्रकाशित करने से इनकार कर दे तो फिर बेचारा कहीं का न रह जायगा। यह चीज़ वैसी ही है जैसी कि लोगों को वर को दहेज देने से रोकना।

लेकिन जब युवकों की कमी हो और कन्या का पिता तुरन्त अपनी कन्या का विवाह कर देने के लिए आतुर हो तब फिर दूषित दहेज प्रथा के आगे घुटने टेक देने के अलावा कोई चारा नहीं। दह तने तो किस बिरते पर। लेकिन सहकारी प्रकाशन के लिए रुपया चाहिए और संगठन चाहिए और स्टाफ चाहिए और यह काम तभी हाथ में लिया जा सकता है जब संघ के पास आवश्यक प्रभाव और प्रतिष्ठा हो। लेकिन कोई कारण नहीं है कि वह लेखकों की, जब प्रकाशक अनुचित रूप से उनका शोषण करते हों, सहायता न करे। हमारी वर्तमान आवश्यकता सदस्यता को बढ़ाना है ताकि संघ साहित्यिक काम करनेवालों की ओर से उनके प्रतिनिधि की हैसियत से बोल सके। हमें उसको परवान चढ़ाना है और उस जगह पर पहुँचाना है, जहाँ वह असर कर सके। आप भीतर रहकर उसे जिस रूप में चाहे विकसित कर सकते हैं या जिधर चाहे ज्यादा आसानी से मोड़ सकते हैं। जब उसके बहुत से सदस्य होंगे तब हर आदमी के लिए यह मुमकिन होगा कि वह जनमत को संगठित करके उसमें जैसी रद-बदल चाहे कर सके। ध्वंसात्मक आलोचनाओं से केवल अलग-अलग पक्षों की कट्टरता और भी बढ़ती है।

मुझे रूसी कहानियों का आपका संग्रह नहीं मिला। मुझे यक़ीनन उनमें मज़ा आयेगा और मैं उनकी समालोचना करूँगा।

बराय मेहरबानी मेरा आदाब मौलवी असग़र हुसेन साहब से अर्ज़ कर दें।

आशा है कि आप पूर्ण स्वस्थ होंगे।

आपका

धनपत राय

पुनश्च—

मैं शायद मिस्टर वर्मा के विचारों का खंडन करते हुए हिन्दुस्तानी में एक छोटा लेख लिखूँगा।

रामचन्द्र सिनहा

२५२

लखनऊ

१२ दिसम्बर, १६२६

प्रिय राम जी,

तुम्हारा ख़त पाकर खुशी हुई। अगर तुम्हें अच्छी संभावनाएँ दिखायी पड़ती हों तो तुम विदेश भेजे जाने के लिए अपनी रज़ामंदी ज़ाहिर करो,

मुझे उसमें कोई आपत्ति नहीं है। साठ रुपया और खाना और मकान बुरा ऑफ़र नहीं है क्योंकि अगर तुम पाँच साल रह गये तो क़रीब तीन हज़ार रुपया बचा लोगे। यहाँ पर ऐसी कोई उम्मीद नहीं है। फिर तुम्हें अनजाने देशों के देखने का, नये लोगों से मिलने का मौका मिलेगा और जब तुम घर लौटोगे तो काफ़ी जहाँदीदा आदमी होगे। मैं बहुत करके बसंत पंचमी से एक मासिक पत्रिका निकालने जा रहा हूँ। कान्ह जी सहयोग देनेवाले हैं। तुम्हें विदेशों के रस्म-रिवाज पर लिखने के लिए मसाला मिलेगा।

तुम्हें मौक़ा न छोड़ना चाहिए........

तुम्हारा

धनपत राय

स्वर्गीय प्रेमचंद जी की एक योजना

: १ :

दो शब्द

२५३

कुछ दिन हुए पुराने काग़ज़-पत्रों की सफ़ाई करते हुए मुझे एक फ़ाइल मिली जिसके अस्तित्व को मैं भूल चुका था। इस फ़ाइल में प्रेमचंद जी की अनुवादक-मंडल संबंधी एक योजना को लेकर मेरा उनका पत्र व्यवहार है। फ़ाइल पर कुछ अंशों में दीमकों की कृपा हो चुकी है। इस पत्र-व्यवहार पर फिर से नज़र डालते हुए, इसे प्रकाशित कर देने का विचार हुआ—वह इस उद्देश्य से कि संभवतः साहित्यिक मित्रों को इस योजना में दिलचस्पी उत्पन्न हो और वह इसे अग्रसर करना चाहें। प्रेमचंद जी वास्तव में बहुधंधी आदमी थे और उस समय मेरे पास भी उतना अवकाश नहीं था जितना कि इस योजना को सफल बनाने के लिए अपेक्षित था। इसलिए हम लोगों ने आपस में विचार करके इसे 'किसी आगे के समय' के लिए स्थगित कर दिया था। खेद है कि वह 'आगे' का समय उनके जीवनकाल में न आया। प्रेमचंद जी के स्मारक के रूप में यह योजना आगे बढ़ाई जाय तो भी अनुचित नहीं।

प्रेमचंद जी का और मेरा पत्रव्यवहार अंग्रेज़ी में है। इसका अनुवाद कृपा करके श्री इलाचन्द्र जोशी जी ने हिन्दी में कर दिया है। मैंने फ़ाइल ज्यों की त्यों सम्मेलन संग्रहालय को भेंट कर दी है, जिसमें कि सुरक्षित रह सके।

रामचन्द्र टण्डन

: २ :

२५४

जागरण कार्यालय
सरस्वती प्रेस, काशी
१८ मई १९३३

प्रिय रामचन्द्र जी,

धन्यवाद। मैंने 'अर्जुन' के द्वारा अपना जो सुझाव उपस्थित किया था, उसकी एक कापी भेज रहा हूँ। यदि इसे कार्यान्वित किया जा सके तो निश्चय ही इससे हमारे संवादपत्रों का स्तर ऊँचा हो सकेगा। इसके लिए विशेष परिश्रम की आवश्यकता है। यदि आप ग्राहकों को जुटा सकें तो कार्य प्रारम्भ किया जा सकता है। योग्य व्यक्ति प्राप्त हो सकते हैं। हमारे संवादपत्र दीर्घकालीन आर्थिक दुर्दशा से ग्रस्त हैं, और इस कारण किसी नयी योजना के लिए संभवत:सम्मत न होंगे। फिर भी प्रयत्न तो करना ही चाहिए। हवा चल पड़ने से संभव है कुछ सुफल निकल आवे।

आशा करता हूँ, आप सानन्द होंगे।

मौलाना असग़र साहब को मेरा सलाम कह दीजियेगा।

आपका
धनपत राय

२५५

: ३ :

अनुवादक-मण्डल की आवश्यकता

हिन्दी में दैनिक पत्रों का मूल्य दो पैसे से अधिक नहीं है। जब अंग्रेज़ी पत्र १६-२० पृष्ठों के चार पैसे में मिलते हैं तो हिन्दी के आठ पृष्ठों के पत्र के लिए दो पैसे से ज़्यादा जनता क्यों ख़र्च करने लगी।

बिक्री का दाम तो है दो पैसे लेकिन कठिनाइयाँ कितनी हैं? 'रूटर', 'असोसियेटेड', 'फ्री प्रेस' सभी खबर पहुँचानेवाली संस्थायें तार द्वारा खबरें भेजती हैं। अंग्रेज़ी पत्र तार पाते ही उसको देखभालकर, कुछ विराम चिन्ह घटा-बढ़ाकर या जरूरत के मुताबिक़ तार को काट-छाँटकर कम्पोज़ करने के लिए भेज देते हैं। हिन्दी पत्रों में इन तारों का हिन्दी में तर्जुमा होना चाहिए। इसके लिए

४ से ६-८ तक अनुवादक रखे जाते हैं। तार मिला है दस बजे या ग्यारह बजे रात को। उसे एक बजते-बजते कम्पोज़िंग में चला जाना चाहिए, नहीं तो वह छप न सकेगा। इसी घंटे-दो-घंटे में अनुवादक को तेज़ी के साथ अपना काम-करना पड़ता है। ख़बर छोटी-सी हुई तो कोई बात नहीं। लेकिन कहीं वह वायसराय या महात्मा गांधी की स्पीच हुई या एसेम्बली या कौंसिल के बैठक की रिपोर्ट हुई तो एक, दो, तीन, चार कालमों की ख़बर हो सकती है, और एक घंटे के अन्दर उसका अनुवाद होना परमावश्यक है, नहीं वह ख़बर रह जायगी। ऐसी हड़बड़ी में अनुवाद कैसा होगा, इसका अनुमान किया जा सकता है। वाक्य के वाक्य और पैरे के पैरे छोड़ देने पड़ते हैं और भाषा इतनी उलझी हुई, इतनी बेसिर-पैर की हो जाती है कि बहुधा उसका मतलब समझने के लिए अनुमान से काम लेना पड़ता है। यह कठिनाई सभी भाषा पत्रों के सामने है। एक तो हिन्दी पत्र दो पैसे में बिकें, दूसरे अनुवादकों का वेतन दे। तो वह क्यों न घाटे पर चले और क्यों न उसका जीवन संकटमय हो। दरिद्रता के कारण पत्रों को सुयोग्य अनुवादक भी नहीं मिलते। जब चालीस रूपये से लेकर, पचास, साठ, सत्तर, अस्सी रूपये तक अनुवादकों का वेतन होगा तो फिर ऐसे आदमी कहाँ से आएँगे जो सुन्दर अनुवाद कर सकें। अनुवाद करना आसान काम नहीं है। एक-एक शब्द के लिए घन्टों दिमाग़ टटोलना पड़ता है और दिमाग़ से काम न चलने पर कोश के वरक़ उलटना पड़ते हैं। मेरा विचार है कि स्वयं कोई लेख लिखना आसान है, अनुवाद करना कठिन है और यह काम हम थोड़े वेतन के कर्मचारियों से लेने पर मजबूर हैं।

किन्तु आजकल कोई समाचारपत्र केवल ख़बरों ही के बल पर सफल नहीं हो सकता। उसमें जनता और भी चीजें चाहती है, जिससे उसका विचार फैले, उसकी जानकारी बढ़े, उसके भावों का परिष्कार हो, वह संसार के विचार-प्रवाह में मिल सके। ऐसे लेख दो पैसे के पत्र में कहाँ से आवें। उनकी सारी शक्ति खबरों के अनुवाद करने में ही खर्च हो जाती है। इसलिए यह आम शिकायत सुनने में आती है कि हिन्दी पत्रों में कुछ होता नहीं। हिन्दी पत्र वही पढ़ता है जो अंग्रेजी नहीं जानता, और आजकल जो कुछ पढ़ा-लिखा है, वह कुछ अंग्रेज़ी भी जानता है। ऐसे हिन्दी जाननेवाले जो अंग्रेज़ी बिलकुल न जानते हों अधिक नहीं हैं। और जो सम्पन्न हैं वह तो अंग्रेज़ी अवश्य ही जानते हैं। जनता को हिन्दी पत्रों से प्रेम है अवश्य, मगर जब उसे उसमें संतोषजनक मसाला नहीं मिलता तो वह विवश होकर अंग्रेज़ी पत्र पढ़ती है अंग्रेज़ी व्यापक भाषा है। उसके द्वारा आप संसार की सैर कर सकते हैं। रूस, जर्मनी, फ्रांस आदि देशों के

विचारक और विद्वान क्या कहते हैं यह जानने के लिए आपको अंग्रेज़ी पत्र पढ़ना अनिवार्य है। अगर हम इन लेखों को हिन्दी पत्रों में दे सकें तो इन पत्रों की उपयोगिता, मनोरंजकता और व्यापकता बहुत बढ़ जाय। मगर ऐसे लेखों का अनुवाद करना हिन्दी पत्रों के सामर्थ्य के बाहर है। खबरों का टेढ़ा-सीधा अनुवाद कर देने से भी काम चल जाता है, लेकिन एक कन्वोकेशन ऐड्रेस का अनुवाद तो सोच समझ कर ही करना पड़ेगा। इसीलिए हमें एक अनुवादक-मंडल की आवश्यकता है। इस मंडल का यह काम हो कि वह पच्छिमी पत्रों से विचारपूर्ण ज्ञानवर्धक लेखों का अनुवाद करके हिन्दी पत्रों को दे। यह ज़रूरी नहीं कि मंडल के सभी काम करनेवाले अपना पूरा समय दें। अपने मुख्य काम के साथ वे मंडल में कुछ सहयोग दे सकते हैं। लेकिन कुछ ऐसे आदमियों की ज़रूरत तो होगी ही जो अपना पूरा समय दे सकें। अगर मंडल को ऐसे आदमियों की सहायता मिल सके जो फ्रेंच, जर्मन और अंग्रेज़ी आदि जानते हों तो क्या कहना। मंडल संसार भर के मुख्य पत्र मंगाये, यह निश्चय करे कि कौन-कौन से लेख अनुवाद के योग्य हैं, पत्रों से पत्रव्यवहार करके वह निर्धारित करे कि कौन-कौन से पत्र, कौन-कौन से लेख स्वीकार करते हैं। या यह हो सकता है कि मंडल पत्रों से मासिक चंदा तय कर ले और रोज़-रोज़ की अनुवाद सामग्री पत्रों के पास भेज दें। पत्र अपनी सुविधा, अवकाश और रुचि के अनुसार जो अनुवाद चाहे प्रकाशित करे। इस तरह की सामग्री देने से हिन्दी पत्रों की खपत बढ़ सकती है और संभव है कि वे भी अपना मूल्य एक आना कर सकें। तभी वे अंग्रेज़ी पत्रों का सामना कर सकते हैं और तभी उनका आदर होगा।

(अर्जुन)

२५६

: ४ :

१० साउथ रोड, इलाहाबाद
२० मई १६३३

प्रिय प्रेमचंद जी,

आपने हिन्दी अनुवादक-मंडल के संगठन की योजना के साथ जो पत्र भेजा उसके लिए धन्यवाद। मैंने यह अनुमान किया था कि आपकी योजना का उद्देश्य कुछ दूसरा ही — अर्थात् पुस्तकों का अनुवाद — होगा। पर अब मालूम हुआ कि यह संवादपत्रों से संबंध रखता है। आपकी यह योजना जिस क्षेत्र तक सीमित है वहाँ तक वह बहुत सुन्दर है, और उसके अन्दर बहुत-सी सद्संभावनाएँ निहित

हैं। इसे कार्यान्वित करने की चेष्टा अवश्य की जानी चाहिए।

आपने अपने भविष्य को जिस रूप में उपस्थित किया है उससे कहीं अधिक विस्तार के साथ आपने उस पर विचार कर लिया होगा, ऐसा लगता है। आपके लेख में एक विशेष कार्यक्रम की आवश्यकता पर ज़ोर दिया गया है, पर उसके संगठन की रूपरेखा के संबंध में उसमें कुछ भी नहीं कहा गया है। क्या आप कृपा करके अपनी योजना के संगठन का स्वरूप मुझे बता सकेंगे? उसमें काम करनेवाले किस प्रकार के कार्यकर्ता प्राप्त हो सकते हैं? कार्य का सीमा-क्षेत्र क्या रहेगा, कार्यकर्ताओं को पारिश्रमिक क्या मिलेगा और कार्य-विभाजन किस रूप से होगा?

आपका उत्तर मिलने पर मैं चाहूँगा कि इस कार्य में दिलचस्पी रखनेवाले कुछ सज्जनों को एकत्र किया जावे, ताकि आपकी योजना की एक निश्चित रूपरेखा तैयार हो सके। यदि समिति का संगठन हो जावेगा, तो निश्चित योजना के विस्तृत विवरण और कार्यक्रम पर विचार किया जावेगा। मैं और यहाँ के कुछ मेरे मित्र इस कार्य में पूर्णरूप से सहयोग देने के लिए तैयार हैं। कृपया उत्तर में बिलम्ब न करें।

इस बीच मैं स्वयं भी आपकी योजना की एक रूपरेखा आपके विचार के लिए तैयार कर रहा हूँ।

आशा करता हूँ आप सकुशल होंगे।

आपका
रामचन्द्र टण्डन

२५७

: ५ :

सरस्वती प्रेस काशी,
२३ मई १९३३

प्रिय भाई साहब,

धन्यवाद। वह योजना हिन्दी के साप्ताहिक तथा दैनिक पत्रों के लाभार्थ—उनकी उपयोगिता, प्रचार तथा महत्व बढ़ाने के उद्देश्य से—तैयार की गयी थी। तब मेरे मन में उसका कोई विस्तृत या स्पष्ट स्वरूप नहीं था। पर हमें पहले अपनी संभव शक्तियों का अंदाज़ लगा लेना होगा—एक ऐसा खाका तैयार कर लेना होगा, जिससे यह पता चल सके कि कौन-कौन-सी पत्र-पत्रिकाएँ हमारी योजना को स्वीकार करने के लिए तैयार हैं, कितनी सामग्री की आवश्यकता उन्हें

प्रति दिन, प्रति सप्ताह अथवा प्रति मास पड़ेगी। इस संबंध में पत्र-पत्रिकाओं के नाम का एक प्रचार-पत्र भेज देने से काफ़ी दिलचस्पी पैदा की जा सकती है। हिन्दी में इस समय पत्रों की संख्या अच्छी है, यद्यपि बहुत से पत्र समुचित ख्याति न पाने के कारण दिन पर दिन क्षीणावस्था को प्राप्त होते चले जा रहे हैं फिर भी यह आशा की जा सकती है कि वे अपने पत्रों को चमकाने के उद्देश्य से, विशुद्ध व्यावसायिक दृष्टिकोण से, इस योजना के पीछे कुछ रुपया लगाने को तैयार हो जावेंगे। यह मालूम हो जाने पर कि कितने पत्र हमारी योजना से सहमत हैं, तीन आदमियों की एक समिति का संगठन करना होगा। इस समिति का काम अनुवादक के लिए उपयुक्त सामग्री जुटाने का होगा। कुछ पत्र-पत्रिकाएँ या तो खरीदनी पड़ेंगी या किसी दूसरे रूप से प्राप्त करनी होंगी और उनमें से महत्वपूर्ण तथा ज्ञानवर्द्धक सामग्री चुनकर इकट्ठा करनी पड़ेगी। इसके अतिरिक्त अनुवादकों की एक समिति की भी आवश्यकता है—ऐसे अनुवादक जो अलग-अलग विषयों के विशेषज्ञ हों। प्रबन्ध समिति अनुवादकों को बराबर-बराबर काम बाँट देगी और तब अनुवादित सामग्री को पत्रों में प्रकाशनार्थ भेज देगी। प्रबन्ध समिति को बहुत से काम करने पड़ेंगे। बहुत से पत्रों को पढ़कर उनमें से अनुवाद-योग्य सामग्री चुनना कोई आसान काम नहीं है, पर अभ्यास हो जाने से काम बहुत कुछ आसान हो जायगा। यदि सौ पत्र-पत्रिकाएँ भी इस काम के लिए दस रुपया प्रतिमास खर्च करने को तैयार हो जावें, तो काम को आगे बढ़ाने के लिए नींव तैयार हो सकती है। लेखों का चुनाव करनेवाली समिति को निश्चय ही पुरस्कार दिया जायगा, यद्यपि पुरस्कार सामान्य ही रहेगा। इस काम के लिए पचास अनुवादक नियुक्त किये जा सकते हैं, जिनके पारिश्रमिक के सम्बन्ध में यह तय कर लेना होगा कि एक रुपये पर कितनी पंक्तियाँ उन्हें लिखनी होंगी। यदि कुछ पत्र एक ही प्रकार की सामग्री चाहने लगें तो वितरण में कुछ गड़बड़ी पैदा हो सकती है। ऐसी हालत में उन पत्रों के वितरण का पूरा भार हम लोगों के हाथ छोड़ देना होगा या और कोई दूसरा उपाय खोज निकालना होगा। मेरा विश्वास है कि इस योजना को बढ़ाया जा सकता है और यदि कोई व्यक्ति लगन के साथ इस पर जमा रहे, तो उसे हमारे पत्रकार-जगत् की स्थिति को ऊँचा करने का श्रेय और संतोष प्राप्त होगा। आप निश्चय ही इस काम के लिए योग्य व्यक्ति हैं। मैं तो एक हरकारा मात्र हूँ, और सदा ऐसे कामों में हाथ डालने की चेष्टा करता रहता हूँ जिनके लिए मैं नहीं बनाया गया। पत्रकार कला से मेरा स्वभावगत विरोध है, पर परिस्थितियों से विवश होने के कारण मैं उसे स्वीकार करने को बाध्य हुआ हूँ। मेरी यह अनुभूति कि मैं किसी क्षेत्र में कोई स्थायी चिन्ह अंकित

करने में असमर्थ हूँ, मुझे मूर्खतापूर्ण कामों के लिए उकसाती रहती है। पर अंग्रेज़ी में एक कहावत है—'जियो और सीखो।'

यदि मेरी योजना को कोई योग्य व्यक्ति हाथ में ले ले, तो इससे अधिक प्रसन्नता मुझे और किसी बात से नहीं हो सकती।

आपका भाई

धनपत राय

२५८

: ६ :

१० साउथ रोड, इलाहाबाद

२७ मई १९३३

प्रिय प्रेमचंद जी,

आपके कृपापत्र के लिए धन्यवाद। मैं योजना तैयार कर रहा हूँ, जिसे दो दिन के भीतर मैं आपके पास भेज दूँगा। योजना की सफलता के लिए मुझसे जो कुछ भी हो सकेगा करूँगा। मुझे विश्वास है कि अंत में निश्चय ही सफलता मिलेगी। पर प्रारम्भ यदि सामान्य भी हो तो हमें घबराना नहीं चाहिए।

मेरे पास हिन्दी के दैनिक तथा साप्ताहिक पत्रों की सूची बहुत अधूरी है। यदि आपके पास कोई सूची हो तो भेजने की कृपा करें, ताकि एक पूरी सूची तैयार की जा सके।

मैं आपके कहे अनुसार पत्रों में प्रचारार्थ एक मसविदा भी भेजूंगा।

आपका

रामचन्द्र टण्डन

२५९

: ७ :

१० साउथ रोड, इलाहाबाद

१ जून १९३३

प्रिय प्रेमचंद जी,

मुझे इस बात के लिए खेद है कि मैंने आपको जिस योजना को भेजने का वचन दिया था उसे इसके पहले न भेज पाया। मेरा स्वास्थ्य अच्छा नहीं था और इस बीच मेरा आफिस जाना भी बंद रहा। इस समय भी मैं आपको अनुवादक-मंडल के संगठन से संबंधित वैधानिक मसविदा नहीं भेज रहा हूँ; इस संबंध में मैंने

तब तैयार किया जायगा जब आप मेरे सुझावों के संबंध में अपनी सम्मति देंगे।

मैं यह पसंद करूँगा कि एजेन्सी का अंग्रेज़ी नामकरण किया जाय, अर्थात् उसका नाम 'हिन्दी ट्रान्सलेशन बोर्ड' रहे, न कि अनुवादक मंडल।

इसका उद्देश्य हिन्दी के दैनिक तथा साप्ताहिक पत्रों को विभिन्न विषयों पर अनुवादित लेख भेजते रहने का होना चाहिए। संवाद तथा राजनीतिक लेखों से कोई संबंध नहीं रखना चाहिए। ऐसा होने से मासिक तथा पाक्षिक पत्र भी उक्त एजेन्सी द्वारा लाभ उठा सकेंगे।

बोर्ड का हेड आफिस बनारस में होना चाहिए। उसकी शाखाएँ दिल्ली, इलाहाबाद, लखनऊ, कलकत्ता और जबलपुर में खोली जा सकती हैं। फ़िलहाल लखनऊ और जबलपुर को छोड़ा भी जा सकता है।

प्रत्येक आफिस, चाहे वह प्रधान आफिस हो या शाखा, किसी एक संचालक के व्यक्तिगत निरीक्षण के अधीन रहे।

संचालक के ऊपर इन बातों का उत्तरदायित्व होगा—१—भारतीय तथा विदेशी संवादपत्रों तथा मासिक पत्रों से लेख अथवा लेखांशों का चयन करना और उन्हें अपने आफ़िस से संलग्न अनुवादकों को अनुवाद के लिये दे देना, २—पत्र-व्यवहार द्वारा प्रधान कार्यालय के संसर्ग में रहना, और उसके साथ परामर्श करके अनुवादित सामग्री को प्रत्येक पत्र की विशेष आवश्यकता के अनुसार भेजते रहना, ३—आवश्यकता पड़ने पर अनुवादों का संपादन करना अथवा अपने नोट उनके साथ जोड़ देना, आफ़िस से संबंधित विभिन्न अनुवादकों को जो पारिश्रमिक दिया जाय, उसके बिलों की जाँच करना; किसी एक विशेष शाखा में विशेषज्ञता प्राप्त करना, और एक ऐसी फाइल रखना जिसमें बोर्ड से संलग्न अनुवादकों की योग्यताओं का विस्तृत ब्योरा रहे।

डाइरेक्टर को कुछ और भी ज़िम्मेदारियाँ सौंपी जा सकती हैं, पर इस समय मैंने केवल उन्हीं बातों का उल्लेख किया है जो बिना किसी प्रयास के मुझे सूझ गयीं।

बोर्ड को निम्नलिखित विषयों को अपने हाथ में लेना चाहिए—१—राजनीति (सैद्धान्तिक) २—साहित्य तथा शिक्षा ३—लोक-प्रचलित विज्ञान, ४—स्वास्थ्य-सुधार ५—कहानियाँ, ६—साधारण ज्ञान।

जो पत्र-पत्रिकाएँ मासिक चन्दा देना स्वीकार करें वे उक्त विषयों में से अपनी आवश्यकता के विषयों को चुन लें।

जैसा कि पहले कहा जा चुका है, प्रत्येक केन्द्र को किसी एक शाखा के संबंध में विशेषज्ञता प्राप्त करनी चाहिए, यद्यपि प्रत्येक शाखा के अनुवादकों का कार्य

एकांगीय होना ठीक न होगा। कुछ विशिष्ट शाखाओं को अपने विशेष विषय-संबंधी सामग्री इकट्ठा करके बोर्ड के ग्राहकों के पास भेजते रहना चाहिए।

संचालकों को पचास रुपया प्रति मास वेतन मिलना चाहिए। उन्हें बोर्ड के लाभांश का अधिकार रहेगा। संचालक समिति की वार्षिक बैठक में इस बात की घोषणा कर दी जायगी कि बोर्ड को कितना लाभ हुआ है। कार्यालयों को चलाने, विभिन्न पत्र-पत्रिकाओं को प्राप्त करने, तथा डाक-टिकट आदि के लिए संचालकों को प्रतिमास पचीस रुपया से लेकर पचास रुपया तक भत्ता दिया जाना चाहिए। प्रधान कार्यालय को पचास रुपया प्रतिमास इसके अतिरिक्त देना होगा। उसे शाखा कार्यालयों को आफिस संबंधी आवश्यक चीजें पहुँचाते रहना होगा।

एक लेख में औसतन सात सौ शब्द रहने चाहिए। पाँच सौ से एक हजार शब्द तक के लेख चल सकते हैं।

यदि कोई पत्र किसी विशेष विषय पर लेख चाहे तो उसके लिए विशेष दर भी तय की जानी चाहिए।

अनुवादकों को सात सौ शब्दों के लिए डेढ़ रुपये पारिश्रमिक दिया जाना चाहिए। विशेष-विशेष अवस्था में इस दर में परिवर्तन किया जा सकता है।

ऐसे लेखों पर जो आशयमात्र लेकर लिखे गये हैं सात सौ शब्दों के लिए एक रुपया दिया जाना चाहिए।

अनुवादकों की योग्यता सहित उनके नामों की एक सूची प्रत्येक आफिस में रहनी चाहिए। प्रत्येक आफिस के पास बोर्ड के समस्त ग्राहकों की पूरी सूची रहनी चाहिए, जिसमें प्रत्येक ग्राहक की आवश्यकता का भी उल्लेख रहे।

बोर्ड को यह अधिकार होना चाहिये कि वह अपने ग्राहकों को जो कोई भी सामग्री भेजे उसे पुस्तकरूप में संगृहीत कर सके।

छपे हुए लेखों की दो 'कटिंग' प्रधान कार्यालय को भेजी जावें, एक प्रधान कार्यालय के लिए और एक शाखा कार्यालय के लिये।

ग्राहकों को क्रम से तीन श्रेणियों में विभक्त किया जा सकता है—तीस रुपया प्रति मास देनेवाले ग्राहक, पन्द्रह रुपया प्रति मास देनेवाले ग्राहक और दस रुपया प्रति मास देनेवाले ग्राहक।

प्रथम श्रेणी के ग्राहकों को प्रति मास आठ लेख ऐसे मिलेंगे जो केवल उन्हीं के लिये अनुवादित किये गये हों, द्वितीय श्रेणी के ग्राहकों को प्रति मास चार लेख ऐसे दिये जावेंगे और तृतीय श्रेणी के ग्राहकों को केवल दो विशेष लेख दिये जावेंगे।

यह आशा की जाती है कि प्रथम श्रेणी के पन्द्रह ग्राहक प्राप्त हो जावेंगे,

द्वितीय श्रेणी के बीस और तृतीय श्रेणी के पचास ग्राहक प्राप्त किये जा सकते हैं। इस प्रकार बोर्ड को कुल एक हजार दो सौ पचास रुपया मासिक आय हो सकेगी।

यह मोटे तौर पर तैयार की गयी योजना है। मेरी राय है कि आप प्रधान कार्यालय का भार ले लें। इलाहाबाद के कार्यालय का प्रबन्ध मैं कर लूँगा। श्री बनारसीदास चतुर्वेदी कलकत्ते का, और 'अर्जुन' के प्रोफेसर इन्द्र दिल्ली का भार सम्हाल लेंगे। इस बात को ध्यान में रखते हुए आप स्वयं उन लोगों से पत्र-व्यवहार चला सकते हैं।

यदि आगामी जुलाई से इस कार्य का श्रीगणेश हो सके तो बहुत अच्छा हो, बहुत सम्भव है, प्रारम्भिक व्यवस्था में एक पूरा महीना बीत जावे। पर समय नष्ट नहीं होना चाहिए।

मैं आपको सूचित करना चाहता हूँ कि मैंने इलाहाबाद आफिस के लिए अनुवादकों को सूची तैयार कर ली है। एक प्रचार-पत्र संचालकों के हस्ताक्षर सहित शीघ्र ही तमाम पत्रों को भेज दिया जाना चाहिए जिसमें योजना समझा दी जावे। प्रचार-पत्र के साथ चंदे का फार्म भी रहे। प्रचार-पत्र तब तैयार किया जाय, जब श्री बनारसीदास जी तथा इन्द्र जी के उत्तर आपको मिल जावें। इस बीच आप—और मैं भी—इस बात पर विचार कर लें कि प्रचार-पत्र में क्या-क्या बातें रहेंगी।

आपने अभी तक मेरे पास हिन्दी के दैनिक, साप्ताहिक तथा मासिक पत्रों की सूची नहीं भेजी।

एक बात अभी तक छूटी रह गयी है, वह है कानून-संबंधी विवेचना। यह तो स्पष्ट ही है कि हम लोगों की संस्था का उद्देश्य चाहे कैसा ही क्यों न हो, वह व्यावसायिक ही होगी, और केवल व्यावसायिक ढंग से उसे चलाया जा सकता है। पाश्चात्य देशों में इस प्रकार की बहुत-सी एजेन्सियाँ हैं। हम लोग एक ऐसा प्रयोग करने जा रहे हैं जो मेरी राय में केवल हिन्दी क्षेत्र के लिये ही नहीं, बल्कि भारत के लिए नया है। कुछ भी हो, आपसे प्रार्थना है कि आप एजेन्सी के कानूनी पक्ष पर विचार करके अपनी सम्मति की सूचना मुझे भी दीजियेगा।

पत्र काफी लम्बा हो गया है। अधिक आपका पत्र मिलने पर।

आपका

रामचन्द्र टंडन

२६०

: ८ :

जागरण कार्यालय, बनारस

३ जून, १९३३

प्रिय भाई साहब,

आपका पत्र मिला। धन्यवाद। आपकी योजना मुझे बहुत उपयुक्त जँचती है। कार्यालय से ही काम चल जायगा। शाखाओं की आवश्यकता ही क्या है? प्रधान कार्यालय किसी एक ऐसे केन्द्रीय स्थान में होना चाहिये जहाँ अँग्रेजी पत्र-पत्रिकाएँ आसानी से प्राप्त हो सकें। इलाहाबाद इसलिये आदर्श स्वरूप है। प्रधान कार्यालय में एक संचालक तथा एक या दो क्लर्क रहें। 'अर्जुन' और चतुर्वेदी जी दो छोरों से क्या कर सकते हैं? संचालक ऐसे व्यक्ति को होना चाहिये जो पठनीय, ज्ञानवर्द्धक और विचारोत्तेजक सामग्री का अच्छा चुनाव करने की योजना रखता हो। वह स्वयं इस बात का निर्णय करेगा कि अनुवाद के लिए कौन-सी सामग्री किस व्यक्ति को दी जावे। वह इस बात पर ध्यान रखेगा कि किस अनुवादक की योग्यता किस हद तक है और कौन इस संबंध में कितनी सहानुभूति रखता है। अनुवादकों के चुनाव का आधार यही होना चाहिये। पक्ष-पात से बचने के लिये एक प्रकार की वृत्तानुक्रमिक व्यवस्था होनी चाहिये। बाक़ी सब बातें ठीक हैं। यदि संचालकों की संख्या बढ़ाकर रखी जावे तो प्रारम्भिक भार के निर्वाह का प्रबन्ध नहीं हो सकेगा। कार्यालय का प्रारम्भिक व्यय प्रति-मास पचास, तीस, बीस, चालीस, दस, पन्द्रह, और एक सौ रुपये से अधिक नहीं होना चाहियें। संचालक को प्रति मास पचास रुपया, दो क्लर्कों को क्रम से तीस रुपया और बीस रुपया, आफिस का किराया चालीस रुपया, एक चपरासी का वेतन दस रुपया, रोशनी पन्द्रह रुपया और एक सौ रुपया पत्र-पत्रिकाओं के लिए। इस प्रकार कुल मिलाकर तीन सौ रुपया का खर्च बैठता है। बाकी रुपया आपकी योजना के अनुसार अनुवादकों में बाँट दिया जा सकता है। अनुवादक विश्वस-नीय होने चाहिये। प्रचार-पत्र में अनुवादकों के नामों का उल्लेख रहना चाहिये। यदि हम लोग उर्दू संसार को भी लेवें तो आपकी योजना का क्षेत्र विस्तृत हो जावेगा। किसी लेख का अनुवाद हिन्दी में हो जाने पर उर्दू में वह बड़ी आसानी से रूपान्तरित किया जा सकता है। जो सूची आपने माँगी थी मैं उसे भेज रहा हूँ। वह पूरी नहीं है, पूरी के करीब है। यदि जनता सहयोग दे तो सब कुछ हो सकता है। कुछ बातें सहयोग पर निर्भर हैं। जब कार्यालय का व्यय तीन सौ

रुपया है तो अनुवादकों का पारिश्रमिक एक और पाँच के अनुपात में होना चाहिए। यदि हमें प्रति मास एक हजार रुपया भी प्राप्त हो जायँ, तो योजना बड़े मज़े में चलाई जा सकती है। पाँच सौ रुपया भी कोई निराशाजनक रकम नहीं है। ऐसी हालत में हमें कार्यालय का व्यय घटाना होगा। फिलहाल मकान के भाड़े का कोई प्रश्न नहीं उठेगा। इस सम्बन्ध में कुछ अनुभवी व्यक्तियों जैसे श्री कृष्णाराम मेहता अथवा श्री विश्वनाथ प्रसाद से बात करने में क्या हर्ज है? दो-एक व्यक्तियों ने इस विषय में मुझे पत्र लिखे हैं। प्रचार-पत्र इस रूप में तैयार किया जाना चाहिए जिससे लोगों पर प्रभाव पड़ सके और वे यह अनुभव करें कि उन्हें सेवा के बतौर नहीं बल्कि स्वयं अपने हित में सहयोग देना है। प्रारम्भ में निम्न व्यक्तियों को हमें अपने साथ लेना होगा—१—प्रोफेसर इन्द्र, २—बनारसीदास जी ३—डा० हेमचन्द्र जोशी ४—मिस्टर श्रीप्रकाश और ५—आगरा के श्री पालीवाल जी।

प्रारम्भिक अवस्था में ज़मीन को तैयार करने के लिए बहुत परिश्रम-साध्य काम करना पड़ेगा। व्यय भी काफी करना पड़ेगा, टिकटों का खर्च खास तौर से रहेगा। प्रायः आधे दर्जन योग्य व्यक्ति हमारा साथ देने को तैयार हो जायँ, तो प्रचार-पत्र तैयार करके विस्तृत योजना, सम्मतियों के साथ, समस्त संवादपत्रों के सम्पादकों तथा मालिकों के पास भेज दी जाय व यदि योजना का स्वागत हुआ तो समझ लेना चाहिए कि हम लोगों ने बाज़ी मार ली, अन्यथा नहीं। प्रारम्भ में यदि सामान्य परिमाण में कार्य चलाया जा सके तो मुझे कोई आपत्ति न होगी।

उर्दू संवादपत्रों की सूची मुंशी दयानारायण निगम से प्राप्त की जा सकती है। मेरा ऐसा खयाल है कि असग़र साहब को सब पत्रों के नाम याद नहीं होंगे। मुंशी दयानारायण तथा और दो-एक सज्जनों की भी सम्मतियाँ इस योजना के संबंध में जान लेनी चाहिए। उर्दू का क्षेत्र काफी बड़ा है और अगर वे लोग सहयोग दें तो यह बधाई का विषय होगा। प्रारम्भिक व्यय के लिए आप मेरा कमीशन काट सकते हैं, जो हिन्दुस्तानी एकेडमी से मुझे प्राप्य है। प्रायः बीस रुपये मुझे पाने हैं। फ़िलहाल इस रक़म से काम किसी तरह चालू किया जा सकता है।

यदि आप समय निकाल सकें तो आपसे अच्छा संचालक दूसरा नहीं मिल सकता। अभी किसी योग्य व्यक्ति को पूरे समय के लिए नियुक्त नहीं किया जा सकता। आप पहले योजना के संबंध में कुछ लोगों से वार्तालाप कर लें। उसके बाद मुझे बुला लें। मैं आपके साथ आपके घर पर भोजन करते हुए योजना के

संबंध में विस्तार से बातें करूँगा। इसके लिए मैं एक दिन का समय दे सकता हूँ।

आपका स्नेही
धनपतराय

२६१

: ९ :

१० साउथ रोड, इलाहाबाद
६ जून १९३३

प्रिय प्रेमचंद जी,

आपके पत्र के लिये बहुत धन्यवाद। मैं आपकी सावधानी से पूर्णतया सहमत हूँ। प्रान्तीय शाखाओं के खोलने के संबंध में मैंने जो प्रस्ताव किया था उससे मेरा उद्देश्य विभिन्न केन्द्रों के कार्यकर्ताओं का सक्रिय सहयोग प्राप्त करना था। हम लोग अब उस स्थिति पर पहुँच गये हैं जब कि इस विषय पर बातचीत करके कुछ निश्चित निर्णयों पर पहुँच सकते हैं। यदि आप अगले सप्ताह के अन्त में इलाहाबाद आ सकें तो रविवार ११ जून को हम लोग योजना को निश्चित रूप देकर कार्यवाही शुरू कर सकते हैं। कृपया अपने आने की सूचना मुझे पहले से दे दें ताकि यहाँ दो-एक व्यक्तियों को भी समय पर सूचना मिल जावे।

आपका
रामचन्द्र टण्डन

२६२

: १० :

सरस्वती प्रेस, बनारस

प्रिय भाई साहब,

आपका कार्ड, कई दिन हुए, मिला था, पर मेरी तबीयत इस बीच ठीक नहीं रहती है और इस समय भी कुछ विशेष अच्छी नहीं है। मैं उम्मीद करता हूँ कि शनिवार या इतवार को मैं इलाहाबाद पहुँचूँगा। एक तो जीर्ण रोग, तिस पर दाँत का दर्द, इन दो कारणों से आपके यहाँ आने का प्रलोभन बहुत कुछ नष्ट हो गया। मैं आपके यहाँ के सुस्वादु व्यंजनों का रस लेने से वंचित ही रह जाऊँगा। यदि इस बीच कोई विशेष कारण न आ खड़ा हुआ तो मुझे उम्मीद है कि इलाहाबाद आ पहुँचूँगा।

आपका
धनपत राय

(कार्ड पर १५ जून १९३३ की डाक मुहर है)

विनोद शंकर व्यास

२६३

लखनऊ

७ अप्रैल १९२७

प्रिय महाशय,

आपका पत्र मिला। उत्तर में निवेदन है कि मेरी कहानियों का कापीराइट दूसरे प्रकाशकों के पास है और मुझे उनके प्रकाशन की अनुमति देने का अधिकार नहीं है। आशा है आप प्रकाशकों से ही तय कर लेंगे।

क्षमा करें।

भवदीय

धनपत राय

प्रेमचंद

२६४

माधुरी कार्यालय

८ जुलाई १९२७

प्रिय महाशय,

पत्रोत्तर में निवेदन है कि मेरी कहानियों का सर्वाधिकार प्रकाशकों ही को है। मैं उसमें हस्तक्षेप कैसे कर सकता हूँ?

रही मेरे जन्म की तिथि आदि। मेरा जन्म सं० १९३७ में हुआ। काशी के उत्तर की ओर पाँडेपुर के निकट लमही ग्राम का निवासी हूँ। क्वीन्स कालेज में अंग्रेज़ी पढ़ी। शिक्षा विभाग में रहा। पहले १९०० सौ में 'प्रेमा' लिखा, फिर उर्दू में 'प्रेम पच्चीसी' आदि और 'जलवए ईसार' लिखा। सन् १६ में 'महात्मा शेखसादी' लिखा। उसी साल सरस्वती में एक कहानी लिखी और तब से ग्यारह साल से बराबर कुछ न कुछ लिखता आता हूँ।

माधुरी के लिए आप कुछ लिखने की कृपा क्यों नहीं करते? क्या आशा करूँ?

भवदीय

धनपत राय

२६५

लखनऊ

६ सितम्बर १६२६

प्रिय व्यास जी,

कृपा पत्र मिला। 'मधुकरी' पहले ही मिल गयी थी। संग्रह अच्छा है। कहानियों का चुनाव सुन्दर, छपाई में अशुद्धियाँ और विरामों का अभाव इस संग्रह की विशेषता है।

आलोचना की दो-एक बातों से मैं सहमत नहीं हूँ, मगर मैं कोई आक्षेप नहीं करता। आपको अपनी राय प्रकट करने में उतनी ही स्वाधीनता है जितनी मुझे या किसी दूसरे को है।

भवदीय

धनपत राय

२६६

लखनऊ

१० सितम्बर १६२६

प्रिय व्यास जी,

वंदे

आपने 'मधुकरी' पर मेरी सम्मति पूछी है। संग्रह सुन्दर हुआ है और कहानियों के चुनाव में सुरुचि से काम लिया गया है। ऐसे सुन्दर संग्रह पर मैं आपको बधाई देता हूँ। मेरे और आपके साहित्यिक आदर्शों में किंचित् अंतर है, पर यह कैसे आशा की जा सकती है कि सभी लोग एक ही जैसे विचार रखते हों। यह भेद स्वाभाविक है। इससे संग्रह की सुन्दरता में कोई बाधा नहीं पड़ती। संग्रह में बनारसवालों के साथ आपने ज़रूरत से ज़्यादा उदारता की है, पर शायद मैं संग्रह करने बैठता तो मैं भी ऐसा ही करता। मेरा 'गल्प समुच्चय' तो एक प्रकाशक के संकेत पर केवल स्कूली कक्षाओं के लिए, उसी के बताये हुए लेखकों से किया गया था। उसमें मैं उन लेखकों को कैसे ला सकता था जिनको प्रकाशक ने स्वयं अलग कर दिया था। स्कूल के लिए जटिल भाषा और जवानी से छलकती हुई कहानियों की तो जरूरत न थी। वहाँ तो चरित्र का विचार ही प्रधान रहता है। मेरे विचार में—सभी के विचार में—साहित्य के तीन लक्ष्य हैं—परिष्कृति, मनोरंजन और उद्घाटन। लेकिन मनोरंजन और उद्घाटन भी उसी परिष्कृति के अन्तर्गत आ जाते हैं क्योंकि लेखक का मनोरंजन केवल भाड़ों का नक्कालों का

मनोरंजन नहीं होता, उसमें परिष्कार का भाव छिपा रहता है। उसका उद्घाटन भी परिष्कृति का उद्देश्य सामने रखकर ही होता है। हम गुप्त मनोभावों को इसलिए नहीं दर्शाते कि हमें उनकी दार्शनिक विवेचना करनी है, बल्कि इसलिए कि हम सुन्दर को आकर्षक और असुन्दर को हेय दिखाना चाहते हैं।

क्षमा करना, क्या से क्या लिख गया।

भवदीय
धनपत राय

हाँ, संग्रह में अशुद्धियाँ बेशुमार हैं।
धनपत राय

२६७

लखनऊ
१५ सितम्बर १९२७

प्रियवर,

"मास का प्रश्न" कहानी पढ़ी। चाहता था दे दूँ। पर कहानी उस कोटि की नहीं है जैसी मैं आपके कलम से निकालना चाहता हूँ। इसलिए वापस करता हूँ। क्षमा कीजिए।

भवदीय
प्रेमचंद

२६८

सरस्वती प्रेस काशी
२४ जनवरी १९३०

प्रिय विनोदशंकर जी,

अब की मैं प्रयाग गया तो बाबू राजेन्द्रप्रसाद की बातों से मालूम हुआ कि आप मुझसे नाराज़ हैं और यह इसलिए कि मैंने 'मधुकरी' के लिए आपको कोई गल्प नहीं दी। मुझे अच्छी तरह याद है कि मैंने आपसे कह दिया था कि जिन पुस्तकों पर मेरा कोई अधिकार नहीं है उनको छोड़कर आप मेरी जिस पुस्तक से चाहें संग्रह कर सकते हैं। शायद मैंने 'अग्नि समाधि' का नाम भी बतलाया था। आपको वह कहानी अच्छी न लगी लेकिन मेरे कितने ही साहित्यिक मित्रों ने उसे बहुत पसन्द किया।

मैं जो चाहता हूँ वह यह है कि कहानियों के प्लाट जीवन से लिये जायँ और जीवन की समस्याओं को हल करें। कहानी से कविता का काम लेना मुझे नहीं

जँचता। यही बात थी जो मैंने किसी पत्र में इशारतन् लिखी थी कि गल्पों के विषय में मेरे और आपके मतभेद हैं। लेकिन इधर आपकी कई कहानियाँ देखकर मुझे मालूम हुआ कि उनके प्लाट अवश्य जीवन से लिये गये हैं—बिलकुल खयाली, कल्पित नहीं हैं। हाँ, कहानी और गद्यकाव्य में अंतर है, इसे शायद आप भी स्वीकार करेंगे।

गद्यकाव्य हृदय के तारों पर चोट करता है, कहानी से अधिक, क्योंकि वह तो चोट करने के लिए ही लिखा जाता है लेकिन उसकी चोट उस संगीत की ध्वनि के सदृश है जो एक बार कान में पड़कर, एक चुटकी लेकर, ग़ायब हो जाती है। कहानी आपकी आँखों के सामने चरित्रों को खेलते हुए दिखाती है।

खैर, आप 'हंस' के लिए कुछ लिख रहे हैं या नहीं—गद्यकाव्य, गल्प, एतिहासिक, कुछ भी हो। उसमें तो सभी चीज़ों की गुँजायश है। आप लिखिए और अपने ही रंग में। 'दीपदान' की-सी चीज़, खूब थी। काशी से निकलनेवाली पत्रिका की लाज रखिए।

जवाब जल्द दीजिएगा—होली तक पहला अंक निकाल देना चाहता हूँ।

भवदीय

धनपत राय

२६६

अमीनुद्दौला पार्क, लखनऊ

२७ मार्च १९३०

प्रिय विनोद जी,

'हंस' तो आपने देखा ही होगा। आपकी कहानी मुझे प्यारी लगी। यहाँ औरों ने भी उसे खूब पसन्द किया। अब दूसरे नम्बर के लिए भी लिखिए।

'भूली बात' मैंने राजेश्वरी से लेकर पढ़ ली थी। आपकी भाषा में चोट होती है और चित्र कुछ ऐसे होते हैं मानो स्वप्न-चित्र हों और इसलिए उनमें रोमानी झलक होती है। पहली कहानी मुझे बहुत अच्छी मालूम हुई। पर हंसवाली चीज़ मुझे सबसे अच्छी जँची।

शुभाकांक्षी

धनपत राय

२७०

१६ जुलाई १६३२

आदरणीय प्रेमचंद जी,

मैं आपके उत्तर की प्रतीक्षा में बैठा हूँ। शेयरहोल्डरवाला प्लान ठीक नहीं है। 'जागरण' के सम्बन्ध में अपने विचारों को मैं आपके सम्मुख प्रकट कर चुका हूँ। मैं उसी पर अटल हूँ।

मेरी हार्दिक इच्छा यही है कि आप उसे प्रकाशित करें। यदि आप पूर्ण रूप से निश्चय कर चुके हों तो कृपया निश्चित उत्तर दीजिए। साथ ही यह भी लिखिए कि आप अधिक से अधिक किस तारीख तक निकालेंगे। इसकी सूचना पत्र में दे देना अत्यन्त आवश्यक है।

मेरा टर्म केवल इतना ही होगा कि पत्र जब तक चाहें आप निकालते रहें। उसकी हानि-लाभ से मेरा कोई सम्बन्ध न होगा। लेकिन जब किसी कारण से आप स्वयं उसे बन्द करना चाहेंगे (भगवान न करे कभी ऐसा हो) तो मुझे अधिकार होगा कि मैं उसके प्रकाशन की व्यवस्था करूँ।

मैं समझता हूँ इसमें आपको कोई आपत्ति नहीं होगी। साथ ही जितने ग्राहक हैं उनके पास पत्र भेजते रहेंगे। विज्ञापन स्टिच करने की कभी आवश्यकता मुझे होगी तो मैं छपाकर दे दूँगा।

कृपा कर आज ही सूचना मुझे दीजिए। आपके उत्तर पर ही 'जागरण' के जीवन-मरण का निर्णय होगा और हर हालत में पत्र में कल अंतिम सूचना प्रकाशित हो जायगी।

मैं उत्तर की प्रतीक्षा में हूँ।

विनोदशंकर व्यास

२७१

सरस्वती प्रेस, काशी
१६ जुलाई १६३२

प्रिय विनोद जी,

पत्र मिला। सघ का विचार मुझे भी छोड़ना पड़ेगा। एक प्रकार से मैंने उसे छोड़ ही दिया है। मैं अभी यह निश्चित रूप से तो नहीं कह सकता कि किस तारीख से निकाल सकूँगा क्योंकि 'हंस' निकालना है और दो एक परमावश्यक काम और हैं, पर यह तो मेरा ही फ़ायदा है कि जितनी जल्द हो सके उसे शुरू

करूँ। आपकी उस शर्त से भी मुझे कोई आपत्ति नहीं कि यदि मैं पत्र बन्द करूँ तो आप उसे निकालें। मैं समझता हूँ १५ अगस्त से पहले पत्र निकालना साध्य होगा लेकिन आप अपने नोट में कोई तिथि न देकर केवल इतना लिख दें कि 'साप्ताहिक शीघ्र ही निकलेगा' तो अच्छा हो। और सब बातें तो हो ही चुकी हैं।

भवदीय

धनपत राय

२७२

२१ मई १९३४

आदरणीय प्रेमचंद जी,

'जागरण की समाधि' शीर्षक अग्रलेख पढ़कर अत्यन्त दुख हुआ। मुझे विश्वास ही नहीं होता था कि 'जागरण' इतनी जल्दी में बंद किया जायगा। पता नहीं आपने इसे इतनी शीघ्रता में बंद करके क्या लाभ सोचा है। पत्र में चार हज़ार का घाटा मैंने दिया और पाँच-छः हज़ार से कम आपका भी नहीं हुआ होगा। ऐसी स्थिति में उसे एकाएक बंद करना कहाँ तक उचित था, यह मेरी समझ में नहीं आया। यह ठीक है कि पत्र अब जल्दी ही 'सेल्फ़ सपोर्टिंग' हो जाता।

मैंने 'जागरण' आपके हाथों में देते हुए अपनी एक प्रार्थना आप से स्वीकार करा ली थी—कि कभी 'जागरण' आप बंद करें तो मैं ही उसकी व्यवस्था करूँगा, क्योंकि 'जागरण' से मुझे भी कोई व्यावसायिक लाभ की संभावना न थी और न है।

मेरा उद्देश्य केवल साहित्य-सेवा का ही है। मैं किसी तरह भी यह नहीं देख सकता कि 'जागरण' का अंत हो।

अनिश्चित काल के लिए बंद करने के पहले आपको मुझे सूचना देनी थी, क्योंकि पत्र आपके बंद करने के पहले मुझे अधिकार है कि मैं उसके प्रकाशन की दूसरी व्यवस्था करूँ।

'अनिश्चित काल' से कुछ समझ नहीं पड़ता और मेरे-आपके टर्म के अनुसार यह सर्वथा अनुचित है।

कृपा करके आप मुझे आज्ञा दें कि मैं उसका नया प्रबन्ध करूँ अथवा उसे बंद ही कर दूँ। यह अधिकार मुझे है, आपको नहीं।

उत्तर की प्रतीक्षा में हूँ।

आपका

विनोदशंकर

२७३

प्रिय विनोदशंकर जी,

पत्र मिला। 'जागरण' के बंद करने का कारण मेरे यहाँ भी वही था जो आपके यहाँ था। आपने छः महीने में ज्यादा से ज्यादा एक हज़ार का नुक़सान उठाया। मैं चार हज़ार के लपेट में आ गया। आपने जो लंबे-चौड़े वादे किये थे वह आपने एक भी पूरे न किये। मैं आपके चकमे में आ गया। खैर, आप तो 'जागरण' को बंद कर चुके थे। उसे मैंने फिर चलाया। आपने सौ ग्राहक दिये थे। वह सब टूट गये। मेरे लिए 'जागरण' नाम से कोई विशेष लाभ क्या बिलकुल लाभ नहीं हुआ। मैंने इस पर चार हज़ार डुबाया है और इसे फिर निकालूंगा, चाहे खुद या किसी के साझे में। आप साझा करना चाहें आप कर सकते हैं। अगर आप बिलकुल इसे लेना चाहते हैं तो मुझे चार हज़ार रुपया नकद दे दीजिए या बीस रुपया महीने सूद का प्रबन्ध कीजिए। वरना कुछ दिन इंतज़ार कीजिए और देखिए कि मैं इसे निकालता हूँ या नहीं। बहरलाल मुझे इसको अपने हाथ में रखकर किसी के साझे में निकालने का पूरा अख्तियार है। आप साझा करें शौक़ से आइए। लेकिन यह नहीं हो सकता कि मैं दो साल का परिश्रम और चार हज़ार का घाटा यों ही निकल जाने दूँ। आइए, आपने जो घाटा दिया है और मैंने जो घाटा दिया है उसका हिसाब लगाकर उस घाटे के परते से 'जागरण' में हमारा और आपका हिस्सा हो जाय और आगे के लिए आप भी धन निकालिए और मैं भी निकालूं। फिर इसे अच्छे रूप में चलाऊँ। आप खुद आठ घंटे काम कीजिए। मेरी तरफ से प्रवासीलाल जी काम करेंगे। हाँ, अगर आप खुद निकालना चाहें तो आप क्या यह उचित नहीं समझते कि मेरे परिश्रम और घाटे का मुझे कुछ बदला मिलना चाहिए।

भवदीय

धनपत राय

२७४

दोपहर

२१ मई १९३४

आदरणीय प्रेमचंद जी,

आपका कृपा-पत्र मिला। 'जागरण' में मेरा एक हज़ार का घाटा हुआ या चार हज़ार का अथवा आपके एक गये या चार, इससे मुझे और आपको दोनों ही

को कुछ लेना-देना नहीं है। आपने लिखा है कि—'आपने लंबे चौड़े वादे किये थे, वह आपने एक भी पूरे न किये। मैं आपके चकमे में आ गया।' यह कहाँ तक सत्य है, आप ही विचार कीजिए। मेरा तो यह विश्वास है कि आप मुझसे किसी तरह का सहयोग लेना ही नहीं चाहते थे।

आप जैसे कुशल कलाकारों की लेखनी से 'चकमा' शब्द शोभा नहीं देता। मैंने आपको 'जागरण' दिया और आपने उसे निकाला। मैंने स्पष्ट शब्दों में आरम्भ में ही आपको लिख दिया था—मेरा टर्म केवल इतना ही होगा कि पत्र जब तक चाहें निकालते रहें। उसकी हानि-लाभ से मेरा कोई सम्बन्ध न होगा। लेकिन जब किसी कारण से आप स्वयं उसे बंद करना चाहेंगे (भगवान न करे ऐसा कभी हो) तो मुझे अधिकार होगा कि मैं उसके प्रकाशन की व्यवस्था करूँ।

आपने १९ जुलाई १९३२ के पत्र में उस टर्म को स्वीकार करते हुए लिखा है—आपकी उस शर्त से भी मुझे कोई आपत्ति नहीं कि यदि मैं पत्र बंद करूँ तो आप उसे निकालें।

आपने यह टर्म स्वीकार करते हुए भी 'जागरण' के बंद करने की सूचना निकालने के पहले मुझसे केवल पूछना तक उचित नहीं समझा, और अनिश्चित काल के लिए 'जागरण' बंद कर दिया गया।

अब आप लिखते हैं—'लेकिन यह नहीं हो सकता कि मैं दो साल का परिश्रम और चार हज़ार का घाटा यों ही निकल जाने दूँ।'

इन बातों को एक साधारण अपढ़ आदमी भी भलीभाँति समझ सकता है, और आप तो महारथियों में हैं, आपको कौन समझा सकता है? आप ही विचार कीजिए कि अपने स्वार्थ की छाया में आप कहाँ तक न्याय कर रहे हैं। रही साझे की बात, वह इस जीवन में न मैंने किसी से किया है और न करूँगा।

आदरणीय प्रसाद जी की उस स्कीम पर कि पुस्तक मंदिर, सरस्वती प्रेस और भारती भण्डार मिला दिया जाय—जब मैं सहमत नहीं हुआ तो अब साझा करना असम्भव है।

मैं विशेष कुछ न लिखकर एक बार फिर आपसे अनुरोध करता हूँ कि इस सम्बन्ध में आप अपना निश्चित उत्तर स्पष्ट शब्दों में दें।

मैं उत्तर की प्रतीक्षा में हूँ।

आपका

विनोदशंकर व्यास

२७५

२१ मई, १९३४

प्रिय विनोद जी,

पत्र मिला। मैंने 'जागरण' बन्द नहीं किया है और न करूँगा। स्थगित किया है। समाधि के बाद वह पुनर्जीवन लाभ करके उठेगा और इससे अच्छे रूप में निकलेगा। कब तक वह शुभ मुहूर्त आवेगा यह मैं नहीं बता सकता। रुपये जब जमा हो जायँगे तब निकलेगा। मैं बम्बई जा रहा हूँ। जब मैं 'जागरण' को सदा के लिए बन्द कर दूँगा तब आप उसका शव उठा ले जाइएगा। समाधि तो मौत नहीं है।

भवदीय

धनपत राय

दशरथ प्रसाद द्विवेदी

२७६

ज्ञान मण्डल, काशी
२२ मार्च १६२१

प्रिय द्विवेदी जी,

वंदे ।

मैं आने के दिन जल्दी के कारण आपसे मिल न सका। अपना आदमी आपको देखने को भेजा था पर आप दफ्तर में न थे। मुझे दुबारा आने का अवकाश न मिला। होली की संख्या तो निकल ही गयी होगी। 'तहक़ीक़' का क्या हाल है ? अगर वह बंद हो गया तो मैं प्रेस का प्रबन्ध करूँ। लखनऊ में प्रेस मिल रहा है। अगर नहीं बन्द हुआ तो आप मुझे अभी गोरखपुर न बुलाइए। यदि आपकी इच्छा हो तो मैं यहाँ से प्रति बुधवार को अग्रलेख और टिप्पणियाँ भेज दिया करूँ। वह बृहस्पति को वहाँ पहुँच जायगा और रविवार तक आपका पत्र निर्विघ्न निकलता रहेगा। नौ कालम का मैटर देने का भार मैं ले सकता हूँ। इस सेवा के लिए आप मुझे पचास रुपये भी दे देंगे तो मैं सन्तुष्ट हो जाऊँगा। यहाँ देहात में इतना मेरे लिए काफी है। होली संख्या के बाद 'स्वदेश' फिर कब निकलेगा। पत्र का उत्तर कृपया शीघ्र ही दीजिएगा।

मेरे पास भूल से चला आया है। लौटा दूँगा।

भवदीय
धनपत राय

मार्च में मैंने 'स्वदेश' की जो सेवा की है उसके लिए आप जो कुछ उचित समझें वह कृपया भेज दें।

२७७

ज्ञान मंडल, काशी
८ अप्रैल १६२१

प्रिय द्विवेदी जी,

वंदे ।

पत्र मिला। मैं स्वयं आपसे बिना मिले चले आने पर अत्यन्त लज्जित हूँ।

हालाँकि मैंने आपसे मिलने की चेष्टा बहुत की पर आप दफ्तर में न थे और मैं सब तैयारियाँ कर चुका था। क्षमा कीजिए। मैं अभी तक घर पर ही हूँ। प्रेस का प्रबन्ध कर रहा हूँ। ज्ञानमण्डल से एक साप्ताहिक पत्र भी निकलनेवाला है। संभव है उसका सम्पादन करने लगूँ। सौ रुपये मिलेंगे। इस बीच मैं दैनिक 'आज' के लिये महीने में चार लेख देना तय कर लिया है। तीन रुपया प्रति कालम मंजूरी हुई है। मुझे 'स्वदेश' की सेवा करने से इनकार नहीं है पर सोलह कालमों के लिए तीस रुपया बहुत कम है। दो रुपया से भी कम। समय फालतू होता तो कहता लाओ यही सही, पर निर्वाह भी तो होना चाहिए। चार पृष्ठ लिखने के लिए चार दिन दो-तीन घंटा रोज़ मिहनत करना ज़रूरी है। तीन दिन 'आज' के भेंट कर दूँ तो मुझे कुल साठ रुपये मिलेंगे इसमें यहाँ गुज़र होना मुश्किल है। पूँजी में से खाने लगूँ तो कितने दिन खाऊँगा। इसलिये समय का अधिक लाभयुक्त उपयोग करना आवश्यक है। अतएव मैं आपसे किसी बंधन में न पड़ूँगा। अवकाश मिलने पर जो कुछ हो सकेगा लिख दिया करूँगा। मैंने समय का विचार कर ही पचास रुपये लिखे थे। रुपये कमाने का ख़याल न था। ख़ैर, जाने दीजिये।

अच्छी बात है उर्दू पत्र न निकालिए। झंझट है।

बीस रुपये जो आपने प्रदान किये उसके लिये कोटिशः धन्यवाद। बड़े वक्त पर पहुँचे क्योंकि मुझे एक गाय लेनी थी और कहीं से कुछ मिलने का सहारा न था।

देहात में हूँ। कुछ थोड़ा-सा प्रचार का काम भी कर लेता हूँ।

२७८

बनारस

३ सितम्बर १९२४

प्रिय दशरथ जी,

वन्दे।

कार्ड मिला। ज़रूर विजयदशमी अंक निकालिए। मैं कहानी तो न लिखूंगा, एक लेख अवश्य लिखूंगा।

राम वनवास तो बहुत प्रचलित चित्र है। सीताहरण भी कई बार दिया जा चुका है। मगर ऐसी तो कोई घटना याद नहीं आती जिस पर चित्र न बन गये हों। रामचन्द्र और उनके भाइयों को ग़रीब विद्यार्थियों के साथ विश्वामित्र के आश्रम में दिखायें तो कैसा हो। इससे कुछ साम्य भाव प्रकट होगा।

विषयों के विषय में लेखकों की ही पसंद पर छोड़ देना अच्छा। उन्हें बाँधने

की ज़रूरत नहीं। मैं तो शायद उस समय की राजनैतिक व्यवस्था पर लिखूँ। यह भी क्या ज़रूरी है कि सब लेख रामचन्द्र ही से सम्बन्ध रखते हों। किसी भी विषय पर लेख होने चाहिए।

रहे कार्टून। १—इसमें द्विविध शासन का अंत। २—हिन्दू-मुस्लिम खटपट। ३—चरखे की व्यापकता। ४—अंग्रेज़ों का भारतीय स्त्रियों से दुर्व्यवहार। ५—सिविल सर्विसवालों की वेतन वृद्धि।

इनमें से जो पसन्द आये किसी चित्रकार से बनवायें।

मैंने हाल में तीन किताबें प्रकाशित कराई हैं। उनकी एक-एक प्रति आपके पास भिजवा रहा हूँ। कृपया उन पर आलोचना कर दीजिएगा। क्या आपके यहाँ कुछ पुस्तकें बिक्री के लिए भी भिजवा दूँ?

आशा है, उत्तर देंगे।

भवदीय
धनपत राय

उषादेवी मित्रा

२७९

सरस्वती प्रेस काशी
७ जून १९३३

प्रिय देवी जी,

वंदे।

आपका पत्र मिला। मुझे यह जानकर हर्ष हुआ कि आपको हिन्दी से प्रेम है और आप हिन्दी साहित्य में आना चाहती हैं। मैं आपका स्वागत करने को तैयार बैठा हूँ। लेकिन असली चीज़ 'प्रतिभा' है। यदि आपमें वह है तो मैं या कोई दूसरा मनुष्य चाहे आपका स्वागत न करे, वह आप अपना मार्ग निकाल लेगी। आप कृपा कर कुछ लिखें और मेरे पास भेज दें। मैं एक छोटे से पैराग्राफ के नोट के साथ वह लेख छाप दूँगा, यदि वह अच्छा हुआ। अन्यथा आपसे फिर लिखने को कहूँगा। मैं तो दिल से चाहता हूँ कि हिन्दी का क्षेत्र बढ़े। मैं आपकी रचना का इंतज़ार करूँगा।

शुभाभिलाषी
प्रेमचंद

२८०

सरस्वती प्रेस, काशी
६ जुलाई १९३३

प्रिय उषा,

आशीर्वाद।

तुम्हारी कहानी पढ़कर चित्त प्रसन्न हो गया। मैं नहीं समझता था तुम इतना सुन्दर गल्प लिख सकोगी। शैली, भाव तथा चरित्र, सभी दृष्टि से कहानी अच्छी है। हाँ, भाषा में कहीं-कहीं अशुद्धि है। वह ठीक हो जायगी। यदि कहानी इतनी लम्बी न होती, आदि का भाग कुछ कम कर दिया जाता तो अच्छा होता। नाम भी बदलना होगा। 'साकी' तो कोई नाम नहीं है। उसका सकीना कर देना

होगा। और सुन्दर प्रसाद की जगह अगर कोई मुसलमान चरित्र ही रहे तो क्या बुरा हो। कहानी का अंत अगर इस तरह होता कि सुंदर की स्त्री मर गयी होती और साकी का प्रेम उसके स्वार्थी हृदय पर विजय पा लेता। लेकिन तुमने जो अंत किया है वह भी अपने ढंग का अच्छा है। मैं उसमें कोई परिवर्तन न करूँगा। ऐसी दस कहानियाँ भी लिख दो तो हिन्दी के गल्प लेखकों में तुम्हारा स्थान सर्वोच्च हो जायगा। यह शैली मुझे पसन्द आयी।

शुभाभिलाषी
प्रेमचंद

२८१

सरस्वती प्रेस, काशी
१ अक्टूबर १९३३

प्रिय देवी जी,

'हंस' में तो आपकी कहानी कब की निकल गयी। क्या आपने पढ़ी नहीं। खेद यह है कि वह अंक यहाँ कार्यालय में बचा भी नहीं। मैं तो समझता था आपके पास 'हंस' जाता होगा। व्हीलर के स्टाल पर शायद वह अंक मिल जाय। अगस्त अंक में कहानी छपी थी। कोई दूसरी कहानी लिखिए।

शुभाभिलाषी
प्रेमचंद

२८२

हंस आफिस, काशी
११ नवम्बर १९३३

प्रिय देवी जी,

'पिउ कहाँ' मिली। मुझे बड़ा खेद है कि अगस्त की एक कापी भी कार्यालय में नहीं बची। आपका लेख उसी में था। अब एकाध महीने में व्हीलर के स्टालों से कुछ कापियाँ लौटेंगी। मैं उस वक्त आपके पास अवश्य वह कापी भेजूंगा। या आप व्हीलर के स्टाल से मंगा सकें तो मंगा लें। शायद अभी स्टाल पर मिल जाय। कार्यालय की भूल से आपके पास अंक न भेजा जा सका। क्षमा कीजिए।

प्रेमचंद

२८३

बनारस सिटी
२२ जनवरी १९३४

प्रिय उषा,

तुम्हारा पत्र मिला। पढ़कर प्रसन्न हुआ।

'पिउ कहाँ' दिसंबर के हंस में निकल गयी। उसकी एक प्रति भेजी जा रही है।

मुझे आशा है कभी-कभी इसी तरह दया करती रहोगी।

'पिउ कहाँ' के दृश्य बड़े ही सुन्दर थे।

शुभाकांक्षी
प्रेमचंद

२८४

बनारस
१४ मई १९३४

प्रिय देवी जी,

'पथिक' के लिए धन्यवाद। पढ़ लिया। सुंदर है।

संग्रह के लिए क्या कहानियाँ काफी हो गयी हैं? अगर कोई प्रकाशक तैयार हो जाय तो बड़ा सुंदर।

शुभाभिलाषी
प्रेमचंद

२८५

जागरण कार्यालय
सरस्वती प्रेस, काशी
२१ मई १९३४

प्रिय देवी जी,

आशीर्वाद। तुम्हारा एक छोटा-सा सपना मिला। उसे दे रहा हूँ। लेकिन एक कहानी की ज़रूरत है। अगर एक कहानी लिख भेजो तो बड़ी दया करो। मेरे पास अच्छी कहानियाँ बहुत कम रह गयी हैं इसलिए हारकर तुम्हें कष्ट दे रहा हूँ। क्षमा करना।

शुभाभिलाषी
प्रेमचंद

२८६

हंस कार्यालय, काशी
२७ अप्रैल १६३५

प्रिय देवी जी,

आशा है आप प्रसन्न होंगी ।

आपकी रचनाओं का मैं कितना आदर करता हूँ यह आपको मालूम है, और 'प्रथम छाया' में आपने जितनी मार्मिकता से पुरुष और प्रकृति का मिलन चित्रित किया है, उस पर मैं मुग्ध हो गया । लेकिन विषय इतना गम्भीर और शैली इतनी जटिल हो गयी है कि साधारण पाठक इस कहानी का आशय ही न समझ सकेंगे । मैं भी समझता हूँ, इसमें संदेह है । इसे छापूँ तो कौन पढ़ेगा । इसलिए कृपया लिखिए उसे क्या करूँ । ज्यों का त्यों छापना तो पाठकों के सामने एक पहेली रख देना होगा । प्रकृति का वर्णन जब तक उसमें कुछ रस का समावेश न हो, रूखा हो जाता है । कहिए तो इसे वापस कर दूँ । इसकी जगह यदि कोई दूसरी रचना भेजने की कृपा करें तो अनुग्रह मानूँगा ।

भवदीय
प्रेमचंद

२८७

सरस्वती प्रेस, काशी
१२ जुलाई १६३५

प्रिय बहन,

पत्र और कहानी के लिए धन्यवाद । माधुरी में तुम्हारी कहानी बड़ी सुन्दर थी । अभी यह कहानी नहीं पढ़ सका । तुम्हारा उपन्यास कल प्रेस में जा रहा है । अगस्त के अंत तक छपकर तैयार हो जायगा ।

शुभाभिलाषी
प्रेमचंद

१८८

सरस्वती प्रेस, काशी
६ अक्टूबर १६३५

प्रिय देवी जी,

वंदे ।

अनेक धन्यवाद ।

मेरी शुभेच्छाएँ स्वीकार कीजिए ।

हंस का नया अंक मिल गया होगा, या मिल जायगा । उसके लिए विजय दशमी का उपहार भेजो ।

पत्र पसंद आया ?

शुभाकांक्षी
प्रेमचंद

१८९

सरस्वती प्रेस, बनारस कैंट
२० अक्टूबर १६३५

प्रिय बहन,

पत्र मिला । हंस तुम्हें पसंद आया यह जानकर प्रसन्नता हुई । तुम्हारी कहानी का इंतजार कर रहा हूँ । उपन्यास भी छापने जा रहा हूँ पर थोड़ा-सा भाषा संबंधी काम था, उसके लिए अवकाश नहीं मिल रहा । अकेला ही तो यह सब कर रहा हूँ ।

बंगाली लेखकों ने अभी तक कृपा नहीं की । मेरा किसी से परिचय भी नहीं है । चाहता हूँ कोई सज्जन बंगला साहित्य पर कुछ लिखें—उसके साहित्य का इतिहास, साहित्य के विभिन्न अंगों की आलोचना, सुलेखकों के चरित्र, मगर कोई ऐसा व्यक्ति नज़र नहीं आता । तुम्हारे परिचितों में अगर कोई साहित्यप्रेमी सज्जन हों तो प्रेरणा करो और अगर तुम खुद लिख सको तो क्या कहना । सोचता हूँ एक बार बंगाल जाकर परिचय प्राप्त करूँ ।

भवदीय
प्रेमचंद

२६०

सरस्वती प्रेस, काशी
२२ जनवरी १६३६

प्रिय बहन,

मैं लज्जित हूँ। तुम्हारी पुस्तक प्रेस में दे चुका हूँ, लेकिन जब कोई दूसरा काम मिल जाता है तो प्रेस वाले उधर लग जाते हैं और काम रुक जाता है। मुझे आशा है, मार्च के अंत तक पुस्तक तैयार हो जायगी।

तुम्हारी दो कहानियाँ मेरे पास हैं। दो बार 'राखी' नाम की कहानी प्रेस में दी, लेकिन हिन्दी मैटर अधिक हो जाने से न छप सकी। हिन्दी के लिए कुल तीन फार्म रहते हैं। इसी से बिवश हो जाता हूँ। मार्च में एक अवश्य दूँगा।

तुम्हारे जीवन में मैं तुम्हारी कितनी ही पुस्तकें छापूँगा, अगर मैं जीता रहा।

शेष कुशल।

सप्रेम
प्रेमचंद

२६१

सरस्वती प्रेस, काशी
६ अप्रैल १६३६

प्रिय देवी जी,

अभी आपका पत्र मिला। कल दफ्तर बंद था। इसलिए आपका खत पड़ा रह गया। आप आयी हैं, यह बड़ी खुशी है। मैंने श्री जनार्दन राय नागर को, जो एम० ए० के छात्र हैं और हिन्दी के उदीयमान उपन्यासकार, लिखा है कि वह आपके पास जाकर आपको यहाँ लावें। मेरा दफ्तर और मकान सब Queen's College के पास है यानी शहर के एक सिरे पर। मुझे मालूम नहीं, जनार्दन को फुर्सत है या नहीं, लेकिन वह खुद न जा सकेंगे तो अपने किसी मित्र को भेजेंगे। मैं खुद आता लेकिन मुझे लाहौर के आर्यभाषा सम्मेलन में जाना है और उसके लिए अपना भाषण लिख रहा हूँ। ६ को चला जाऊँगा। बीच में दो दिन ही का समय है। आपको यह खत आज ही मिलेगा और जनार्दन भी आज ही जायँगे। कल आप किसी वक्त आ सकती हैं।

शुभाकांक्षी
प्रेमचंद

२६२

सरस्वती प्रेस, काशी

६ जून १९३६

प्रिय बहन,

तुम्हारा पत्र मिला। धन्यवाद। मैं वहाँ से आकर 'गोदान' में लगा रहा, तुम्हें कोई पत्र न लिख सका। क्षमा करना। 'गोदान' पूरा छप गया। बाइंडिंग होने पर भेजूँगा।

आज से तुम्हारा 'वचन का मोल' प्रेस में जा रहा है। जुलाई के अंत तक पुस्तक तैयार हो जायगी। १० फार्म की किताब होगी।

मैंने विश्वमित्र मंगाना शुरू कर दिया है। अबकी तुम्हारी कहानी 'फागुन........' पढ़ी। सुन्दर थी। तुम्हारी भाषा कहीं-कहीं क्लिष्ट हो जाती है, इससे कमपढ़ों को समझने में अड़चन होती होगी। लेकिन अपनी-अपनी शैली है। आजकल युवक गल्प लेखक स्त्रियों को खुश करने के लिए ख्वामख्वाह ऐसे नारी चित्र खींचते हैं जिनमें विद्रोह की भावना भरी होती है। जरा-जरा-सी बात पर नारी अपने पुरुष से लड़ने पर तैयार हो जाती है, घर छोड़ देती है, बदला लेने लगती है। एक स्त्री तो पुरुष से इसलिए असंतुष्ट थी कि वह बेचारा दिन-भर काम-धंधे में फंसा रहता था और स्त्री के पास बैठकर उसका मन बहलाने के लिए समय न था। देवी जी को अकेले बैठना बुरा लगता था। आखिरकार अपने ममेरे देवर के प्रेम में फंसकर मर गयीं। इस तरह की कहानियों से क्या फायदा होता है, यह मेरी समझ में नहीं आता। केवल यही कि स्त्रियाँ लेखक को स्त्रियों का हिमायती समझें। ईश्वर की दया से देवियाँ इतनी असहिष्णु नहीं होतीं (वर्ना) विवाहित जीवन का अंत ही हो जाय।

नवलकिशोर प्रेस वाले तुम्हें एक रुपया पृष्ठ देते हैं तो स्वीकार कर लो। इसके साथ दस प्रतिशत रायल्टी भी दे दें तो अच्छा। पुस्तकों की बिक्री आजकल बहुत कम है। लेखक अकड़े तो किस बल पर।

यहाँ और सब कुशल है। तुम्हारी बहन जी तुमसे प्रेम मिलन कहती हैं। बच्चों को मेरा आशीर्वाद कहना।

शुभाकांक्षी

प्रेमचंद

वीरेश्वर सिंह

२६३

२४ अक्टूबर १९३२

प्रिय वीरेश्वर सिंह जी,

कार्ड मिला। चाँद में आपकी कहानी पढकर बडा आनन्द आया। कई जगह तो मन मुग्ध हो गया।

आपकी कहानी मिल गयी है। अब की अर्थात् तीन नवम्बर के अंक में अवश्य जायगी और अंक भी सेवा में पहुँचेगा। मैं आपकी पढ़ाई में विघ्न तो नहीं डालना चाहता लेकिन कभी-कभी कुछ लिखा करें तो एहसान समझूँगा।

सप्रेम

प्रेमचन्द

२६४

सरस्वती प्रेस, काशी

२४ दिसम्बर १९३२

प्रिय वीरेश्वर जी,

कहानी मिली। धन्यवाद। पढ़ा और जी खुश हुआ। प्रोपोगंडा से बचें तो अच्छा हो। मैं खुद इस मरज़ में मुबतिला हूँ पर है यह दोष। फिर भी तुमने कहानी में इतना रस भर दिया है कि उसका यह दोष ज़रा भी नहीं खटकता। अंतिम वाक्य moral होकर भी बड़ा हीं सुन्दर हुआ है। शब्द-चित्र खींचने में तुम्हें बहुत कम लोग पहुँच सकते हैं।

संसार की सर्वश्रेष्ठ कहानियाँ पढ़ते रहा करो और लिखना तो ईश्वरीय शक्ति है। अभ्यास से इसे चमकाया जा सकता है, लेकिन जहाँ नहीं है वहाँ पूरा पुस्तकालय पढ़ जाने से भी नहीं आता। आशा है सानंद हो। इसे जनवरी के हंस में दे रहा हूँ।

तुम्हारा

धनपतराय

२६५

सरस्वती प्रेस काशी
२८ फरवरी १९३३

प्रिय वीरेश्वर,

आशीष।

आज तुम्हारा 'उंगली का घाव' पढ़कर मुग्ध हो गया। तुम यहाँ होते तो तुम्हारा हाथ चूम लेता। ईश्वर पर विश्वास न होते हुए भी किससे कामना करूँ कि तुम्हारी यह कला दिनोंदिन विकसित हो। बड़ा उज्ज्वल—लेकिन अब तारीफ़ न करूँगा नहीं तुम समझोगे पीठ ठोंक रहा है। मार्च के हंस की शोभा इससे बढ़ेगी।

सप्रेम
धनपतराय

२६६

सरस्वती प्रेस, काशी
१० मई १९३३

प्रिय वीरेश्वर,

आशीर्वाद।

मैं जबलपुर चला गया था। कल आया हूँ। विलम्ब के लिए क्षमा करना।

हंस का यह अप्रैल का अंक आज रवाना हो रहा है। अबकी बहुत देर हो गयी। तुम्हारे पास पहुँचेगा। मई का अंक प्रेस में दे दिया गया है। यदि तुम अपनी रचना भेज सको तो बहुत उत्तम हो।

शेष कुशल।

'उंगली का घाव' साहित्य की अनूठी चीज है।

तुम्हारा
धनपतराय

२६७

जगतगंज, बनारस
३१ अगस्त १९३६

प्रिय वीरेश्वर,

भई, मैं तो बुरा पड़ गया। इधर दो महीने से ज्यादा हो गये, चारपाई पर पड़ा हुआ हूँ। इस समय तो दो-तीन मर्ज़ों में मुबतिला हूँ। लीवर अलग खराब

है, पेचिश हो रही है तथा पेट में कुछ पानी भी आ गया है। तुम्हारा खत आया था। जवाब अभी तक न लिखवा सका था। आशा है तुम क्षमा करोगे।

आज 'भारत' से तुम्हारा लेख पढ़वाकर सुना। बड़ी तकलीफ़ में था लेकिन फिर भी कुछ आराम ही मिला। एकाध जगह तो, इस दशा में भी, हँसी आ गई! बड़ा अच्छा लेख है।

तुमने तो शायद अखबारों में तो पढ़ा ही होगा कि हंस से एक हज़ार की ज़मानत माँग ली गई तथा उसके मालिकों ने (दि हंस लिमिटेड के डाइरेक्टरों ने) उसका प्रकाशन बन्द कर दिया। अब मैं उसे ज़मानत देकर निकाल रहा हूँ। सितम्बर का अंक प्रेस में है। अब यदि तुम अपनी कोई छोटी-सी भी चीज़ भेज दोगे तो बड़ा अच्छा होगा। इस अंक में मैटर की बड़ी कमी पड़ रही है। यदि जल्दी ही भेजोगे तभी उसका कुछ फायदा होगा। वैसे तो कभी भी तुम्हारी चीज़ के लिए स्थान है। जैनेन्द्र को मैंने साथ ले लिया है तथा वे ही सब कुछ करेंगे क्योंकि मैं तो अभी कुछ करने-धरने लायक हूँ नहीं।

आशा है स्वस्थ तथा प्रसन्न हो।

शुभाकांक्षी
प्रेमचंद

२६८

जगतगंज, बनारस

१६ सितम्बर १९३६

प्रिय वीरेश्वर,

तुम्हारी कहानी 'काजल' और पत्र कुछ समय पहले मिले थे। कहानी उतनी सुन्दर तो न बन सकी जैसी तुम्हारी कहानियाँ हुआ करती हैं फिर भी अच्छी थी। सबसे बड़ी बात तो यह है कि मौके से आ तो गई। इसी मास के हंस में छप गई है। अंक तैयार हो गया है।

मैं तो अब बेहद कमज़ोर हो गया हूँ। उठ-बैठ नहीं सकता। लेकिन मर्ज़ घट रहा है। डाक्टर का कहना है कि पन्द्रह दिन में मर्ज़ बिलकुल घट जायगा।

जैनेन्द्र तो अभी आये नहीं हैं। अक्तूबर का अंक भी तैयार होने जा रहा है। क्या तुम कोई लेखमाला लिख सकते हो। वह बड़ी अच्छी चीज़ होगी। साहित्यिक पुरुषों को लेकर कुछ निबन्ध लिख डालो। खैर विचार करना।

आशीर्वाद।

शुभाकांक्षी
प्रेमचंद

केशोराम सब्बरवाल

२६६

माधुरी कार्यालय, लखनऊ
१५ अगस्त, १९२८

प्रिय केशोराम जी,

आपने मेरे बारे में जो सब अच्छी-अच्छी बातें कही हैं, उनसे मेरा हौसला बहुत बढ़ा। सजग और सुसंस्कृत लोगों की प्रशंसा से अधिक प्रीतिकर किस लेखक के लिए और क्या चीज़ हो सकती है। इसे मैं अपने लिए गौरव की ा समझूँगा कि जापानी जनता से मेरा परिचय कराया जाय पर मुझे भय है कि जीवन का मेरा चित्रण उन्हें शायद ही अच्छा लगे। उन्नत जापान को देने के लिए एक ग़रीब हिन्दी लेखक के पास क्या है। तो भी अगर आप ऐसा सोचते हैं कि मेरी रचनाएँ जापान के पाठक समाज को रुचेंगी तो सभी चीज़ें आपके लिए हाज़िर हैं। जो कुछ भी आपको पसन्द आये, जँचे, आप उसका अनुवाद कर सकते हैं।

आपके पत्र का उत्तर देने में इतना जो विलम्ब हुआ, इसके लिए मैं क्षमा-प्रार्थी हूँ। जिस दिन आपका पत्र मिला था, उसी दिन मैंने उसका जवाब लिख दिया था लेकिन चूँकि मैं उसी शाम को बनारस के लिए रवाना हो गया, मैं उसे लेटरबक्स में डलवाना भूल गया। मैं कल लौटा, मगर वह ख़त गायब था। मैं ठीक से नहीं जानता कि मेरी अनुपस्थिति में किसी ने उस ख़त को डाक में छोड़ दिया या नहीं।

जिन किताबों का आपने ज़िक्र किया है, उनको छोड़कर अपनी और सब हिन्दी पुस्तकें आपके पास भेजने के लिए मैंने अपने प्रकाशकों को कह दिया है। उर्दू कृतियाँ मेरी हिन्दी कृतियों का मात्र उर्दू रूपान्तर हैं। साहित्यिक भाषा उर्दू अधिक लचीली और मंजी हुई होने के कारण उसने मुझे इतना आकृष्ट किया है कि मैं अपनी छोटी कहानियों के लिए उसको अपनाऊँ और आप उनके उर्दू वेश में उनका अधिक रस पायेंगे।

आपका नाम माधुरी के ग्राहकों में लिख लिया गया है और नया अंक आपको

मूल पत्र अंग्रेज़ी में

भेज दिया गया है।

बड़े खेद की बात है कि आपको विश्वभारती में नहीं दाखिल होने दिया गया जहाँ आपका होना उसके लिए एक अच्छी बात होती।

मेरी कहानियों के संबंध में आप जो कुछ कर रहे हैं, जिसकी अक़्लमंदी के बारे में मुझे संदेह है, उसकी प्रगति के बारे में मुझको सूचित करना न भूलियेगा।

शुभकामनाओं के साथ,

आपका
प्रेमचंद

२००

माधुरी कार्यालय, लखनऊ
३१ अगस्त १९२८

प्रिय केशोराम जी,

आपके अत्यन्त स्नेहपूर्ण और उत्साहवर्द्धक पत्र के लिए बहुत-बहुत धन्यवाद। मुझे यह जानकर खुशी हुई कि 'मुक्ति मार्ग' पसन्द की गयी और यह कि मिस्टर सातो 'मन्त्र' से संतुष्ट हैं। हाँ, कहानी का 'जमाना' वाला रूप विशाल भारत के बाद लिखा गया था। मैंने वो कहानी एक कहानी-सम्मेलन में पढ़ी थी और स्वभावतः एक नाटकीय स्थल पर पहुँचकर रुक गया। मैंने महसूस किया कि उसको और आगे चलाना श्रोताओं के धैर्य की परीक्षा लेना होगा।

हाशिये में जिन किताबों पर निशान लगा है उन्हें आपको भेजने के लिए मैंने अभी-अभी अपने प्रकाशकों को निर्देश दिया है। वे आपको यथासमय मिल जायेंगी। हाँ आप ऐसी ही कहानियाँ लें जो सभी को पसन्द आयें।

आपका नाम माधुरी की काम्प्लीमेण्टरी लिस्ट में लिख लिया गया है। जब आपको थोड़ा अवकाश हो जापानी चिन्तन और जीवन के किसी पहलू पर कुछ पंक्तियाँ घसीट दिया करें। हमारे पाठक उसका बहुत स्वागत करेंगे। माधुरी का एक विशेषांक १० सितम्बर को निकल जायगा। उस अंक से माधुरी आपको बराबर मिलती रहेगी।

हिन्दुस्तान का साहित्यिक जीवन बड़ा हौसला तोड़नेवाला है। जनता का कोई सहयोग नहीं मिलता। आप चाहे अपना दिल ही निकालकर रख दें, मगर आपको पाठक नहीं मिलते। शायद ही मेरी किसी किताब का तीसरा संस्करण हुआ हो। कुछ तो अभी पहले ही संस्करण में हैं। हमारे किसान ग़रीब हैं और

मूल पत्र अंग्रेजी में

अशिक्षित हैं और बुद्धिजीवी युरोपीय साहित्य पढ़ते हैं। घटिया साहित्य की बिक्री बहुत अच्छी है। मगर न जाने क्या बात है कि मेरी किताबें तारीफ तो बहुत पाती हैं, मगर बिकतीं नहीं। हमारे विशेषांक में आपको मेरी एक कहानी मिलेगी। मैं जानना चाहूँगा कि आपको वह कैसी लगी।

इस प्रान्त में अब तक वर्षा नहीं हुई। अकाल का प्रेत घूर रहा है। बार-बार की बुरी फसल ने हालत और भी खराब कर दी है।

हमारे हृदयों पर महात्मा गाँधी का एकछत्र साम्राज्य है। हम उन पर गर्व करते हैं। मैं नहीं जानता जापानी जनता उनके बारे में क्या सोचती है। इसी समय, साइमन कमीशन के सामने पेश करने के लिए भारत का एक विधान बनाने के सिलसिले में लखनऊ में एक सर्वदलीय सम्मेलन हो रहा है। मेरा ख़याल है, आप भारतीय राजनीति के सम्पर्क में होंगे।

शुभकामनाओं के साथ,

आपका

धनपतराय

२०१

माधुरी कार्यालय, लखनऊ

३ सितम्बर १९२९

प्रिय सब्बरवाल,

आप मुझको कितना एहसानफ़रामोश समझ रहे होंगे कि मैं आपकी सारी मेहरबानियाँ डकार गया और आपको खत की पहुँच तक न लिखी। मुझे हर महीने बाक़ायदा 'जापान टाइम्स' की प्रतियाँ मिलती हैं। उसका वार्षिकांक विशेषरूप से अच्छा लगा क्योंकि वह जापान के बारे में एक पूरा ज्ञानकोश है। इन कृपाओं के लिए मैं हृदय से आपको धन्यवाद देता हूँ। टाइम्स मैं बहुत रुचि-पूर्वक पढ़ता हूँ। वह बहुत जानदार होता है और जानकारी को भी खूब बढ़ाता है। साहित्यिक लेख मेरे लिए .विशेष रुचिकर होते हैं। आप किन्हीं जाने-माने हिन्दोस्तानियों को टाइम्स में लिखने के लिए आमंत्रित क्यों नहीं करते, इससे दोनों राष्ट्रों के बीच परस्पर सद्भाव पैदा करने में बहुत मदद मिलेगी। हिन्दोस्तानी होने के नाते एक चीज़ मेरे लिए खेदजनक है। हिन्दोस्तान को जापान पर गर्व करने का कारण है और वह स्वभावतः सहानुभूति के लिए उसकी ओर देखता है। जापान ने डाक्टर टैगोर का जैसा शानदार स्वागत किया, उससे पता चलता

मूल पत्र अंग्रेज़ी में

है कि उसने हिन्दुस्तान में दिलचस्पी लेना बिलकुल खत्म नहीं कर दिया, पर ऐसे उदाहरण बहुत कम, भूले-भटके, मिलते हैं ।

इधर हाल में मेरी जो कहानियाँ माधुरी और विशाल भारत में छपी हैं उनमें से कोई आपको पसन्द आयी ? हो सकता है, कि आपको उनकी सोद्देश्यता न अच्छी लगी हो मगर हिन्दुस्तान कला के सर्वोच्च शिखरों पर नहीं पहुँच सकता जब तक कि वह विदेशी दासता के जुए के नीचे कराह रहा है। यहीं पर एक पराधीन देश का साहित्य एक स्वाधीन देश के साहित्य से अलग दिखाई देने लगता है। हमारी सामाजिक और राजनीतिक परिस्थितियाँ हमें विवश करती हैं कि जहाँ भी हमें अवसर मिले, हम लोगों को शिक्षा दें। भावना जितनी ही प्रबल होती है, कृति उतनी ही शिक्षा-परक हो जाती है। युवक लेखक इस मामले में सबसे बड़े पापी हैं। अपने युवकोचित उत्साह में वे कला के सिद्धांतों को भूल जाते हैं। क्या वे क्षम्य नहीं हैं ?

मैंने हाल में दो छोटे उपन्यास लिखे हैं—निर्मला और प्रतिज्ञा। दोनों में से किसी का भी दावा कलाकृति होने का नहीं है, उनमें कमोबेश समाज की बुराइयों का पर्दा फ़ाश किया गया है। क्या आप उन्हें पढ़ना चाहेंगे ? कृपया बतलायें।

इस साल बारिश से भयानक नुकसान हुआ। कुछ प्रान्तों में बाढ़ आ गयी है। लेकिन अगर यह बारिश सितम्बर में भी नहीं होती तो अब तक जो बारिश हुई है, उससे कोई फायदा नहीं होगा।

शुभकामनाओं के साथ

आपका

धनपतराय

२०२

अमीनुद्दौला पार्क, लखनऊ
संभवतः जनवरी १९३१

प्रिय केशोराम जी,

आपके कृपापत्र का उत्तर देने में जो विलम्ब हुआ उसके लिए क्षमा चाहता हूँ। मैं बनारस गया हुआ था और कल ही लौटा। मेरे प्रकाशक ने जो पुस्तकें उसके पास स्टाक में थीं, आपको भेज दी हैं। दूसरे खण्ड भी अन्य प्रकाशकों से प्राप्त होने पर आपको भेज दिये जायँगे। अपनी बड़ी पुस्तकों के संबंध में आपकी राय का मैं आतुरता से प्रतीक्षा कर रहा हूँ।

नये हिन्दू वर्ष से मैंने साहित्य और राजनीति की एक नयी पत्रिका निकालने

मूल पत्र अंग्रेजी में

का निश्चय किया है। उसमें आरम्भ में चौसठ पृष्ठ होंगे, उसका नाम 'हंस' होगा। मैं माधुरी के संयुक्त सम्पादक के रूप में भी काम करता रहूँगा। मेरी नयी पत्रिका बनारस से प्रकाशित होगी। मैं लखनऊ से उसका संपादन करूँगा। यदि आप समय-समय पर कोई दिलचस्प चीज़ भेजते रहेंगे तो मैं अपने को सम्मानित अनुभव करूँगा। पहले अंक के लिए मैं विशेषरूप से आपसे प्रार्थना करूँगा कि जापान की साहित्यिक क्रियाशीलता के बारे में, विशेषतः कथा-साहित्य के बारे में, एक छोटा-सा लेख लिखें। मुझे विश्वास है कि आप मुझको निराश नहीं करेंगे।

मुझे यह जानकर दुख हुआ कि अब आप जापान टाइम्स में काम नहीं करते। ग़रज़ कि प्रकाशकों ने आपके अच्छे काम के लिये आपको पुरस्कृत किया है! आप माधुरी में लिखा करें। वे आपकी रचनाओं का स्वागत करेंगे और पुरस्कार देंगे, यद्यपि व्यावसायिक दृष्टि से भारतीय पत्र-पत्रिकायें बहुत आकर्षक नहीं हैं। मैं इस बात का ध्यान रखूंगा कि आपके लेखों को हमारी क्षमता को देखते हुए अधिक से अधिक पुरस्कार मिले।

आपको पता चला होगा कि इस साल काँग्रेस ने एक क़दम और आगे बढ़ाया है और स्वाधीनता का संकल्प किया है। इस मामले में बहुत गहरा मतभेद है। नरमदली लोग इतनी दूर तक जाने के लिए तैयार नहीं हैं और युवक राजनीतिज्ञ इससे कम किसी चीज़ की बात भी नहीं सुनना चाहते। मैं समझता हूँ कि स्वाधीनता इंगलैण्ड के दम्भपूर्ण साम्राज्यवाद का ठीक जवाब है। डोमीनियन स्टेटस धोखे की टट्टी है। एक चीज़ जो मेरी समझ में नहीं आती वह कौंसिलों के बहिष्कार का कांग्रेसी निश्चय है। हमको जो कुछ भी थोड़ा-बहुत कहीं से भी मिले, ले लेना चाहिए। कौंसिलों को प्रतिगामी विधान बनाने का अवसर क्यों दिया जाय। स्वाधीनता इतनी सुगम नहीं है कि हम कौंसिलों को और भी एक-दो सत्रों तक शरारत करने दें।

अपनी चुनी हुई कहानियों के एक जापानी संस्करण को देखकर मुझे खुशी होगी। आप अपनी कसौटी के अनुसार जो भी कहानियाँ चाहें चुन लें।

एक बार फिर आपसे 'हंस' में लिखने का अनुरोध करते हुए, शुभकामनाओं के साथ,

आपका

धनपतराय (प्रेमचंद)

श्रीराम शर्मा

२०३

लखनऊ

२८ जनवरी १९३१

प्रिय शर्मा जी,

प्रकाशकों के सम्बन्ध में आपने जो बातें लिखी हैं, बहुत उचित लिखी हैं और आपकी पुस्तक के प्रकाशित होने में जो विलम्ब हुआ है उसके लिए मैं कोई सफाई न दूँगा। पुस्तक के मूल लेखक ख्वाजा हसन निज़ामी होने के कारण इस बात का भय था कि हिन्दी पाठक इस आयोजन के प्रति अनास्थाशील हो जायेंगे और हम लोग ज़्यादा अच्छे वक़्त का इन्तज़ार कर रहे थे। फिर सविनय अवज्ञा आन्दोलन शुरू हो गया और चारों तरफ पस्ती दिखायी देने लगी। अन्ततः संस्था के मालिक के दुःखद देहावसान से बहुत-सी गड़बड़ियाँ शुरू हो गयीं। सब कुछ अभी अस्थिर-सा है और जब तक कि स्थिरता नहीं आती, मुझे डर है कि कोई नया प्रकाशन हाथ में न लिया जायगा। ऐसी स्थिति में मैं अनिश्चित काल के लिए पाण्डुलिपि अपने पास रखना ठीक नहीं समझता और बड़े दुःख के साथ इसे आपको लौटा रहा हूँ।

शिकार के संबंध में आपके सजीव, साहसिक आख्यान मैंने पढ़े हैं। हिन्दी-साहित्य में शिकार के स्केच नहीं हैं और आप बिलकुल नयी ज़मीन पर चल रहे हैं। मुझे तनिक भी सन्देह नहीं है कि आपकी किताब के निकलने पर उसका ज़ोरदार स्वागत होगा। ऐसे रोमांचकारी आख्यान पढ़ने की बड़ी मनोरंजक और स्वस्थ सामग्री होते हैं। उनसे पशु जगत के संबंध में हमारा ज्ञान बढ़ता है। मैंने स्वयं अभी हाल में 'शिकार' नाम की एक कहानी लिखी है, गो मुझे तो सुनी-सुनायी घटना का ही सहारा लेना पड़ा।

शुभकामनाओं के साथ,

आपका

प्रेमचंद

मूल पत्र अंग्रेज़ी में

२०४

लखनऊ
९ फरवरी १९३१

प्रिय श्रीराम जी,

आपका पत्र पढ़कर बहुत दुःख हुआ। भूमिका पढ़कर मुझे बहुत आनन्द हुआ। आपकी शैली निश्चय ही आकर्षक है और आप अपने विषय से पूरी तरह परिचित जान पड़ते हैं। विषय पर आपने पूरा-पूरा अधिकार कर लिया है। वर्णन और विस्तृत ब्योरे जाति और श्रेणी से भरे हुए हैं। उनके उदाहरण और छोटी-छोटी डीटेल की बातें बहुत दिलचस्प हैं। ऐसा लगता है, कि आपको जिन्दगी में सुख नाम की चीज़ नहीं मिली। चूँकि मैं खुद भी उसी जाति का प्राणी हूँ इसलिए मैं हृदय से आपके प्रति समवेदना रखता हूँ। आपने बड़ी मर्दाना हिम्मत से जिस नुकसान को बर्दाश्त कर लिया है, मेरी तो उससे कमर टूट जाती। जो किताब ज़िन्दगी भर की मेहनत का फल है उसे फिर से लिखने के लिए कारलाइल का धैर्य और कर्मठता चाहिए और आपमें वह चीज़ है। हाँ, मैं भी सोचता हूँ कि जन्तु शास्त्र पर एक सरल पुस्तक का, जिसमें चित्र हों, कथाएँ हों, जिन्दगी और उसके तौर-तरीक़े हों, ज़ोरदार स्वागत होगा। मैं अगर प्रकाशक होता तो अपने वर्ष के प्रकाशनों की सूची में पहली जगह उसी को देता। मगर मेरा खयाल है कि इण्डियन प्रेस उसको भी दूसरी सब किताबों की तरह ही हाथ में लेगा। लम्बी खिंची हुई बीमारी शिकारी की ज़िन्दगी के साथ कुछ ठीक मेल नहीं खाती। मैं अगर दायमी क़ब्ज़ का मरीज़ हूँ, मुझमें अगर खून की कमी है, अगर पचास पार करने के पहले ही मैं बुड्ढा हो गया हूँ, तो मैं यह कहकर अपने मन को समझा लेता हूँ कि मेरी बराबर बैठे रहने की आदतें ही इसके लिये ज़िम्मेदार हैं और ज़िन्दगी के इस पहर में आकर मेरे लिये अपने आप को बदलना मुश्किल है जब तक कि कोई उद्दाम प्रेरणा मुझको नहीं जगाती। मगर आप तो शिकारी हैं और बाहर खुले मैदानों की ज़िन्दगी पसन्द करते हैं, आपको बीमार होने का कोई हक़ नहीं है। आप मेरी ज़मीन पर बेजा मदाख़लत कर रहे हैं।

मुझे यह सुनकर खुशी हुई कि आप मिस्टर ब्रेल्सफर्ड से मिले और उन्होंने आपको 'न्यू लीडर' में लिखने के लिए आमंत्रित किया। निस्सन्देह हमारे देश के दुखी किसानों के प्रति न्याय की बात उठाने के लिये आपसे अधिक योग्य व्यक्ति दूसरा न होगा।

पण्डित मोतीलाल चल बसे और हम उनके लिए शोक मना रहे हैं। रण-

मूल पत्र अंग्रेज़ी में

नीति का उनसे बड़ा पण्डित हमारे नेताओं में दूसरा नहीं है।

मेरी कितनी इच्छा है कि आपके साथ बैठकर दिल खोलकर बातें करूँ। हो सकता है किसी दिन आप मुझे अपनी कुटिया के दरवाजे पर दस्तक देते पायें। यह शहरी ज़िन्दगी, जहाँ परिस्थितियों ने मुझको लाकर पटक दिया है, मेरी मानसिक और भावनात्मक हत्या कर रही है। गाँव का शान्त जीवन मेरी अभिलाषाओं का स्वर्ग है। आप जानते हैं मैं खुद एक देहाती आदमी हूँ और मेरे साहित्यिक उद्यम का अधिकांश उस क़र्ज़ को चुकाने में गया है, जो मेरे देहाती भाइयों का मेरे ऊपर है।

इसी विचार को ध्यान में रखकर मैंने हंस निकाला था। मेरी योजना में आनेवाली चीजें ये हैं—

घर का शान्त जीवन, थोड़ा-सा साहित्यिक काम, इस पत्र का संपादन और सरल किसानों की सोहबत का मज़ा उठाना। लेकिन पढ़नेवालों की ओर से सहयोग मुझे इतना कम मिला कि मैं प्रायः व्यर्थ ही इस पत्र को चलाये जा रहा हूँ, बस एक इस सुदूर आशा में, जो किसी हालत में नहीं मरती, कि अन्ततः त्याग अपुरस्कृत नहीं रहते।

शुभकामनाओं के साथ,

आपका

धनपतराय

२०५

लखनऊ

१३ मार्च १९३१

प्रिय श्रीराम जी,

ग़रज़ कि आप नहीं आये। मैं कितनी उम्मीद से आपकी बाट जोह रहा था। आप कानपुर तक आये और लौट गये, आपको शायद इस भागमभाग में लखनऊ आना बेकार-सा मालूम हुआ। आप शिकारी हैं और शिकारी लोग स्वभाव से दुर्बलताओं से मुक्त हुआ करते हैं।

आशा है कि आप सकुशल होंगे। मेरी नयी किताब ग़बन निकल गयी है और उसकी प्रति यथासमय आपके पास पहुँचेगी। मैं आपकी स्पष्ट सम्मति की राह देखूँगा।

आपका

धनपतराय

मूल पत्र अंग्रेजी में

२०६

सरस्वती प्रेस, बनारस
५ मई १९३१

प्रिय श्रीराम जी,

आपने मुझे निराश किया। मैं बनारस में आपके आने की बाट ही देखता रह गया क्योंकि आपने वादा किया था कि कलकत्ते से लौटते वक्त आप मुझसे मिलने के लिये आयेंगे।

अगर विशाल भारत ग़बन की समालोचना निकाल रहा है, तो आप अपनी समालोचना माधुरी को भेज दें जो उसे सहर्ष प्रकाशित करेगी। इस बार मुझे मत निराश कीजियेगा। आशा है आप सकुशल घर पहुँच गये।

सस्नेह,

आपका
धनपतराय

२०७

गणेशगंज, लखनऊ
१२ जनवरी १९३२

प्रिय श्रीरामजी,

पत्र के लिए धन्यवाद। मेरी 'शिकार' कहानी के बारे में आपके शिकारी दोस्त की आलोचना देखकर मुझे बहुत मज़ा आया। यह सज्जन सीधे-सादे शिकारी मालूम होते हैं, साहित्यिक रुचि से नितान्त शून्य। इस कहानी को शिकार से कुछ नहीं लेना-देना। उसका उद्देश्य यह दिखलाना है कि रुचियों का साम्य अक्सर प्रेम का रूप ले लेता है। हमारे अधिकांश पारिवारिक झगड़ों के मूल में सहृदयता की वह कमी होती है, जो एक-दूसरे के सुख-दुख में सहानुभूति रखने और हिस्सा बँटाने की प्रेरणा देती है।

मगर इन महाशय ने यह नहीं बताया कि शिकार का जो वर्णन कहानी में किया गया है, वह किस मतलब में दोषपूर्ण है। मैं यह मानता हूँ कि शेर इतने होशियार नहीं होते कि मचान पर सोते हुए आदमी को....पकड़कर घसीट ले जायँ। और निरीक्षण इतना सीमित है, कि आप किसी चीज़ को अनर्गल नहीं कह सकते। हो सकता है, कि आपको और मुझको ऐसे होशियार जानवर

मूल पत्र अंग्रेज़ी में

से वास्ता न पड़ा हो मगर आप यह नहीं कह सकते कि वे सूझ-बूझ नहीं रखते। आप मुझसे सहमत होंगे कि वास्तविक घटनाएँ अक्सर औपन्यासिक कथाओं से अधिक विचित्र होती हैं।

यह भी उतना ही सच है कि मुझे कभी शिकार देखने का मौका नहीं मिला। यह भी सच है कि मैंने कभी अदालत में किसी मुकदमे की पैरवी नहीं की, न कालेज गया, न किसी झगड़े में शरीक हुआ, न कोई गाँव खरीदा, न कोई चोरी या क़त्ल किया। अगर कोई लेखक अपने लेखन को उन चीज़ों तक सीमित कर दे जो उसने स्वयं देखी हैं तो शायद एक हत्यारा, अगर उसमें यह शक्ति है, हत्या का वर्णन सबसे अच्छा कर सकता है। लेखक को किसी दृश्य या भाव का चित्रण इस प्रकार करना पड़ता है कि....शिकारियों की तादाद सैकड़ों तक पहुँचती। मैंने पन्द्रह साल के लड़के को शेर का शिकार करते देखा। तो क्या मेरा शेर उस तरह मारा गया जैसे कि कोई लोमड़ी को मारता है? क्या मेरा वर्णन काफी भयानक नहीं है? राजा लगभग....हमारी महिलाएँ? और क्या उनके होश-हवास ज़रा भी दुरुस्त रहे? निरी हताशा और आत्मरक्षा की सहज चेतना ने काम किया। कोई भी खुशी-खुशी इस अनुभव के बीच से गुज़रना न चाहेगा। क्या उन्होंने शेर मारे हैं? जिस तरह वह लिखते हैं उससे पता चलता है कि उन्होंने मारे हैं। यह अतिमानवीय कार्य उन्होंने कैसे किया? और अगर वह स्वयं इतने भाग्यशाली थे तो मेरे राजा को वह इस भाग्य से क्यों वंचित करना चाहते हैं? क्या सिर्फ इसलिए कि उन महाशय को पता है कि मैं शिकारी नहीं हूँ और वह बेधड़क मेरी गोशमाली कर सकते हैं? मैं कभी उस मुसीबत के बीच से नहीं गुज़रा, मगर मैंने कुछ शिकार-साहित्य पढ़ा है, उसके खतरों, रोमांच और भयानकता की कल्पना कर सकता हूँ। तब फिर वह इसे बेसिर पैर क्यों कहते हैं? बारहसिंगे के शिकार में निश्चय ही बहुत कम जानें जाती हैं। हाथी भालों से मारा जाते देखा गया है।

आपके मित्र का यह सुझाव बिलकुल सही है कि मसूरी की ज़बर्दस्त ऊँचाइयों पर मोटरें काम में नहीं लायी जातीं। मसूरी में अच्छी सड़कें हैं और जब रिक्शे चल सकते हैं तो मोटरें क्यों नहीं चल सकतीं? हो सकता है कि मोटरों के खिलाफ म्युनिसिपैलिटी का आदेश हो, दुर्घटनाएँ बचाने के खयाल से....किसी चीज़ की सम्भावना। खैर मैं इस हद तक सिर झुकाने के लिए तैयार नहीं हूँ। क्या किसी ने सपने में भी सोचा था कि शिमला में वाइसराय की मोटर के अलावा दूसरी किसी मोटर को भी निकलने की इजाज़त मिलेगी। महात्मा गांधी ने उस परम्परा को तोड़ा। मेरे नायक-नायिका ने उससे कुछ साल पहले मसूरी में इस परम्परा को

तोड़ा। किसी भले आदमी की पोशाक में अटपटापन खोजकर निकालना बचपना है। हो सकता है कि उसकी हैट वैसी नहीं है जैसी कि होनी चाहिए, हो सकता है कि उसका कालर या टाई परम्परा का या चलन का अंधा अनुकरण नहीं करती। देखने की चीज़ यह है कि वह भला आदमी नज़र आता है या नहीं। अगर वह इस शर्त को पूरा करता है तो और सब चीज़ें गौण हैं।

मुझे ठीक याद नहीं आ रहा है कि मैंने कहाँ बत्तखों को पेड़ पर बिठाल दिया है।

हंस के लिए आपने जो लेख भेजा है उसके लिए मैं कृतज्ञ हूँ। क्या आप कृपया, अगर सम्भव हो, घुटनों के बल बैठकर मेरी ओर से चतुर्वेदी जी से हंस के लिए एक-दो पृष्ठ लिखने को कह सकेंगे? अब भी समय है और अगर वह हंस को इतना सम्मान दें तो उनकी कोई बुराई इसमें न होगी। हंस विशाल भारत से होड़ करने की बात नहीं सोचता। मैं विशाल भारत में लिखता हूँ इसलिये नहीं कि वह पैसे देता है बल्कि इसलिये कि मेरे मन में उन सज्जन के लिये आदर का भाव है जैसा कि बहुत कम पत्रकारों के लिये है। दूसरे भी पैसा देने के लिये उतना ही तैयार हैं लेकिन मैंने उनकी तरफ से मुंह फेर लिया। अपने दो साल के जीवन में हंस उनसे एक पंक्ति भी नहीं पा सका। निश्चय ही समयाभाव से अधिक गहरा कोई कारण इसका होगा।

क्या आप मिस्टर कोठारी से मिले? क्या वह योजना स्थगित कर दी गयी? मगर मैं आपके ऊपर बोझ डाले जा रहा हूँ। इसलिए परेशान मत हों। हर चीज़ अपने वक्त से होती है। एक दफा झगड़ा उठा लेने के बाद फिर पीठ फेरने का निश्चय ही कोई मतलब नहीं होता। अब कोई विकल्प नहीं है। इस बार उद्देश्य सरकार को विवश करना नहीं है बल्कि राष्ट्र को विवश करना है कि वह कांग्रेस को बोलने दे क्योंकि सम्मान का पद त्याग के जरिये ही मिलता है, उसी से हमारी ईमानदारी और लगन प्रमाणित होती है। मैं महसूस करता हूँ कि महात्मा जी को अपने तईं काम करने की पूरी आज़ादी नहीं दी गयी। मामलों को इतनी तेज़ी से आगे बढ़ाया गया कि उनके सामने कोई विकल्प नहीं रहा। गाँधी जी ने वाइसराय से बिना शर्त मुलाकात करने की जो बात कही थी उसको रद्द करके साज़िश को पूरा कर दिया गया।

हम नाकाम रहते हैं तो इसलिये कि स्वयं हममें चरित्र की कमी है। थोड़े से अपवादों को छोड़कर, यह चीज़ यहाँ मुश्किल से मिलती है और भारत को स्थिर

होकर शान्ति और समृद्धि का रास्ता पकड़ने में अभी वर्षों लगेंगे।

आपका

धनपतराय

मेरे रिश्ते के एक भाई ६ तारीख को चल बसे और उनका कुनबा बेसहारा छूट गया। उनकी उम्र ६७ साल थी।

२०८

सरस्वती प्रेस, बनारस

२८ अक्टूबर १९३३

प्रिय श्रीराम जी,

आशा है, आप मजे में होंगे और बहादुरी के साथ अपने मेदे से लड़ रहे होंगे।

यह खत मैंने आपके छोटे भाई के पास से पाया है, आपको पहुँचा देने के लिए क्योंकि आपका मौजूदा पता उनको मालूम नहीं।

मैंने शायद आपको यहाँ पर बतलाया था कि हम लोग अक्टूबर में हंस का काशी अंक निकालने जा रहे हैं।

सस्नेह,

आपका

धनपतराय

मूल पत्र अंग्रेजी में

इन्द्र वसावडा

२०९

बनारस

१ नवम्बर १९३३

प्रिय इन्द्र,

तुम्हारा पत्र मिला। अभी-अभी तुम्हारा 'मुनीर खाँ' पढ़ रहा था। अच्छा है। छापूंगा। लेकिन बात यह है कि इतने मित्रों की रचनाएँ आती हैं और उनका ऐसा आग्रह होता है कि अक्सर अच्छी रचनाएँ भी देर से छपती हैं। हरेक डाक से दस-बीस लेख आ जाते हैं और उन सबको पढ़ना मुश्किल हो जाता है। मुनीर का चित्र सुन्दर और स्वाभाविक है। मैंने भी ऐसे बुड्ढे देखे हैं।

शेष कुशल।

तुम्हारा

प्रेमचंद

२१०

बनारस

प्रिय भाई,

तुम्हारी पुस्तक मुझे बम्बई से मिली। मैं पढ़ चुका। मुझे बहुत पसन्द आयी। सच है कि तुम्हारे दिल में अछूतों के प्रति कितना प्रेम भरा है।

कला, कहानी, चरित्र-चित्रण सब दृष्टि से पुस्तक उत्तम है।

विनीत

प्रेमचंद

२११

सरस्वती प्रेस, बनारस

२० फरवरी १९३४

प्रिय इन्द्र,

कृपापत्र के लिए बहुत-बहुत धन्यवाद। तुमको शायद हिन्दी के बाज़ार का

हाल नहीं मालूम। हिन्दी-भाषी जनता संख्या में ज़रूर बड़ी है लेकिन उसमें ज़्यादातर ग़रीब लोग हैं। मैं अपने अनुभव से तुमको बतला सकता हूँ कि किसी पुस्तक के एक संस्करण की दो हज़ार प्रतियाँ बेचने में पूरे चार बरस लग जाते हैं। एक नये लेखक के लिए, उसकी पुस्तक कितनी ही अच्छी क्यों न हो, क्षेत्र और भी कहीं संकुचित हो जाता है। मैं कोई प्रकाशक नहीं हूँ, हाँ एक मासिक और साप्ताहिक और किताबें छापता हूँ मगर एक-दो मित्रों को छोड़कर मैंने और किसी लेखक की कोई किताब नहीं छापी है। मेरे लिये यह व्यवसाय कमोबेश एक तरह का पागलपन है। मेरी किताबें ज़रूर बिकती हैं लेकिन उनकी आमदनी पत्रों का पेट भरने में चला जाता है। तुम्हारी किताब मुझको बहुत पसन्द आयी है और मुझे तुम्हारे अन्दर सम्भावनाओं के बीज दिखायी पड़ते हैं इसलिए मैं तुम्हारे लिए एक प्रकाशक ढूंढ़ने की कोशिश करूँगा और यह भी कोशिश करूँगा कि तुमको अच्छी से अच्छी शर्तें हासिल हों लेकिन मुझे डर है कि किसी सूरत में वह रक़म ज़्यादा कुछ न हो सकेगी। जो शर्तें मुझे हासिल होंगी मैं तुमको लिखूँगा और अगर तुम मंजूर करोगे तो किताब प्रकाशक को दे दी जायगी। अगर यह किताब चल जाती है, जैसी कि मुझे उम्मीद है, तो अगली किताब के लिए मुमकिन है ज़्यादा अच्छी शर्तें हासिल हो सकें। दूसरे बाज़ारों की तरह यह बाज़ार भी धीरे-धीरे बनाना पड़ता है। हिन्दी जनता के सामने ज़्यादा से ज़्यादा आने की कोशिश करो। यही एक उपाय है कि जो मैं भी तुम्हें सुझा सकता हूँ। मैं तुम्हारे सदुद्देश्य को महत्व देता हूँ और मेरी बड़ी इच्छा है कि तुम पहली पंक्ति में आ जाओ।

तुम्हारा
प्रेमचंद

२२२

सरस्वती प्रेस, बनारस
२७ अप्रैल १९३५

प्रिय इन्द्र,

तुम्हारा खत पाकर बहुत खुशी हुई। तुम्हारी किताब पूरी हो गयी है। मैं आज उसकी प्रशंसात्मक भूमिका लिख रहा हूँ। अगर तुम भी कोई आमुख देना चाहो तो जल्द से जल्द भेज दो। किताब दो सौ सत्ताईस पन्ने की हुई है। तुम्हारा मनीआर्डर मुझे बम्बई में मिल गया था, मगर चिट्ठियाँ नहीं मिलीं और मैं तुम्हें

मूल पत्र अंग्रेजी में

जवाब नहीं दे सका क्योंकि मुझे तुम्हारा पता मालूम नहीं था। हम लोग ३ अप्रैल को वहाँ से चले और इधर-उधर घूमते-घामते २४ तारीख को यहाँ पहुँचे। मैं परीक्षा में तुम्हारी सफलता के लिए प्रार्थना करता हूँ। अगर तुम प्रस्तावना हफ्ते भर के अन्दर भेज दो तो किताब पन्द्रह दिन में तुम्हारे पास पहुँच जायगी। तुम्हारी खैरियत हमेशा हमारे दिलों में रहेगी। मैं तुम्हें अपने ही बच्चों में से एक समझता हूँ। अगर मैं किसी तरह तुम्हारी मदद कर सकूँ तो बड़ी खुशी से करूँगा। तुम्हारी माता जी तुम्हें आशीर्वाद देती हैं।

सस्नेह

तुम्हारा

प्रेमचंद

हंस के मार्च अंक में तुम्हारा लेख है।

२२३

सरस्वती प्रेस, बनारस

१८ मई १९३५

प्रिय इन्द्र,

तुम्हारा पत्र। पचास प्रतियाँ *रेलवे पार्सल से तुमको भेजी जा रही हैं। एक प्रति बड़ौदा के पते पर रवाना की गयी है। इन दिनों मैं अपने गाँव में हूँ। चेचक का दौरा मेरे घर में हुआ है। पहले बड़ा लड़का गिरफ्तार हुआ, उसके बाद छोटा। वह अब भी बिस्तर में है।

'घर की राह' मेरी भूमिका के साथ छपी थी। तुम्हारी प्रस्तावना देर में पहुँची और नहीं दी जा सकी, लेकिन तुम्हारा समर्पण मुझको अच्छा नहीं लगा। तुम्हारी किताब मेरे बच्चों ने, पत्नी ने, मित्रों ने पसन्द की है। जिसने भी पढ़ी, तारीफ की। समालोचना के लिए उसे पत्रों के पास भेजा जा रहा है। मैं आशा करता हूँ कि समालोचनाएँ उत्साहवर्द्धक होंगी। कुल दो हजार प्रतियाँ छपी हैं। बिकी हुई प्रतियों पर हर बार तुमको पन्द्रह फी सदी रायल्टी मिलेगी।

मैं अपना प्रेस और कार्यालय इलाहाबाद ले जा रहा हूँ और इसमें भारी खर्च लगेगा वर्ना मैं तुमको पेशगी कुछ भेजता। तुम्हें पूरी संजीदगी के साथ अपनी कोशिश जारी रखनी चाहिए। अगर तुम इस तरह की सिर्फ तीन किताबें लिख लो तो अपनी जीविका भर के लिए काफी कमा लोगे। तुम्हारे भीतर वह चीज़ है, मेरा मतलब बौद्धिक सामग्री से है। संकल्प की तुममें कमी है। उसको लगाओ।

---

*मूल पत्र अंग्रेजी में

तुम्हें हंस में बराबर लिखते रहना चाहिए और मैं अपनी शक्ति भर तुमको पुरस्कार देने की कोशिश करूँगा। तुम दूसरे पत्रों में भी ज़रूर लिखो। मगर कम-से-कम पैसे लेकर अपनी अच्छी-से-अच्छी चीज़ हंस को भेजो, इसे उसकी इजारेदारी समझो।

मैं नये वातावरण में जा रहा हूँ, इस उम्मीद में कि शायद मैं वहाँ पर कुछ बेहतर हालत में हो सकूँ। अगर मैं पनपता हूँ तो मेरे साथ तुम भी पनपोगे।

यह किताब कोटा में लगवाने के लिये ज़्यादा से ज़्यादा कोशिश करना।

हम लोग अच्छी तरह हैं, बस यही चेचक का झमेला है। तुम्हारी अम्माँ जी तुम्हें याद करती हैं और तुम्हें आशीष देती हैं।

सस्नेह

तुम्हारा
प्रेमचंद

२१४

हंस कार्यालय, बनारस कैंट
१८ अगस्त १९३५

प्रिय इन्द्र,

जानकर खुशी हुई कि तुम्हें काम मिल गया, अस्थायी ही सही, आगे चलकर स्थायी हो जायगा। एक बन्धु ने अभी हाल में तुम्हारी पुस्तक की एक प्रशंसात्मक समालोचना लिखी है। जहाँ तक दूसरी समालोचनाओं की बात है, उनमें से कोई भी काटकर रखने क़ाबिल न थी। हमने उनमें से एक-दो अच्छे वाक्य निकालकर अपने विज्ञापन में डाल दिये हैं। लोग उसे पसन्द कर रहे हैं लेकिन अब तक आर्डर बहुत कम आये हैं। पुस्तक विक्रेताओं को हम तैंतिस प्रतिशत देते हैं। अगर तुम इस पुस्तक के आर्डर ले सको तो हम दोनों मुनाफे को बाँट सकते हैं। उसकी लागत पच्चीस प्रतिशत है। तुमको हम पन्द्रह प्रतिशत देंगे, पुस्तक विक्रेताओं को तैंतिस प्रतिशत। विज्ञापन मद्धे पाँच प्रतिशत। अठहत्तर प्रतिशत इस प्रकार निकल गया। हमारे पास बस बाइस प्रतिशत बचा, उसके साथ पैसा फँस जाने का खतरा लगा हुआ। इस बाइस प्रतिशत में से मैं तुमको कोई भी हिस्सा दे सकता हूँ। जितने आर्डर तुम्हारी मार्फत मिलें, उन पर तुम पचपन प्रतिशत ले सकते हो जिसमें तुम्हारी रायल्टी भी शामिल होगी। तैंतिस प्रतिशत तुम व्यापारियों को दे सकते हो और पन्द्रह प्रतिशत अपने रायल्टी का रख सकते हो। और सात प्रतिशत और। तैंतालिस प्रतिशत जो बचे, उसमें से तीस प्रति-

---

मूल पत्र अंग्रेजी में

शत छपाई और बिक्री के खर्चों में निकल जायगा और प्रकाशन संस्था के पास मुमकिन है पन्द्रह प्रतिशत बच रहे। इससे ज्यादा खरी कोई बात हो सकती है ? जैसा कि मैंने तुमसे कहा था, मैं पेशेवर प्रकाशक नहीं हूँ और मैं कुल स्टाक तुम्हीं को पचपन प्रतिशत पर दे देने के लिए तैयार हूँ। जितने आर्डर ले सको, लो। एक-दो प्रतियों से काम नहीं चलेगा। छोटे आर्डरों पर हम ज्यादा कमीशन नहीं देते।

'शक्ति-पूजा' तुम्हारे पास भेजी जायगी। पता नहीं मैनेजर ने अब तक क्यों नहीं भेजी। शायद उस अंक की अतिरिक्त प्रतियाँ नहीं हैं।

'जलतोरी' बहुत सुन्दर है। मगर जैसा कि तुम जानते हो, अब मेरे पास हिन्दी के लिए बहुत कम जगह है। अगर मुमकिन हुआ तो मैं उसे पहले ही अंक में दे दूँगा वर्ना बाद के किसी अंक में।

तुम्हारी माता जी ठीक हैं।

तुम्हार
प्रेमचंद

२२५

जगतगंज, बनारस
१३ सितम्बर १९३६

प्रिय इन्द्र,

तुम्हारा पत्र कोई दो दिन हुए मिला। मैं पिछले दो महीनों से बिस्तर पकड़े हुए हूँ। धीरे-धीरे मेरी सेहत ठीक हो रही है लेकिन इस क़ाबिल होने में कि मैं कुछ काम कर सकूँ अभी बहुत वक्त लगेगा।

मैं ज़मानत जमा करके फिर हंस निकालने जा रहा हूँ। और एक नयी पत्रिका निकालने का विचार मैंने छोड़ दिया है। मुझे आशा है कि तुम यदा-कदा उसमें लिखते रहा करोगे।

हास्यरस की गुजराती कहानियों के बारे में मैं कुछ जानकारी चाहता था क्योंकि मैं भारतीय हास्य पर एक पुस्तक हिन्दी में प्रकाशित करने जा रहा था। उसके अनुवाद का काम मैं तुमको देना चाहूँगा। इस काम के लिए मैं तुम्हें कुछ पुरस्कार भी दे सकूँगा। क्या तुम कृपा करके इन पाँच कहानियों में से तीन सबसे अच्छी कहानियों का अनुवाद करके एक पखवारे के भीतर मुझको भेज सकोगे क्योंकि पुस्तक प्रेस में जा चुकी है ? पूरा ध्यान लगाकर इस काम को करना।

तुम्हारा
प्रेमचंद

मूल पत्र अंग्रेजी में

शिवपूजन सहाय

२२६

लखनऊ
२ जनवरी १६२५

प्रिय शिवपूजन जा,

वंदे ।

मिश्रा जी से आपके कलकत्ता में सकुशल रहने का समाचार पाकर प्रसन्न हुआ । आपके चले जाने का दुख तो जरूर हुआ क्योंकि अब मैं भी यहाँ दो-चार महीने रहना चाहता हूँ लेकिन यह कम खुशी की बात नहीं कि आप सानन्द हैं ।

'फूलों की डाली' आदि आपने देख ली हो तो कृपया उसे प्रेस में देने के लिए भेज दें । यदि अभी समाप्त न हुई हो तो सूचित करें कि कब तक भेज सकेंगे, और यदि अवकाश न हो तो कृपया लिखें ताकि मैं ही टेढ़ा-सीधा देख-दाख कर अलग करूँ । इस कष्ट के लिए क्षमा प्रदान कीजिये ।

भवदीय
धनपतराय

रंगभूमि के ४० फार्म छप चुके हैं ।

२२७

लखनऊ
२२ फरवरी १६२५

प्रिय शिवपूजन सहाय जी,

वंदे ।

मुझे तो आप भूल ही गये । लीजिए जिस पुस्तक पर आपने कई महीने दिमाग़-रेज़ी की थी वह आपका अहसान अदा करती हुई आपकी खिदमत में जाती है और आपसे विनती करती है कि मुझे दो-चार घंटों के लिए एकांत का समय दीजिये और तब आप मेरी निस्बत जो राय काम करें वह अपनी मनोहर भाषा में कह दीजिये ।

मैं अभी यहीं हूँ। बाल विनोद माला के निकालने के लिए पकड़ लिया गया हूँ। काश आप होते तो कैसी बहार रहती। खैर इस माला के लिए यदि आप कोई छोटी-मोटी, हँसने-हँसानेवाली, चूहे-बिल्ली, चील-कौवे की कहानी लिखें तो बड़ा एहसान करें। मैं रंगभूमि पर आपकी आलोचना का बड़ी बेसबरी से इंतजार करूँगा।

भवदीय

धनपतराय

२१८

लखनऊ,
१७ मार्च १९२५

प्रिय शिवपूजन जी,

वंदे।

रंगभूमि की आलोचना आपने अब तक न लिखी। इसकी मुझे आपसे शिकायत है। सिवा इसके और क्या समझूँ कि आप उसे इस योग्य नहीं समझते। आशा है अब माधुरी या किसी अन्य पत्रिका के लिए अवश्य लिखेंगे।

एक बात और लिखने की जरूरत मालूम होती है। यों तो 'मतवाला' में माधुरी पर नित्य दो-चार छींटे उड़ा दिये जाते हैं पर अब की होली के अंक में तो उसने सुरुचि और सभ्यता का अंत ही कर दिया। आपके देखते यह अनर्थ हो इसका मुझे दुख है। आपस की थोड़ी-सी चुहल जिससे दिल खुश हो बुरी नहीं, लेकिन जब यह चुहल साहित्यिक मनोरंजन की सीमा से निकलकर द्वेष की हद तक पहुँच जाती है तो यही कहना पड़ता है कि यह हिन्दी भाषा का दुर्भाग्य है, जहाँ ऐसे-ऐसे गंदे, अपमानजनक, भ्रष्ट लेख निकालने में संपादकों को आपत्ति नहीं होती। मालूम नहीं मतवाला के पाठकों को इन लेखों से कोई विशेष रुचि है या इस अनवरत प्रवाह का और कोई कारण है। बहरहाल जो कुछ हो यह बात बुरी है और अब उस हद से कहीं आगे बढ़ गयी है जिसे दिल्लगी कहकर क्षम्य समझा जाय। दुलारे लाल और माधुरी के और सेवक कितने ही गए-गुजरे हों पर वे हिन्दी की कुछ न कुछ सेवा अवश्य कर रहे हैं और उनके काम की क़द्र न करके नित्य खिल्ली उड़ाते रहना अपने को गुणग्राहकता से शून्य सिद्ध करना है। मैं आपको यह शब्द इसलिए लिखने का साहस कर रहा हूँ क्योंकि मैं आपको, बहुत थोड़े दिनों का परिचय होने पर भी, अपना मित्र समझता हूँ और आपकी शिष्टता और सज्जनता का क़ायल हूँ। यदि मतवाला की पालिसी में आपको कुछ दखल हो (और इसका हमारे पास प्रमाण है कि है) तो खुदा और परमेश्वर के लिए

आप इस सिलसिले को बंद कर दें या करा दें। आप उस आदमी को जिसने यह लेख लिखा है फिर मतवाला में ऐसे लेख लिखने का मौका न दीजिये। इस लेख में उसने खुली-खुली चोटें की हैं और यहाँ कुछ लोगों की सलाह हो रही है कि मतवाला पर अपमान करने का दीवानी और फ़ौजदारी अभियोग चलाया जाय। अगर आपस में यह नौबत आ गयी तो क्या मज़ा रहा। मतवाला भी हैरान होगा, उसका नशा भी हिरन हो जायगा और यहाँवालों को भी काफी मानसिक वेदना होगी। मैं नहीं चाहता कि मित्रों में जूतियाँ चलें। लेकिन इसका रोकना मतवाला के अपने हाथ में है। आश्चर्य तो यह है कि यहाँ से कोई उत्तेजना न मिलने पर भी मतवाला को क्यों लगातार एक fair sex पर ऐसे अश्लील आक्रमण करने का साहस होता है। क्या उसमें महिला-सम्मान बिलकुल नहीं रहा ?

आशा है आप मुझे क्षमा करेंगे। मैंने जो कुछ लिखा है मित्रभाव से लिखा है और आप उसे इसी भाव से देखियेगा।

आशा है अपने कुटुम्ब सहित सकुशल होंगे।

भवदीय
प्रेमचंद

२१९

बनारस सिटी
१२ जून १९२५

प्रिय शिवपूजन सहाय जी,

दो दिन से दरे दौलत पर हाज़िरी दे रहा हूँ पर दुर्भाग्यवश दर्शन नहीं होते। इस वक्त यह कहना है कि 'परीक्षा प्रश्नावली' समाप्त हो गयी। इसके टाइटिल पेज की फिक्र है। टायटिल पर क्या लिखा जायगा, कागज़ कैसा लगाया जायगा ? कृपया ये बातें बतला दीजिये। दूसरी कोई किताब यदि दे सकें तो पैका खाली है इसमें चला दूँ। रुपए का बिल आपको दूँ या सीधे लहेरियासराय भेजना होगा ?

आपका
धनपत राय

२२०

सरस्वती प्रेस काशी
१९ जून १९२५

प्रिय शिवपूजन सहाय जी,

यदि वह पुस्तक देख चुके हों तो कृपया भेज दें।

लहेरियासरायवालों ने मेरे पत्र का अब तक जवाब नहीं दिया। क्या आप

उन्हें लिखकर यह पूछ सकेंगे कि परीक्षा प्रश्नावली के लिए कैसा कवर दिया जायगा ? और उस पर क्या लिखा जायगा ?

किताब तैयार हो जाती तो छपाई का बिल वसूल होता वरना मुफ़्त में देर होगी।

आपका
धनपतराय

२२१

लखनऊ
६ अगस्त १९२५

प्रिय शिवपूजन जी,

कृपा पत्र मिला। आप 'उपन्यास तरंग' निकालने जा रहे हैं, यह जानकर खुशी हुई। इस वक्त तो मरने की भी फुर्सत नहीं है, लेकिन लिखूँगा ज़रूर, ज़रा अवकाश मिल जाय तो।

आपकी पत्नी की बीमारी का हाल सुनकर बहुत दुख हुआ। इसके पहले पत्रों में भी यह समाचार पढ़कर चित्त दुखी होता था। आप ही ऐसे दिल के मज़बूत हैं कि इतने कष्ट और धक्के सहकर भी अपना काम किये जाते हैं। मैं तो कब का कंधा डाल चुका होता। सज्जनों को उनकी सज्जनता का यही पुरस्कार मिलता है।

मैं भी १५ अगस्त तक बनारस चला आऊँगा और तब लिखने का अवकाश ज्यादा मिलेगा।

और तो सब कुशल है।

आपका,
धनपतराय

२२२

लखनऊ
५ अप्रैल १९२७

प्रिय शिवपूजन सहाय जी,

वन्दे।

आपका कृपा पत्र मिला। आपके लेख के चित्र तो बन गये, अब लेख का इंतजार है। आपको अब झंझटों से छुट्टी मिल गयी है, दो-तीन दिन में लिख डालिए जिसमें वैशाख में अवश्य छापा जाय।

इसके बाद और कोई लेख सोचिये। बंगला साहित्य पर एक सुन्दर सचित्र लेख की बड़ी ज़रूरत है। आप ही उसे लिख सकते हैं।

मेरे प्रेस का ध्यान रखियेगा। यदि बेनीपुरी जी आये हों तो उनसे माधुरी के लिए 'विद्यापति' पर लिखने की याद दिला दीजिएगा, उन्होंने वादा किया था।

आशा है आप सानन्द होंगे।

भवदीय

धनपत राय

२२३

लखनऊ

१५ अप्रेल १९२७

प्रिय शिवपूजन सहाय,

आपके लेख के चित्र बन गये हैं। वैशाख का मैटर प्रेस में देने की जल्दी है। कृपाकर लेख शीघ्र समाप्त कीजिए। इस पत्र को तार समझिए।

आपका

धनपत राय

२२४

लखनऊ

१६ अप्रेल १९२७

प्रिय महाशय,

आपने अभी तक लेख नहीं भेजा। आज वैशाख का मैटर प्रेस को दे दिया गया है। कोई सचित्र लेख तैयार नहीं था। इसलिए आपके लेख के आने की आशा में मैंने उसका नाम भी लिख दिया है। लेख न आया तो बड़ी देर हो जायगी। कृपा करके जल्द से जल्द और फ़ौरन से पहले भेजिए।

भवदीय

धनपतराय

२२५

लखनऊ

१३ मई १९२७

प्रिय शिवपूजन सहाय और रामवृक्ष शर्मा जी साहबान,

खुदा ने सारी दुनिया का बोझ आप ही दोनों देवताओं के कंधों पर डाल दिया है क्या ? वादे करके उन्हें पूरा न करना कितना बड़ा जुल्म है। निराशा में नींद तो आती है, वादे में तो तड़प और खटक सब कुछ है। बंगला स्टेज के लिए कब तक आशा करें ? भला एक पत्र तो लिखिए।

आपका

धनपतराय

२२६

लखनऊ

२ जून १९२७

प्रिय शिवपूजन सहाय,

लेख मिला, फिर भी अधूरा। इसे मैं आषाढ़ में दूँगा और एक ही बार छापूँगा क्योंकि नये वर्ष से नयी लेखमाला शुरू होनी चाहिए। पर यदि आप इतना ही और लिखें तो मैं सावन और भादों के अंकों में निकाल दूँ। हाँ, ज़रा जल्दी कीजिएगा। इसे तो मैं न लौटाऊँगा। आपके पास से फिर मिलेगा कैसे। अगर आप न भेजें तो विवश होकर इतना ही छापना पड़ेगा, तब आप कहेंगे कि आपने अधूरा लेख छाप दिया। सोच लीजिये अब आप मेरे हाथ में हैं।

और तो सब कुशल है।

भवदीय

धनपतराय

२२७

लखनऊ

१७ अक्टूबर १९२७

प्रिय शिवपूजन जी,

आदाब।

कृपापत्र मिला। आपने क्यों यह समझ लिया कि आप मेरी माला के लिए

कभी कुछ न लिख सकेंगे ? क्या आप ही अपने जीवन के ब्रह्मा हैं ? मैंने तो इसी आशा से आपका नाम डाल दिया था। आप अगर आग्रह करेंगे तो निकालूँगा अन्यथा नहीं।

श्री वाचस्पति पाठक का लेख मैंने पसन्द करके रख लिया है। ज्यों ही मौका मिला दे दूँगा। लेख के उत्तम होने में सन्देह नहीं। आपके चित्र जो अप्रकाशित थे लौटा दिये गये हैं।

अपने संबंध में मैं आपको क्या नोट्स दूँ। सिवाय मोटी-मोटी बातों के और क्या जानता हूँ। यह बातें आप मेरे भाई साहब से पूछ सकते हैं। स्वभाव और चरित्र आदि बातें तो सम्पर्क ही से मालूम हो सकती हैं। दो-चार बार आपसे मेरी भेंट हुई है उसी आधार पर आप मुझे जो चाहे रूप दे सकते हैं। मगर कृपा करके कहीं पाठक को उल्लू न बना दीजियेगा।

शेष कुशल है।

भवदीय

धनपतराय

२२८

लखनऊ

१० दिसम्बर १९२७

प्रिय शिवपूजन जी,

आज भाई बलदेव लाल के पत्र से यह शोक समाचार मिला कि आप कोठे से गिर पड़े हैं और आपके एक पैर में कड़ी चोट आयी है। कहाँ तो पं० कृष्ण-बिहारी जी ने यह शुभ सूचना दी थी कि आप बन्ना बनने जा रहे हैं, कहाँ यह खबर। कैसी चोट है ? क्या हड्डी पर तो जरब नहीं पहुँचा है ? ईश्वर से प्रार्थना करता हूँ कि आपको शीघ्र ही चंगा कर दे।

१८ ता० को काशी आ रहा हूँ। ईश्वर करे उस वक्त तक आप चलने-फिरने लगें।

मिश्र जी भी आपसे सहवेदना प्रकट करते हैं।

भवदीय

धनपतराय

२२९

लखनऊ

२६ अगस्त १९२८

प्रिय शिवपूजन सहाय जो,

कृपापत्र मिला। ब्लाकों का यथासाध्य प्रबंध कर लिया जायगा।

प्रेस पर आपकी कृपादृष्टि होनी ही चाहिए। धर्मखाते का काम है। कुछ मजदूरों की रोटियाँ चलती हैं। आप भी इस यश के भागी हों।

आपको यह सुनकर आनन्द होगा कि मेरी कई कहानियों के जापानी भाषा में अनुवाद प्रकाशित हुए हैं और वहाँ की सर्वश्रेष्ठ पत्रिका में प्रकाशित हुए हैं। जापानी जनता ने उनका वही सम्मान किया है जो टालस्टाय और चेखव की कहानियों का करते हैं। पत्रों में खूब चरचा रही। मेरे पास जो पत्र आया है उसमें लिखा है—your stories were the sensation in the month of June.

आशा है, आप सानन्द हैं।

भवदीय

धनपत राय

२३०

बम्बई

११ जनवरी १९३५

प्रिय बंधुवर,

वंदे।

आपका पत्र मुद्दत दराज के बाद मिला। बड़ी खुशी हुई। मैं मद्रास गया था। हिन्दी प्रचार सभा का दीक्षान्त भाषण था। वहाँ से बंगलोर, मैसूर की सैर करता हुआ कल तीसरे पहर यहाँ पहुँचा। इसलिये उत्तर में देर हुई। यह सफाई दे चुकने पर विलम्ब का अपराध तो आप न लगायेंगे।

बालक का भारतेन्दु अंक निकल रहा है। अच्छी बात है। वर्मा जी हंस का भारतेन्दु अंक निकालने का प्रस्ताव कर रहे हैं। देखिए क्या होता है।

बालकों के लिए मेरा यही संदेश है कि हमारा घर ही हमें मनुष्यता सिखाने की सबसे बड़ी पाठशाला है। स्नेह और त्याग और क्षमा और शालीनता को

भावनाओं के विकास के जितने सुन्दर अवसर घर में मिल जाते हैं उतने और कहीं नहीं मिल सकते। बालकों के सामने यही आदर्श होना चाहिए कि वे अपने घरों को स्वर्ग बना दें अपने प्रेम से, विनय से, सद्व्यवहार से। इसी पाठशाला में कामयाब होकर वे संसार के विशाल क्षेत्र में यश और आत्म-संतोष लाभ करेंगे।

आशा है आप सपरिवार सानंद हैं।

प्रेमचंद

२३१

सरस्वती सदन
दादर, बम्बई १४
२६ जनवरी १९३५

प्रिय बंधुवर,

वंदे।

मेरी दो तस्वीरें खिंची हैं। एक तो बम्बई में, दूसरी मैसूर में। एक आपके पास भेजूंगा। मँगवा रहा हूँ।

बालक बड़े शौक से पढ़ूंगा और हंस में पीठ ठोकूंगा।

मेरा भाषण आया तो है, लेकिन आप हंस में पढ़ियेगा। दो-एक दिन में हंस भी पहुँचेगा।

उग्र जी से मेरी मुलाकात कभी न हुई और ईश्वर करे न हो। जो आदमी माँ-बहन की गाली देता है उसे मैं इन्सान ही नहीं समझता। हैं, किसी तरह अपना निबाह किये जा रहे हैं। उनका कोई सिनेरियो तो इधर नज़र नहीं आया। मगर सुनता हूँ बुरा हाल है। मुझे तो यह लाइन पसन्द नहीं आई। तीन-चार महीने किसी तरह और कट जायँ तो घर की राह लूँ।

हंस में क्यों कोई दो पेज का सिलसिला शुरू नहीं करते?

भवदीय

धनपत राय

सद्‌गुरुशरण अवस्थी

२३२

लखनऊ

२५ नवम्बर १९३१

प्रिय सद्‌गुरुशरण जी,

कार्ड मिला। ज़रा पटना चला गया था। युनिवर्सिटी के विद्यार्थियों के एक उत्सव में बुलावा था।

इस लेख में बहुत से चित्र दरकार होंगे। खास-खास संस्थाओं के, खास व्यक्तियों के। मैं चाहता हूँ, कम से कम पाँच चित्र तो दिये ही जायँ, कौन-कौन से हों यह मैं छाँटकर लिखूँगा।

'हंस' का जनवरी का अंक 'आत्मकथांक' होगा। आप भी आप बीती कोई घटना या कोई impression या कोई अनुभव लिख भेजने की कृपा कीजिएगा। १५ दिसम्बर से ही मैटर छपने लगेगा। आपके पास पत्र तो कार्यालय से आयेगा ही पर मैं विशेषरूप से आग्रह कर रहा हूँ।

मेरी पुस्तकों में या तो उपन्यास हैं या गल्पों के संग्रह।

उपन्यास मेरे यह हैं—

१) ग़बन २) प्रतिज्ञा ३) कायाकल्प

गल्प संग्रह यह हैं—

१) प्रेम-प्रतिमा २) प्रेम-द्वादशी ३) प्रेम-तीर्थ ४) पाँच फूल।

इनका प्रकाशक मैं खुद हूँ। प्रेम-द्वादशी तो रह चुकी। अब यदि प्रेम-तीर्थ आ जाय तो मुझे कुछ लाभ हो सकता है। आपके पास इसकी कापी भिजवाऊँ? इस विषय में जो ज़ाब्ता हो वह बताइए तो वह कारवाई करूँ। आपके पास तो प्रति भेज ही रहा हूँ। इस संग्रह में ऐसी कोई कहानी नहीं है जो आपत्तिजनक हो।

भवदीय

धनपतराय

२३३

लखनऊ

१६ मार्च १९३२

प्रिय सद्गुरुशरण जी,

वंदे ।

कृपापत्र । धन्यवाद ।

आपके पत्र से यह जानकर हर्ष हुआ कि मेरी कोई किताब स्वीकृत हुई । लेकिन यह नहीं मालूम कौन-सी किताब ? बाबू रघुपति सहाय ने भी संशयवाचक शब्दों में पाँच फूल की स्वीकृति का समाचार लिखा था। यहाँ महाशय श्रीधर सिंह ने कहा 'सप्त सुमन' हुआ । वास्तव में कौन किताब हुई, यह आपने भी लिखने की कृपा न की। इंटर के लिए तो मेरी कोई किताब न हुई होगी । द्वादशी के उठने का मुझे खेद नहीं है । वह तीन साल चली । अब दूसरी पुस्तक के लिए स्थान मिलना ही चाहिए ।

मैंने पं० नन्ददुलारे जी के लेख का जवाब 'हंस' में दे दिया'। छप भी गया। २० तक आ भी जायगा । साहित्य-समाज पर ऐसे आघात का सहन न किया जा सका, इस अहंकार की कोई हद है । मुझे आशा है मेरा जवाब पढ़कर आप प्रसन्न होंगे ।

मैं अप्रैल के अंत तक यहीं रहूँगा, फिर काशी चला जाऊँगा और ग्राम्य-निवास के साथ कुछ लिखता रहूँगा । 'हंस' अभी घाटे में है ।उसे स्थायी बनाने का उद्योग करूँगा । अभी तो वह मेरी पुस्तकों की बिक्री भी खाये जाता है ।

आप लखनऊ कब तक आ रहे हैं ?

भवदीय

धनपतराय

२३४

लखनऊ

१६ मार्च १९३२

प्रिय सद्गुरुशरण जी,

वंदे ।

कार्ड मिला । मेरी दो पुस्तकें स्वीकृत हुईं । यह बड़े हर्ष की बात है । सप्त सुमन स्वीकार हुआ तो अच्छा ही है । इसमें परिवर्तन की आवश्यकता नहीं ।

आपको कहानी मैंने मंगवाकर पढ़ी और भेज दी। कहानी वर्णनात्मक हो गयी। सब कुछ आपने ही कहा, पात्रों को कुछ कहने का अवसर ही न मिला। जिस कहानी में पात्रों के संभाषण से प्लाट चलता है, वही अधिक रोचक होती है। कहानी कुछ लम्बी भी थी। कहीं-कहीं मैंने परिवर्तन कर दिया है। यह प्लाट मैंने Justice Lindsay की किताब में देखा था, लेकिन लिख न सका। इसके बाद आप जो कहानी लिखें उसमें बातचीत अधिक और कथा कम रखने की चेष्टा कीजिएगा।

आपके क्लास में यदि साहित्यिक रुचि के छात्र हों तो उन्हें कुछ लिखने की प्रेरणा करते रहिए। युवक कभी-कभी सुन्दर गल्प लिख जाते हैं, जो हम लोगों से नहीं बन पड़ती। हमारी जीत अभ्यास में है। नवीनता और विचित्रता तो उनके साथ है।

शेष कुशल है।

भवदीय

धनपतराय

२३५

हंस कार्यालय, बनारस कैंट

१५ दिसम्बर १९३५

प्रिय सद्‌गुरुशरण जी,

आशा है, आप प्रसन्न हैं। उन पुस्तकों की आलोचना आपने अभी तक भेजने की कृपा नहीं की। मिश्र जी का तक़ाज़ा है और काव्यांग कौमुदी की आलोचना भी इस जनवरी के अंक में जानी चाहिए। अब तो आपको म्युनिसिपल चुनाव से फ़ुरसत मिल गयी होगी।

आपका आलोचना संबंधी लेख जनवरी अंक में जा रहा है।

भवदीय

धनपतराय

२३६

गणेशगंज, लखनऊ

प्रिय सद्‌गुरुशरण जी,

वंदे।

मैं तो झांसी न जा सका। एक फोड़े ने बहुत तंग कर रखा है। फिर, मैं

बोलना नहीं जानता, साहित्य के विषय में नये विचार भी मेरे पास नहीं हैं। जिसका प्रतिपादन करने के लिए जाता।

मैंने अपने पत्र में अपनी रचनाओं और उनके प्रकाशकों के नाम लिखे थे जो आपने पूछे थे, फिर लिखता हूँ।

पुस्तक	प्रकाशक
१) सप्त सरोज, शेख सादी, प्रेम-पूर्णिमा, प्रेम-पच्चीसी, सेवासदन, प्रेमाश्रम	हिन्दी पुस्तक एजेंसी, कलकत्ता
२) रंगभूमि, प्रेम प्रसून, कर्बला	गंगा पुस्तक माला, लखनऊ
३) आज़ाद कथा (दो भाग), कायाकल्प, प्रेम-तीर्थ, प्रेम-प्रतिमा, ग़बन, पाँच फूल, प्रतिज्ञा, गल्प रत्न।	सरस्वती प्रेस, काशी।
४) नवनिधि	हिन्दी ग्रन्थ रत्नाकर कार्यालय, बंबई
५) निर्मला, प्रेम-प्रमोद	चाँद कार्यालय, प्रयाग
६) वरदान	हिन्दी ग्रन्थ भंडार, बम्बई

मेरी कहानियों का एक संग्रह सप्त सुमन है जो बनारस युनिवर्सिटी के दसवें दफा में था। उसकी एक प्रति और प्रेमतीर्थ की एक प्रति मैंने आपके पास भेजने को कहा है। शायद उन्होंने भेजा हो।

शेष कुशल।

भवदीय

धनपत राय

इन्द्रनाथ मदान

२३७

एस्प्लेनेड रोड, बम्बई
७ सितम्बर १९३४

प्रिय इन्द्रनाथ जी,

अब मैं आपके प्रश्नों पर आता हूँ।

१) अपने घर की मेरी बचपन की स्मृतियाँ बिलकुल साधारण हैं, न बहुत सुखी न बहुत उदास। मैं आठ साल का था तभी मेरी माँ नहीं रहीं। उसके पहले की मेरी स्मृतियाँ बहुत धुँधली हैं, कैसे मैं बैठा अपनी बीमार माँ को देखता रहता था, जो उतनी ही मुहब्बती और मौक़ा पड़ने पर उतनी ही कठोर थीं जितनी कि सब अच्छी माँएं होती हैं।

२) मैंने उर्दू साप्ताहिकों में और फिर मासिकों में लिखना शुरू किया। लिखना मेरे लिए बस एक शौक़ की चीज़ थी। मुझे सपने में भी ख़याल न था कि मैं आख़िरकार एक दिन लेखक बनूँगा। मैं सरकारी मुलाज़िम था और अपनी छुट्टी के वक़्त लिखा करता था। उपन्यासों के लिए मेरे अन्दर एक न बुझनेवाली भूख थी, जो कुछ मेरे हाथ लगता, मैं चट कर जाता, उसमें कोई भले-बुरे का चुनाव करने की तमीज़ मेरे अन्दर न थी। मेरा पहला लेख सन् १९०१ में और मेरी पहली किताब सन् १९०३ में छपी। इस साहित्य-रचना से मुझे अपने अहंकार की तुष्टि के अलावा और कुछ न मिलता था। पहले मैं समसामयिक घटनाओं पर लिखता था फिर अपने वर्तमान और अतीत वीरों के चरित्रों के स्केच। १९०७ में मैंने उर्दू में कहानियाँ लिखना शुरू किया और सफलता से प्रोत्साहित होकर लिखता रहा। १९१४ में दूसरों ने मेरी कहानियों के अनुवाद किये और वह हिन्दी पत्रिकाओं में प्रकाशित हुईं। फिर मैंने हिन्दी सीख ली और सरस्वती में लिखने लगा। उसके बाद मेरा 'सेवासदन' निकला और मैंने अपनी नौकरी छोड़ दी और स्वतन्त्र साहित्यिक जीवन बिताने लगा।

३) नहीं, मेरा किसी से कोई प्रणय नहीं हुआ। जिन्दगी बहुत उलझानेवाली थी और रोटी कमाना इतना कठिन काम कि उसमें रोमांस के लिए जगह

न थी। कुछ बहुत छोटे-छोटे मामले थे जैसे कि सब के होते हैं, पर मैं उन्हें प्रेम नहीं कह सकता।

४) स्त्री का मेरा आदर्श त्याग है, सेवा है, पवित्रता है, सब कुछ एक में मिला-जुला — त्याग जिसका अंत नहीं, सेवा सदैव, सहर्ष और पवित्रता ऐसी कि कोई कभी उस पर उंगली न उठा सके।

५) मेरे दाम्पत्य जीवन में रोमांस जैसी कोई चीज़ नहीं है। बिलकुल साधारण ढंग की चीज़ है। मेरी पहली स्त्री का देहांत १९०४ में हुआ, वह एक अभागी स्त्री थी, तनिक भी सुदर्शन नहीं और यद्यपि मैं उससे सन्तुष्ट नहीं था तो भी बिना शिकवा-शिकायत निभाये चल रहा था जैसे कि सब पुराने पति करते हैं। वह जब मर गयी तो मैंने एक बाल विधवा से विवाह किया और उसके साथ काफी सुखी हूँ। उसमें कुछ साहित्यिक अभिरुचि आ गयी है और वह कभी-कभी कहानियाँ लिखती है। वह एक निडर, साहसी, समझौता न करनेवाली, सीधी-सच्ची स्त्री है, दोष की सीमा तक दायित्वशील और अत्यधिक भावुक। वह असहयोग आन्दोलन में शरीक हुई और जेल गयी। मैं उसके साथ सुखी हूँ, ऐसी कोई चीज़ उससे नहीं माँगता जो वह नहीं दे सकती। टूट भले जाय पर आप उसे झुका नहीं सकते।

६)—ज़िन्दगी मेरे लिए हमेशा काम रही है, काम, काम, काम। मैं जब सरकारी नौकरी में था तब भी अपना सारा समय साहित्य को देता था। मुझे काम करने में मज़ा आता है। पस्ती के क्षण आते हैं जब पैसे की समस्या आ खड़ी होती है वर्ना मैं अपने भाग्य से बहुत संतुष्ट हूँ, अपने प्राप्य से अधिक मुझे मिला। आर्थिक दृष्टि से मैं असफल हूँ, व्यवसाय मैं नहीं जानता और तंगी से मुझे कभी छुटकारा नहीं मिलता। मैं कभी पत्रकार नहीं रहा लेकिन परिस्थितियों ने मुझे जबरन बनाया और जो कुछ मैंने साहित्य में कमाया था, जो कि बहुत नहीं था, सब पत्रकारिता में गँवा दिया।

७) कथानक मैं इस दृष्टि से बुनता हूँ कि मानव चरित्र में जो कुछ सुन्दर है, मर्दाना है वह उभरकर सामने आ जाय। यह एक उलझी हुई प्रक्रिया है, कभी इसकी प्रेरणा किसी व्यक्ति से मिलती है या कभी किसी घटना से या किसी स्वप्न से लेकिन मेरे लिए ज़रूरी है कि मेरी कहानी का कोई मनोवैज्ञानिक आधार हो। मैं मित्रों के सुझावों का सदैव सहर्ष स्वागत करता हूँ।

८) मेरे अधिकांश चरित्र वास्तविक जीवन से लिये गये हैं, गो उन्हें काफी अच्छी तरह पर्दे में ढंक दिया गया है। जब तक किसी चरित्र का कुछ आधार वास्तविकता में न हो तब तक वह छाया-सा अनिश्चित-सा रहता है और उसमें

विश्वास पैदा करने की ताक़त नहीं आती।

९) मैं रोमें रोलाँ की तरह नियमित रूप से काम करने में विश्वास करता हूँ।

१०) हाँ, मेरा गोदान जल्दी ही प्रेस में जा रहा है। वह लगभग छः सौ पृष्ठों का होगा।

आपका
प्रेमचंद

२३८

१६८, सरस्वती सदन, दादर बंबई—१४
२६ दिसंबर १९३४

प्रिय श्री इन्द्रनाथ,

आपका १६ तारीख़ का ख़त पाकर ख़ुशी हुई। आपके सवालों के जवाब उसी क्रम से नीचे देने की कोशिश करता हूँ—

१) मेरी राय में 'रंगभूमि' मेरी कृतियों में सबसे अच्छी है।

२) मेरे हर उपन्यास में एक आदर्श चरित्र है जिसमें मानव दुर्बलताएँ भी हैं और गुण भी पर मूलतः आदर्श। प्रेमाश्रम में ज्ञानशंकर है, रंगभूमि में सूरदास है। उसी तरह कायाकल्प में चक्रधर है, कर्मभूमि में अमरकान्त है।

३) मेरी कहानियों की कुल संख्या लगभग ढाई सौ है। अप्रकाशित कहानियाँ मेरे पास एक भी नहीं हैं।

४) हाँ मेरे ऊपर टाल्सटाय, विक्टर ह्यूगो और रोमे रोलाँ का असर पड़ा है। जहाँ तक कहानियों की बात है, शुरू में उनकी प्रेरणा मुझे डाक्टर रवीन्द्रनाथ से मिली थी। पीछे मैंने स्वयं अपनी शैली का विकास कर लिया।

५) मैंने कभी संजीदगी से नाटक लिखने की कोशिश नहीं की। मैंने एक-दो कथानकों की कल्पना की जो कि मेरे विचार में नाटक के लिए अधिक उपयोगी हो सकते थे। नाटक का महत्व समाप्त हो जाता है अगर उसे खेला न जाय। हिन्दुस्तान के पास रंगमंच नहीं है, विशेषतः हिन्दी और उर्दू के पास। रंगमंच के नाम पर मुर्दा पारसी स्टेज है जिसके नाम से मुझे हौल होता है। इसके अलावा मैं कभी नाटक की टेकनीक और रंगमंच की कला के सम्पर्क में नहीं आया। इसलिए मेरे नाटक सिर्फ पढ़े जाने के लिए थे। क्यों न मैं अपने उपन्यासों से ही चिपका रहूँ जिनमें मुझे नाटक से कहीं ज्यादा गुंजाइश अपने चरित्रों के उद्घाटन के लिए मिलती है। इसीलिए मैंने अपने विचारों के वाहन के रूप में

उपन्यास को पसन्द किया है। अब भी मुझे उम्मीद है कि एक-दो नाटक लिखूंगा। जहाँ तक आर्थिक सफलता की बात है, हिन्दी या उर्दू में यह जिन्स ढूँढ़े से नहीं मिलती। आप बदनाम हो सकते हैं पर आर्थिक रूप से स्वतन्त्र किसी प्रकार नहीं। हमारी जनता में किताबें खरीदने की कमज़ोरी नहीं है। एक तरह की मुर्दनी, उदासीनता, सुस्ती और बौद्धिक आलस्य छाया हुआ है।

६) सिनेमा साहित्यिक व्यक्ति के लिए कोई जगह नहीं है। मैं इस लाइन में यह सोचकर आया कि इसमें आर्थिक रूप से स्वतन्त्र हो सकने का कुछ मौक़ा था लेकिन अब मैं देखता हूँ कि मैं धोखे में था और मैं वापस अपने साहित्य को लौटा जा रहा हूँ। सच तो यह है कि मैंने लिखना कभी बन्द नहीं किया, उसको मैं अपने जीवन का लक्ष्य समझता हूँ। सिनेमा मेरे लिए वैसी ही चीज़ है जैसी कि वकालत होती, अन्तर इतना हो है कि यह अधिक स्वस्थ है।

७) मैं कभी जेल नहीं गया। मैं कर्मक्षेत्र का आदमी नहीं हूँ। मेरी रचनाओं ने कई बार सत्ता का आक्रोश जगाया है। मेरी एक-दो किताबें ज़ब्त हुई थीं।

८) मैं सामाजिक विकास में विश्वास रखता हूँ, हमारा उद्देश्य जनमत को शिक्षित करना है। क्रान्ति ज़्यादा समझदार उपायों की असफलता का नाम है। मेरा आदर्श समाज वह है जिसमें सबको समान अवसर मिले। विकास को छोड़कर और किस ज़रिये से हम इस मंजिल पर पहुँच सकते हैं। लोगों का चरित्र ही निर्णायक तत्व है। कोई समाज-व्यवस्था नहीं पनप सकती जब तक कि हम व्यक्तिशः उन्नत न हों। कहना सन्देहास्पद है कि क्रान्ति से हम कहाँ पहुँचेंगे। यह हो सकता है कि हम उसके ज़रिये और भी बुरी डिक्टेटरशिप पर पहुँचें जिसमें रंचमात्र व्यक्ति-स्वाधीनता न हो। मैं रंग-ढंग सब बदल देना चाहता हूँ पर ध्वंस नहीं करना चाहता। अगर मुझमें पूर्व-ज्ञान की शक्ति होती और मैं समझता कि ध्वंस के ज़रिये हम स्वर्गलोक में पहुँच जायेंगे तो मैं ध्वंस करने में भी आगा-पीछा न करता।

९) सर्वहारा वर्ग में तलाक़ एक आम चीज़ है। तथाकथित ऊँचे वर्गों में ही इस समस्या ने ऐसा गम्भीर रूप ले लिया है। अपने अच्छे-से-अच्छे रूप में विवाह एक प्रकार का समझौता और समर्पण है। अगर कोई दम्पति सुखी होना चाहते हैं, तो उन्हें एक-दूसरे का लिहाज़ करने के लिए तैयार रहना चाहिए। ऐसे भी लोग हैं जो कि अच्छी-से-अच्छी परिस्थितियों में भी कभी सुखी नहीं हो सकते। योरप और अमेरिका में तलाक़ अनहोनी चीज़ नहीं है। बावजूद सारी कोर्टशिप और आज़ादी के साथ एक-दूसरे से मिलने-जुलने के। पति-पत्नी में से किसी एक को झुकने के लिए तैयार होना ही पड़ेगा। मैं यह मानने से इनकार

करता हूँ कि केवल पुरुष ही दोषी हैं। ऐसे भी उदाहरण हैं जहाँ स्त्रियाँ झगड़ा पैदा करती हैं, तरह-तरह की शिकायतों की कल्पना कर लेती हैं। जब यह निश्चय नहीं है कि तलाक़ से हमारे वैवाहिक जीवन की बुराइयों का इलाज हो जायगा तो ऐसी हालत में मैं उस चीज़ को समाज पर लादना नहीं चाहता। यह ठीक है कि ऐसे भी केस हैं जहाँ तलाक़ अनिवार्य हो जाता है। मगर 'मेल न बैठना' मेरी समझ में नकचढ़ेपन के अलावा और कुछ नहीं। तलाक़ जिसमें बेचारी पत्नी के लिए कोई व्यवस्था नहीं है—यह माँग केवल रुग्ण व्यक्तिवाद की ओर से आ सकती है। समता पर आधारित समाज में इस चीज़ के लिए कोई जगह नहीं है।

१०) पहले मैं एक परम सत्ता में विश्वास करता था, विचारों के निष्कर्ष के रूप में नहीं, केवल एक चले आते हुए रूढ़िवादी विश्वास के नाते। वह विश्वास अब खंडित हो रहा है। निस्सन्देह विश्व के पीछे कोई हाथ है लेकिन मैं नहीं समझता कि उसको मानव व्यापारों से कुछ लेना-देना है। उसी तरह जैसे उसे चींटियों या मक्खियों या मच्छरों के झमेलों से कुछ लेना-देना नहीं। हमने अपने आप को जो महत्व दे रक्खा है उसके पीछे कोई प्रमाण नहीं है।

मुझे उम्मीद है कि फिलहाल इतना काफी होगा। मैं अंग्रेज़ी का पंडित नहीं हूँ इसलिए मुमकिन है कि मैं जो कुछ कहना चाहता था उसे व्यक्त न कर सका होऊँ लेकिन उस पर मेरा कोई वश नहीं है।

आपका
प्रेमचंद

मूल पत्र अंग्रेजी में है

उपेन्द्रनाथ अश्क

२३९

गणेशगंज, लखनऊ
२५ फरवरी १९३२

प्रिय बंधु,

आशीर्वाद। माफ़ करना, तुम्हारे दो खत आये। 'भिश्ती की बीवी' मैंने पढ़ा था और बहुत पसंद किया था। तुमने उर्दू का एक छोटा-सा चुटकुला भेजा था, मैं उसे हिन्दी में दे रहा हूँ, मगर हिन्दी में जो चीजें तुमने भेजी हैं उनमें अभी ज़बान की बहुत खामी है। हिन्दी के पत्र देखते रहोगे तो साल छः महीने में ये त्रुटियाँ दूर हो जायेंगी। कोई कहानी हमारे लिए हिन्दी में लिखो, मगर कहानी हो फ़ँसी नहीं या अगर किसी महान् व्यक्ति का जीवन-चरित्र हो तो उससे भी काम चल सकता है, मगर मेरी सलाह तो यही है कि अभी बहुत ज़्यादा लिखने के मुकाबले में लिटरेचर और फ़िलासफ़ी का अध्ययन करते जाओ, क्योंकि इस वक्त का अध्ययन ज़िन्दगी भर के लिए उपयोगी होगा।

और तो सब खैरियत है।

शुभैषी,
धनपतराय

२४०

गणेशगंज, लखनऊ
२३ मार्च १९३२

डियर उपेंद्र,

आशीर्वाद।

कई दिन हुए, तुम्हारी हिन्दी कहानी मिल गयी। इसके पहले 'फूल का अंजाम' उर्दू की चीज़ मिली थी। मैं इस हिन्दी कहानी में ज़रूरी सुधार करके हंस में दे रहा हूँ, लेकिन तुमने नरेंद्र को बिला काफी कारणों के शादी करने पर आमादा कर दिया। वह शादी से बेज़ार है, विवाहित जीवन का दृश्य देखकर उसकी तबीयत और उदासीन हो जाती है, फिर यकायक वह शादी करने पर

तैयार हो जाता है। महज़ इसलिए कि उसकी मँगनी हो गयी है। शादी के बाद का जीवन ज़रूर सुंदर है लेकिन यह कौन कह सकता है कि जिन मियाँ-बीवी को उसने लड़ते देखा था उनका जीवन भी यौवन की पहली मधुऋतु में इतना ही आकर्षक न रहा होगा ? तुम्हें कोई ऐसा सीन दिखाना चाहिए था जिसमें इंसान को अपना अकेलापन असह्य हो जाता या मियाँ-बीवी में जंग होने पर भी उनमें कुछ ऐसा चारित्रिक सौंदर्य होता जो इंसान को शादी की ओर झुकने पर विवश करता। मौजूदा हालत में किस्सा Convincing नहीं है। 'फूल का अंजाम' इससे अच्छा है, उसमें एक नुक्ता है, एक चिरंतन सत्य है लेकिन उर्दू लेकर मैं क्या करूँ।

पढ़ने के लिए लाइब्रेरी में से साइकालोजी पर कोई किताब ले लो, स्कूली या कोर्स की किताब नहीं। अभी एक किताब निकली है The Aspects of a Novel, इस विषय पर अच्छी किताब है। मतलब सिर्फ यह है कि इंसान उदार विचारों वाला हो जाय, उसकी संवेदनाएँ व्यापक हो जायँ। डाक्टर टैगोर के साहित्यिक और दार्शनिक निबंध बहुत ही आला दर्जे के हैं, रोमाँ रोलाँ का 'विवेकानन्द' ज़रूर पढ़ो, उनकी 'गांधी' भी पढ़ने के काबिल है, मॉर्ले के साहित्यिक जीवन-चरित्र लाजवाब हैं, डाक्टर राधाकृष्णन् की दर्शन संबंधी किताबें, टाल्सटॉय का What is Art वगैरः किताबें ज़रूर देखनी चाहिए।

अख़्तर साहब से मेरा सलाम कहना। मैं एक हिन्दी क़िस्सा लिख रहा हूँ, वह आपके लिए वक़्फ़ है।

तुम्हारा ख़ैरअन्देश,
धनपतराय

२४२

सरस्वती प्रेस, काशी
१४ फरवरी १९३४

प्रिय उपेंद्रनाथ जी,

आशीर्वाद। एक मुद्दत के बाद तुम्हारा खत मिला जिसे पढ़कर दूनी चिन्ता पैदा हो गयी। लेखकों के लिए यह बड़ी आज़माइश का ज़माना है, ख़ासकर जब सेहत खराब हो जाये। हिन्दी में अख़बारों की हालत उर्दू से बेहतर नहीं है। मैं खुद दो अख़बार निकाल रहा हूँ और दोनों में बराबर घाटा आ रहा है, यहाँ तक कि अब जी बेज़ार हो गया है और चाहता हूँ कि किसी तरह ख़ूबसूरती से नजात पा जाऊँ। आपको मैं इसके सिवा और क्या मशविरा दे सकता हूँ कि दस-पाँच

अफ़साने हिन्दी में निकल जाने दीजिये, इसके बाद गालिवन् आप से एडिटर साहिबान अफ़साने माँगने लगेंगे और शायद कुछ मिलने भी लगे, मगर हालत निहायत हौसलापस्त करनेवाली है। बुकसेलरों का तजुर्बा आपको जैसा कड़वा हुआ उससे ज्यादा कड़वा मुझे हो रहा है। वह तीरथराम मेरे डेढ़ सौ रुपये दबाये बैठा है, पचास रुपये महज़ अखबारात के उसके ज़िम्मे निकलते हैं, मगर देने का नाम नहीं लेता। एक दूसरा बुकसेलर लाहौर ही में मेरे क़रीब सात सौ रुपये हज़म करना चाहता है। अखबारात का यह हाल है और बुकसेलरों का यह हाल, बेचारा लेखक क्या करे। मैंने तुम्हारा अफ़साना 'हंस' में दिया है, कहीं-कहीं जबान की इसलाह करनी पड़ी, मगर दस-पाँच अफ़साने निकले बग़ैर किताब के निकलने में भी दिक़्क़त होगी। और क्या लिखूँ, मुझसे तुम्हारी जो कुछ इमदाद हो सकती है, उसके लिए हाज़िर हूँ।

शुभाकांक्षी
प्रेमचंद

२४२

सरस्वती प्रेस, बनारस
६ जुलाई १९३६

डियर उपेंद्रनाथ,

दुआ। तुम ताज्जुब कर रहे होगे कि मैंने तुम्हारे ख़त का जवाब क्यों नहीं दिया। बात यह है कि मैं पंद्रह दिन से क़ैदिये बिस्तर हो रहा हूँ। हाज़मे की शिकायत है, जिगर और तहाल की खराबी, कोई काम नहीं करता। तुम्हारी परेशानियों का क़िस्सा पढ़कर रंज हुआ। इस महाजनी दौर में पैसे का न होना अज़ाब है, ज़िन्दगी खराब हो जाती है, लेकिन इसके साथ यह भी न भूलना कि ग़रीबी और मुसीबतों का एक अख़लाक़ी पहलू भी है, इन्हीं आज़माइशों में इन्सान इन्सान बनता है, उसमें खुद-एतमादी पैदा होती है।

हिन्दी में भी वही कैफ़ियत है जो उर्दू में। किताबें नहीं बिकतीं। पब्लिशर कोई नयी किताब छापते नहीं। क़लम पर ज़िन्दा रहना मुश्किल हो रहा है। बस किसी अख़बार में जान देने के सिवा और कोई रास्ता नज़र नहीं आता। अगर आदमी का क़ाबू हो तो किसी देहात में जा बैठे। दो एक जानवर पाल ले, कुछ खेती कर ले और ज़िन्दगी गांववालों की ख़िदमत में गुज़ार दे। शहर में रहकर, खासकर बड़े शहर में, तो सेहत, ज़िन्दगी, सब कुछ तबाह हो जाती है। फ़िलहाल इतना ही। थक गया हूँ। अब लेटूँगा।

दुआगो
प्रेमचंद

भदंत आनंद कौसल्यायन

२४३

काशी

१४ फरवरी १९३६

प्रिय आनन्द जी,

आपका नोट मिला। धन्यवाद। इसकी ज़रूरत थी। छापूँगा। हाँ, सिंहल साहित्य के विषय में अगर कोई लेख भेज सकें तो बड़ा अच्छा हो। उसे तो हम कुछ जानते ही नहीं। उसका कुछ आलोचनात्मक इतिहास ही हो तो कोई हर्ज नहीं।

अगर इंगलैण्ड जायँ तो वहाँ से बौद्ध साहित्य पर एक अच्छा-सा लेख लिखें, केवल उसके धर्म-साहित्य पर नहीं, बल्कि बौद्धकालीन साहित्य पर। ऐसे लेख की बड़ी जरूरत है।

आशा है आप प्रसन्न हैं।

आपका

प्रेमचंद

२४४

काशी

अगस्त १९३६

प्रिय आनन्द जी,

क्या आप समझते हैं, अंग्रेज़ी की गुलामी से भारतीय परिषद् मुक्त है? जब काँग्रेस की सारी लिखा-पढ़ी अँग्रेजी में होती है, तो भारतीय परिषद् तो उसी का बच्चा है। मन्त्री जी हिन्दी नहीं जानते, मगर हिन्दी के भक्त अवश्य हैं। अगर आप ऐसे भक्तों को दबाएँगे तो वह भाग खड़े होंगे।

'हंस' सितम्बर से सस्ता साहित्य, देहली से प्रकाशित होगा। मैंने उसके सम्पादन से इस्तीफ़ा दे दिया है। मैं इधर एक महीने से बीमार हूँ।

अगर अच्छा हो गया तो यहाँ से अपना एक नया पत्र प्रागतिक लेखक संघ की विचारधारा के अनुसार निकालूँगा।

मुझे आशा है, इस नयी योजना में मैं आपकी मदद पर भरोसा कर सकूँगा।

आपका

प्रेमचंद

विष्णु प्रभाकर

२४५

सरस्वती, प्रेस काशी
१७ दिसंबर १९३२

प्रियवर,

'अछूतोद्धार' नामक गल्प मिल गई थी। स्वरचित है। मैं चेष्टा करूँगा कि उसे जल्द प्रकाशित करूँ। कार्यालय में गल्पें बहुत आती हैं, इससे कितने ही मित्रों की रचनाएँ पड़ी रह जाती हैं।

भवदीय
प्रेमचंद

२४६

सरस्वती प्रेस, काशी
१३ जनवरी १९३३

प्रियवर,

आप के लेख और पत्र मिले। कविताओं में तो छंद भंग है और कहानी वर्णनात्मक हो गई है। यह तो गल्प न होकर गल्प का सुंदर प्लाट है। आप इसे गल्प के रूप में लिख भेजें। गल्प में संभाषण का भाग (अधिक), वर्णन कम होना चाहिए। खेद है इसे न छाप सकूंगा।

हिस्सार में जागरण का प्रचार किसी मोतबर एजेंट द्वारा करने की चेष्टा कीजिए।

भवदीय
प्रेमचंद

२४७

काशी
२१ अप्रैल १९३३

प्रियवर,

धन्यवाद। आपके लेख छापना तो चाहता हूँ पर जिस रूप में वह हैं उस रूप में नहीं। चाहता हूँ कि कुछ बना कर छापूँ लेकिन बनाना समय चाहता है और समय का यहाँ बड़ा टोटा है। बहुत खोजता हूँ, वही नहीं मिलता। ईश्वर की भाँति अदृश्य हो गया है। इतना ही समझ लीजिए कि अच्छी चीज पाकर सम्पादक तुरंत छापता है। विलम्ब नहीं करता। जब कोई चीज़ उसे नहीं जँचती तभी वह देर करता है। अच्छी चीजें इतनी ज्यादा नहीं आतीं कि उनको प्रतीक्षा करनी पड़े। और कहानी तो बड़ी मुश्किल से अच्छी मिलती है। बस, और क्या लिखूँ।

सप्रेम
प्रेमचंद

ललिताशंकर अग्निहोत्री

२४८

सरस्वती प्रेस, काशी
१६ अगस्त १६३३

प्रियवर,

Journalism पर बाबू रामानन्द चैटर्जी के विचार मिले। २६ अगस्त के जागरण में जायगा।

हाँ, आप शान्तिनिकेतन के समाचार और अन्य विषय पर समय-समय पर लिखते रहें। मैं सहर्ष छापूँगा। पर जो कुछ लिखो काफी छानबीन के बाद।

शुभाकांक्षी
प्रेमचंद

२४६

सरस्वती प्रेस, काशी
६ सितंबर १६३५

प्रियवर,

धन्यवाद।

आपके यहाँ से लेख का अनुवाद में देर हो जाने के कारण मैंने उसे 'आज' के मुंशी कालिका प्रसाद से करा लिया। सुन्दर अनुवाद हुआ है। वह हंस का पहला लेख था और उसका सात को प्रेस में जाना जरूरी था, नहीं हमारे लिये बिना किसी सहकारी सम्पादक के अकेले १२० पृष्ठ की पत्रिका निकालना कठिन हो जाता।

आप Quarterly भेजवा दें। मैं उसकी बड़े शौक़ से आलोचना करूँगा।

भवदीय
प्रेमचंद

२५०

हंस कार्यालय, बनारस
१४ अक्टूबर १६३५

प्रिय ललिताशंकर जी,

आपका पत्र मिला। धन्यवाद। मैंने श्री नेहरू जी का लेख प्रताप में देखा था पर उनका पता मालूम न होने के कारण उनके पास हंस न भेज सका था। आपके पत्र से पता मालूम हो गया और हंस उनके पास भेज दिया गया। पैम्फ्लेट आपने भेज दिये थे। मैंने भी भेजवा दिये।

हंस में मैंने विश्वभारती की आलोचना कर दी है। आपने देखी होगी।

श्री चंदोला जी का अनुवाद वापस भेज रहा हूँ। कई दिन देर में पहुँचा नहीं अवश्य छापता। अनुवाद मुझे बहुत अच्छा लगा। कालिकाप्रसाद जी ने शाब्दिक अनुवाद किया है, चंदोला जी ने भावानुवाद किया है। मैंने दोनों अनुवादों को मिलाया। कहीं यह अच्छा मालूम हुआ, कहीं वह। मुझे इसके न छाप सकने का खेद है।

आशा है, आप प्रसन्न हैं।

आप यहाँ तक आकर चले गये और मुझसे न मिले, इसकी आपसे शिकायत करने का अधिकार आप मुझे देना स्वीकार करें तो अवश्य करूँगा। आगे इतनी गलती न कीजिएगा। बनारस पुराने ढंग का केन्द्र है। बाहर से प्रकाश मिलता रहता है तो मालूम होता है हम भी ज़िन्दा हैं।

भवदीय
प्रेमचंद

२५१

सरस्वती प्रेस, बनारस
२३ दिसंबर १६३५

प्रिय ललिताशंकर जी,

आपका पत्र मिला। श्री गोपाल रेड्डी का लेख अवश्य भेज दीजिएगा। या बेहतर हो मेरे पास न भेजकर बम्बई के पते से भेजिए। अर्थात १११ एस्प्लेनेड रोड, फोर्ट, बम्बई। क्योंकि दक्षिण भाषाओं के लेख बम्बई से एडिट होकर यहाँ आते हैं।

'विश्वभारती' तो यहाँ नहीं आई इसलिए आलोचना कैसे देखता।

श्री जवाहरलाल नेहरू जब यहाँ आ जायेंगे तब लेखक संघ वाले उन्हें लाने की चेष्टा करेंगे।

भवदीय
प्रेमचंद

२५२

सरस्वती प्रेस, बनारस
३ जनवरी १९३६

प्रिय ललिताशंकर,

कार्ड। भारती मिली। हंस पर नोट पढ़कर चित्त प्रसन्न हुआ। किसे धन्यवाद दूँ। अपने पास तो रख नहीं सकता। तुम ले लो या नंदोलाजी ले लें।

वह लेख अवश्य भेज दो। हिन्दी अनुवाद आये तो अच्छा। यहाँ अनुवाद ठीक न हो सकेगा।

लेख हिन्दी है तो मेरे पास भेजिए। बंगला भी, उड़िया भी, उर्दू भी। यह विभाग यहाँ है। गुजराती, मराठी, और दक्षिण भाषाओं का विभाग बम्बई।

भवदीय
प्रेमचंद

२५३

सरस्वती प्रेस, बनारस कैंट
२७ फरवरी १९३६

प्रिय ललिताशंकर जी,

तुम्हारा २२ फरवरी ३६ का पत्र मिला। तुम्हारा भेजा हुआ लेख छप गया। उसे मैंने पहला स्थान दिया है। अब उसके reprint कैसे मिलेंगे। उसे छपे तो एक हफ्ता हो गया। पहले तुमने लिखा नहीं, कुछ निकलवा लेता।

मैंने तो तुम्हारे आदेशों को कभी नहीं टाला। चतुर्वेदी जी के नेवते पर मैं क्यों जाने लगा। वह कौन होते हैं। क्या तुम सीधे मुझसे नहीं कह सकते। तुम्हारे यहाँ जब कोई ऐसा अवसर आये, मुझे बुलाना, मैं आऊँगा। हाँ यह तो तुम जानते ही हो कि मैं घर में अकेला आदमी हूँ और बिला जरूरत कहीं नहीं

आता जाता। गुरुदेव के दर्शनों की इच्छा मुझे भी है। समय आयेगा तो वह भी पूरी हो जायगी। मित्रों को मेरा बंदे कहना।

शुभाकांक्षी
प्रेमचंद

२५४

सरस्वती प्रेस, बनारस
५ जून १९३६

प्रियवर,

इधर आपने बहुत दिनों से 'हंस' के लिए कोई लेख लिखने की कृपा नहीं की। अगर आप ही लोग उसका यों तिरस्कार करेंगे, तो वह चलेगा क्योंकर। हमने आप ही जैसे महानुभावों के भरोसे यह सेवा स्वीकार की है। आपको मालूम ही है अब वह भारतीय साहित्य परिषद् का पत्र है। आपकी कृतियाँ केवल हिन्दी-भाषी प्रान्तों में ही नहीं; अन्य प्रान्तों में भी रुचि से पढ़ी जायेंगी। मुझे आशा है, आप उसके लिए शीघ्र ही कोई लेख भेजेंगे। आलोचनात्मक, तुलनात्मक और चरित्रात्मक लेखों की हमें विशेष ज़रूरत है। हम हंस को शुद्ध साहित्य का पत्र बना देना चाहते हैं। आशा है आप हमें निराश न करेंगे।

भवदीय
प्रेमचंद

दुर्गासहाय 'सरूर' जहानाबादी

२५५

नया चौक, कानपुर
१६ नवम्बर १६०७

जनाब मख़दूमी श्रो मुकर्रमी,

तसलीम । मिज़ाजे अक़दस ?

मुझे तो आप शायद भूल गये । अब याददेहानी करता हूँ । माह जनवरी १६०८ से इलाहाबाद के इण्डियन प्रेस ने एक आला दर्जे का उर्दू रिसाला शाया करने की नीयत की है और इसकी एडिटरी की खिदमत मैंने आप लोगों की एयानत के भरोसे पर अपने ऊपर ली है । पहला नंबर १५ जनवरी को निकल जायेगा । रिसाला बातसवीर होगा । तसावीर और उम्दा लिखाई, छपाई और काग़ज़ का खुसूसियत से लिहाज़ रखा जायेगा । आप जानते हैं इण्डियन प्रेस कैसा मालदार है । वह जिस क़दर चाहे सर्फ़ कर सकता है । मैं चाहता हूँ कि पहले नंबर में नज़्म खास तौर पर ज़ोरदार हों और ऐसी नज़्मों के लिए आपके सिवाय और किससे इल्तिजा करूँ । मुआविज़ा जो कुछ मुनासिब होगा या जो कुछ आप फ़र्मायेंगे अक़ब से हाज़िरे खिदमत होगा । और रिसालों के मुक़ाबिले में आप इसे ज़्यादा खरा असामी पायेंगे । यह इल्तिमास करने की ज़रूरत नहीं कि पहली नज़्म आप ही की होगी । हाँ, यह रिसाला पोलिटिकल न होगा ।

जवाब का मुन्तज़िर,

आपका नियाज़मन्द
धनपतराय उर्फ़ नवाबराय
मास्टर गवर्नमेंएट स्कूल, कानपुर

अख़्तर हुसेन 'रायपुरी'

२५६

बनारस

२७ फ़रवरी १९३६

डियर अख़्तर,

तुम्हारा ख़त मिला। मैं इसी फ़िक्र में था कि तुमने मेरे ख़त का अब तक जवाब क्यों नहीं दिया। अब मालूम हुआ कि तुम पहाड़ों की सैर कर रहे थे।

अब मेरा क़िस्सा सुनो। मैं क़रीब एक माह से बीमार हूँ। मेदे में गैस्ट्रिक अलसर की शिकायत है। मुँह से खून आ जाता है। इसलिए काम कुछ नहीं करता। दवा कर रहा हूँ। मगर अभी तक कोई इफ़ाक़ा नहीं। अगर बच गया तो 'बीसवीं सदी' नाम का रिसाला अपने लोगों के खयालात की इशाअत के लिए ज़रूर निकालूँगा। 'हंस' से तो मेरा ताल्लुक़ टूट गया। मुफ्त की सरमग़ज़ी, बनियों के साथ काम करके शुक्रिये की जगह यह सिला मिला कि तुमने 'हंस' में ज़्यादा रुपया सर्फ़ कर दिया। इसके लिए मैंने दिलोजान से काम किया, बिल्कुल अकेला, अपने वक़्त और मेहनत का इतना खून किया, इसका किसी ने लिहाज़ न किया। मैंने 'हंस' उन लोगों को इस ख़याल से दिया था कि वह मेरे प्रेस में छपता रहेगा और मुझे प्रेस की जानिब से गूना बेफ़िक्री रहेगी लेकिन अब वह दिल्ली में सस्ता साहित्य मंडल की जानिब से निकलेगा और इस तबादले में परिषद् को अन्दाज़न पचास रुपये महीने की बचत हो जायगी। मैं भी खुश हूँ। 'हंस' जिस लिटरेचर की इशाअत कर रहा था, वह हमारा लिटरेचर नहीं है, वह तो वही भक्तिवाला महाजनी लिटरेचर है जो हिन्दी ज़बान में काफ़ी है।

मेरा नया नावेल 'गोदान' अभी हाल में निकला है। उसकी एक जिल्द भेज रहा हूँ। 'उर्दू' में रिव्यू करना। 'मैदाने अमल' का नुस्खा तो तुम्हारे यहाँ पहुँचा ही होगा। अब 'गऊदान' के लिए भी एक पब्लिशर तलाश कर रहा हूँ मगर उर्दू में तो हालत जैसी है, तुम जानते ही हो। बहुत हुआ तो एक रुपया फ़ी सफ़ा कोई दे देगा।

और सब ख़ैरियत है। मौलवी अब्दुल हक़ साहब क़िबला की खिदमत में मेरा आदाब कहना।

मुखलिस

धनपतराय

मुहीउद्दीन क़ादर 'ज़ोर'

२५७

हंस कार्यालय, बनारस
३१ अगस्त १९३५

जनाब मुकर्रमे बंदा,

तसलीम। 'दकन की उर्दू शायरी' के लिए शुक्रिया। चूँकि बम्बई में दफ्तर में कोई उर्दूख़्वां आदमी नहीं है, उर्दू मज़ामीन के तर्जुमे की ज़िम्मेदारी मुझ पर आयद की गयी है। मैं बहुत जल्द मज़मूनेहाज़ा का हिन्दी तर्जुमा आपकी खिदमत में भेज दूँगा। खयाल यही है कि देर न हो जाय क्योंकि पहली सितम्बर से पर्चे की तबाअत शुरू हो जायगी। अगर मुझ पर एतबार कर सकें तो मैं इसका ज़िम्मा ले लूँगा कि आपके मज़मून का बेहतरीन तर्जुमा होगा और अस्ल से किसी तरह इनहराफ़ न होगा। हाँ, अस्ल की खूबियाँ तर्जुमे में आनी मुश्किल हैं जो शायद आप खुद तसलीम फ़र्माएँगे।

हंस ने अदब के इस वसीह मैदान में क़दम रखने की जुर्रत की है, देखें उसे कहाँ तक कामयाबी होती है।

प्रेमचंद

पद्मकांत मालवीय

२५८

३ जनवरी १९३६

प्रिय पद्मकांत जी,

आपसे किस भले आदमी ने कह दिया कि मैं अभ्युदय से नाराज़ हूँ। लिख न सकना दूसरी बात है, नाराज़ होना दूसरी बात है। मैं कोशिश करूँगा कि कुछ लिखूँ। कहानी तो फ़िलहाल लिखना कठिन है लेकिन कोई लेख भेजने का प्रयत्न करूँगा। मैं तो तुम्हारे घर भी हो आया हूँ। पान खा आया हूँ। हाँ, गरीब और धनी में जो एक अंतर होता है वह मुझमें और तुम में है। मैं गरीब वर्ग को बिलांग करता हूँ, तुम धनी वर्ग को। नहीं इतना पान क्यों खाते। मैं भी पान खाता हूँ मगर मेरा नशा ताड़ी है, तुम्हारा शेरी।

भवदीय
प्रेमचंद

माणिकलाल जोशी

२५६

सरस्वती प्रेस, बनारस
२० दिसम्बर १९३३

प्रिय महोदय,

आपका पत्र और 'कौमुदी' की प्रति मिली। मेरे और 'कर्मभूमि' के बारे में जो लेख निकला है, उसकी विषयवस्तु का मुझे पता चला। हर लेखक को आज़ादी है कि वह किसी लेखक की तारीफ करे या उसे नीचे गिराये और मुझे इस संबंध में कुछ नहीं कहना है। मिस्टर किशन सिंह की कदाचित् यह धारणा है कि मैंने ही स्वयं उपन्यास सम्राट की उपाधि हथिया ली है। मुझसे ज़्यादा कोई भी इस उपाधि से घृणा न करता होगा और मैंने कभी किसी को प्रेरित नहीं किया कि वह मुझको इस नाम से पुकारे और मैं खुद नहीं जानता कैसे यह उपाधि मेरे नाम के साथ जुड़ गयी और क्यों इसे बार-बार इतना दुहराया जाता है। तुलनाएँ हमेशा बहुत झगड़े की चीज़ होती हैं और मिस्टर किशन सिंह का कहना बिलकुल सही है कि जो मेरी तुलना गाल्सवर्दी और टाल्सटाय और साहित्य-संसार के दूसरे महान व्यक्तियों से करते हैं, वे निश्चय ही मेरे साथ अन्याय करते हैं। अपने संबंध में ऐसी मूर्खता की धारणा रखनेवाला मैं अंतिम व्यक्ति हूँ। मगर ऐसी चीज़ें मैं रोकूँ भी तो कैसे ?

मिस्टर किशन सिंह की यह राय बिलकुल सही हो सकती है कि मेरी ज़्यादातर कहानियाँ बहुत पिटी-पिटायी हैं और उनमें कोई सौन्दर्य नहीं। शायद जो कहानियाँ उन्होंने अनुवाद के लिए चुनीं, वे अपवाद-स्वरूप हैं। इसके बारे में मैं क्या कह सकता हूँ ? ऐसे भी पाठक हैं जो विक्टर ह्यूगो और टाल्सटाय को भी बर्दाश्त नहीं कर पाते। मैं विनयपूर्वक इतना ही कह सकता हूँ कि मैंने वही किया है, जो कि अपनी प्रतिभा को देखते हुए अच्छे से अच्छा कर सकता था और इससे बड़ी किसी चीज़ के लिए मेरा दावा नहीं है।

मिस्टर किशन सिंह की मुख्य आपत्ति यह जान पड़ती है कि 'कर्मभूमि' राष्ट्रीय आन्दोलन को पृष्ठभूमि में रखकर लिखी गयी है। वह इस बात को भूल

जाते हैं कि लगभग सब महान उपन्यासों का कोई-न-कोई सामाजिक उद्देश्य होता है या कोई न कोई महान आन्दोलन उसकी पृष्ठभूमि में रहता है। टाल्सटाय का 'वार एण्ड पीस' मास्को पर नेपोलियन की चढ़ाई के इतिहास के अलावा और क्या है ? मगर उसने अपने पन्नों में उस संघर्ष को ज़िन्दा कर दिया है। उसने ऐसे चरित्र और ऐसी घटनाएँ प्रस्तुत की हैं जिनसे मानव प्रकृति में उसकी आश्चर्यजनक अन्तर्दृष्टि का पता चलता है। सबसे महत्वपूर्ण वस्तु चरित्रों का विकास है। अगर लेखक को इसमें सफलता मिली है, तो फिर उसे आलोचकों से डरने का कोई कारण नहीं। क्या लेखक सुकुमार और गम्भीर भावों को उभार सका है ? अगर वह ऐसा करता है तो उसकी पृष्ठभूमि चाहे जो हो, वह शाश्वत सत्यों को लेकर कारबार कर रहा है और उसे बहुत दिनों तक जीवित रहने का अधिकार है।

मिस्टर रँगीलदास कापड़िया ने कुछ दिन हुए मुझको लिखा था कि उन्होंने मेरी रचनाओं पर 'कौमुदी' के लिए एक लेख लिखा है। पता नहीं उस लेख का क्या हुआ। मेरे कई गुजराती मित्र हैं जिन्होंने 'कर्मभूमि' की खूब प्रशंसा की है। मराठी पत्रों ने उसकी अच्छी समालोचना की है, 'केसरी' ने खुलकर प्रशंसा की थी। मैं नहीं समझता कि उन्होंने सिर्फ मेरी चापलूसी करने के खयाल से मेरी तारीफ की थी। मगर जैसा कि मैंने शुरू में ही कहा है, हर आदमी को अपनी राय रखने और उसको व्यक्त करने का अधिकार है और कभी कोई अच्छी कृति नहीं रही जिसकी बुराई नहीं हुई। मुझे विश्वास है कि कोई न कोई गुजराती साहित्यकार मेरे प्रति न्याय करेगा और मुझे गुजराती जनता के सामने ज़्यादा अच्छी रोशनी में पेश करेगा। हिन्दी में एक-दो पत्रों ने मेरे खिलाफ़ आन्दोलन शुरू कर दिया है। बड़े खेद की बात है कि साहित्य का क्षेत्र भी व्यक्तिगत राग-द्वेष से क्षत-विक्षत हो रहा है। अनेकानेक दल और गिरोह हैं और अगर आप उनमें से किसी एक दल की प्रशंसा करते हैं तो विश्वास रखिये कि दूसरा दल इस वर्जित प्रदेश में घुस आने के लिए आपको दण्ड दिये बिना न रहेगा। इलाहाबाद की 'सरस्वती' ने मेरे खिलाफ एक लेख लिखा है और ऐसा लगता है कि मिस्टर किशन सिंह उसी लेख से अनुप्रेरित हुए हैं। 'कर्मभूमि' का अनुवाद करने के लिए आप मिस्टर किशन सिंह को चुनिये और तब हो सकता है कि वह शान्त हो जायँ। काफी सम्भव है कि उन्हें यह बात बुरी लग रही हो कि यह काम उनको नहीं सौंपा गया।

अच्छा विज्ञापन सफलता का प्राण है और आपको ऐसी व्यवस्था करनी

चाहिए कि 'कर्मभूमि' जैसे ही निकले कई पत्र-पत्रिकाएँ और साहित्यकार उसकी समालोचनाएँ लिखें। जैसा कि आपने स्वयं ही अनुभव किया होगा, यह क़दम उठाने से आपका यह उद्योग निश्चय ही सफल होगा।

आपका

प्रेमचंद

माणिकलाल जी जोशी कर्मभूमि, गोदान, निर्मला, प्रतिज्ञा और रंगभूमि के गुजराती अनुवादक हैं।

'भारत'-सम्पादक के नाम पत्र

२६०

प्रियवर,

आपने अपने सम्मानित पत्र के २२ सितम्बर के अंक में सरस्वती प्रेस की हड़ताल के विषय में प्रेस कर्मचारी संघ की शानदार फ़तह का जो हाल छापा है उसके बारे में मैं भी कुछ निवेदन करने की आपसे अनुमति चाहता हूँ और मुझे आशा है आप मुझे निराश न करेंगे। सरस्वती प्रेस के प्रोप्राइटर होने के नाते हड़ताल की कितनी ज़िम्मेदारी मुझ पर आती है उसे स्पष्ट करना आवश्यक है ताकि आपके पाठकों को उससे मेरे बारे में जो ग़लतफ़हमी हो सकती है वह दूर हो जाय।

सरस्वती प्रेस लगातार कई साल से घाटे पर चल रहा है। पहले "हंस" निकला और उससे तीन साल तक बराबर घाटा होता रहा। अब भी कुछ न कुछ घाटा ही है। इसके बाद प्रेस में काम की कमी को पूरा करने और जाति की कुछ सेवा करने के लिए मैंने "जागरण" निकालने का भार भी ले लिया। यद्यपि काम मेरे बूते का न था लेकिन इस आशा से कि शायद यह उद्योग सफल हो जाय और प्रेस में धनाभाव का जो रोग लगा हुआ है वह दूर हो जाय मैंने यह भार भी सिर पर ले लिया और दो साल अपने समय का बहुत बड़ा भाग खर्च करके उसे चलाता रहा लेकिन तो भी बराबर घाटा ही रहा यहाँ तक कि प्रेस पर कोई चार हज़ार का ऋण हो गया जिसमें कर्मचारियों का देना और काग़ज़वालों का बक़ाया दोनों शामिल हैं। फिर भी मैंने हिम्मत नहीं हारी और जब अपनी बिगड़ी आर्थिक दशा से तंग आकर मैं काशी से चलने लगा तो मैंने "जागरण" का सम्पादन-भार बाबू सम्पूर्णानन्द को सौंपा जिसे उन्होंने सहृदयता के साथ स्वीकार किया। मगर घाटा बराबर होता रहा। मेरी पुस्तकों की बिक्री के रुपये भी प्रेस के खर्च में आते रहे, फिर भी खर्च पूरा न पड़ता क्योंकि इधर पुस्तकों की बिक्री भी घट गयी है। बाबू सम्पूर्णानन्द जी के हाथों में "जागरण" ने सोशलिस्ट नीति की जैसी ज़ोरदार वकालत की वह हिन्दी संसार भली भाँति जानता है। मैं खुद सोशलिस्ट विचारों का आदमी हूँ और

मेरी सारी ज़िन्दगी ग़रीबों और दलितों की वकालत करते गुज़री है। हिन्दी में "जागरण" एक ऐसा पत्र था जिसने घाटे की परवाह न करते हुए वीरता के साथ सोशलिज़्म का प्रचार किया। जब प्रेस की आमदनी का यह हाल था तो कर्मचारियों का वेतन कहाँ से पाबंदी के साथ दिया जा सकता था? मेरी किताबों से जो कुछ आमदनी होती है वह इतनी भी नहीं है कि उससे मेरा निबाह हो सकता। न मुझमें यह फ़न है कि धनिकों से अपील करके कुछ धन संग्रह कर सकता, ऐसी दशा में प्रेस कर्मचारियों और काग़ज़वालों दोनों ही से मुझे मजबूरन वादा-ख़िलाफ़ी करनी पड़ी। मुझे ऐसी दशा में "जागरण" को अवश्य बंद कर देना चाहिए था, जैसा मेरे अनेक मित्रों ने कहा, लेकिन दुनिया उम्मीद पर क़ायम है और मैं बराबर यही सोचता रहा कि शायद अब पत्र का प्रचार बढ़े। उसके पीछे कई हज़ार का नुक़सान उठा चुकने के बाद उसे बंद करते मोह आता था। मेरे कई मित्रों ने प्रेस को ही बंद करने की सलाह दी, क्योंकि प्रेस के बंधन से मुक्त होकर मैं अपनी पुस्तकों और लेखों से लस्टम-पस्टम अपना निर्वाह कर सकता हूँ। कम से कम उस दशा में मुझ पर किसी का क़र्ज़ तो न रहता। लेकिन मुझे यही संकोच होता था कि ये २५-३० आदमी बेकार होकर कहाँ जायेंगे। बला से मुझे कुछ नहीं मिलता; मेहनत भी मुफ्त में करनी पड़ती है, मगर इतने आदमियों की रोज़ी तो लगी हुई है। महज़ इस खयाल से मैं हर तरह की ज़ेरबारी उठा कर प्रेस और पत्र चलाता रहा। दिल में समझता था, कर्मचारियों को प्रेस का ज्ञान है ही, क्या वह मेरी मजबूरी नहीं समझते? जब उन्हें मालूम है कि मैंने आज तक प्रेस से एक पैसे का लाभ नहीं उठाया और जायज़ कमाई से कम से कम दस हज़ार रुपये प्रेस और पत्रों के पीछे फूंक दिये तो उनको मेरे नादिहन्द होने की कोई शिकायत नहीं होनी चाहिए। मैं तो उलटे अपने को उनकी हमदर्दी का पात्र समझता था। मैं मानता हूँ कि ग़रीबों को समय पर वेतन न मिलने से बड़ा कष्ट होता है, लेकिन क्या ये खुद ही इस प्रेस के मालिक होते तो वे भी मेरी ही तरह सिर पीटकर न रह जाते? उन्हीं कर्म-चारियों में कितने ही किसान हैं। क्या उन्हें किसानी में घाटा नहीं हो रहा है और वे प्रेस की मज़दूरी करके लगान नहीं अदा कर रहे हैं? कर्मचारी को मालिक से असंतोष तब होता है जब मालिक खुद तो आमदनी हज़म कर जाता है और उन्हें भूखा रखता है। जब उन्हें मालूम है कि मालिक खुद बेगार में रात-दिन पिस रहा है, उसकी जेब में एक पाई भी नहीं जाती तो उनको मालिक से शिकायत करने का कोई जायज़ मौक़ा नहीं है। फिर भी इन परिस्थितियों पर ज़रा भी विचार न करके प्रेस संघ ने प्रेस में हड़ताल करवा दी। मैंने खबर पाते ही

संघ के सभापति महोदय को सारा हाल समझा दिया और निवेदन किया कि मैं कर्मचारियों को exploit नहीं कर रहा हूँ बल्कि खुद उनके द्वारा exploit किया जा रहा हूँ, और प्रेस में जो कुछ आयेगा वह कर्मचारियों को दिया जायेगा. मैंने खुद न प्रेस से कभी एक पैसा लिया है, न अब लूँगा, लेकिन उन्हें तो अपनी शानदार फ़तेह की पड़ी थी, मेरी गुज़ारिशों पर क्यों ध्यान देते? उन्हें यहाँ तक विचार न हुआ कि इस प्रेस को साहित्य या समाज की सेवा ही के कारण यह घाटा हो रहा है, और यही प्रेस है जो मज़दूरों की वकालत कर रहा है, और इस लिहाज़ से मज़दूरों की हमदर्दी का हक़दार है, ऐसी कोशिश करें कि वह सफल हो, और ज़्यादा एकाग्रता से उनकी वकालत कर सके। उनके सोशलिज़्म में ऐसे तुच्छ विचारों के लिए स्थान ही नहीं था। वहाँ तो सीधा-सादा खुला हुआ सिद्धान्त था कि प्रेस ने मज़दूरी बाक़ी लगा रखी है इसलिए हड़ताल करवा दी। मैं अब भी प्रेस को बंद कर सकता था क्योंकि मैं पहले ही कई बार कह चुका हूँ कि प्रेस से मुझे कोई आर्थिक लाभ नहीं है, बल्कि हमेशा कुछ न कुछ घर से देना पड़ता है, लेकिन फिर यही ख़याल करके कि इतने आदमी उसी प्रेस से कुछ न कुछ पा रहे हैं उसे बंद कर देने से उन्हीं का नुक़सान होगा, और उन्हें अपने बाक़ी वेतन के लिए कई महीनों का इंतज़ार करना पड़ेगा, प्रेस को जारी कर दिया। यह है उस शानदार विजय का वृत्तान्त जो संघ को सरस्वती प्रेस पर प्राप्त हुई है। अपने वकील का गला घोंटना अगर विजय है तो बेशक उसे विजय हुई, क्योंकि इस झमेले में "जागरण" बंद हो गया। जिन मज़दूरों के लिए वह सैकड़ों का माहवार घाटा सह रहा था, जब उन्हीं मज़दूरों को उस पर दया नहीं आती तो फिर उसका बंद हो जाना ही अच्छा था।

रह गईं अन्य शर्तें। वे सब अच्छी हैं और मैं हमेशा से उनकी पाबंदी करता आया हूँ। मेरे कर्मचारियों में से किसी का साहस नहीं है कि वह मेरे विरुद्ध अपशब्द या डाँट-डपट का आक्षेप कर सके। मैं खुद मज़दूर हूँ और मज़दूरों का दोस्त हूँ। उनके साथ किसी तरह का अन्याय या सख़्ती देखकर मुझे दुःख होता है। और मेरे मैनेजर ने मार-पीट की थी तो कर्मचारियों को मुझसे कहना चाहिए था, अगर मैं मैनेजर की तम्दीह न करता तो उनका जो जी चाहता वह करते। लेकिन संघ ने अपनी शानदार फ़तेह की धुन में मुझे सूचना देने की ज़रूरत न समझी और हड़ताल करके प्रेस का नुक़सान और बढ़ाया। प्रेस की १३ दिन की कमाई मज़दूरों के मुँह से छीन ली। इन शर्तों में एक भी ऐसी नहीं है जो मैं सच्चे हृदय से न मान लेता, बल्कि मैं तो मज़दूरों को आधे महीने की पेशगी देने की शर्त भी मानता, अगर कोष में रुपये होते। मैं खुद चाहता हूँ कि वह समय

आवे जब मज़दूरों को (जिनमें मैं भी हूँ) कम से कम काम करके अधिक से अधिक मज़दूरी मिले, खूब छुट्टियाँ मिलें, और जितनी सुविधाएँ दी जा सकें दी जायँ, मगर शर्त यही है कि आमदनी काफी हो। घाटे पर चलनेवाले उद्योग को बड़ी-बड़ी सदिच्छाएँ रखने पर भी बदनाम होना पड़ता है और उस पर कोई भी बड़ी आसानी से शानदार फ़तेह पा सकता है।

प्रेमचंद

अजंता सिनेटोन
परेल, बम्बई
२५ सितम्बर १९३४

जे० पी० भार्गव

२६२

२५, मारवाड़ी गली, लखनऊ

प्रिय पंडितजी,

मुझे खेद है कि यद्यपि मैंने अपने पिछले पत्र में आपसे जल्दी जवाब देने के लिए कहा था ताहम आपने मेरी प्रार्थना पर कोई ध्यान न दिया। न मुझे हिसाब मिला और न रुपया। क्या आप अब भी ऐसा सोचते हैं कि मुनाफा तब बँटेगा, जब कुल लागत पूंजी लौट आयेगी ? मैं ऐसा नहीं सोचता। हमारा इक़रारनामा यह था कि सारे खर्चे काटने के बाद मुनाफा बराबर बराबर बाँट लिया जाय। क्या इसका मतलब यह है कि मुनाफा बाँटने के पहले कुल लागत वसूल हो जानी चाहिए। मेरी समझ में यह एक भ्रान्त धारणा है। मान लीजिए मैंने इस वर्ष पुस्तक माला में एक और पुस्तक जोड़ी होती जिसमें तीन हज़ार रुपये की लागत लगती तो शायद मुझे तब तक रुकना पड़ता जब तक कि आपके यह तीन हज़ार भी वसूल न हो जाते। फिर मान लीजिए अगले साल एक और किताब निकल आती तो फिर नयी पूंजी लगानी पड़ती। अगर आपका ऐसा खयाल है तो मुनाफा बाँटने का वक्त कभी न आयेगा क्योंकि आपका कुछ रुपया हमेशा स्टाक में लगा रहेगा और मुनाफे का विभाजन कभी संभव न होगा।

और जब आपकी कुल लागत निकल आयेगी तब आपको किताबों की बिक्री को आगे बढ़ाने में क्या दिलचस्पी रह जायगी। समय बीतने के साथ-साथ बिक्री ढीली पड़ती जायगी और आप अपनी लागत निकालकर पूरी तरह बचे रहेंगे, एकदम सुरक्षित, मुझको भारी नुकसान उठाना पड़ेगा। आप अच्छी तरह जानते हैं कि मैं इन पुस्तकों को बेच सकता था और इनसे मुझे कुछ भी नहीं तो दो हज़ार दो सौ रुपये के करीब मिले होते। प्रूफ के संशोधन से मुझे कोई मतलब न होता। यह क्या मेरी ओर से लागत में हाँथ बँटाना नहीं है ? क्या मेरी मेहनत की कोई कीमत नहीं है ? इस दो हज़ार दो सौ रुपये से मुझे एक सौ बत्तीस रुपया सालाना सूद की आमदनी होती।

पिछले साल आपने जो हिसाब दिया था, उससे पता चलता था कि सत्रह

सौ रुपये का मुनाफा हुआ। कुछ चीज़ों का हिसाब ग़लत लगाया गया था, उदाहरण के लिए कुल बिक्री पर तैंतिस प्रतिशत काटा गया था जब कि कुछ किताबें फुटकर ग्राहकों के हाथ भी बिकी होंगी। लागत को देखते हुए साढ़े आठ सौ रुपये का मुनाफा किसी तरह असंतोषजनक नहीं कहा जा सकता। कुल लागत पाँच हज़ार रुपये की थी। यह सब नक़द नहीं था। काग़ज़ उधार ख़रीदा गया। अगर काग़ज़ नक़द खरीदा गया होता तो चार फी सदी की छूट तमाम इस्तेमाल होनेवाले काग़ज़ के कमीशन के रूप में हुई होती। फिर विज्ञापन के खर्चे में भी कुछ आनुपातिक कमी हो गयी होती क्योंकि विज्ञापन में पुस्तकमाला के अलावा भी कुछ पुस्तकें शामिल कर ली गयी थीं। इन बातों को ध्यान में रखते हुए और एक रुपया सूद काटने के बाद भी काफी अच्छा मार्जिन बच जाता है और कुल पूंजी का करीब एक तिहाई हिस्सा वसूल हो चुका है।

मैं पहले ही लिख चुका हूँ कि मेरी बेटी की शादी इस साल तय हो जायगी और मुझे अपने अप-टू-डेट मुनाफ़े की रक़म की ज़रूरत होगी।

मैं आपसे प्रार्थना करूँगा कि आप हम दोनों ही की दृष्टियों से विचार करें और अपना ही जेब भरने की जल्दबाज़ी न दिखलायें। स्टाक आपके पास है। यह क्या काफी गारण्टी नहीं है।

मैं ६ फरवरी को बनारस आने की सोचता था लेकिन चूँकि मुझे आपके पास से कोई खत नहीं मिला और मुझे शक है कि आप वह रकम मुझे देंगे इसलिए मैं रुपये का इन्तज़ार लखनऊ में करूँगा।

मेरे एक दोस्त सुदर्शन साहब ने इसी तरह का इक़रारनामा मैकमिलन एण्ड कंपनी के साथ किया है। उनको अपना आधा मुनाफा हर छठें महीने मिल जाता है। मैं समझ नहीं पाता कि आप क्यों इक़रारनामे को उसकी असल शक्ल से मुख़्तलिफ़ ढंग से पेश कर रहे हैं।

आशा है कि आप मजे में हैं।

आपका
धनपतराय

यह पत्र, जो भेजा नहीं गया, शायद भार्गव भूषण प्रेस के पंडित जे० पी० भार्गव को लिखा गया था जिनसे इसी समय मुंशीजी का कुछ इक़रारनामा हुआ था जिसके अन्तर्गत 'सार्वजनिक ग्रन्थमाला' के नाम से कुछ पुस्तकें प्रकाशित हुई थीं। मूल पत्र अंग्रेजी में है।

बहादुर चन्द छाबड़ा

२६२

सरस्वती प्रेस, काशी
१५ अक्टूबर १९३३

प्रिय बहादुरचंद जी,

बंदेमातरम।

यह जानकर बड़ा हर्ष हुआ कि आप लाइडेन विश्वविद्यालय में अध्यापन कार्य कर रहे हैं। आप लोगों को धन्य है जो विदेशों में भारत का नाम रौशन कर रहे हैं। मैं यहाँ से 'हंस' नामक एक मासिक पत्रिका निकालता हूँ। यदि अवकाश मिले तो कभी-कभी वहाँ का कुछ हाल उसके लिये लिखने की कृपा कीजियेगा। सचित्र हो तो और भी अच्छा।

यदि डच प्रेमियों को मेरी कहानियाँ कुछ अच्छी लगती हों तो आप बड़ी खुशी से जिन कहानियों का अनुवाद करना चाहें करें। हाँ, उनकी भाषा किसी डच साहित्य प्रेमी को दिखा लीजियेगा जिसमें आपकी और मेरी अपकीर्ति न हो। मेरी भाषा बोलचाल की होती है और उसका अनुवाद तो कठिन न होना चाहिये। मेरी यही कामना है कि आप अपने उद्योग में सफल हों और मुझे भी यश मिले।

कभी-कभी पत्र लिखते रहा कीजिये।

भवदीय
प्रेमचंद

श्री बहादुरचंद छाबड़ा के नाम जो बाद को भारतीय पुरातत्व विभाग के बहुत उच्च पदाधिकारी बने।

इस पत्र की फ़ोटो-प्रतिलिपि 'सप्त सरोज' के फ़ोगेल-कृत डच अनुवाद में छपी है।

राम किशोर चौधरी

२६३

सरस्वती प्रेस, काशी
४ नवम्बर १९३२

प्रिय रामकिशोर जी,

मैं अभी प्रयाग गया तो यह सुनकर घबड़ाहट हुई कि तुम बीमार हो गये हो। धुन्नू की माँ ने कहा कि दुलहिन को बुला भेजना। मुझे बड़ी जल्दी थी। सोचा था मन्ना को भेज दूँगा पर यह समाचार पाकर न भेजा। अब कृपया लिखो कैसी तबीयत है। दुलहिन के स्वास्थ्य का क्या ढंग है ?

हम लोग कुशल से हैं। बेटी देवरी से दिसंबर में आवेगी।

शेष कुशल।

सप्रेम
धनपतराय

बी० सी० राय

२६४

हंस कार्यालय, बनारस
१७ दिसम्बर १९३५

प्रिय महोदय,

कृपापत्र के लिए धन्यवाद। मुझे बड़ा खेद है कि हंस की अक्टूबर संख्या बिलकुल समाप्त हो गयी है। हमने बहुत-सी प्रतियाँ नमूने के तौर पर भेजीं। अब हमें वह अंक ग्राहकों को भेजने में, जो हमेशा पहले अंक से शुरू करना चाहते हैं, दिक्क़त हो रही है। हमारी अकेली उम्मीद अब यह है कि व्हीलर एण्ड कंपनी काफ़ी प्रतियाँ बिना बिकी लौटा दें। जैसे ही यह प्रतियाँ मिलेंगी, मैं एक आपके पास अवश्य भेजूंगा।

इन दिनों मैं अपने उपन्यास में व्यस्त हूँ जिसे मैंने तीन साल हुए शुरू किया था, मगर दूसरी मसरूफ़ियतों की वजह से ख़तम नहीं कर सका। इसके ख़तम हो जाने पर मुझे उम्मीद है कि मैं दो महीने में कम से कम एक कहानी लिख सकूँगा। मैं हिन्दी का अकेला कहानी-लेखक नहीं हूँ। कम से कम आधे दर्जन लोग और हैं जो मुझसे अच्छा लिखते हैं और मेरा कोई इजारा नहीं है। आपको मेरी जो भी कहानी सबसे अच्छी लगे, उसका आप बंगला में अनुवाद कर लें। हंस के लिए मैं आपसे बंगला साहित्य पर लिखने के लिए प्रार्थना करूँगा, या तो साहित्यिक स्केच या आलोचनात्मक लेख। बड़े दुख की बात है कि बंगाली साहित्यकार मेरे परिचित नहीं हैं और मैं खुद उन तक नहीं पहुँच सकता। साधारण परिपत्रों का कोई जवाब नहीं आया। हमें उम्मीद है कि हंस धीरे-धीरे सचमुच वैसा हो जायगा जैसा कि उसके सामने आदर्श है, भारतीय साहित्य का एक प्रतिनिधि पत्र।

शुभकामनाओं के साथ,

आपका
प्रेमचंद

यह पत्र, जो मूलतः अंग्रेजी में है, राजेन्द्र कालेज, फ़रीदपुर, बंगाल (अब पूर्वी पाकिस्तान) के अंग्रेजी के प्राध्यापक श्री बी० सी० राय को लिखा गया।

रशीद सिद्दीक़ी का ख़त प्रेमचंद को

२६५

अलीगढ़
११ मई १९३५

बरादरम प्रेमचंद साहब,

आपका २९ तारीख का कार्ड। अच्छा किया आपने बंबई को खैरबाद[१] कहा। मेरा तो ख़याल है आप ताजिरों[२] से निबाह न सके। मुझे इसकी खुशी हुई क्योंकि यह सबूत है इस बात का कि अभी आप में अदब और फ़न का एहतराम[३] बाक़ी है। मैंने यहाँ 'ज़माना' की तलाश की लेकिन वह पर्चा न मिला जिसमें आपका मज़मून है। मेरे बाज़ और साथी भी हैं जिनसे मैंने आपके ख़त का तज़किरा किया। वह लोग भी मज़मून देखने के आरज़ूमंद हैं। आज निगम साहब को लिखता हूँ। वह भेजें तो फिर कार्रवाई शुरू हो। सुहैल में इंशा अल्लाह इस पर तफ़सीली तौर पर बहस होगी। आप मुतमइन रहिए, हम सब से आपको जो तवक़्क़ो है वह पूरी की जाएगी।

ख़ुदा न करे वह दिन भी आये जब हिन्दू मुसलमान नौकरी और नशिस्तों के अलावा शेर-ओ-अदब को भी म्यूनिसपिल्टी और डिस्ट्रिक्ट बोर्ड क़रार दे देंगे।

आपका,
रशीद

---

१ अंतिम नमस्कार २ व्यापारियों ३ सम्मान का भाव।

सुदर्शन का ख़त प्रेमचंद को

२६६

36, Chakrabera Road (South)
Bhawanipur, Calcutta
16 May 1935

भाई जान,

नमस्ते। कुछ दिन हुए मैंने सुना था कि आप बंबई छोड़कर बनारस चले आये हैं। परमात्मा करे, यह ग़लत हो। बिला शुबहा, हमारे निगारख़ानों[1] की फ़िज़ा इस क़ाबिल नहीं कि वहाँ कोई ख़ुददार और क़ाबिल आदमी ज़्यादा देर रह सके। लेकिन मैंने भवनानी साहब की निस्बत ज़्यादा तारीफ़ सुनी थी। इसलिए यक़ीन नहीं आता कि आपको उन लोगों ने छोड़ दिया हो। इधर लिटरेचर का भी बुरा हाल है।

मैं आजकल न्यू थिएटर्स में हूँ। इसका मालिक बेहद शरीफ़ वाक़अ हुआ है। काम भी कम है। पैसा भी मिलता है। लेकिन जो मजा घर में बैठकर अफ़साने लिखने में था, वह यहाँ नहीं। पर वहाँ पैसा नहीं है। क्या करें। अख़राजात[2] किसी बीमार बुड्ढे की कमज़ोरी की तरह बढ़ते चले जाते हैं। मजबूरन।

मिसेज़ प्रेमचंद को नमस्ते। मिसेज़ सुदर्शन बीमार हो गयी थीं। पहाड़ पर भेज दिया है। हम कलकत्ते की गर्मी में झुलस रहे हैं।

सुदर्शन

---

१ फ़िल्म कंपनियों २ ख़र्चे।

रघुपत सहाय 'फ़िराक़' के दो ख़त प्रेमचंद को

२६७

Tilak Mahal,
Cawnpore.
10 February 1930

भाई जान, तसलीम।

आपके कार्ड और इसरार के जवाब में एक अधूरा मज़मून मशहूर उर्दू शायर 'फ़ानी' पर भेज रहा हूँ। कई माह गुज़र गये जब इसे शुरू किया था। तकमील[1] इसकी अब तक न हुई थी। मगर किसी काम का हो तो पहले नंबर में इसे मज़मून की पहली क़िस्त करके आप शाया कर दें। बक़िया अख़ीर अप्रैल तक भेज सकूँगा। उसके पहले कैसे भेज सकूँगा ?

जो ग़ज़ल मैंने भेजी है, उसका एक शेर शायद छूट गया है। मुमकिन है आपके काम का हो। वो ये है—

है चोट सी चोट मुहब्बत की है दर्द सा दर्द मुहब्बत का
आँखें भी न पड़ने पायी थीं और मुँह पे हवाई छूट गयी।

विवेक जिसका मैं एडीटर था और जो चंद हफ़्तों के बाद बंद हो गया, उसमें मेरे कुछ मज़ामीन हैं। उन्हें गैर-मतबूआ[2] ही समझना चाहिए। अव्वल तो उसको बंद हुए तीन साल हो गये, दूसरे उसकी इशाअत भी नाम को थी। चलता या चलाया जाता तो अच्छी ख़ासी इशाअत हो जाती। इनमें से कहिए तो कुछ मज़ामीन भेज दूँ। दूसरों के लिखे कुछ दिलचस्प अफ़साने और नज़्में भी हैं जो आपके काम आ सकती हैं।

'हंस' का पहला नंबर कब तक निकल जायगा ? मेरा ख़याल है कि कोशिश क़ायम रही तो जल्द 'हंस' कामयाब और मुनफ़अत-रसाँ साबित होगा। इम्तहान बहुत क़रीब है। और क्या अर्ज़ करूँ। जवाब से ममनून फ़र्माइएगा।

आपका,
रघुपत सहाय

---

१ पूर्ति २ अप्रकाशित।

२६८

१, कचहरी रोड, इलाहाबाद
१० सितम्बर १९३१

भाईजान, तसलीम।

हफ़्तों हुए आपका ख़त मिला था। आपको शायद इसका एहसास भी नहीं कि मुझमें क़ूवते-इरादी[१] क़रीब-क़रीब बिल्कुल मफ़क़ूद[२] हो चुकी है और अहबाब[३] की जब कोई फ़र्माइश कुछ भी लिखने पढ़ने की होती है तो एक सदमा[४] होता है। आप तो मुसन्निफ़[५] हैं, मगर जो मुसन्निफ़ नहीं है या जिसके दिल-ओ-दिमाग़ को कम अज़ कम तसनीफ़ की मश्क़ या आदत नहीं है और जिसने कभी यूं ही कुछ लिख-पढ़ दिया हो, ख़ुसूसन जब बेदिली[६] का उस पर अटल तसल्लुत[७] हो चुका हो, वह क्या लिखे पढ़े। इसके अलावा पाँच छः बरसों से सिवा कुछ उर्दू अशआर के हिन्दी के पाँच सतर भी जो दिलचस्पी और इनहमाक[८] से न पढ़ सका हो, ऐसा शख़्स करे तो क्या करे। यक़ीन मानिए अगर मैं ख़ुद हिन्दी में कुछ लिखूं तो दिल उसे पढ़ने को न उभरेगा। इस मुआमले में मेरी रूहानी मौत हो चुकी है।

फ़िलहाल मेरा हाल यह है कि मुलाज़िमत यहाँ पर अभी मुस्तक़िल नहीं है। ज़िम्मेदारियाँ मेरी मामूली नहीं। तीन अपने बच्चे हैं जो अब बढ़ गये हैं। दो भाई एफ० ए० में हैं जिसकी ज़िम्मेदारियाँ उसकी उम्मीदों और ख़ुशियों या ख़ुशख़यालियों से ज़्यादा हैं। वालिदा, बीबी और मैं ख़ुद। इन सबके अख़राजात।[९] किसी तरह काम चला रहा हूँ और सुकून की तरफ़ से, इत्मीनान की तरफ़ से नाउम्मीद हो चुका हूँ। जो क़र्ज़ा लिया है, उसका ख़मियाज़ा[१०] अलग भुगत रहा हूँ। इन्सान यह सब उठा ले बशर्ते कि कोई मरकज़[११] उसकी दिलचस्पियों का हो। यही मरकज़ सहारा होता है। ऐसा बड़ा शायर भी नहीं हूँ कि ज़िन्दगी से मरकर शेर में ज़िन्दा रहने की कोशिश करूँ, या उम्रे-तबीई[१२] को बिलकुल तख़ईली[१३] बना डालूं। इस मिसरे को दुहराया तो गँवार करते हैं लेकिन कितने पते की बात है—

'न खुदा ही मिला न विसाले सनम, न इधर के हुए न उधर के हुए।'

बहरहाल सुकूने-यास[१४] को ही ग़नीमत जानकर सब्र किये जा रहा हूँ लेकिन भाई, वक़्त और उम्र का एक अजब असर होता है और एक भयानक और तक-

१ इच्छाशक्ति २ समाप्त ३ मित्रों ४ क्लेश ५ लेखक ६ उदासीनता ७ आधिपत्य ८ लगन ९ ख़र्चे १० भुगतान ११ केन्द्र १२ भौतिक जीवन १३ काल्पनिक १४ निराशा की शान्ति

तीफ़देह घबराहट अकसर रूह का गला घोंट देती है और साँस रुक जाती है। उम्र भर बेदिल रहने का एक तकलीफ़देह असर यह हुआ करता है कि कहने के लिए नहीं बल्कि दरहक़ीक़त जीते हुए शर्म आती है। खैर खुदफ़रामोशी[१] की मश्क़ झक मार;किये जाता हूँ। इन सुतूर[२] को रस्मी टालमटोल या हमदर्दी हासिल करने का बहाना शायद आप न तसव्वुर करेंगे।

भाईजान, 'गुप्तजी के क़र्ज़े के लिए दो सौ रुपये साल आप ज़रूर दिये जाइए। आपकी फ़र्ज़शनासी का बहुत सहारा है। हाँ मुझे अब तक का हिसाब अगर मुमकिन हो तो लिख भेजिए। मुझे बदहवासी में इसका भी पता नहीं कि आपसे कितना मिलना है। और यह भी लिखिए कि दो सौ रुपये कब तक आप भेज सकेंगे।

प्रेस से आपको इतना नुक़सान हो रहा है। क्या निस्फ़[३] नुक़सान उठाकर आप उसे निकाल देना अच्छा नहीं समझते ?

आपके बच्चे कहाँ पढ़ रहे हैं। आपकी मुलाज़िमत कब तक क़ायम रहने की उम्मीद है ? नवलकिशोर प्रेस के लिए आप फ़िलहाल क्या काम कर रहे हैं। खुद क्या लिख रहे हैं। अफ़साने या कोई नाविल।

कभी इलाहाबाद आने की इधर उम्मीद है या नहीं।

देखिए Round Table Conference में क्या होता है। यूँही वक़्त मुल्क पर और सारी दुनिया पर नाज़ुक है। कहीं ऐसे में फिर 'इंक़लाब ज़िन्दाबाद' हुआ तो कम अज़ कम हम लोगों की ज़िन्दगी भर तो खुदा ही खुदा नज़र आयेगा। और यों तो हिन्दोस्तान सख्तजान मुल्क है, ज़िन्दा रहेगा और फिर मुमकिन है, बल्कि अग़लब[४] है, कि सुकून के दिन भी अहले-मुल्क[५] को नसीब होंगे। मगर कब ?

आपका,
रघुपत सहाय

---

१ आत्म-विस्मृति २ सतरों, पंक्तियों ३ आधा ४ निश्चित ५ देशवालों।

मौलवी अब्दुल हक़ का ख़त प्रेमचंद को

२६६

सल्तनत मंज़िल, सैफ़ाबाद,
हैदराबाद (दकन)
२१ जनवरी १६३०

मेरे इनायत फ़र्मा,

तसलीम ।

आपने अज़ राहे करम एक हफ़्ते में बनारस पर मज़मून लिख देने का वादा फ़रमाया था । मैं अब तक उसका मुन्तज़िर रहा । अब याद दिहानी करता हूँ । मुझे उसकी बहुत शदीद ज़रूरत है । इनायत फ़र्माकर जहाँ तक जल्द मुमकिन हो, रवाना फ़र्माइए । बहुत ममनून हूँगा ।

नियाज़मंद
अब्दुलहक़

अमरनाथ झा का पत्र प्रेमचंद को

२७०

२६ ईस्टर्न कैनाल रोड
देहरादून
१० जून १६२५

प्रिय प्रेमचंद जी,

रंगभूमि के विषय में आपको पत्र लिखने में जो अक्षम्य देरी हुई है उसके लिए कृपया क्षमा कर दें। मैंने अब उसे समाप्त कर लिया है। मैंने उसका एक-एक शब्द पढ़ा है और अब, पहले से भी ज़्यादा, आपकी अद्भुत सृजनात्मक प्रतिभा का प्रशंसक, बहुत बड़ा प्रशंसक, हो गया हूँ। सूरदास को अपना नायक बनाना अत्यंत साहस का काम था; लेकिन उसके चरित्र को आपने कितनी सुन्दरता से चित्रित किया है! अगर आप एक-दो सुझावों के लिए मुझे माफ़ करें तो वे ये हैं। पृष्ठ ७८५, पंक्ति ६ में 'सेवक जी' स्पष्ट ही भूल है। उपन्यास में दो कथा प्रसंग मुझे काफी कमज़ोर जान पड़ते हैं—रेलगाड़ी में विनय और सोफ़िया वाला दृश्य, और वीरपाल सिंह के गुप्त अड्डे पर विनय का वह अत्यंत झुका-झुका, बल्कि दबा-सहमा सा भाव। इन्हें छोड़कर मेरे ख्याल में मेरे पास दूसरा कोई आलोचना का शब्द नहीं है। रंगभूमि आधुनिक हिन्दी का एक गौरव बनेगी।

समस्त शुभकामनाओं के साथ,

आपका,
अमरनाथ झा

मूल पत्र अंग्रेज़ी में

नरेन्द्रदेव के दो पत्र प्रेमचंद को

२७१

काशी विद्यापीठ
बनारस
२६ फाल्गुन १६२८

प्रिय श्री प्रेमचंद जी,

श्री जवाहरलाल नेहरू ने अपनी पुत्री के नाम कुछ पत्र अंग्रेज़ी में लिखे थे। इन्हीं पत्रों द्वारा उन्होंने संसार का इतिहास बताने का प्रयत्न किया था। H.G. Wells की Outline of History का ढंग है। इतिहास समाप्त न हो सका। केवल रामायण-महाभारत काल तक का इतिहास दिया है। कुछ लोगों की राय है कि यदि इन पत्रों का हिन्दी-उर्दू में अनुवाद कराके प्रकाशित किया जाय तो हिन्दुस्तानी बालकों का बड़ा उपकार हो। भाषा सरल और सुबोध होनी चाहिए।

मुझसे उन्होंने इस संबंध में परामर्श किया कि किन महाशय से इसके लिए प्रार्थना की जाय। हम लोगों की राय में आप से बढ़कर कोई लेखक नहीं है जो इस कार्य को सुचारु रूप से सम्पन्न कर सके।

अतः आपसे प्रार्थना है कि इस कार्य को आप स्वीकार कर लें। अनुवाद Allahabad Law Journal Press से प्रकाशित होगा।

यदि अनुमति देने के पूर्व आप अंग्रेज़ी पत्र देखना चाहें तो मैं उनकी प्रतिलिपि आपकी सेवा में भेज दूँ। पुस्तक का नाम क्या होना चाहिए, इस संबंध में भी कृपया अपनी सम्मति प्रदान करें और पुस्तक को देखकर यह भी लिखें कि पुस्तक को और सुन्दर तथा उपयोगी बनाने के लिए क्या करना चाहिए।

आप अपने 'terms' भी कृपया लिखें।

आपका,
नरेन्द्रदेव

२७२

काशी विद्यापीठ
बनारस
१६ दिसम्बर १६२६

प्रिय श्री प्रेमचंद जी,

सप्रेम नमस्कार,

आपका कृपापत्र मिला। मैं इधर दस-ग्यारह दिन से बीमार हूँ। इस कारण उत्तर अब तक न दे सका था। क्षमा कीजिएगा। जिस वक्त मैं कानपुर से रवाना होने लगा उस वक्त श्री हीरालाल के नौकर से मालूम हुआ कि आप आये हुए थे। ट्रेन में ही कुछ तबीयत खराब हो गयी। मुझको श्वास रोग है। जाड़े में इसका दौरा हो जाया करता है। जब होता है तब दस-पन्द्रह दिन लेता है।

आपका अनुवाद बहुत अच्छा है। मैंने कुछ अंश देखे हैं। अनुवाद शीघ्र ही छपेगा। पुरस्कार के संबंध में जवाहरलाल जी से कानपुर में बातें हुई थीं। प्रकाशक उनको रायल्टी दे रहे हैं। उसी रायल्टी में से आपका भाग होगा। यदि आप रायल्टी न पसंद करें तो एक मुश्त रक़म आप ले लें। प्रेसवाले जवाहरलाल को थोड़ी ही रायल्टी दे रहे हैं। आप विचार करके लिखें। अब कांग्रेस के बाद ही इसका कुछ निश्चय हो सकेगा।

भवदीय
नरेन्द्रदेव

कन्हैयालाल मुन्शी का पत्र प्रेमचंद को

२७३

प्रिय भाई प्रेमचंद जी,

आप तो इंदोर नहीं आये। लेकीन भाई जीनेंद्र प्रसाद आदि ने मील के हमारी योजना को आगे बढ़ाइ। इसका परिणाम एक प्रस्ताव से आया जीससे आंतर प्रान्तीय परिषद् बुलाने में सुगमता होगी। अब सवाल रहा मासिक पत्र का। जीनेद्र कुमार ने कहा था के आप 'हंस' को इस काम में दे देंगे। यदि आप 'हंस' को इस प्रवृत्ति का मुख पत्र बना सकते हों तो हमारा काम बहूत ही सरल हो जायगा। आप मुझे शीघ्र लीखीयेगा कि इस बारे में आपकी क्या राय है। गाँधी जी भी इस बाबत में बड़े प्रसन्न हैं और अच्छा सहकार दे देंगे, ऐसी मुझे आशा है। आपका उत्तर की राह देखता हूआ

भवदीय

कनैयालाल मुनशी

मैं दो दीन में पंचगनी जा रहा हूँ। वहाँ पत्र भेजीयेगा।

(मूल पत्र हिन्दी में ही है। उसे ज्यों का त्यों दिया जा रहा है।)

हजारी प्रसाद द्विवेदी का पत्र प्रेमचंद को

२७४

शान्तिनिकेतन
२६ मार्च १६५३

भंजन्मोहमहान्धकार वसतिं सद्वृत्तमुच्चैर्भजन्
वैदग्ध्यं प्रथयन् सुसज्जनमनोवारांनिधिं ह्लादयन् ।
ध्वान्तोद्भ्रान्तजनान् दिशन्ननुदिशं ध्वान्तप्रियान् क्षोभयन्
चन्द्रः कोऽपि चकास्त्यसावभिनवः श्री प्रेमचन्द्रः सुधीः ।।
प्रेमचन्द्रश्च चन्द्रश्च न कदापि समावुभौ ।
एकः पूर्णकलो नित्यमपरस्तु यदा कदा ।।

मान्यवर, उस दिन पं० बनारसीदास जी के साथ गुरुदेव (कविवर रवीन्द्रनाथ ठाकुर) से मिलने गया था। बातों ही बातों वर्तमान हिन्दी साहित्य के सम्बन्ध में चर्चा चली। ऐसे अवसरों पर आपका नाम सबसे पहले आता है। उस दिन भी आपके रचित साहित्य की चर्चा बड़ी देर तक चलती रही। हम लोगों की इच्छा थी कि नव वर्ष के अवसर पर आप जैसे आदरणीय साहित्यिकों को निमंत्रित करें और गुरुदेव से परिचय करावें। गुरुदेव ने हम लोगों के विचार का उत्साह के साथ स्वागत किया। इसलिए हम लोगों ने निश्चित किया कि स्थानीय हिन्दी समाज का वार्षिकोत्सव नव वर्ष (१४ अप्रैल १९३५) को मनाया जाय। उस दिन गुरुदेव का प्रवचन होता है। उसके पहले दिन भी, जिस दिन वर्ष समाप्त होता है, उनका व्याख्यान होता है। कुछ और भी समारोह रहता है। गुरुदेव और आश्रम की ओर से निमंत्रण तो यथासमय जायगा ही, इसके पहले ही हम हिन्दी समाज की ओर से आपको निमंत्रित करते हैं। इस बार आप ज़रूर पधारें। हमारे आग्रहपूर्वक निमंत्रण को आप अस्वीकार न करें। आपको गुरुदेव से मिलाकर हम गर्व अनुभव करेंगे।

आपके साहित्य ने हिन्दी को समृद्ध किया है और हिन्दीभाषियों को दुनिया में मुँह दिखाने लायक। इसीलिए आपके यश को हम लोग निर्विचार बाँट लिया करते हैं। जब हम रंगभूमि या कर्मभूमि को दूसरों को दिखाते हैं तो मन ही मन

गर्वपूर्वक पूछा करते हैं—है तुम्हारे पास कोई ऐसी चीज ! और इस प्रकार का गर्व करते समय हमें प्रेमचंद नामक किसी अज्ञात अपरिचित व्यक्ति की याद भी नहीं रहती—मानो सब कुछ हमारी ही कृति है ! आज उस व्यक्ति को पत्र लिखते समय, उसकी अनुमति के बिना उसके सम्पूर्ण यश को स्वायत्त कर लेने के अपराध के लिए जो हम क्षमा नहीं माँगते, वह भी गर्व का ही एक दूसरा रूप है।

आत्मीयता का इससे बड़ा प्रमाण हम क्या दे सकते हैं ?

आप हमारा आदर और अभिनन्दन ग्रहण कीजिए।

आपका

हजारी प्रसाद द्विवेदी

अशफ़ाक़ हुसैन

२७५

मेरठ कालेज, अजमेर।
३ फरवरी १९३५

बरादरम, तसलीम।

आपका खत मय खुतबे[1] के मिला। खुतबे में आपने जिन खयालात का इज़हार किया है उनसे मुझे क़रीब-क़रीब पूरे तौर पर इत्तफ़ाक़ है, और मैं समझता हूँ कि अगर इसका तर्जुमा उर्दू रसाइल[2] में शाया किया जाये तो बेहतर होगा। मेरी नज़र में दो रसाइल हैं और आखिरी खत जो मैंने आपको लिखा था उसकी ग़रज़ यही थी कि यह तहरीक इन रसाइल के ज़रिये उठाई जाये—१) जामिया है २) मालूमात। मालूमात को, शायद आपको मालूम हो, मियाँ वाली ने फिर से ज़िन्दा किया है। दिसंबर में वाली से लखनऊ में बातचीत भी हुई थी। उनकी राय हुई थी कि वह गश्ती खत 'मालूमात' को भेज दूँ और वह उस पर अपनी राय ज़ाहिर करके दूसरों को दावत देंगे कि वह भी अपने खयालात का इज़हार करें। इन दो रसालों के अलावा अगर राय हो तो किसी पंजाबी रसाले को भी शामिल कर लिया जाये। यह खयालात थे आपके खुतबे की खबर से पहले। अब ग़ालिबन यही बेहतर हो कि पहले आपके खुतबे का उर्दू तर्जुमा इन रसालों को भेजा जाये और उसके बाद वह गश्ती खत। आपकी क्या राय है?

सिनेमा के बारे में मैं आपसे इत्तफ़ाक़ नहीं करता हूँ। आजकल जो हमारे सिनेमा की हालत है वह यक़ीनन नफ़रतअंगेज़ है, मगर साथ ही इसका खयाल रखने की ज़रूरत है कि इसका असर हमारी मआशरत[3] पर बहुत वसीह[4] और गहरा होगा। वह असर बुरा हो या भला, यह उन लोगों पर मुनहसर है जो सिनेमा चलाते हैं। यह ज़ाहिर है कि यह काम तिजारत का है। कारोबारी आदमी की नज़र रुपये पर होगी और रुपया लोगों को खुश करने से ही हासिल हो सकता है। फ़िलहाल जबकि अवाम की तालीम और तरबियत[5] इतनी गिरी

१ भाषण २ पत्रिकाओं ३ जीवन-प्रणाली ४ व्यापक ५ संस्कार

हुई है उनका मज़ाक़[1] भी भोंडा होगा। मगर इसी सिनेमा से वह मज़ाक़ बहुत कुछ दुरुस्त भी किया जा सकता है। अब अगर तमाम माकूल लोग जो इसमें शामिल हैं माहौल[2] की गंदगी के ख़याल से अलहदा हो जायें तो फिर अवाम का मज़ाक़ सुधारनेवाला या उनके ख़यालात दुरुस्त करनेवाला कौन होगा। एक इतनी अहम चीज़ सिर्फ़ खुदग़रज़ जाहिलों के हाथ रह जायेगी। खुद जो काम इस वक़्त आपके पेशे नज़र है उसमें सिनेमा से बेहद मदद मिल सकती है। इतनी ही ख़िदमत क्या कम होगी। मेरी तो राय यह हरगिज़ न होगी कि आप आजिज़ होकर छोड़ दें। आप रफ़्ता-रफ़्ता एक खासा बड़ा काम भी कर सकेंगे। यह मेरी राय है मगर आप हालात से मेरी बनिस्बत कहीं ज़्यादा वाक़िफ़ हैं और मुझसे बेहतर राय क़ायम कर सकते हैं।

इस खुतबे का उर्दू तर्जुमा जल्द भेज दीजिए। या तो खुद बराहे रास्त रसालों को भेज दीजिए या (एक और ख़याल आता है) वह गश्ती ख़त और यह खुतबा मुझे भेज दीजिए। वह ख़त बतौर इस खुतबे के ज़मीमे[3] के मैं अपनी तरफ़ से साथ ही भेज दूँ, जैसी आपकी राय हो।

आपका मुख़लिस

अशफ़ाक़ हुसैन

---

१ रुचि २ वातावरण ३ परिशिष्ट।

ख्वाजा ग़ुलामउस्सैयदैन

२७६

अलीगढ़

१२ नवम्बर १९२८

मुकर्रमी, तसलीम ।

मुझे आपसे ज़ाती तौर पर शर्फ़े-नियाज़[१] हासिल नहीं है लेकिन मैं बहुत अर्से से आपकी दिलनशीन तसानीफ़ और अफ़सानों को शौक़ से पढ़ता रहा हूँ और आपके अदबी ज़ौक़ और क़ाबलियत का मद्दाह[२] रहा हूँ । मैंने अभी हाल में अपने मुहतरम[३] दोस्त सैयद सज्जाद हैदर साहब के तवस्सुत[४] से आपका नया नाविल 'चौगाने हस्ती' पढ़ा । मैं इस तसनीफ़ पर आपको निहायत खुलूस और गर्मजोशी से मुबारकबाद देता हूँ । मैंने अंग्रेजी और दूसरे योरुपी ममालिक के अफ़साने बहुत बड़ी तादाद में पढ़े हैं और मैं वुसूक़[५] के साथ कह सकता हूँ कि आपका यह नाविल उनके सफ़े अव्वल के नाविलों से किसी तरह कम नहीं है । गुज़िश्ता चन्द माह में हिन्दुस्तान की Creative genius ने दो ज़बर्दस्त चीजें पैदा की हैं— एक नेहरू रिपोर्ट दूसरी चौगाने हस्ती । मेरी ख्वाहिश और इस्तदुआ[६] है कि आप उर्दू अदब की ख़िदमत और सरपरस्ती को जारी रखें । अगर आपने इस तरफ़ से अपनी तवज्जो को हटा लिया तो यह न सिर्फ़ उर्दू अदब पर ज़ुल्म होगा बल्कि खुद अपनी ग़ैर-मामूली अदबी क़ाबलियत के साथ नाशुक्री होगी ।

उम्मीद है कि आप इस पुरखुलूस और दिली हदियए तहनियत[७] को क़बूल करेंगे ।

नियाज़मन्द

ख्वाजा ग़ुलामउस्सैयदैन

---

१ भेंट-मुलाक़ात २ प्रशंसक ३ आदरणीय ४ माध्यम ५ विश्वास ६ प्रार्थना ७ श्रद्धांजलि ।

मौलवी अब्दुल माजिद दरियाबादी

२७७

दरियाबाद, बाराबंकी
२८ सितम्बर, १९२८

बन्दानवाज़, तसलीम,

आपकी 'चौगाने हस्ती' को खत्म किये कई हफ़्ते हो चुके। जी बहुत था कि 'हमदर्द' के लिए खुद ही रिव्यू लिखूंगा लेकिन जिस तफ़सील से लिखने को जी चाहता था उसकी फ़ुर्सत न मिलना थी न मिली। आखिर आज हारकर एक दोस्त के पास भेज देता हूँ कि वह मेरी मर्ज़ी के मुवाफ़िक़ रिव्यू कर दें।

'बाज़ारे हुस्न' की सैर अलबत्ता अभी तक नहीं की। आपसे यह दरयाफ़्त करना भूल गया था कि वह मिलेगी कहाँ ?

एक ड्रामे का मुजमल[1] प्लाट अर्से से जेहन में है। आपसे बेहतर इसे कौन लिखेगा। ऐसा हो कि स्टेज पर ज़रूर आ सके। आप नाम ही से सारे प्लाट को समझ लेंगे — "तिलिस्मे फ़िरंग" या ज़्यादा सादा व आमफ़हम नाम "गोरी बला"। बस वही जानसेवकवाला कैरेक्टर जरा खूब खोलकर दिखा दिया जाये। नेहरू रिपोर्ट और लखनऊ कान्फ्रेंस के सिलसिले में मुझे पूरी तरह अन्दाज़ा हुआ कि हमारे यहाँ के बड़े-बड़े आज़ादख़्याल भी अपनी सारी जंग "अंग्रेज़" के खिलाफ़ महदूद रखना चाहते हैं, न कि "अंग्रेज़ियत" के खिलाफ़ ! अंग्रेज़ को निकालकर खुद अंग्रेज़ियत के रंग में ग़र्क़ हो जाना चाहते हैं। अंग्रेज़ियत के सिस्टम की बुराई अब तक हमारी समझ में नहीं आई है। पांडेपुर वाली तरकीबें और जान सेवकवाले उसूले ज़िन्दगी सारे हिन्दुस्तान में हिन्दुस्तानियों के हाथों फैलाने की फ़िक्र में लगे हुए हैं ! इस जेहनियत को पूरी तरह expose करना है।

इस रंग के ड्रामे को आपसे बेहतर कौन लिख सकता है और आप चाहें तो बहुत जल्द लिख डाल सकते हैं। ज़्यादा तसलीम।

अब्दुल माजिद

---

१ संक्षिप्त

२७८

दरियाबाद, बाराबंकी
२५ अक्टूबर १९२८

करमगुस्तर,[१]

'ख़ाके परवाना' पहुँच गई थी। शुक्रिया अदा करना अलग रहा आज के क़ब्ल रसीद तक लिखने की तौफ़ीक़ न हुई। बहरहाल रसीद व शुक्रिया आज दोनों अर्ज़ हैं। रिव्यू भी अगर खुदा को मन्ज़ूर है कुछ रोज़ में निकल जायेगा।

'चौगाने हस्ती' मैंने एक मुसलमान नौजवान दोस्त को दे दी थी जो कलकत्ता यूनिवर्सिटी के ताज़ा एम० ए० (हिस्ट्री) हैं और उर्दू अदब का भी अच्छा खासा मज़ाक़ रखते हैं। उनसे और कई किताबों पर भी रिव्यू लिखवा चुका हूँ। आपकी किताब जब उनके पास भेजी तो मुख्तसरन्[२] बाज़ Points लिख दिये थे कि इन पहलुओं को रिव्यू में दिखायें। बदक़िस्मती से उन्होंने किताब के मुताल्लिक़ एक बिल्कुल दूसरी राय क़ायम की और आज खुदा खुदा करके रिव्यू लिखकर भेजा। मैं इस रिव्यू को बिजिसही[३] आपकी खिदमत में रवाना कर रहा हूँ। जाहिर है कि मैं इससे मुत्तफ़िक़[४] नहीं और इसलिए इसे शाया भी न कराऊँगा। ताहम मैं चाहता हूँ कि आपके नोटिस में यह बात आ जाये कि मुसलमानों का एक तबक़ा इस किताब को इस पहलू से भी देख रहा है। मैं रिव्यू-निगार के दावे को हरगिज तस्लीम नहीं करता। मुझे कहीं भी Anti-Islamism और Aggressive क़िस्म की हिन्दुइयत नज़र नहीं आई (हालांकि मैं रिव्यू-निगार साहब से कहीं ज्यादा fanatic क़िस्म का मुसलमान हूँ)। ताहम आपके इल्म में यह ज़रूर आ जाना चाहिए कि एक जमात के नज़दीक आपकी इबारत से ऐसा मफ़हूम[५] भी निकलता है।

बाद मुलाहज़ा यह रिव्यू वापस फ़रमा दिया जाये। मैं उन साहब को वापस करके किसी दूसरे साहब से लिखवाऊँगा। खुद लिखने की फुर्सत कहाँ से निकालूँ। ज्यादा तसलीम।

अब्दुल माजिद

---

१ मेहरबान २ संक्षेप में ३ ज्यों का त्यों ४ सहमत ५ आशय।

२७९

मार्फ़त मौलवी सैयद हाशिमी साहब,
लाल टेकरी, हैदराबाद (दकन)

मुहतरम बन्दा, तसलीम।

आपने अपने इनायतनामे मुवर्रिखा[1] २ जनवरी में वायदा फ़रमाया था कि एक हफ़्ते के अन्दर काशी पर सबक़ लिखकर भेज दूँगा। उस वक़्त से मुझे उसका इंतज़ार रहा। उसके बाद मैंने यहाँ से बज़रिये तार आपकी खिदमत में याददिहानी की। उसका जवाब भी नहीं मिला जिससे मुझे बेहद तशवीश[2] है। इस सबक़ की वजह से काम रुका पड़ा है। मैं आपका निहायत ममनून[3] हूँगा अगर आप अज़राहेकरम[4] जहाँ तक जल्द मुमकिन हो लिखकर भेज देंगे। अब ज़्यादा देर न लगाइये। इससे बड़ा हर्ज हो रहा है।

इलाहाबाद में आपसे मिलकर बहुत खुशी हुई लेकिन इस सरसरी मुलाक़ात मे सेरी[5] न हुई। अगर लखनऊ आना हो तो ज़रूर हाज़िरे-खिदमत हूँगा।

इसका जवाब जल्द इनायत फ़र्माइये।

नियाज़मन्द,
अब्दुल हक़

२८०

बंजारा रोड, करीमाबाद
हैदराबाद (दकन)
१४ फरवरी १९३०

बरादरे मुहतरम, तसलीम।

आपका इनायतनामा मुवर्रिखा २१ जनवरी मुझे कल मिला। पर यह औरंगाबाद से होता हुआ यहाँ पहुँचा। आपकी इस इनायत और शफ़क़त का मैं तहे दिल से शुक्रगुज़ार हूँ। काशी का सबक़ आपने बहुत खूब लिखा है। उसे पढ कर बहुत खुशी हुई और आज ही मैंने लिखने के लिए दे दिया है। अलबत्ता मुअय्यना[6] सफ़ात[7] से किसी क़दर बड़ा हो गया था इसलिए कहीं-कहीं से चन्द सतरें कमा कर दी हैं लेकिन इससे उसकी शान में फ़र्क़ नहीं आने पाया।

नियाज़मन्द
अब्दुल हक़

---

१ दिनांक २ चिन्ता ३ आभारी ४ कृपया ५ तृप्ति ६ निर्धारित ७ पृष्ठों

क़िदवाई

२८१

मुसलिम यूनिवर्सिटी,
अलीगढ़।
२१ नवम्बर १६२८

मुकर्रमी,

आपका कार्ड मिला। याद फ़रमाने का शुक्रगुज़ार हूँ। मैंने आपके ख़त का इंतज़ार करके सज्जाद हैदर साहब से 'चौगाने हस्ती' आरियतन्[1] लेकर पढ़ी और मैं आपको एक ऐसी अज़ीमुश्शान तसनीफ़ पर सच्चे दिल से निहायत मुअद्दि-बाना[2] मुबारकबाद पेश करता हूँ। आपकी तसानीफ़ के मुताल्लिक़ मेरा कुछ अर्ज़ करना छोटा मुँह बड़ी बात है लेकिन फिर भी यह अर्ज़ किये बग़ैर नहीं रह सकता कि मुझे उर्दू में बहुत कम ऐसी उम्दा और कामयाब नाविलें पढ़नी नसीब हुई हैं, बल्कि बाज़ हैसियात की बिना पर ग़ालिबन मैं ग़लत नहीं कहता कि यह उर्दू का सिर्फ़ एक बेहतरीन नाविल है। अगरचे 'बाज़ारे हुस्न' भी आपकी एक मार्कत-उल-आरा[3] तसनीफ़ है लेकिन 'चौगाने हस्ती' उससे कहीं ज़्यादा बढ़ी हुई चीज़ है। अगर 'बाज़ारे हुस्न' एक ख़ास तबक़े, एक महदूद[4] जमात के इस्लाह[5] और मफ़ाद[6] के लिए कामयाब सइ[7] है तो 'चौगाने हस्ती' एक क़ौम, एक मुल्क के बहबूद[8] और बेहतरी की राह में एक कोशिश है जो एक तबक़े की इस्लाह से ज़्यादा मुफ़ीद, ज़्यादा बलन्द एक चीज़ है और इस सिलसिले में लगी-लिपटी बातों में मेरे ख़याल में तमाम वो मसायल[9] आपने पेश कर दिये हैं जो हमारी ज़िन्दगी से मुताल्लिक़[10] हैं और हमारी मआशरत के इस्लाह और कामयाबी के लिए अज़-बस[11] ज़रूरी हैं। तफ़सीली राय की इस वक़्त गुंजाइश नहीं। लिहाज़ा मैं एक मर्तबा फिर मुबारकबाद पेश करता हूँ। मुझे अफ़सोस इस अम्र का है कि उर्दू ने अपनी ज़बान के इतने बड़े मुहसिन[12] की तरफ़ से ऐसी बे परवाई

---

१ उधार २ विनीत भाव से ३ उच्चकोटि की ४ सीमित ५ सुधार ६ हित ७ कोशिश ८ उन्नति ९ समस्याएँ १० संबद्ध ११ नितान्त १२ उपकारक

बरतो है। लेकिन मैं मायूस नहीं हूँ और उम्मीद रखता हूँ कि बहुत जल्द उर्दू को इस गुनाह का कफ़्फ़ारा अदा करना पड़ेगा। मैं उस दिन का इंतज़ार कर रहा हूँ जब आप डा० टैगोर के हम-पल्ला[1] होंगे और नोबेल प्राइज़ के मुस्तहक़ समझे जायेंगे।

इसका अफ़सोस है कि आपको मेरा ख़त देर से मिला, लेकिन इसे क्या कीजिए कि मुझे किताब की इशाअत की ख़बर देर से मिली? बहरहाल जब आप मजबूर हैं तो मैं भी ख़ामोश हो जाऊँगा। "खाके परवाना" और "ख़्वाबो खयाल" देखने की आरज़ू बाक़ी है।

'असनामे खयाली' इन्शाअल्लाह जल्द हाज़िरे-ख़िदमत होगी।

ख़ाकसार

....क़िदवाई

---

१ समकक्ष

आज़म करहेवी

२८२

इस्लामाबाद, कोयटा
बिलूचिस्तान।
२१ अक्टूबर

मुहब्बी व मुशफ़क़ी, तसलीम।

मुझे हाल में आपके कई नाविलों (हिन्दी) को पढ़ने का इत्तफ़ाक़ हुआ। कल "कायाकल्प" खत्म की। फिजूल तारीफ़ करना मेरा शेवा[1] नहीं है लेकिन "कायाकल्प" पढ़कर मेरे दिल पर जो असर हुआ उसका इज़हार न करना भी जुल्म है। यूँ तो "चक्रधर", "मुंशी जी" और "मनोरमा" ग़रज़ कि नावल के तमाम अफ़राद[2] का नक़्शा आपने निहायत खूबी से खींचा है लेकिन सबसे ज्यादा जिसकी सीरत[3] ने मेरे दिल पर असर किया वह "लौंगी" है। आपने उसका इतना नैचुरल कैरेक्टर दिखाया है कि मुस्तग़नी अज़ दाद है।[4]

वतन की तरफ़ आने की कोशिश कर रहा हूँ। अगर मेरे हस्वे-मन्शा लखनऊ का तबादला हो गया तो शर्फ़े-नियाज़ हासिल करूँगा।

अक़ीदतकेश
आज़म करहेवी

---

१ आदत २ व्यक्तियों ३ चरित्र ४ दाद नहीं दी जा सकती।

हरिहर नाथ

२८३

माधुरी कार्यालय, लखनऊ,
२२ जनवरी, १९३०

प्रिय हरिहर नाथ जी,

मैंने बड़े चाव से आपकी सुन्दर और अत्यंत आवेगपूर्ण चीज़ पढ़ी। इसमें बहुत आग है और बहुत दर्द, पर कहानी के आवश्यक तत्व—कोई विचार, कथानक और चरित्र—इसमें नहीं हैं और इसलिए यह चीज़ गद्य काव्य है, कहानी नहीं। अगर आपकी रुचि इसी ओर हो तो जरूर लिखिए, पर थोथी भावुकता से बचिए। सृजनशील मन को सृजन करना चाहिए—किस चीज़ का? चरित्रों को उजागर करनेवाली परिस्थितियों का। युवक को आशावादी भावना से लिखना चाहिए, उसकी आशावादिता संक्रामक होनी चाहिए, जिसमें कि वह दूसरों में भी उसी भावना का संचार कर सके। मेरा खयाल है कि साहित्य का सबसे बड़ा उद्देश्य उन्नयन है, ऊपर उठाना। हमारे यथार्थवाद को भी यह बात आँख से ओझल न करनी चाहिए। मैं चाहता हूँ कि आप 'मनुष्यों' की सृष्टि करें, साहसी, ईमानदार, स्वतंत्रचेता मनुष्य, जान पर खेलनेवाले, जोखिम उठानेवाले मनुष्य, ऊँचे आदर्शोंवाले मनुष्य। आज इसी की ज़रूरत है। निश्चय ही मानव प्रकृति चुक नहीं गयी। इस तरह की रचनाएँ, मुझे आशंका है, लोकप्रिय नहीं हो सकतीं। माधुरी में तो खैर मैं इसे छापूँगा ही।

मैंने लगभग हफ़्ते भर पहले लिखा था कि हंस क्या है और क्या करने जा रहा है। मैंने इसके लिए कहानी लिखने और अपनी सुविधानुसार जल्दी से जल्दी भेज देने का अनुरोध आपसे किया था। मेरा लक्ष्य है समालोचनाओं और दूसरे विषयों के अतिरिक्त हर महीने प्रथम श्रेणी की, चुनी हुई, लगभग छः कहानियाँ देना। ज़रूर एक कहानी लिखिए। हिन्दी साहित्य के हमारे नवयुवक लेखकों का भविष्य उज्ज्वल है। लेकिन आप भी जानते हैं कि अपनी ख़ास जगह बनाने के लिए नियमित रूप से, लगन से और धीरज के साथ काम करना ज़रूरी है।

आशा है मुझे आपका आश्वासन मिलेगा कि आप हंस के लिए लिख रहे हैं।

भवदीय
धनपतराय

APPENDIX

168, SaraswatiSadan,
Dadar, Bombay 14.
26th December 1934.

Dear Mr. Indarnath,

Glad to receive your letter of the 16th. The answers to your questions are herewith attempted in their order.

1) Rangabhoomi is in my opinion the best of my works.

2) I have in each of my novels an ideal character, with human failings as well as virtues, but essentially ideal. In Premasram there is Premshankar, in Rangabhoomi there is Surdas. Similarly in Kayakalp there is Chakradhar, in Karmabhoomi there is Amarkant.

3) The total number of my short stories reaches an approximate figure of 250. Unpublished stories I have got none.

4) Yes, I have been influenced by Tolstoy, Victor Hugo and Romain Rolland. As regards short stories I was inspired originally by Dr. Rabindranath. Since, I have evolved my own style.

5) I never seriously attempted drama. I have conceived of one or two plots which I thought might be better utilised in a drama. Drama loses its importance when not staged. India has not got a stage, particularly Hindi and Urdu. What passes for stage is the effete Parsi stage, for which I have a horror.

पत्र संख्या २३८

Then, I never came in touch with drama technique and stage-craft. So my dramas were only meant as reading dramas. Why should I not stick to my novel where I have greater scope to reveal my characters, than I can possibly have in a drama. This is why I have preferred novel as a vehicle of my thought. I still hope to write one or two dramas. As far as financial success (is concerned) this commodity is rare in Hindi or Urdu. You may get notorious, but by no means financially independent. Our people have not the weakness of buying books. It is apathy, dull-headedness and intellectual lethargy.

6) Cinema is no place for a literary person. I came in this line as it offered some chances of getting independent financially, but now I see I was under a delusion and am going back to my literature. In fact I have never ceased contributing to literary work, which I regard as the aim of my life. Cinema is only what pleadership might have meant for me, only healthier.

7) I have never been to jail. I am not a man of action. My writings have several times offended Power, one or two of my books were proscribed.

8) I believe in social evolution, our object being to educate public opinion. Revolution is the failure of saner methods. My ideal society is one giving equal opportunities to all. How is that stage to be reached except by evolution. It is the people's character that is the deciding factor. No social system can flourish unless we are individually uplifted. What fate a revolution may lead us to is doubtful. It may lead us to worse forms of dictatorship denying all personal liberty. I do want to overhaul, but not destroy. If I had some prescience and knew that destruction would lead us to heaven I would not mind destroying even.

9) Divorce is common among the proletariat. It is only in

the so-called higher classes where this problem has assumed a serious shape. Marriage even at its best is a sort of compromise and surrender. If a couple mean to be happy, they must be ready to make allowances, while there are people who can never be happy even under the best of circumstances. In Europe and America, divorces are not uncommon, in spite of all courtship and free intercourse. One of the couple must be ready to bend, male or female does not matter. I refuse that only males are to be blamed. There are cases where ladies create trouble, fancy grievances. When it is not a certainty that divorce will cure our nuptial evils, I don't want to fasten this on society. Of course there are cases when a divorce becomes a necessity. But 'misfit' is in my opinion nothing but fastidiousness. Divorce without any provision for the poor wife—this demand is only made by morbid individualism. There is no place for it in a society based on equality.

10) Formerly I believed in a supreme deity, not as a result of thinking, but simply as a traditional belief. That belief is being shattered. Of course there is some hand behind the universe; but I don't think it has anything to do with human affairs, just as it has nothing to do with the affairs of ants or flies or mosquitos. The importance which we have given to our own selves has no justification.

I hope that will be sufficient for the present. Not being an English scholar, I may have failed to express what I wished to say, but I can't help it.

Yours truly,
P. Chand.

Madhuri Office
Lucknow.
22 January, 1930

My dear Hariharnathji,

Your beautiful and intensely passionate piece I read with much interest. This is full of fervour and pathos, but the essentials of story—an idea, plot and character—these are lacking and hence it is a गद्यकाव्य and not a story. If your taste lies that way, do it by all means but avoid sentimentalism. A creative mind should create—what ? Situations to illustrate characters. A young man should write in an optimistic mood, his optimism should be infectious, it should infuse the same spirit in others. I think the highest aim of literature is to uplift, elevate. Even our realism should not lose sight of this fact. I would rather see you creating 'men', bold, honest, independent men, adventurous, daring men and men with lofty ideals. This is the need of the hour. Certainly human nature has not been exhausted. Such pieces, I am afraid, cannot be popular. I shall publish it in Madhuri, of course.

I wrote about a week ago what Hans was and what it was going to do. I requested you to write a story for that and send it to me at your earliest leisure. My ideal is to give first class, choice stories, about half a dozen every month, besides reviews and other subjects. Do write a story. There is a bright future before our young authors in Hindi literature. But you know as well as I that distinction is the fruit of systematic devotion and application and patient work.

Hoping to get an assurance that you are writing for 'Hans'.

Yours Sincerely,
Dhanpat Rai

पत्र संख्या २८३

Hans Karyalaya,
Benares
1st December 1935

My dear Benarsi Das ji,

I had your card and thank you for it. How I wish I could attend Noguchi's lectures but can't help. How to leave the family is the problem. The boys are at Allahabad and when I go my better half must feel so lonely and helpless. If I take her with me, I must have a decent amount to spend. So it is better to be tied down to home, than feel the pinch of money. And to keep young is a question of temperament. There are youths older than myself, and elderly people younger than myself. But I hope, I am growing younger every day. I have no faith in the other world and so the idea of otherworldliness, which is the greatest killer of youth, does not approach me. Of course there is a healthy youth and a mad youth. Healthy youth consists of a progressive aud optimistic view of life, at the same time avoiding the pitfalls. Mad youth consists of rashness and exaggeration of one's own capacities and dreams. I have not ceased dreaming and am a bit rash as well. The exaggeration has happily gone. So even of madness I have the better part. I have come to realise that a contented family is a great blessing. And great minds, there are heaps of them. It requires a great deal of judgment to know real greatness from imitation. I cannot imagine a great man rolling in wealth. The moment I see a man rich, all his words of art and wisdom are lost upon me. He appears to me to have submitted to the present social order which is based on exploitation of the poor by

---

पत्र संख्या ७७

the rich. Thus any great name not dissociated with mammon does not attract me. It is quite probable this frame of mind may be due to my own failure in life. With a handsome credit balance I might have been just as others are—I could not have resisted the temptation. But I am glad nature and fortune have helped me and my lot is cast with the poor. It gives me spiritual relief.

You have passed Moghalsarai so many times without taking the trouble to break for a day. And you expect me to come all the way, making my wife angry. Peace within is my motto